Nicole Avril wurde in Rambouillet geboren. Sie studierte in Lyon Literaturwissenschaft und arbeitete als Lehrerin in Nordfrankreich und Paris. Bereits mit ihrem ersten Roman gelangte sie 1972 zu literarischen Ehren und hat seitdem zahlreiche Romane und Filmdrehbücher geschrieben.

Vollständige Taschenbuchausgabe Mai 1998
Droemersche Verlagsanstalt Th. Knaur Nachf., München

Dieses Buch ist auch unter dem Titel »Elisabeth – Porträt einer Kaiserin« mit der Bandnummer 75075 erhältlich.
Titel der Originalausgabe: »L'Impératrice«

Originalverlag: Bernard Grasset, Paris
Umschlaggestaltung: Agentur Zero, München
Umschlagabbildung: Gemälde von Franz Xaver Winterhalter, 1864
(AKG, Berlin)
Gesamtherstellung: Ebner Ulm
Printed in Germany
ISBN 3-426-77369-4

2 4 5 3 1

Nicole Avril

Sissi

Das legendäre Leben einer Kaiserin
Ein biographischer Roman

Aus dem Französischen von
Bertold Galli

Knaur®

Für meinen Großvater François Ambert, der am 20. August 1914 im Alter von 24 Jahren starb, weil in einer ihm unbekannten Stadt – Sarajevo – ein ihm unbekannter Mann – Erzherzog Franz Ferdinand – ermordet wurde. Er zählte zu den ersten Opfern des darauffolgenden Krieges.

Vorwort

Um von Misar nach Wien zu kommen, brauchte ich zwanzig Jahre. Meinen ersten Roman, *Die Leute von Misar*, begann ich mit den Worten: »Ich mache mir ein Bild.« Ohne Zweifel eine Herausforderung. Die Phantasie sollte das Leben befruchten. Nur dort, wo beides zusammenkommt, kann nach meiner Vorstellung ein Buch entstehen.
Obwohl ich die Wüste noch nie gesehen hatte, machte ich mir ein Bild von ihr und erfand eine Stadt mit ihrer Geschichte, ihren Gesetzen und Frauen. Ich wollte nur in meinen Träumen leben. Mit jedem Roman kam ich der Wirklichkeit einen Schritt näher und versuchte immer mehr, aus meinen Romanfiguren herauszutreten und in eigenem Namen zu sprechen. Wenn die Phantasie eine Wüste zum Blühen bringen kann, kann sie auch frühere Zeiten und längst Verschüttetes wieder zum Leben erwecken, sich in einen anderen Menschen hineinversetzen und so eins mit ihm werden.
In dem Alter, in welchem man sich gerne in Sissi verliebt, hatte ich kein Interesse an ihr. Die Trilogie von Ernst Marischka verbreitete ihren Zuckerguß über ganz Europa. Um über den Anschluß an das Dritte Reich und die blutige Apokalypse Mitteleuropas den Schleier des Vergessens zu breiten, exportierte Wien das pausbäckige, süße Kindergesicht eines Teenagers. Romy Schneider sollte Jahre brauchen, um ihr schönes Gesicht von diesem Image zu befreien. Seltsamerweise wird die mutige und talentierte Schauspielerin gerade dann, wenn sie mit Sissi bricht, zur wahren Elisabeth von Österreich. Eine widerspenstige Frau mit tragischem Schicksal. Visconti hat diesen Widerspruch in seinem Film *Ludwig II.* zur Geltung gebracht. Neben

dem zwielichtigen Bayernkönig verkörpert sie eine feinsinnige und verletzliche Kaiserin, geheimnisvoll, begeisternd und faszinierend.

In allen meinen Romanen stehen Frauen im Mittelpunkt. Oft war mir dies nicht einmal bewußt. Wie hätte ich dieser Kaiserin widerstehen können? Sie war von allen Frauen der Zeit am weitesten voraus, paßte sich am wenigsten an und kannte den Schmerz der Verzweiflung am besten. Paul Morand sagte von Elisabeth: »Mit all ihren Vorzügen und Fehlern ist sie eine Frau von heute; sie betritt das 19. Jahrhundert wie jemand, der sich in der Türe geirrt hat.« Dennoch nahm ich mich vor ihrem Zauber in acht. Ich sammelte zwar heimlich alles, was irgend etwas mit Elisabeth zu tun hatte, und besuchte wiederholt die Stätten, die ihr vertraut waren – Korfu, Gödöllö, den Starnberger See oder die Höhen von Buda –, versuchte aber trotzdem, mich ihrem Bann zu entziehen. Durch den Ruhm war ihr Standbild zu sehr geglättet, der Marmor abgenutzt und die Konturen aufgeweicht. In meiner stolzen Verblendung hielt ich es lieber mit Figuren, die nur in meiner Phantasie lebten und nie wirklich existiert hatten. Was hätte ich gewonnen, wenn ich mir die Kleider einer anderen angezogen und ihr Jahre meines Lebens geopfert hätte?

Eines Tages gab ich mich geschlagen. Ich mußte mir eingestehen, daß Elisabeth mich besiegt hatte. Ich kam nicht mehr an ihr vorbei. War sie nicht die Schwester von Kleinia, meiner Königin von Misar? War sie nicht eine Antwort auf jene Frauen, mit denen ich mich Roman für Roman auseinandergesetzt hatte? Ihr Leben an sich läßt wenig schöpferische Einfälle zu, auch wenn es an ergreifenden Bildern nicht mangelt. Ihre Person jedoch beflügelt die Phantasie unermeßlich. In ihr vereinen sich die interessantesten Themenkreise: Einsamkeit und Narzißmus; Melancholie und Sehnsucht; Augenschein und Lüge; Schicksal und Freiheit. Eine Biographie ist nicht der Bericht eines ungewöhnlichen Lebens, sondern ausschließlich ein Vermächtnis. »Die Schriftsteller geben weniger das wieder, was sie aus anderen Zeiten und Orten erreicht, als vielmehr das, was in ihnen in neuer Gestalt wieder zum Leben erwacht«, so Robert Musil. Eine Biographie ist eine literarische Hochzeit, bei der sich zwei Leben vermählen. Das Leben der historischen Figur und das des Autors.

Die Geschichte hat sich in Europa in verschiedenen Schichten abgesetzt. Die Formation dieser Schichten zeigt sich nirgendwo besser als in Gödöllö. Das leuchtende Barockschloß liegt dreißig Kilometer vor Budapest. Im Sommer flutet das Sonnenlicht durch die großen Fenster und glänzt auf den weißen Marmortreppen. Im Winter wird das berühmte Gelb der Schloßmauern durch den Schnee der Pußta noch intensiver. Kaiserin Maria Theresia ließ das Schloß zwischen 1744 und 1748 erbauen. Ein Jahrhundert später – in den revolutionären Unruhen von 1848 erklären die Ungarn die Habsburger für abgesetzt – versammeln sich Kossuth und seine Generäle in Gödöllö und proklamieren die Auflösung des Bundes zwischen Österreich und Ungarn. Mit Hilfe der Russen gelingt es den Armeen des jungen Franz Joseph, den ungarischen Widerstand zu brechen, allerdings nicht ohne Mühe. Das wilde Unabhängigkeitsstreben der Magyaren wird durch Terror gebändigt. 1867 einigen sich Österreich und Ungarn erneut in gegenseitigem Einverständnis. Kaiserin Elisabeth hat eine große Vorliebe für Ungarn. Sie erkennt sich in dem unabhängigen und rebellischen Charakter seiner Bewohner wieder. Sie verbündet sich mit den ungarischen Liberalen gegen den österreichischen Absolutismus. In Wien Kaiserin, in Budapest Königin. Elisabeth wird zu Erzsébet. Als Liebespfand bieten ihr die ungarischen Magnaten Schloß Gödöllö. Die Amazonenkönigin reitet ohne Sattel auf ihren Pferden durch die umliegenden Wälder. Die Zigeuner haben bei ihr offene Türen. In ihren wechselnden Stimmungen findet sich Elisabeth in der Musik dieses fahrenden Volkes wieder. Sie – selbst eine Nomadin – würde es gerne auf seinen Wegen begleiten und sich ganz ihren Illusionen hingeben.

Mit der Ermordung Sissis und dem Verfall Österreich-Ungarns wird Gödöllö zu einem Abstellplatz der Geschichte. 1944 errichten die Nazis dort ein Arbeitslager für Frauen. Nach dem ungarischen Aufstand machen die sowjetischen Offiziere ein Truppenlager daraus. Heute erleben wir die Wiedergeburt Mitteleuropas, und die ungarische Regierung läßt Gödöllö restaurieren. Alle großen Geschichtsströmungen haben ihre Spuren auf seinen Mauern hinterlassen. Was wird in Zukunft aus dem Schloß Erzsébets werden? Wird es zum Hüter von Träumen? Wird es Zeuge weiterer Alpträume und Apokalypsen? O Zeiten, o Schlösser! Folgen wir dem Beispiel Erzsébets und behalten Gödöllö im Auge, denn vielleicht spielt sich hier die Zukunft eines Kontinents ab.

Am 9. November 1989 fiel in Berlin die Mauer, die Europa teilte. Bereits Anfang Mai desselben Jahres waren es die Soldaten der ungarischen Armee, die an der Grenze zu Österreich den doppelten Zaun aus Stacheldraht niederlegten. Es war eine erste Bresche. Die Geschichte kehrt in ihr altes Bett zurück und reißt 350 Kilometer des unter Strom stehenden Eisernen Vorhangs mit sich fort.

Wien und Budapest bereiten die Weltausstellung von 1995 gemeinsam vor. Ein Jahrhundert früher eröffnete Elisabeth die Ausstellung zur Jahrtausendfeier. Es war der letzte offizielle Auftritt bei ihren geliebten Ungarn, die die Zuneigung durchaus erwiderten. Selbst in den unruhigsten Zeiten haben sie ihre Königin nie vergessen. In alter Treue weigerten sie sich, Dinge umzubenennen, die ihren Namen trugen. Die Kaiserin von Österreich, die ehemals kleine Herzogin in Bayern, fühlte sich in ihrem tiefsten Innern vor allem als Königin von Ungarn: Erzsébet Királyné. So lautet die letzte Botschaft, die sie noch am Morgen ihres Todestages hinterließ.

Wenn in unseren Tagen die Spuren des alten Österreich-Ungarn wieder im Alltagsleben sichtbar werden, nationalistische Bewegungen die toten Ideologien ablösen und Namen wie Slowakei, Siebenbürgen, Bosnien-Herzegowina und Sarajevo erneut Schlagzeilen machen, sollten wir dem ungarischen Schriftsteller György Konrád unsere Aufmerksamkeit schenken: »Durch die Spaltung unseres Kontinents ist Mitteleuropa in seinem ganzen Sein gestört und verwundet, eingeschränkt und unterdrückt.«

Elisabeth liebte das Reisen und den Sturm. Wie Odysseus band sie sich an den Schiffsmast, um die tobende See besser genießen zu können. Sie hat sowohl Glück als auch Leid erfahren. Wenn man der *Odyssee* glauben darf: »Die Götter bringen Unheil über die Menschen, damit die nachfolgenden Generationen etwas zum Singen haben.« Singen wir also von der Kaiserin …

Die Literaturgeschichte ist die große Morgue, wo Jeder seine Toten aufsucht, die er liebt oder womit er verwandt ist.

Heinrich Heine: *Über Deutschland*

Das letzte Viertel des 19. Jahrhunderts ist angebrochen. Das österreichische Kaiserreich glaubt an seinen ewigen Bestand, auch wenn es sich aus Tschechen, Ungarn, Deutschen, Rumänen, Juden, Zigeunern, Dalmatinern, Slowaken, Ruthenen, Kroaten, Bosniern und noch einigen weiteren Völkerschaften zusammensetzt. Es sind so viele Sprachen, daß die verschiedenen Reichskanzleien auf Latein korrespondieren müssen. Doch die Wiener nehmen es mit Humor: »Sicher, die Situation ist zum Verzweifeln, aber daß sie wirklich ernst ist, kann man nicht sagen!«

Man weiß, daß die Vielfalt der Völker – früher ein positiver Aspekt – in der gegenwärtigen Lage ein Schwachpunkt ist. Jede Spezies dieser Arche Noah verteidigt ihre Wesensmerkmale, und jeder einzelne erinnert sich daran, wie sein Schrei nach Freiheit 1848 zum Schweigen gebracht worden ist. Man weiß, mit welchem Eifer Bismarck das alte Reich, das ehemalige Heilige Reich, ausgeplündert hat. Aus jeder Beute schneiderte er ein neues Gewand, um Preußen stattlich einzukleiden. Doch Wien will von den Gefahren nichts wissen und für immer Wien bleiben.

Im Zentrum des Zentrums liegt das Herzstück, von dem alles ausgeht und zu dem alles zurückkommt: die Hofburg. Die kaiserliche Winterresidenz ist eine Stadt in der Stadt. 2700 Räume, ein Labyrinth von Gängen und Treppen mit kilometerlangen Samt- und Tuchbahnen, dunkle und feuchte Winkel, aber auch goldene Lichtungen im unendlichen Wald der getäfelten Wände und Decken mit unzähligen Kristallstalaktiten. Ein Heer von Türstehern in weißen Strümpfen, mandelgrünen Beinkleidern und goldbestickten Röcken und eine regelrechte

Armee von Wachposten, Spionen und dunkel gekleideten Gefängniswärtern.
Im allerhintersten Teil der kaiserlichen Wohnungen, zwischen Vorzimmer und Salon, turnt ein schwarzer Vogel an Ringen. Sein Schopf streift beinahe die Decke, und die Beine rudern durch die eiskalte Luft des Winterpalastes. Die Vogeldame – denn es ist ein weiblicher Vogel – richtet sich auf, dreht sich um ihre eigene Achse und flattert zwischen den Turngeräten umher, als sei sie ganz allein auf der Welt. Allein ist sie wirklich, und zwar nicht nur dann, wenn sie allmorgendlich in der Hofburg ihre Ringübungen macht. Elisabeth heißt der schwarze Vogel. Er hat noch andere Namen und Vornamen, aber wenn er wählen könnte, würde er nur einen davon behalten, nämlich den ungarischen: Erzsébet. Die schwarze Vogeldame ist Kaiserin von Österreich und Königin von Ungarn.
Die Leichtigkeit, mit der sie die Übungen absolviert, verrät ein regelmäßiges Training. Ein Mann erscheint am anderen Ende des Ganges. Beim Anblick der turnenden Frau bleibt er wie gebannt stehen. Doch sie bittet ihn, näher zu treten. Seine Gegenwart sei nicht störend, sagt sie außer Atem mit leiser, kaum hörbarer Stimme. Auch wenn sie zäh am Rhythmus ihrer Klimmzüge und Drehungen festhält, die Leibesübungen strengen sie offensichtlich an. Der Mann wagt sie kaum anzuschauen. Sie sieht so seltsam aus in ihrem schwarzen Seidenkleid mit den ebenfalls schwarzen Straußenfedern. Ihr Gesicht ist blaß, nur über den Backenknochen ist die Haut durch die körperliche Anstrengung leicht gerötet.
Plötzlich kommt ihre Bewegung zum Stillstand. Mit gestreckten Armen und aufrechtem Oberkörper hält sie sich zwischen den parallelen Seilen. Ihr Körper wirkt wie stilisiert. Die schwarze Seide unterstreicht ihre durch die Muskelanspannung stärker hervortretenden Konturen. Eine äußerst schlanke Taille, ein langer Hals und ein feingeschnittenes Kinn. Unter dem Kleid lassen sich runde, volle Brüste erahnen. Sie sei gleich fertig, sagt sie zu dem Mann, der nicht wagt, zu ihr aufzublicken.

Und leise fügt sie für sich hinzu: »Jeder kennt in seinem Leben einen Augenblick, wo die innere Flamme erlischt.«
Sie ist traurig, sie hat ihre alten Lieder vergessen. Der Mann jedenfalls ist gekommen, um sie andere, noch ältere zu lehren. Heute wird er ihr einen neuen Abschnitt aus der *Odyssee* vorlesen. Sein Name ist Constantin Christomanos, ein junger Student aus Griechenland, der in Wien seine Philosophiestudien abschließt. Kaiserin Elisabeth wollte einen Lehrer für Alt- und Neugriechisch. In ihm hat sie ihn gefunden. Im Laufe ihres Lebens hat sie schon die verschiedensten Lehrer gehabt. Sie gaben ihr Unterricht in Ungarisch, lehrten sie Reiten – Hohe Schule und Geländeritt –, Tschechisch, Reichsgeschichte und Archäologie, und alle verliebten sich in ihre Schülerin. Auch Constantin Christomanos, mit seinen dreißig Jahren der jüngste unter ihnen, macht da keine Ausnahme.
Um gegen die traurige Palastwirklichkeit besser gewappnet zu sein, macht Elisabeth noch ein paar Übungen. Sie geht bis an die Grenze der Leistungsfähigkeit ihres vielgerühmten, aber auch schwer gepeinigten Körpers. Ein Zopf löst sich aus ihrem Haarkranz und hängt frei in der Luft. Elisabeth springt über ein Seil und kommt endlich mit beiden Füßen auf dem Teppich der Hofburg zum Stehen.
»Mit diesem Seil werde ich das Springen nicht verlernen«, sagt sie. »Mein Vater war ein großer Jäger vor dem Herrn und wollte uns immer beibringen, wie die Gemsen zu springen. Wenn wir nicht Fürsten gewesen wären, wären wir Reitkünstler im Zirkus geworden. Das hat er mehrmals versichert.«
Ihr schwarzes Haar löst sich nun vollends, die rötlich schimmernden Locken fallen ihr bis zu den Hüften hinunter. Es ist nicht ihre Gewohnheit, in großer Robe zu turnen, doch heute morgen muß sie einige Erzherzoginnen empfangen, und für diesen Anlaß ist festliche Kleidung vorgeschrieben. Aber eigentlich stört es sie nicht sehr, wenn die Hofregeln mißachtet werden.
»Wenn die Erzherzoginnen wüßten, daß ich in diesem Aufzug meine Übungen mache, sie ständen wie versteinert. Ich habe

das auch nur so zwischendurch gemacht. Normalerweise trainiere ich frühmorgens oder am Abend. Ich weiß, was ich meinem königlichen Blut schuldig bin.«

Constantin Christomanos geht zwei Schritte hinter der Kaiserin. Sie hat einen gertenschlanken Körper.

I

Sie erinnert mich an das Märchen von dem Kind und den Feen. Die guten Feen waren gekommen, und eine jede von ihnen hatte ein wunderbares Geschenk in seine Wiege gelegt: Schönheit, Charme, Liebreiz, Ansehen, Klugheit, Esprit. Doch dann kam die böse Fee und sagte: »Ich sehe, Euch wurde alles gegeben, aber ich werde dafür sorgen, daß diese Gaben Euch weder Freude noch Glück bringen werden … Selbst Eure Schönheit wird Euch nur Leid bescheren, und Ihr werdet nirgendwo Ruhe finden.«

Marie Festetics

Sissi ist am 24. Dezember 1837 in München geboren, am Weihnachtsabend. Außerdem war es ein Sonntag. Wie Melisande wird sie später gerne sagen: »Ich bin ein Sonntagskind«, und so ihren Freiheitsdrang betonen. Sie wird in diesem Weihnachtsdatum jedoch nie ein Zeichen des Auserwähltseins oder der Vorsehung sehen. Ein Selbstverständnis dieser Art ist ihr fremd. Sie ist Herzogin Elisabeth Amalie Eugenie *in* Bayern, das dritte von insgesamt acht Kindern, und das genügt ihr.

Ludovika, ihre Mutter, war von höherem Rang. Als Tochter des Kurfürsten Maximilian von Wittelsbach, der seiner Allianz mit Napoleon den neugeschaffenen bayerischen Königstitel verdankte, war sie eine geborene Prinzessin *von* Bayern. Die Ehe, die Ludovika 1825 mit Herzog Max, ihrem Vetter zweiten Grades, einging, war ein Abstieg von der älteren Linie der Wittelsbacher in die jüngere. Sie ist nur noch Herzogin *in* Bayern. Es ist keine Heirat aus besonderer gegenseitiger Zuneigung, noch viel weniger aus Liebe gewesen, und ihr Ehrgeiz und Gefühlsleben bleiben unbefriedigt. Ihr Leben ist eintönig, voller Langeweile und Bitterkeit. Während sie sich grämt, vergnügt sich ihr Ehemann mit Singen und Reisen, sorgt für manchen Skandal, verpulvert das Haushaltsgeld und zeugt Kinder mit anderen Frauen. Ein seltsamer Mann, dieser Herzog Max!

Er hat den Charme aller großen Egoisten, die über genügend körperliche, geistige und finanzielle Mittel verfügen, um ihren Egoismus ausleben zu können. Nicht um andere zu verblüffen oder zu verletzen, sondern aus reiner Unbekümmertheit läßt er sich von seinen Einfällen leiten. Das Leben ist kurz, und Herzog Max möchte es auf seine Weise genießen. O ja, natürlich hätte es ihm wohl angestanden, ein Amt als General anzunehmen, doch bereits der Gedanke, seine Uniform wieder anlegen zu müssen, macht ihn trübsinnig. Andere Manöver sagen ihm mehr zu. Trotz seines außergewöhnlichen und exzentrischen Wesens ist er von allen Wittelsbachern in München derjenige, der dem Volk am nächsten steht. Er ist auf eine städtische Schule gegangen, während man normalerweise in seinem Stand das ganze Weltwissen im Einzelunterricht aus dem Mund eines Hauslehrers zu hören bekommt.

Ein fröhlicher Kumpan. Neben einer Bibliothek mit 27 000 Bänden besitzt sein Palais in der Ludwigstraße – das Geburtshaus von Elisabeth – auch einen Ballsaal mit Friesornamenten des Bacchus-Mythos, ein Café mit regelmäßigen Gesangsdarbietungen und eine Zirkusanlage, in der er selbst mit seinen Reitkünsten und Clownnummern in der Regel die Attraktion ist. Er spielt die Zither, sowohl zu Hause als auch unterwegs, sogar auf der Spitze der Cheopspyramide. Auch wenn er gerade nicht auf Reisen ist, geht er dennoch, wo er kann, seiner Frau aus dem Weg. Die kurzen Besuche reichen gerade, um mit ihr Kinder zu zeugen. Wenn jemand die kleine Elisabeth fragt, ob sie in letzter Zeit ihren Vater gesehen habe, antwortet sie: »Nein, aber ich habe ihn pfeifen hören!«

Der Pfeifer geht nach Lust und Laune seinen Vergnügungen nach, mal schwermütig, mal heiter. Er dichtet und hat sich ein unerreichbares Vorbild erwählt: Heinrich Heine, den seine Tochter später regelrecht anbetet. Von diesem Lehrmeister im Denken und Reimen hat er den Scharfsinn, die schelmische Art und die Vorliebe für die Natur und das Paradoxe. Heinrich Heine erweist sich als einer der größten deutschen Dichter, Herzog Max hingegen ist nur Herzog Max. Er interessiert sich für alles: Wissenschaften, Politik und Geschichte. Für vieles zeigt er Begeisterung, doch kein Genie. Um seine Umgebung zu provozieren, veröffentlicht er Artikel, in denen er aus seiner liberalen Weltanschauung kein Hehl macht.

Dem Stil der Zeit entsprechend, gibt er nach einer Expedition in ferne Länder 1839 in München einen Reisebericht heraus:

Wanderung nach dem Orient. Der Autor, der sich überall von anderen abheben muß, fällt auch hier auf. Eingeschobene leere Blätter mit der neugierig machenden Aufschrift *Zensurlücken* geben dem Werk eine pikante Note. Herzog Max beweist Humor und Selbstironie, und es läßt sich bei ihm bereits erahnen, was später, im 20. Jahrhundert, sowohl in der Werbung als auch im Verlagswesen durchaus üblich wird.

Die Kinder sind ungerecht und zeigen wenig Moral. Der Vater auf ständiger Wanderschaft, dessen Auftauchen immer wieder ein Fest ist, ist ihnen lieber als die allzu gegenwärtige Mutter mit ihren ewigen Nörgeleien. Herzog Max' Nachwuchs weint, wenn der Vater abreist, und führt einen Freudentanz auf, wenn er wieder auftaucht. Sobald er pfeift, kehren die herzoglichen Sprößlinge dem Unterricht der Hauslehrer den Rücken und laufen ihm nach in den Wald. Er kann ihnen viel zeigen. Mit und ohne Jagdflinte durchstreift er die Natur und unterbricht sein Singen nur auf dem Hochsitz. Er findet nichts dabei, die müde gewordenen Kinder im Haus einer seiner Mätressen ausruhen zu lassen. Sein Verhalten erregt die Münchner Gemüter, doch seinen Kindern erscheint es normal. In seinen Räumen in der Ludwigstraße pflegt der Pfeifer seine beiden unehelichen Töchter zum Mittagstisch zu empfangen.

Früh am Morgen verläßt die Familie die Stadt und bezieht ihren Sommersitz am Ufer des Starnberger Sees. Auf Schloß Possenhofen fühlt man sich bei Kandiszucker und Limonade wie im Märchen. Papa ist zwar untreu, aber mit seiner schlanken, jugendlichen Gestalt und seinen dunklen, an das Wasser der bayerischen Seen erinnernden Augen äußerst anziehend. Mama nimmt sich die Seitensprünge ihres Gemahls nicht zu sehr zu Herzen und streichelt mit viel Zärtlichkeit die Kinder, Hunde und Pferde, um die sich ja eigentlich alles dreht. Wie später am Wiener Hof, so sind auch hier Kosenamen groß in Mode: Possenhofen heißt »Possi«, Helene – die ältere Schwester – »Nene« und Elisabeth natürlich »Sissi«. Die Kinder wachsen in einer ungezwungenen und fröhlichen Familienatmosphäre auf, fern von jeder höfischen Etikette. Die Leute halten sie im freundlichen Sinne für spinnert, was im Hinblick auf ihre doppelte Wittelsbachsche Abstammung nicht böse gemeint ist. Zum bayerischen Fürstengeschlecht gehören so viele Verrückte, Labile, Sonderlinge und Sorgenkinder, daß ihm hier wohl das Schlimmste erspart blieb. Die Migräne, die Ludovika an ihre Töchter weitergibt, ist kein Grund zu allzu großer Besorgnis.

Und Elisabeth? Oder besser Sissi? Ein kleiner Körper aus Nerven und Muskeln, der an sportlichen Übungen sein Vergnügen findet, sich an ihnen stählt und heranwächst. Sie wird ihre ersten Lebensjahre nie vergessen. Vielleicht verklärt sie später einmal diese Zeit. Auf ewiger Flucht, kehrt sie immer wieder an die Seen ihrer Kindheit zurück und wirft blaue Enzianblumen ins Wasser. In jenen Jahren ist sie weder hübsch noch fleißig, doch alle Welt liebt sie, und das Leben scheint einfach. Sie steht gerne zeitig auf und sitzt schon in den frühen Morgenstunden im Sattel. Auf ihren Reitstil achtet sie nicht, noch weniger auf mögliche Gefahren. Es ist ihr nicht bewußt, welch sichere Reiterin sie bereits ist und wie sie schon von Natur aus dem Traumbild ihres Vaters entspricht. Er wünscht sie sich unerschrocken und wild. Sie ist es.

Nur in ihren Alpträumen hat sie Ängste. Natürlich ist der Schrecken beim Erwachen schnell vergessen. Ihr Schlaf ist voller Tiere. Nachts in den Fängen seltsamer Ungeheuer kann es vorkommen, daß sie schreit. Doch tagsüber fürchtet sie nichts. Sie, die Pferde so sehr liebt, wird sich doch nicht vor *Nightmare*, der schwarzen Stute ihrer Träume, fürchten! Sie glaubt, alle Reittiere beherrschen zu können, sowohl diejenigen, die am hellichten Tage dahergaloppieren, als auch die, welche sich im Dunkeln unbemerkt heranschleichen.

Das wilde und ungestüme Kind genießt trotzdem die Nestwärme nicht weniger, auch wenn es jeden Tag für einen Augenblick davonlaufen muß, um am Ufer des Sees zu träumen. Sie braucht die Einsamkeit, um ihre Kräfte und Gedanken zu sammeln. Anschließend kehrt sie zum Spielen zu ihren Geschwistern zurück. Sie versteht sich glänzend mit ihnen. In Possenhofen sind die starken Erschütterungen von 1848 kaum zu spüren, und Herzog Max wird von den Revolutionären nicht bedroht. Seine liberale Haltung schützt ihn. Alles ist in bester Ordnung.

Mit dreizehn oder vierzehn Jahren ist es Zeit für die erste Liebe. Er ist so reizend, der Reitlehrer von Papa, daß er anfängt, Elisabeth den Kopf zu verdrehen. Sie ist verliebt, das ist für niemanden zu übersehen. Doch der junge Graf Richard ist keine Partie für sie, und Herzog Max hat wenig Lust, seine Lieblingstochter bereits herzugeben. Sie gleicht ihm, hat seinen Charme und seine Marotten. Wie er hat sie die Angewohnheit, sich in ihr Zimmer zurückzuziehen und Verse zu schreiben. Sind Jugendaffären bei ihr mehr als ein Spiel? Der Hang zur Poesie mehr als familiäres Erbgut?

Man greift in die Idylle ein und schickt den jungen Mann in die weite Ferne. Einige Monate später kehrt er krank zurück. Kurz darauf stirbt er. Das heranwachsende Mädchen ist erschüttert. In Elisabeths Leben hat der Tod seinen Einzug gehalten und verleiht dem Märchen einen bitteren Beigeschmack. Vielleicht fühlt sie sich für dieses Drama verantwortlich. Richard hat ihretwegen den Hof verlassen müssen. Ihre erste Liebe ist eine erste Niederlage, die sie nicht vergessen will und nicht vergessen wird. Sie zieht sich zurück. Den anderen zeigt sie sich weiterhin fröhlich, doch in ihrem Zimmer schreibt sie nun nicht mehr, allein um ihrem Vater nachzueifern. Sie vertraut ihren Kummer dem Poesiealbum an:

Die Würfel sind gefallen,
Ach, Richard ist nicht mehr.
Die Trauerglocken schallen,
Oh, hab Erbarmen, Herr!
Es steht am kleinen Fenster
Die blondgelockte Maid.

Es rührt selbst die Gespenster
Ihr banges Herzeleid.
Ach, wär', mit dir gestorben,
Im Himmel ich wie du.

Elisabeth kann ungestört ihren trübsinnigen Gedanken nachhängen. Nicht mehr sie, sondern ihre ältere Schwester steht jetzt im Mittelpunkt des Familieninteresses. Offenbar hat man mit Helene große Dinge vor. Man kümmert sich um ihre Erziehung mehr als um die der anderen und besteht darauf, daß sie in Fremdsprachen und Geschichte unterrichtet wird. Helene begleitet ihre Mutter oft und lernt so, wie man sich in vornehmer Gesellschaft bewegt. Die Dressur deutet auf ein großes Heiratsvorhaben hin. Sissi ihrerseits denkt nicht im Traum an Eifersucht wegen der unterschiedlichen Behandlung. Sie liebt weiterhin Richard und vergräbt sich ganz in ihren Schmerz. Als die Traurigkeit schließlich nachläßt, ist sie froh, daß aller Augen auf eine andere gerichtet sind. Die Freiheit gilt ihr mehr als der Anstandsunterricht.

Als Wiedergutmachung für ihre gekränkte Eigenliebe hat sich Ludovika einen ehrgeizigen Plan zurechtgelegt, in dem sie für die ganze Familie Vorteile sieht. In Wien ist ein Herz zu erobern! Das Herz des jungen Kaisers Franz Joseph. Franzi ist eine stattliche Erscheinung, was sicher kein Nachteil ist – wenn er es nicht wäre, würde man sicherlich andere Qualitäten an ihm finden. Ist es nicht der größte Traum einer kleinen Herzogin in Bayern, eines Tages auf dem Thron des Reiches zu sitzen? Franz Joseph ist zwar Helenes direkter Vetter, doch im katholischen Europa spielt die Blutsverwandtschaft keine Rolle mehr. Wenn es darum geht, ihm wohlgesonnene Dynastien zu unterstützen, gibt der Papst ohne Zögern seine Einwilligung. Damit der Plan gelingt, gehen zwei Ehestifterinnen gemeinsam zu Werke: Ludovika und ihre Schwester, die Erzherzogin Sophie und Mutter von Franz Joseph. Ludovika hat in dieser Sache wenig Einfluß, und eigentlich hängt alles von Sophie ab.

Die strengautoritäre, kluge und fromme Frau wird, wenn sie es will, aus Helene eine Kaiserin machen. Aus ihrem Franzi hat sie ja auch einen Kaiser gemacht. Seiner Mutter hat er es zu verdanken, daß er mit achtzehn Jahren auf den Thron gerufen wurde. Dazu brauchte es nicht weniger als eine Abdankung, einen Thronverzicht und eine Revolution.
Im März 1848 haben die Unruhen Metternich und Kaiser Ferdinand aus Wien vertrieben. Der Hof flüchtet zunächst ins tirolische Innsbruck, später ins mährische Olmütz. Das Reich ist in Gefahr. Ungarn und Mailand sind in Aufruhr. Venedig versucht die Republik auszurufen und sich auf seine alte Herrlichkeit als Serenissima zu besinnen. Prag ist in den Händen der Aufständischen. Metternich ist für Österreich nicht mehr tragbar. Die Habsburger hingegen werden noch einmal geschont, noch sind sie von Nutzen. Kaiser Ferdinand, seit 1835 an der Macht, ist unfähig. Ein zweifellos milder Herrscher mit dem Beinamen *der Gutmütige*, aber auch ein schwacher und kranker Mann, anfällig für Nervenkrisen und Sprachstörungen. Mit seinem jüngeren Bruder Franz Karl steht es nicht viel besser. Er ist nicht gerade dumm, aber mit seiner Schüchternheit, seiner mangelnden Charakterstärke und Inkompetenz auch nicht der Kaiser, den eine unruhige Zeit braucht. Sein einziger Vorteil ist seine klarsichtige und entschlußfreudige Frau, die Erzherzogin Sophie. Sie begreift sofort, wie sie die Gunst der Umstände für sich nutzen kann. Franz Joseph, ihren ältesten Sohn, hat sie als Erbprinzen erzogen. Er hat auch durchaus die Anlagen dazu. Von den Nervenkrankheiten der Habsburger bleibt er Gott sei Dank verschont. Er soll seine Mutter für die jämmerliche Ehe entschädigen, die sie, immer auf ihre Stunde wartend, geduldig ertragen hat.
Lange Zeit spann die Erzherzogin im Hintergrund an den dünnen Fäden des Reiches. Am 2. Dezember 1848 hält sie endlich alle fest in ihrer Hand. Ihr Schwager, Kaiser Ferdinand, dankt ab. Gleichzeitig verzichtet ihr Ehemann, Erzherzog Franz Karl,

auf seine Rechte. Sophie wird nicht Kaiserin. Franzi ist Kaiser. Er verdankt ihr die Krone in doppelter Hinsicht.
Ludovika bewundert aus der Ferne ihre erfolgreiche Schwester. In ihrer Haltung liegen Unterwürfigkeit und etwas Naivität. Sie geht davon aus, daß Helene bei der Wahrnehmung ihrer Aufgaben in Sophie eine Hilfe haben wird. Denn die Etikette des Hofes ist die des Escorials aus der Zeit Karls V. Ludovika liebt ihre Töchter. Wie ein argloses Bauernmädchen ist die Prinzessin königlichen Geblüts davon überzeugt, daß das Glück größer ist, je höher es steigt. Bei den ersten hoffnungsvollen Anzeichen aus Wien unterzieht sie deshalb ihre Tochter einer besonderen Erziehung. Helene hat alle erforderlichen Eigenschaften. Sie ist zierlich und schön, fleißig und gehorsam. Ludovika schreibt oft an ihre Schwester, um sie über Helenes Entwicklung auf dem laufenden zu halten. Die Heiratskandidatin hat schon das Aussehen einer Frau. Elisabeth bewundert ihre große Schwester. Trotzdem spürt sie keine Lust, in ihre Fußstapfen zu treten. Seit Richards Tod ist ihr jeder Elan genommen. Lieber bleibt sie so lange wie möglich in der Welt ihrer Kindheit. Auf dem Pferd jedoch läßt sie ihre ältere Schwester weit hinter sich zurück.

15. August 1853. Eine Berline auf der Straße nach Ischl und Salzburg. Darin vier Frauen: Ludovika, Helene, Elisabeth und eine Kammerzofe. Sie fahren zu der schon so lange ersehnten Begegnung; am Reiseziel sollen sie mit der Erzherzogin Sophie und dem Kaiser zusammenkommen. Im Rahmen eines Familientreffens geschieht, was geschehen soll. Ein reines Frauenkomplott. Herzog Max ist nicht geladen. Unglücklich ist er deshalb nicht. Das autoritäre Auftreten von Sophie erregt in ihm nur Widerwillen, und was seine Schwägerin für ihn empfindet, ist nicht viel besser. Provokation auf der einen Seite, Verachtung auf der anderen. Ludovika weiß wohl, daß man eine Begegnung ihres Mannes und ihrer Schwester vermeiden sollte, wenn die Dinge einen guten Verlauf nehmen sollen. Falls sich alles gut anläßt, ist es immer noch Zeit genug, den Brautvater um seine Einwilligung zu bitten.
Die Reisenden sind in Schwarz gekleidet, denn vor einigen Tagen ist eine Tante gestorben. Die Trauerkleidung verleiht Helene ein tristes Aussehen, ihre Haut wirkt blaß. Dem Schwarz ist nicht zu entrinnen, es nimmt dem Mädchen jeden Glanz. Das Gewand erinnert an eine Nonne und läßt sie brav, trauriger und älter erscheinen, als sie ist.
Elisabeth hingegen kümmert sich wenig um ihr Äußeres. Sie sieht sofort den Vorteil, den das schwarze Kleid ihr bietet: Man wird sie etwas weniger oft daran erinnern, sich nicht schmutzig zu machen, und während einer Pause kann sie sogar aussteigen und die Pferde tränken, ohne daß man sie sofort ermahnt, wenn ihre Schuhe und der Saum ihres Kleides naß werden. Es ist übrigens mehr oder weniger Zufall, daß sie bei diesem Ausflug mit von der Partie ist. Sie wollte beim Triumph ihrer

Schwester dabeisein. Und in dem Wort *Reise* lag für sie ein ganz besonderer, unerklärlicher Reiz. Im letzten Augenblick gab man ihr nach und nahm sie mit. Es war besser, sie nicht mit ihrem Vater allein zu lassen. Er hätte sie doch nur wieder in die Wälder entführt.

Die Kleine sieht sich von der Reise nicht enttäuscht. Niemand kümmert sich um sie. Sie drückt ihre Nase an der Wagenscheibe platt und hängt ungestört ihren Gedanken nach. Die sommerliche Wärme gibt den Bergen einen sanften Anstrich, ihre Umrisse verlieren sich in milchigem Licht. Ein See, strohgedeckte Hütten und auf dem Gebirgskamm ab und zu ein paar Bäume. Elisabeth ist stark beeindruckt und möchte alle Einzelheiten dieser Entdeckungsreise festhalten. Eines Tages werde ich in einen Zug steigen. Laut und staubig soll es sein, und die Landschaft wird immer schneller vorbeifliegen, man wird sie nicht anhalten können. Eines Tages werde ich fortgehen, ohne zu wissen wohin. Ist ja auch egal. Auf jeden Fall weit fort, sehr weit, bis ans Ende aller Zuggleise. Ohne an Rückkehr zu denken. Die Pferde haben allerdings auch einen Vorteil: Die Reise dauert länger.

Die Damen haben Verspätung. Die verfluchte Migräne zwingt Ludovika und Helene, sich auszuruhen. Sie mußten ihre Schläfen mit Eiswasser kühlen. Ihre Kleider sind zerknittert, die Haare staubig, und ihr Atem geht schwer. Wie wenig man sich bei Migräne leiden mag, ist Elisabeth wohl bekannt. Deshalb schätzt sie es um so mehr, daß sie heute nicht davon betroffen ist. Vor jedem großen Ereignis versucht sie, das Übel zu bannen. Lieber Gott, laß mich während der Reise nicht leiden! Ihre Bitte ist erhört worden. Sie fühlt sich leicht. Die dunkle Kleidung belastet sie nicht im geringsten, das Schlichte gefällt ihr. Schwarz hat für sie etwas Absolutes. Es erinnert sie an das leuchtend-dunkle Fell ihres Rappen. Wenn es nach ihr ginge, könnte die Reise ewig dauern.

Sissi lebt, ohne es zu wissen, ihren letzten Tag in der Freiheit. Sie ist völlig ahnungslos und weiß nichts von den Bedrohungen der Welt. Auf der Krim ist der Krieg ausgebrochen. Die Truppen des Zaren Nikolaus I. haben die Donau überschritten und hoffen in ihrem Kampf gegen die Türkei auf die Hilfe Franz Josephs. Hat der Zar ihm in Ungarn nicht sicheren Waffenbeistand geleistet? Dreißigtausend russische Soldaten liquidierten die aufständischen Ungarn, die mit Wien brechen wollten und den Niedergang der Habsburger propagierten. Sie weiß nichts vom Elend der Völker, von Armut und Krankheit. Ihr Vater ist zwar liberal, führt aber das luxuriöse und ausschweifende Leben eines Fürsten. Daß hinter der Grenze eine andere Welt sie erwartet, ahnt sie nicht. Mit dem bayrischen Landleben, umgeben von Tieren, ist es vorbei. Das österreichische Kaiserreich ist voll offizieller Uniformen. Die Polizei überwacht alles, was sich bewegt. Sie hat keine Ahnung von den sogenannten Salzfürsten, die in Salzburg und Ischl auf sie warten. Sie kommen aus ganz Europa: Könige, Königinnen, Fürsten aller Art, Kaiser und Erzherzöge mit der ganzen Familie. Sie lieben die Solbäder so sehr, daß sie sich bereits für das Salz der Erde halten. Die Sole ist bekanntlich ein konservatives Heilmittel. Der Adel liebt das Salz, denn es erlaubt ihm, unter sich zu sein.

Natürlich kann Elisabeth nicht wissen, daß Salzburg der Ausgangspunkt für Stendhals Kristallisationstheorie ist. Stendhal verfaßte den *Zweig von Salzburg* zwar bereits im Jahre 1825, aber erst 1853 wird er veröffentlicht, in jenem Jahr also, in welchem die nichtsahnende kleine Herzogin in Bayern die österreichische Grenze passiert. In diesem Text – später wird er als eigenständiges Kapitel in seinen Essay *Über die Liebe* eingefügt – schreibt Stendhal:

»Die Bergleute von Hallein bei Salzburg werfen in die stillgelegten Minengruben des Salzbergwerks einen vom Winter entlaubten Baumzweig. Zwei oder drei Monate später finden sie ihn wieder, von einer glänzenden Kristallschicht vollständig überzogen. Er war vom salzhaltigen Wasser durchweicht und – als der Wasserspiegel sank – wieder getrocknet. Selbst die kleinsten Verästelungen von der Größe einer Meisenkralle sind mit losen, schillernden Kristallen übersät. Man erkennt den ursprünglichen Zweig nicht wieder; er wurde zu einem hübschen Kinderspielzeug. Bei schönem Wetter und trockener Luft bieten die Halleiner Bergleute den Besuchern des Bergwerks gerne solche diamantenen Zweige an.«

Stendhal führt mit seiner Reisegefährtin ein metaphorisches Gespräch. Bei dieser Gelegenheit entwickelt er seine Theorie von der Kristallisation durch die Liebe:

»›Ah, ich verstehe!‹, sagte Ghita. ›Wenn Sie sich für eine Frau zu interessieren beginnen, betrachten Sie sie nicht mehr so, wie sie ist, sondern so, wie Sie sie gerne sehen möchten. Jene hübschen Diamanten auf dem entlaubten Winterzweig, die wohlbemerkt nur das Auge des jungen, verliebten Mannes wahrnimmt, sind für Sie Wunschträume, die sich bei aufkeimender Zuneigung einstellen.‹

›Und deshalb‹, fuhr ich fort, ›wirkt die Unterhaltung zweier Liebender auf unbeteiligte Menschen, die das Phänomen der Kristallisation nicht kennen, oft lächerlich.‹

›Ach so, *Kristallisation* nennen Sie so etwas‹, sagte Ghita. ›Also gut, dann kristallisieren Sie doch für mich!‹«

Die Damen in der schwarzen Berline haben davon allerdings keine Ahnung. Man träumt nicht von der Liebe, wenn man einen Thron erobern will. Und schon gar nicht, wenn es sich dabei um den begehrtesten von ganz Europa handelt. Es geht um die Zukunft der Dynastie, und sie haben bereits anderthalb Stunden Verspätung. Der zweite Wagen mit den Reisekisten und der Garderobe bleibt noch weiter zurück. Ihre dunklen Kleider sind nicht mehr frisch, die Hitze und der Straßenstaub haben deutliche Spuren hinterlassen. Helenes Gesichtsausdruck ist starr, zusätzlich zur Migräne lastet ein Gefühl von Angst auf ihr. Das Schwarz steht ihr überhaupt nicht. Doch sie hat keine andere Wahl. Erzherzogin Sophie wartet nicht gern.

Vor der Begrüßung bleibt ihnen kaum Zeit, sich zu frisieren. Da das Gepäck auf sich warten läßt, können sie nur mit der Haar-

tracht ihr Äußeres noch etwas verbessern. Sissis Haare sind zauberhaft, ein rötlich-brauner Fluß, der ihr bis zu den Waden herabfällt. Die Kammerzofe kümmert sich um ihre Mutter und Schwester, Elisabeth kämmt sich selbst. Förmliche und deshalb langweilige Zusammenkünfte sind ihr zuwider. Und dabei empfindet sie dieses Mal noch eine gewisse Neugierde. Wie wird sich ihre ältere Schwester in dieser für die weitere Zukunft der Familie so entscheidenden Situation verhalten? Sie würde nicht mit ihr tauschen wollen.
Mit der Pünktlichkeit eines Kaisers betritt Franz Joseph den Salon. Elisabeth kennt ihren Vetter kaum. Vor Jahren standen sie sich einmal gegenüber, sie war damals ein Kind, er bereits ein Mann. Nene macht eine schöne Verbeugung, ihr Lächeln erstarrt bei den vielen auf sie gerichteten Blicken. Man mißt ihrer Rolle große Bedeutung bei. Sissi beobachtet, wie die Großen sich verhalten, wenn sie liebenswürdig sein wollen. Nur vorgeformte Phrasen und geziertes Gehabe. Zugegeben, der Bräutigam ihrer Schwester sieht gut aus. Blond, groß und schlank. Er trägt eine Uniform in den Farben des Reiches – Rot und Weiß. Elisabeth senkt die Augen, als Franz Joseph sie in Augenschein nimmt. Als sie es wagt, wieder aufzuschauen, verweilt der Blick des Kaisers immer noch auf ihr, schweift über ihren Körper und die langen Locken und bleibt schließlich auf ihrem Gesicht liegen. Dem jungen Mädchen steigt die Röte ins Gesicht. Sie kommt sich dumm und häßlich vor. Warum zeigt er nicht mehr Interesse für Helene? Warum läßt er sie nicht in Ruhe, schüchtern und unbedeutend wie sie ist? Wie lange mag es denn noch dauern? Ein Glück, daß die Mütter endlich das Schweigen brechen. Die beiden Schwestern sehen sich zum erstenmal nach langer Zeit wieder und haben sich viel zu erzählen. Trotz allem wirkt Ludovika gegenüber Sophie gehemmt. Die Macht hat die Erzherzogin verändert. In Wien nennt man sie »die eigentliche Kaiserin«. Und hier in diesem Salon von Ischl liegt die Zukunft der Familie Wittelsbach in ihren Händen, in den

Händen einer Wittelsbacherin. Es geht um viel, und die Spannung ist deshalb groß.
Keine Spur von Gehemmtsein hingegen bei Franz Joseph. Er fühlt sich wie in den Ferien. Bad Ischl gleicht dem Wiener Hof wie ein Waldunterstand der Festungsanlage Hofburg. Dem von der Mutter arrangierten Treffen hat er zwar mit Unbehagen zugestimmt, doch im nachhinein ist er ihr dankbar dafür. Seine Mutter hat sich nur in einem kleinen Punkt geirrt, aber dieser kleine Irrtum ist für ihn entscheidend. Gelobt sei dieser Tag vor allen anderen, denn sie war bei diesem Wiedersehen auch dabei, die zierliche Elisabeth.
Er zögerte nicht eine Sekunde. Noch bevor er sie angesprochen hatte, wußte er bereits, daß sein Leben von diesem Kind abhängig sein würde, und dabei hatte er nicht einmal die leiseste Ahnung von ihrem Kommen. Das Unmögliche geschah im ersten Augenblick. Er spürte Leben in sich wie niemals zuvor und vielleicht auch wie später nie mehr. Dagegen sind alle Mütter der Welt, alle Kaiserkronen und Uniformen machtlos. Franz Joseph vergißt alle drohenden Kriege, ja selbst seine Rolle als Kaiser, die er seit seinem achtzehnten Lebensjahr sehr ernst nimmt. Er ist nur noch ein verliebter Leutnant. Im Handumdrehen hat ihn die Zuneigung zu der bisher unbeachteten, scheuen Kleinen kristallisiert. Er findet nicht die Zeit, seine Gefühle zu analysieren und zu ordnen. Alles ist so konfus und verwirrend und doch so einfach und klar. Eine Antwort erwartet er noch nicht von ihr. Auch er muß seine Entdeckung erst verarbeiten: Elisabeth, diese Elisabeth von fünfzehneinhalb Jahren, ist diejenige, die er begehrt und nach der er verlangt. Sie ist die Kindheit, die er nicht hatte, die Schüchternheit, die zu leugnen er viel zu früh lernen mußte, die Wildheit, die ihm, der nur in Palästen gelebt hat, nie vergönnt war. Es gibt so vieles an ihr, was ihn völlig verwirrt.
Bei den beiden Müttern läuten die Alarmglocken. Offensichtlich will ihr Reiter das Pferd wechseln. Eine fatale Änderung ihres Plans! Die Zügel drohen ihnen zu entgleiten. Sie nützen

die Teestunde, um zu reagieren. Elisabeth wird an das Ende der Tafel bei den Kindern plaziert, aber auch da sitzt sie noch zu sehr im Blickfeld. Ihrer Gouvernante flüstert sie ins Ohr: »Die Nene hat es gut, denn sie hat schon so viele Menschen gesehen, aber ich nicht. Mir ist so bang, daß ich gar nicht essen kann.«
Franz Joseph kümmert sich jedoch herzlich wenig um die arme Nene. Seine Augen suchen ganz hinten nach dem schlanken Mädchen, das mit der Gabel auf ihrem Teller herumstochert. Die verblüfften Mütter verfolgen alles, verlieren aber kein Wort darüber. Sie sind Zeugen einer Liebe auf den ersten Blick und sind angesichts dieser veränderten Lage machtlos. Was sie in den vielen Jahren mit so viel Sorgfalt aufgebaut haben, macht eine Göre zunichte. Und sie merkt es nicht einmal. Für Ludovika ist es indes kein völliger Schlag ins Wasser. Falls ihre Älteste ihr tatsächlich weiterhin auf der Tasche liegen sollte, so ist zumindest die andere versorgt. Erzherzogin Sophie hingegen ist fest zum Kampf entschlossen. Hat sie nicht für ihren Sohn den Ehemann dazu gebracht, auf den Thron zu verzichten? Wie kann dieser Sohn, der alles, was er ist, ihr verdankt, ihr nun den Gehorsam verweigern? Daß diese kleine Herzogin in Holzschuhen ihren Sohn zum ersten Mal entschlossen und glücklich macht, ist nicht in ihrem Sinne. Aber sie begreift schnell, daß sie die Situation nicht ändern kann. In einem Brief an ihre Schwester Maria von Sachsen zeigt die Erzherzogin besser als im wirklichen Leben, daß sie auch verlieren kann: *Er strahlte und Du weißt, wie sein Gesicht strahlt, wenn er sich freut. Die liebe Kleine ahnte nichts von dem tiefen Eindruck, den sie auf Franzi gemacht hatte. Bis zum Augenblick, da ihre Mutter ihr davon sprach, war sie nur von Scheu und Schüchternheit erfüllt, die ihr die vielen sie umringenden Menschen einflößten.*
Am anderen Morgen – die Erzherzogin ist kaum erwacht – steht der Sohn in ihrem Zimmer. Sie berichtet in ihrem Tagebuch darüber:
»Also Sissi ist wirklich entzückend.«
»Sissi? Sie ist doch noch ein Kind.«

»Vielleicht. Aber ihre Haare, ihre Augen, ihr Charme, ihr ganzes Wesen. Sie ist reizend.«
»Du kennst sie ja noch gar nicht. Es ist besser, die Sache nicht zu überstürzen. Laß dir Zeit, es besteht kein Grund zur Eile. Niemand verlangt von dir, daß du morgen heiratest.«
»Ich denke eher, man sollte es nicht in die Länge ziehen.«
Der junge, verliebte Leutnant ist voller Begeisterung und schwärmt in den höchsten Tönen: »Nein, wie süß Sissi ist, sie ist frisch wie eine aufspringende Mandel, und welch herrliche Haarkrone umrahmt ihr Gesicht! Was hat sie für liebe, sanfte Augen und Lippen wie Erdbeeren.«
Ihr Sohn ist mit Sissi schlecht beraten, davon ist die Erzherzogin überzeugt. Was er braucht, ist eine gebildete, reife Frau, die ihn in seinen Aufgaben unterstützt und Verständnis für ihn hat. Helene wäre ideal. Sie versucht ein letztes Mal, mit ihm zu reden. Doch Franzi will sie nicht hören, er ist nicht in der Lage dazu. Nicht daß ihm seine Mutter egal wäre, aber seine Liebe zu Sissi ist so stark, daß es ihn mit Macht dazu drängt, ihr sein Vertrauen und seine Zuneigung zu offenbaren. Er spürt das Verlangen, ihr sein Herz zu öffnen. Sollte sie denn nicht als erste von seiner Liebe erfahren? Die Erzherzogin ist intelligent genug, um zu sehen, daß hier nichts mehr zu machen ist. Franzi ist bereits verschwunden. Er ist zu der anderen gegangen, zu der kleinen Hexe.

Franz Joseph, der große Jäger vor dem Herrn, verzichtet auf die Jagd, die für den 18. August vorgesehen war. Worauf würde er nicht verzichten! Am Mittagstisch wird der Platz neben ihm dennoch Helene zugewiesen. Damit ist der Schein noch für kurze Zeit gewahrt. Nach dem Essen beraten sich die beiden Mütter. Ludovika weiß nicht, woran sie sich halten soll. Doch Erzherzogin Sophie bewahrt wie immer einen kühlen Kopf. Ihr Sohn ist unsterblich in Sissi verliebt, und dagegen angehen zu können scheint ihr unwahrscheinlich. Dem Befehl Sophies gehorchend, spricht Ludovika noch am selben Abend mit ihrer jüngeren Tochter und fragt sie, ob sie sich vorstellen könne, den Kaiser zu lieben. Sissi ist verwirrt, errötet und bricht schließlich in Tränen aus: »Ja, wie sollte man diesen Mann nicht lieben können? Aber wieso denkt er gerade an mich? Ich bin doch so jung, so unbedeutend.«

Und Helene? Kein Mensch kümmert sich um Helene. Sie ist zwanzig Jahre alt und seit Jahren für ein Leben in Glanz und Ehre bestimmt. Eine geopferte Jungfrau, seit langer Zeit versprochen, doch vor der Verlobung verstoßen. Sie erfährt die Kränkung vor der versammelten Familie Habsburg-Wittelsbach, ganz zu schweigen von den angeheirateten Familien und der Schwadron der in Ischl kurenden Salzprinzen. Und verantwortlich für all das ist ihre kleine Schwester. Helene hätte es sich nie im Leben vorstellen können, daß Sissi in der Lage sei, einen Schatten auf sie zu werfen, geschweige denn sie ganz in den Schatten zu stellen. Gekränkte Liebe, gekränkte Eigenliebe. Alle Pläne entpuppen sich als reine Seifenblasen. Bin ich denn mit zwanzig schon alt? Hab' ich all meine Zeit vertan? Wird mir je ein Mann solche Blicke zuwerfen, wie sie Franzi für Sissi übrig hat? Die kleine Schwester hat ihr zwar nicht wirklich etwas getan, doch sie hat ihr die Liebe gestohlen wie der Zigeuner ein Pferd. Und dazu muß sie jetzt auch noch gute Miene machen vor all den Leuten. Wie lange noch? Werden denn die Qualen nie ein Ende haben? Soll sie ihn doch haben, soll sie doch geliebt werden und Königin oder Kaiserin sein! Aber dann bitte schnell!

Die arme Helene hat später Seelengröße genug, ihrer Schwester das Leid zu verzeihen, das sie ihr angetan hat, ohne es zu wollen. Doch im Augenblick fühlt sich das hübsche Mädchen nur häßlich, erniedrigt und verzweifelt, denn die anderen vergnügen sich auf ihre Kosten.

Der große Ball ist für denselben Abend geplant. Es ist der Vorabend zum dreiundzwanzigsten Geburtstag des Kaisers. Gegenüber seiner Mutter besteht er darauf, daß Sissi eingeladen wird. Ursprünglich war dies nicht vorgesehen. Man hatte es nicht einmal für notwendig gehalten, für die jüngere Schwester ein Ballkleid mitzunehmen. Doch Elisabeth macht sich deswegen keine Sorgen. Zu schnell geht alles seit den letzten drei Tagen. In der allgemeinen Verwirrung spürt sie Freude, aber auch Angst. Völlig gerührt gesteht sie ihrer Gouvernante: »Natürlich liebe ich den Kaiser, wenn er bloß nicht Kaiser wäre!« Das kleine Persönchen von fünfzehneinhalb Jahren, das bisher weder in der Liebe noch in der Politik Erfahrungen gemacht hat, sieht erstaunlich klar. Das große Interesse, das man ihr entgegenbringt, überrascht sie. Einerseits fühlt sie sich geschmeichelt, aber auch beunruhigt. Doch sie hat keine Wahl mehr; eigentlich hat sie nie eine gehabt. Es ist schwer, den Erwartungen der anderen Einhalt zu gebieten, wenn das Herz voller Glück ist und man vor Freude taumelt. Der Tanz beginnt, auch die kleine Herzogin wird ihn nicht aufhalten. Ludovika ist außer sich vor Wonne. Was Helene nicht geschafft hat, wird Sissi nun erreichen. Und Erzherzogin Sophie hat schnell ihre Taktik geändert. Sie wird die Göre formen wie weiches Wachs. Ihren Einfluß auf den Kaiser wird sie wegen der dummen Gans nicht aufs Spiel setzen. Ob die zukünftige Kaiserin Elisabeth oder Helene heißt, ist doch völlig unwichtig. Wenn man schon – wie die Erzherzogin gerne sagt – jeden Mann durch einen anderen ersetzen kann, ohne daß es für die Welt auch nur den geringsten Unterschied macht, so gilt dies erst recht für eine Frau. Ob Elisabeth oder Helene, die beiden urkatholischen Dynastien Habsburg und Wittelsbach sind weiterhin miteinander verbunden, und die Nachfolge ist gesichert. Was will man mehr?

Den Ballabend erträgt Helene mit Fassung. Sie hatte alle Trümpfe im Spiel und ist dennoch die Verliererin. Auch das herrliche weiße Seidenkleid aus dem besten Konfektionshaus Bayerns, das eigentlich ihren Triumph besiegeln sollte, hilft ihr nicht. Sie trägt es mit Würde, trotz der Enttäuschung, und beißt die Zähne zusammen. Die Stirn ist mit Efeuzweigen geschmückt. Mit dieser Krone wird sie sich begnügen müssen, die der Kaiserin wird eine andere tragen. Die Schwester, die Diebin, beginnt ihren neuen Lebensabschnitt in einem einfachen, nichtssagenden Kleid. Unter den festlichen Roben des Hofes nimmt es sich wie rosa Babywäsche aus, doch Aschenputtel sieht entzückend darin aus. Eine schlanke Taille und eine runde, hohe Brust, ein zierlicher Hals, ein schüchternes Lächeln, ein sanfter, leicht schalkhafter Blick, eine vorgewölbte Stirn und Blumen im kunstvoll geflochtenen Haar.

Zum ersten Mal empfindet sie sich als schön. Der Blick eines Mannes hat sie verändert. Sie ist mehr als schön, sie ist die Grazie selbst. Franz Joseph würde sie gerne bei der Hand nehmen und fortführen, weit weg von den anderen, ihr sagen, wie sehr er sie liebt, und ihr Gesicht und ihren Körper streicheln. Aber er ist der Kaiser, und seine Braut noch nicht einmal voll ausgewachsen. Es gelingt ihm, seine Ungeduld zu bezähmen, und – obwohl in der Liebe noch recht unerfahren – er spart sich wie ein alter Hase die Freude der Eroberung für einen späteren Zeitpunkt auf. Er wird zuschauen, wie sie mit einem anderen tanzt. Zu Beginn der zweiten Polka bittet er seinen Adjutanten Hugo von Weckbecker, Sissi zum Tanz aufzufordern. Sie hat gewiß nicht mehr als zwei oder drei Tanzstunden gehabt und fühlt sich ohne Zweifel auf dem Pferd sicherer als am Arm eines Kavaliers. Doch sie setzt sich über ihre Unbeholfenheit hinweg und läßt sich ohne Widerstand vom Rhythmus tragen. Franz Joseph weidet sich an diesem Schauspiel. Sie tanzt für ihn. Trotz der vielen Blicke bewegt sie sich ungezwungen. Nachdem Hugo von Weckbecker sie an ihren Platz zurückbegleitet hat, teilt er einem Freund im Vertrauen mit: »Ich glaube, ich habe mit der zukünftigen Kaiserin getanzt.«

Beim letzten Tanz, dem Kotillon, kommen Franzi und Sissi endlich zusammen. Sie haben bisher keine zehn Sätze miteinander gewechselt und harmonieren wunderbar. Eine wahre Augenweide. Für die kurze Zeit eines Balles wird ein Märchen zur Wirklichkeit. Der Kaiser überschüttet seine junge Braut mit

Komplimenten. Er ist dreiundzwanzig Jahre alt und sie seine schönste Geburtstagsüberraschung.

Am Sonntag, dem 19. August, nehmen die Dinge für das »Sonntagskind« einen stürmischen Verlauf. Man ist schon beizeiten auf den Beinen; in beiden Familien eine feste Gewohnheit. Es ist unerträglich heiß, wie oft in Ländern weitab vom Meer. Die Erzherzogin hat von ihrem Sohn den Auftrag, sich bei Ludovika zu erkundigen, ob Elisabeth »ihn haben wolle«. Der bescheidene Ton eines solchen Antrags mag erstaunen. Auch wenn Franzi, der junge, verliebte Leutnant, zu allem bereit ist, um das Herz seiner Angebeteten zu erobern, so ist sich Franz Joseph durchaus darüber im klaren, welche Last er seiner zukünftigen Frau aufbürdet. »Sie weiß es ja nicht, sie kann es gar nicht wissen, wie meine Lage schwer ist, daß es bei Gott keine Freude ist, sie mit mir zu teilen.«
Erzherzogin Sophie schildert, wie ihre Schwester auf die entscheidende Frage reagierte: Ludovika »drückte mir bewegt die Hand, denn sie hatte in ihrer großen Bescheidenheit immer gezweifelt, daß der Kaiser wirklich an eine ihrer Töchter denken würde«. Wenn Ludovika später nach Einzelheiten dieses Heiratsantrages gefragt wird, antwortet sie nur: »Dem Kaiser von Österreich gibt man keinen Korb.« Diese Worte sind zwar nicht gerade sehr poetisch, aber offen und aufschlußreich. Als man Elisabeth fragt, kann diese sich nur wiederholen: »Ja, ich hab' ihn lieb, aber wenn er nur nicht Kaiser wäre.« Aber er ist es, und sie wird es noch früh genug spüren.
Zurück von ihrer Mission, teilt die Erzherzogin ihrem Sohn mit, daß sein Antrag positiv aufgenommen worden ist. Franzi ist überglücklich und eilt zu Sissi. Zu ihren Vettern zählen Könige, doch von jetzt ab ist Elisabeth keine einfache Kusine mehr. Sie ist seine offizielle Braut, seine Liebe. Der ganzen Welt will er es mitteilen. Zur Elf-Uhr-Messe in Ischl findet sich zwar nicht die ganze, aber zumindest die große Welt ein. Eine große Menge Schaulustiger kommt hinzu. Beim Einzug in die

Kirche geht die Erzherzogin zur Seite und läßt Elisabeth den Vortritt. Eine Geste von tiefer Bedeutung: Die Mutter des Kaisers kommt ab heute nur noch an zweiter Stelle, so fordert es das Protokoll. Inwieweit es in Zukunft berücksichtigt wird, wird sich zeigen.
Gegen Ende der kirchlichen Zeremonie steigt der Geistliche vom Altar herunter, um die Gläubigen zu segnen. Franz Joseph faßt Elisabeth bei der Hand. Gemeinsam treten sie ein paar Schritte vor, und der Kaiser bittet den Priester: »Hochwürden, segnen Sie uns, das ist meine Braut.«
Kaum ist das Hochamt beendet, bricht der Sturm los; die Neuigkeit verbreitet sich wie ein Lauffeuer. Die Menge läßt den Monarchen und seine Verlobte von fünfzehneinhalb Jahren hochleben. Nach der inneren Einkehr im schattigen Kirchenraum drängt sich die Volksmasse jubelnd und applaudierend im grellen Licht der im Zenit stehenden Sonne. Unzählige Augen durchbohren und verletzen das junge Paar und rauben es bis auf seine Seele aus. Elisabeth fürchtet, die Kontrolle über ihr Gleichgewicht zu verlieren. Sie fühlt weder die Liebe noch die Bewunderung, die ihr von der Menge entgegengebracht werden. Sie spürt nur deren Gewalt. Unwillkürlich greift sie nach der Hand ihres Bräutigams und hält sich mit aller Kraft an ihr fest. Der erste Eindruck ist prägend. Von diesem panikartigen Reflex wird sie sich nie mehr befreien können. Ein Bad in der Menge wirkt auf sie wie eine eiskalte Dusche.
Die Erzherzogin ist überrascht über diese abwehrende Haltung. Seltsame Manieren hat sie, die Kleine, denkt sie bei sich. Wie gerne wäre manch andere an ihrer Stelle. Aber sie wird sich schon daran gewöhnen. Im übrigen wäre es besser, wenn sie das breite Lächeln unterließe, ihre Zähne sind nämlich nicht schön. Sophie muß es schließlich wissen, denn die ganze Familie von Bayern hat schlechte Zähne. Ein Erbe der Wittelsbacher. Daß auch die sonst so verführerische Sissi davon ihren Teil abbekommen hat, gibt ihr wieder Auftrieb. Also ist noch nicht alles verloren, der Wurm steckt bereits in

der schönen Frucht. Schon beim nachmittäglichen Spaziergang teilt die Erzherzogin dies Franz Joseph mit. Kaum sind die beiden alleine, nutzt sie die Gelegenheit und fällt ihrem Sohn, der sich in endlosen Schwärmereien über seine Braut ergeht, ins Wort: »Sie ist zweifellos entzückend, aber sie hat schlechte Zähne!« Aus der Tante ist eine Schwiegermutter geworden. Auch Ludovika teilt sie ihre Entdeckung sofort mit. Die Schwester soll ihrer lieben Tochter eine sorgfältigere Zahnpflege nahelegen.
Noch vor dem Abend erreicht die Äußerung die Betroffene selbst. Ludovika kommt der ihr von der Erzherzogin übertragenen Aufgabe geflissentlich nach. Das Schicksal des Reiches hängt doch wirklich von Kleinigkeiten ab! Und wenn es um das Glück ihrer Töchter geht, sind die Mütter besonders wachsam, notfalls auch gegen deren Willen. Sissi gibt das Lächeln ihrer Kindheit auf, und Elisabeth lernt mit geschlossenen Lippen zu lächeln.

Ich bin ein Sonntagskind, ein Kind der Sonne;
Die goldnen Strahlen wand sie mir zum Throne,
Mit ihrem Glanze flocht sie meine Krone,
In ihrem Lichte ist es, daß ich wohne.

Die zukünftige Kaiserin von Österreich kehrt mit Mutter und Schwester nach Bayern zurück. Jetzt beginnt für sie der Ernst des Lebens. Die Hauslehrer arbeiten nicht mehr mit Helene, sondern mit Elisabeth. Die Erzherzogin hat Richtlinien erlassen. Die kleine Wilde ist zu zähmen und mit den elementaren Grundlagen der österreichischen Geschichte vertraut zu machen. Sissis Vater hat ihr einen Lehrmeister ausgesucht. Graf János Majláth ist ein kleiner Mann von siebzig Jahren, intelligent, gebildet und mit viel Humor. Mit fortschreitendem Unterricht spüren der Lehrer und die charmante Schülerin eine immer größere Zuneigung zueinander. Dies wird Elisabeth im Laufe ihres Lebens immer wieder erleben. Sobald sie einen

Lehrer ins Herz geschlossen hat, ist sie eine überaus liebevolle und aufmerksame Schülerin und entwickelt einen fast an Besessenheit grenzenden Übereifer. Alle ihre Lehrer lieben sie, und das nicht nur, weil sie die Kaiserin ist.

Mit fünfzehn Jahren entdeckt sie ihre eigene Neugierde. Hat sie bisher in Unwissenheit gelebt, so will sie jetzt alles wissen. Durch János Majláth macht Elisabeth zum erstenmal Bekanntschaft mit der ungarischen Wesensart. Eine schicksalhafte Vorbestimmung für die spätere Monarchin? Ob sich Herzog Max mit Absicht für diesen Mann entschieden hat, um sich an seiner selbstherrlichen Schwägerin, der Erzherzogin Sophie, zu rächen, bleibt ungewiß. Will er einen Keim von Aufruhr in das Mädchen legen? Ob bewußt oder unbewußt, die Wahl dieses Lehrers hat einen Einfluß auf das spätere Leben der Kaiserin. Österreichischer Geschichtsunterricht bei einem ungarischen Lehrer ist nicht der Normalfall und wird Sissi für die Zukunft entscheidend prägen.

János Majláth ist gewiß kein Revolutionär. Während des ungarischen Aufstands von 1848 ist er Habsburg treu geblieben, ein Stein des Anstoßes für die Liberalen seines Landes. Aber er ist trotzdem ein Ungar, voller Stolz und Begeisterung für sein Land, und hält mit der Liebe zu seiner Heimat vor der zukünftigen österreichischen Kaiserin nicht hinter dem Berg. Der mutige kleine Mann erzählt ihr voller Eifer von der alten ungarischen Verfassung, für die seine Landsleute ihr Blut vergossen haben und die Franz Joseph, ja, Franz Joseph, 1849 außer Kraft gesetzt hat. Er erwähnt auch die Vergeltungsmaßnahmen nach dem gescheiterten Aufstand von 1848: Dreizehn Generäle wurden gehenkt und der Präsident des Ministeriums, Ludwig von Batthyány, erschossen – seine Witwe verfluchte den Kaiser: »Möge Gott ihn strafen und seiner ganzen Familie und all denen, die er liebt, Unheil bringen!« Es folgten noch viele Todesurteile und Beschlagnahmungen. Das Land wurde ausgeplündert, und die für die ungarische Sache kämpfenden Magnaten gingen ins Exil: Kossuth in die Türkei und Graf Andrássy – es wird nicht das letztemal sein, daß Elisabeth diesen Namen hört – nach London und später nach Paris. Dort wird er unter Anspielung auf seine Erfolge bei den Frauen und weil er der Hinrichtung durch den Strang entkommen ist, »beau Pendu« genannt.

Die ungarischen Generäle waren nicht müßig gewesen. Die Soldaten des Zaren mußten der österreichischen Armee im Kampf gegen die Aufständischen helfen. Die harten Repressalien sind ein Zeichen der Angst. Ohne die Einwilligung Franz Josephs einzuholen, verurteilt das Militär selbst diejenigen zum Tode, die sich ergeben haben. Der Kaiser ist außer sich vor Zorn, als er davon erfährt. Sofort begnadigt er seine Feinde. Doch zu spät, ein großer Teil der Besiegten hat seinen letzten Atemzug bereits getan.

János Majláth läßt sich seine Verzweiflung nicht anmerken. Vor ihm sitzt die zukünftige Kaiserin, die bald ihren Einfluß geltend machen kann. Er sagt ihr also, daß er weiterhin an die gemeinsame Zukunft von Österreich und Ungarn glaube. Eine Haßliebe hält die beiden Länder zusammen, und weder ein Aufstand noch ein Blutbad kann sie von heute auf morgen voneinander trennen. Der alte Mann setzt sein ganzes Vertrauen in den jungen Kaiser, den Elisabeth demnächst heiraten wird. Franz Joseph war mit zwanzig Jahren gezwungen, an Ungarn das Todesurteil zu vollstrecken. Gewalt und Unterdrückung müssen ihm deshalb zutiefst zuwider sein. Auf den Ruinen eines Volkes läßt sich nichts Dauerhaftes errichten, schon gar nicht, wenn dieses Volk die unbändige Kraft und die wilde Sehnsucht der Madjaren besitzt. Schon bald mußte man einsehen, daß die Gewalt jeden Augenblick auf den Täter zurückfallen kann. Der junge Kaiser hat dies am eigenen Leibe erfahren. Am 18. Februar 1853, sechs Monate vor der Ischler Verlobung, war der liebe Franz Ziel eines Attentats geworden.

Mit einem Messer in der Hand hatte sich der Ungar János Libeny auf ihn gestürzt. Eine Frau in der Menge schrie auf, und

Franz Joseph drehte sich abrupt zur Seite, um zu sehen, woher der Schrei kam, und wie durch ein Wunder abgelenkt, verfehlte die Klinge die Gurgel und verfing sich zwischen dem Stoff des Uniformrockes und dem Metallring der Halsbinde. Nur die Messerspitze bohrte sich in den Hals. Der Kaiser blutete stark. Sein Adjutant konnte den Angreifer schließlich mit Hilfe eines Passanten überwältigen. Halb ohnmächtig schrie der Kaiser: »Tötet ihn nicht!«
Das Militär ist über diese Nachsicht entsetzt. Lange Zeit haben die Ungarn der österreichischen Armee schwer zu schaffen gemacht, und der Streit dauert noch an. Doch für János Majláth hat der verletzte Kaiser – er erlitt einen Schock und vorübergehende Sehstörungen – auf diese Weise den Weg zur Versöhnung geebnet. Es ist noch alles möglich.
Die Schülerin hört dem Bericht des Lehrers gespannt zu. »Schade, daß er Kaiser ist!« hat sie gesagt. In Wahrheit ist er weitaus mehr. Er ist ein Held. In jugendlicher Begeisterung verwechselt das Mädchen den Widerstand eines Landes mit dem Mut eines Mannes, das Durchhaltevermögen Ungarns mit der Unerschrockenheit ihres Verlobten. Elisabeths Fortschritte ermutigen János Majláth in seiner Arbeit. Gibt es etwas Bewegenderes als einen erwachenden Geist? Ludovika hingegen, die sich allerdings nie mit subtilen Fragen ihr Gehirn zermartert hat, ist davon überzeugt, daß der Lehrer in Sissis schönen Augen den Lohn für seinen Unterricht empfängt. Ihre Augen sind zweifelsohne schön; doch wenn man Schulden zu bezahlen hat, nützt dies alles wenig. János Majláth schweigt über seine mißliche Lage und lebt von wenig einbringenden Verlagsrechten. Ein Jahr später, als sein Schützling Kaiserin geworden ist, bringt er sich um. Auf welche Weise Elisabeth von seinem Selbstmord erfahren hat, ist nicht bekannt. Gewiß war sie darüber bestürzt. Der Mann, dem sie so viel verdankt, ertränkt sich im Starnberger See, in ihrem See, ganz in der Nähe von Possenhofen. Warum sind die Gewässer ihrer Kindheit so dunkel? Richard und János Majláth sind die ersten einer langen

Liste. Später schließen sich die Wellen des Starnberger Sees noch über anderen Erinnerungen, über anderen Menschen, die ihr lieb sind. Die Trauer wird Elisabeth immer umgeben. Sie ist möglicherweise ihr eigentliches Naturell. Cioran, der große Meister der Melancholie, fühlt sehr viel Sympathie für Elisabeth, wenn er von ihr sagt: »Ich will die Enttäuschungen und schweren Prüfungen, die sie durchmachte, nicht schmälern, aber ich denke, daß sie keine entscheidende Rolle gespielt haben. Sie wäre in jeder beliebigen Situation enttäuscht gewesen. Denn sie ist als Enttäuschte geboren ... Die Gründe sind nicht außerhalb zu suchen, sie liegen in ihr. Es entspricht einem tiefen Bedürfnis des Menschen, Illusionen und Gewißheiten zu zerstören, und so geht das labile Gleichgewicht, auf dem unsere Existenz ruht, verloren.«

Von János Majláths Unterricht ist Elisabeth begeistert, um ihre Aussteuer kümmert sie sich hingegen weniger gern. Überall Termine zur Anprobe: bei der Weißnäherin, beim Schneider, bei der Stickerin, beim Handschuhmacher und Schuster. Ein Riesenaufgebot an Handwerksleuten. Alle Münchner Nähstuben sind auf Wochen hinaus beschäftigt. Für den Wiener Hof wird es im Hinblick auf den Rang der Braut trotzdem eine bescheidene Aussteuer bleiben, auch wenn mit ihr sämtliche Frauen eines Dorfes für mindestens ein Jahrhundert ausgestattet wären.

Aus Wien schickt Franz Joseph seiner kleinen Braut Juwelen und Geschenke, die aus seinem Privatvermögen bezahlt werden. Auch in dieser Hinsicht ist der Kaiser sehr genau und achtet streng auf eine ordentliche Buchführung. Er selbst hat keine großen Bedürfnisse. Wenn es die Staatsgeschäfte erlauben, bringt er seine Präsente persönlich nach München oder Possenhofen. In der Familie von Herzog Max kann der Kaiser sein hohes Amt für kurze Zeit vergessen.

Elisabeth ist immer noch die liebreizende Sissi, die ihm mit ihrer Ursprünglichkeit und Grazie den Kopf verdreht hat. Bei

jedem Besuch findet Franz sie noch schöner. Natürlich ist das alles Einbildung, eine Folge der Stendhalschen Kristallisation. Sissi war immer reizend, doch nun gewinnt auch Elisabeth. Von Monat zu Monat wird sie feiner, schlanker und größer und versetzt ihre Umwelt fortwährend in Erstaunen. Von Possenhofen schreibt der Kaiser an seine Mutter: *Meine Liebe zu Sissi wird jeden Tag größer, und ich bin mehr denn je davon überzeugt, daß keine andere Frau besser zu mir paßt als sie.* Und um jeden Einwand im Keime zu ersticken, fügt er noch hinzu: *Dank Eurer Empfehlung sind ihre Zähne jetzt fast weiß.* Welch fromme Lüge! In Wahrheit achtet Elisabeth peinlich darauf, daß man ihre Zähne, die so viel Anstoß erregt haben, nicht sieht. Mit der Kritik der Erzherzogin ist ihr Lächeln schon halb verschwunden.
Am Abend des 24. Dezembers 1853 ist Franz Joseph in Bayern. Er feiert Weihnachten und den Geburtstag seiner Braut, die an diesem Tag sechzehn Jahre alt wird. Mit Sissis Brüdern und Schwestern vergißt er den Krieg, in den der Zar ihn hineinziehen möchte, er vergißt die Hofburg, in der er nie eine Kindheit gehabt hat, die politischen Geschäfte und seine ihn überallhin verfolgende Familie. Für ein paar Stunden kann er einmal ganz Kind sein. Doch nur für ein paar Stunden, denn schnell muß er in die Garnison zurück.
Elisabeth wird sich allmählich bewußt, daß sie nicht nur von den Eltern und der Familie, ihrem See, ihrem Land und ihrer Kindheit Abschied nimmt. Auch sich selbst wird sie aufgeben müssen. Kaum sind die fünfundzwanzig Reisekisten ihrer Aussteuer unterwegs nach Wien, wartet in der königlichen Residenz zu München ein feierlicher Festakt auf sie. Der symbolische Gehalt dieser Zeremonie wühlt sie innerlich auf. Papst Pius IX. hat ihrer Ehe mit Franz Joseph zugestimmt. Sie sind zwar Vetter und Kusine, über ihre Mütter ersten und über ihre Väter vierten Grades, doch niemand wagt es, auf die bereits allgemein bekannten Gefahren der Inzucht hinzuweisen, weder der Papst noch die Ärzteschaft. Bevor sie heiratet, muß sie auf

ihr Thronfolgerecht verzichten. Denn Elisabeth Amalie Eugenie von Wittelsbach, Herzogin *in* Bayern, gehört sehr wohl zu den Erbberechtigten der bayerischen Krone, wenn auch nur zu den entfernteren. Dieser Thronverzicht ist eigentlich ein rein formaler Akt, doch das Mädchen mißt ihm eine tiefe Bedeutung bei. Der bayerische Thron kümmert sie wenig, sie wird in Wien einen wesentlich bedeutenderen, aber auch gefährlicheren besteigen. Doch die durch einen festlichen Rahmen noch zusätzlich aufgebauschte Verzichtserklärung steht für das Ende ihres bisherigen Lebens. Sie bricht mit ihrem Land, bevor sie sich an ein neues gebunden hat. Leb wohl, vertraute Isar! Die Donau erwartet ihre Kaiserin. Elisabeth spürt Angst in sich aufsteigen. Franz wird den Mut für zwei haben müssen: Sie fühlt sich ihrer Aufgabe wenig gewachsen. Der Kaiser verdiente etwas Besseres als ein Mädchen aus der Provinz wie sie. Vielleicht hat sie für diesen Gewinn doch mehr hingeben müssen, als sie denkt, und die eigentliche Siegerin heißt Helene. Das Lächeln der Wittelsbacher ist nicht ohne Tadel, ihre Zähne sind gelb, doch es ist dieses Lächeln, das sie liebt. Die Habsburger Unterlippe ist keineswegs besser. Und Verrückte und Nervenkranke gibt es in beiden Familien genug. Franz sieht gut aus, ist jung und verliebt. Er wird ihr im fremden Land Heimat und Liebe sein. Das ist nun einmal das Schicksal aller Töchter aus dem Hochadel. Sie werden verheiratet und verbannt, zum Teil gegen ihren Willen. Aber wer fragt denn schon danach, ob sie einen eigenen Willen haben? Manchmal sind sie jünger als Sissi. Auch Elisabeths Ehe wurde ausgehandelt, wenn auch für eine andere. Sie heiratet den Mann, den sie liebt, und er ist außerdem noch Kaiser. Ludovika und ihre Schwester, die Erzherzogin, hätten sich in ihrem Alter gerne einem solchen Abenteuer gestellt. Elisabeth hat allen Grund zu lächeln, allerdings mit geschlossenen Lippen, damit man nicht sieht, daß sie das Markenzeichen der Wittelsbacher beibehält.

Sie hat von ihrer Kindheit noch nicht Abschied genommen und ist bereits nicht mehr Herzogin in Bayern. Wenn sie ausgeht, erregt sie Neugierde und Bewunderung. Wer berühmt ist, kann keinen freien Elan entfalten. Daran kann sie sich nicht gewöhnen. Früher interessierte sich niemand für sie. Jetzt ist die kleinste ihrer Gesten von eminenter Bedeutung, sie wird beurteilt und gelobt oder kritisiert. Hat sie sich verändert? Ist sie denn jetzt eine andere? Warum drängt man sie zu solchem Ruhm? Ist es ein Irrtum?

Mit den einsamen Spaziergängen ist es vorbei, mit dem Ausreiten in den frühen Morgenstunden ebenfalls. Sogar ihr lieber Verlobter mischt sich ein. Er will zwar nur das Beste für seine Geliebte, empfiehlt ihr aber dennoch, ihr Verhalten dem neuen sozialen Status anzupassen. Aus München schreibt er seiner Mutter, die während seiner Abwesenheit in Wien die Stellung hält: *Abgesehen von anderen weitaus wichtigeren Begabungen ist Sissi auch eine geschickte Reiterin. Trotzdem habe ich meine Schwiegermutter gebeten, sie nicht zu oft reiten zu lassen, was ja ganz in Eurem Sinne ist. Es wird nicht leicht sein, denn sie wird sicherlich nicht freiwillig darauf verzichten.*

Ihr Körper ist noch nicht einmal ausgewachsen und gehört ihr schon nicht mehr. Herzog Max hätte nie ein solches Verbot ausgesprochen, es wäre ihm nicht einmal in den Sinn gekommen. Er wollte immer eine lebhafte Tochter und hat sie in dieser Hinsicht noch unterstützt. Jetzt ist ihr wildes Temperament plötzlich nicht mehr gefragt. Man will andere Seiten von ihr sehen. Und die schreckliche Erzherzogin, ihre Tante, darf sie auch nicht mehr duzen. Sie muß die »wahre Kaiserin«, ihre Schwiegermutter, jetzt mit »Ihr« anreden.

Am 4. März 1853 wird der Ehevertrag in Abwesenheit des Bräutigams unterzeichnet. Rechtsgelehrte, geistliche Würdenträger, Ärzte und Vertreter der Häuser Habsburg und Wittelsbach kommen dagegen in Scharen. Man verhandelt über große Beträge. »Aus väterlicher Liebe und Zuneigung« bekommt Elisabeth eine Mitgift von fünfzigtausend Gulden und eine »standesgemäße« Aussteuer. Der Kaiser erhöht die ihm offensichtlich zu gering erscheinende Mitgift um weitere hundert-

tausend Gulden und verpflichtet sich gegenüber seiner Gattin zu einer Jahresrente von hunderttausend Gulden für ihre persönlichen Bedürfnisse wie Garderobe, Schmuck, gute Werke und kleinere Ausgaben. Auch als Witwe steht ihr diese Rente weiterhin zu. Dazu ist zu sagen, daß Erzherzogin Sophie nur zwanzigtausend Gulden bezieht. Drei Tage vor der Hochzeit kürzt Franz Joseph den Betrag um fünfzigtausend Gulden, damit es nicht so aussieht, als habe seine Frau einen allzu großen Vorrang vor seiner Mutter.
Die Historikerin Brigitte Hamann weist darauf hin, daß ein Arbeiter in jener Zeit bei einem Arbeitstag von zwölf bis vierzehn Stunden zwei- bis dreihundert Gulden verdient, eine Frau die Hälfte und ein Kind noch viel weniger. Der Jahressold eines Leutnants beträgt zweihundertachtundachtzig Gulden. Elisabeth zählt nicht zu den Ärmsten ihres Reiches.
Das ist nicht alles. Was fehlt, ist die Morgengabe, eine schön klingende Umschreibung für einen uralten Brauch, der Kinder rot werden läßt und die Eigenliebe der Frau verletzt. Es geht um die Hochzeitsnacht. Im vorliegenden Fall erhält die junge Braut als »Ausgleich« für den Verlust ihrer Jungfräulichkeit zwölftausend Dukaten. »Ein Hochzeitsgeschenk nach dem Vollzug der Ehe.« Im Kaiserhaus bezahlt man es bar, wie im Bordell. Die für die Jungfräulichkeit übliche Bezeichnung »das kleine Kapital« war wahrscheinlich nie so angebracht wie bei diesem Preis. In einem Brief vom 26. März 1854 an seinen Finanzminister, den Ritter von Baumgartner, ordnet Franz Joseph an, daß die Morgengabe in neuen Gold- und Silberstücken für den Morgen nach der Hochzeit in einer »anständigen Kassette zur Behändigung an die durchlauchtigste Braut« bereitzuhalten sei.

Der Finanzminister hat sich mit Sicherheit an die Vorschriften des kaiserlichen Briefes gehalten. Das Kästchen ist schön, die junge Braut ebenfalls. Es ist jedoch zu befürchten, daß die Morgengabe bei Elisabeth eher Verlegenheit als Freude ausgelöst hat.

In den österreichischen Palästen weiß jeder alles. Die Wände haben Ohren. Wahrscheinlich rührt der Ausdruck von diesen Wänden her. Das ganze Reich ist voller Spione. Metternich hat das Überwachungssystem perfektioniert, und seine Erben haben es für alle Zeiten gefestigt. Man wundert sich nicht darüber, wenn die Post bereits vor dem Empfänger gelesen wird. Privatleute entgehen der Kontrollsucht ebensowenig wie Botschaftsangehörige. Und in der abgeschlossenen Welt von Schönbrunn und der Hofburg kursieren Neuigkeiten noch schneller als anderswo. Hier hören nicht nur die Wände, sondern auch die Wandschirme und Vorhänge mit. In der Nähe der Ohren findet sich immer ein Mund, der ein soeben entdecktes Geheimnis gerne meldet. Alle Intimitäten werden von Mund zu Mund weitergegeben, die Liebesspiele der Herrschaft hinter den Kulissen kommentiert und die Scham verletzt.

Man weiß – oder besser, man glaubt zu wissen –, daß Elisabeth nicht am 24. April 1854, dem Hochzeitstag, ihre kostbare Unschuld verliert. Den Verlust, für den sie mit der Morgengabe entschädigt werden soll, erleidet sie vermutlich erst in der dritten Nacht, der Nacht vom Mittwoch, den 26., auf Donnerstag, den 27. April. Am Hochzeitstag selbst trägt alles zum Gelingen des Festes bei. Das Wetter ist freundlich, und die Sonne lacht. Seit den Tagen des Kongresses hat Wien keine solchen Feierlichkeiten mehr gesehen. Die Fürsten Europas sind der Einladung ihres geliebten Vetters gefolgt. Der Orient steuert dem westlichen Prunk seine Farben bei, denn auch aus Istanbul, Alexandria und von noch weiter her kommen die Gäste angereist. Die fröhliche Stimmung im Volk deutet darauf hin, daß man die Forderungen von 1848 zu den Akten gelegt hat. Man will den jungen, verliebten Kaiser sehen. In stolzer Haltung trägt er auf seiner Brust die Kette vom Goldenen Vlies. Doch zwei Tage zuvor, bei ihrer Ankunft in Wien, fand Elisabeth ihn noch schöner. In Begleitung ihrer Familie war sie die Donau hinuntergefahren, von der bayrischen Grenze bis in die Hauptstadt, dem Mittelpunkt ihres neuen Lebens. Der Rad-

dampfer hieß natürlich *Franz Joseph*, und alles – Menschen, Häuser, Fahnen und Boote – schien von Sissis Bräutigam gekennzeichnet zu sein. Von den benachbarten Dörfern kamen die Leute gelaufen, um die Braut hochleben zu lassen. Sie grüßte, grüßte unaufhörlich. Die Bewegung der Schiffsräder beruhigte sie. Was auch immer geschah, die großen Räder drehten sich weiter und brachten sie von den Hochrufen weit fort. Doch kaum hatte die *Franz Joseph* eine Gruppe von Menschen passiert, da tauchte dahinter schon die nächste auf.
In Nussdorf bei Wien stand Franz ungeduldig am Ufer, während der Dampfer seine Manöver machte. Der Landungssteg war noch nicht angelegt, Schiff und Kai waren noch durch einen tiefen Graben getrennt, als der Kaiser, der es nicht mehr erwarten konnte, mit einem Satz zu seiner Geliebten im cremefarbenen Seidenkleid mit weißem Hut hinübersprang. Die offiziellen Gäste machten große Augen, als er sie ohne Rücksicht auf das Protokoll umarmte, hochhob und küßte.
In der Augustinerkirche gibt es für das Brautkleid detaillierte Vorschriften. Es dauert drei Stunden, die neue Kaiserin einzukleiden, ihre Mähne zu zähmen und ihre Stirn mit dem Diadem, einem Geschenk der Erzherzogin, zu schmücken. Die junge Schönheit, so zierlich, blaß und ernst, gehört eher in die Welt des Traums als in die Wirklichkeit. Franz Joseph steht an ihrer Seite. Er wagt nicht, sie anzuschauen, geschweige denn zu berühren. Nach einer Erscheinung greift man nicht mit den Händen. Doch Kardinal Rauscher, der Bischof von Wien, bleibt davon ungerührt. Er besitzt sogar die Taktlosigkeit, den heiligen Augustinus zu zitieren. Die Worte sind von der alten, wohlbekannten Frauenfeindlichkeit der Kirchenväter geprägt: »Wenn die Frau einen Mann liebt, weil er reich ist, so ist sie nicht rein, denn sie liebt nicht den Mann, sondern sein Geld. Wenn sie einen Mann liebt, liebt sie ihn um seinetwillen, sei er auch arm und ohne Besitz.« Solche Reden hört man am Tage der Hochzeit nicht gern, wenn man voller Sehnsucht ist und nur von der Liebe träumt. Elisabeth empfindet diese Bischofs-

predigt vor den versammelten Fürsten Europas und dem ganzen österreichischen Hof als einen persönlichen Angriff, ja als eine Ungerechtigkeit. Sie weiß sehr wohl, daß Kardinal Rauscher der Beichtvater ihrer Schwiegermutter ist. Es bedarf wirklich nicht viel, um hier einmal mehr den Einfluß der bösen Fee zu vermuten.

Franz Josephs Jawort ist hell und klar, das von Elisabeth eher gehaucht als gesprochen. Jetzt ist sie also verheiratet mit diesem Mann, der mit siebenundvierzig Adelstiteln über zweiundfünfzig Millionen Menschen herrscht, mit dem Oberhaupt dieses Vielvölkerstaates, der vergeblich nach einer nationalen Identität sucht und deshalb ganz auf die Treue zur habsburgischen Dynastie baut.

Wien ist in Hochstimmung. Als ob es nie eine Revolution gegeben hätte und auch nie eine geben würde. Der Abend ist milde, und die Fanfaren antworten dem Glockengeläut, die Trompeten dem Freudengeschrei. Es ist so jung, das neue Herrscherpaar des tausendjährigen Reiches, daß man zumindest für eine Nacht versucht ist, an die Unsterblichkeit dieses Reiches zu glauben. Es wird niemals enden, und die lange Linie der Habsburger wird nicht abreißen.

Empfang der hohen Würdenträger, Hochzeitszug mit der goldenen Kutsche durch die Straßen der Stadt, Jubelrufe, Festbeleuchtung und ein großartiges Diner unter den Kronleuchtern der Hofburg. Für die Rechtmäßigkeit ihrer Liebe ist nichts zu teuer. Das Paar muß einiges über sich ergehen lassen: Gratulationen, Geschenke, Ehrenbezeugungen und Huldigungen. In dieser Welt kennt man sich seit Generationen, doch für Elisabeth gibt es nur unbekannte Gesichter. Und wenn sie zufällig eine Verwandte entdeckt, wird sie von der Erzherzogin zurechtgewiesen. Zwei kleine Prinzessinnen in bayerischer Tracht zu küssen ist ihr nicht erlaubt, auch dann nicht, wenn es ihre beiden Kusinen sind. Sofort handelt sie sich einen Vorwurf ein. Herzlichkeiten solcher Art sind ihr untersagt. Ab sofort ist ihre Person unantastbar. Ihr Körper gehört jetzt der österreichischen Krone. Franz Joseph pflichtet seiner Mutter bei und weist seine Gattin darauf hin, daß sie nun die erste Dame eines großen Reiches sei. Gefühlsregungen dürfe man nicht mehr nachgeben. Ihr Leben ist festgelegt wie das einer Nonne. Sie hat sich einer Regel zu unterwerfen, die nicht weniger streng ist als die eines Klosters: dem Protokoll. Niemand hat das Recht, sie anzusprechen. Nur wer gefragt wird, darf ihr antworten. Elisabeth ist zu schüchtern, um von sich aus ein Gespräch anzufangen.

Im Audienzsaal warten die Damen, die ihre Huldigung mit einem Handkuß darbringen dürfen. Sie spürt eine große Leere. Ein unendlicher Zug von schwer mit Schmuck behängten Fürstenwitwen, ein Fluß glänzender Diamanten. Die Gesichter so hart wie die kostbaren Steine in den Dekolletés. Leichengeruch hängt in der Luft. Elisabeth bringt kein Wort hervor. Mein Gott, warum bin ich hier? Sie hüllt sich in Schweigen und spürt, wie ihre Schläfen pochen. Die Beine und Füße sind vor Müdigkeit geschwollen, die Augenlider werden schwer. Sie lächelt, bemüht sich aber, ihre Lippen geschlossen zu halten, damit man ihre Zähne nicht sieht, die Zähne, die der Erzherzogin so mißfallen. Sie fühlt sich häßlich. Wird sie bald auch so aussehen wie all diese Frauen um sie herum? Die Schmucksteine der Damen erinnern Elisabeth an Baustellenlampen von zum Abriß freigegebenen Häusern. Es gibt kein Entkommen mehr.

Zu Unrecht hat sie Unbehagen empfunden, als man ihr in München, ihrem geliebten Bayern, und vom Donauufer aus zujubelte. Denn dort kam die Begeisterung spontan und freiwillig. Hier in dem riesigen Palast sind alle Augen wie Waffen auf sie gerichtet, und sie weiß sich vor einem solchen Artilleriefeuer nicht zu wehren. Wenn sie sich doch nur unerkannt unter die Menge mischen könnte, die ihr zu Ehren in den Straßen tanzt. Noch viel lieber wäre es ihr, dem bunten Treiben vom Fenster aus zuzuschauen.

Die beiden Schwestern Ludovika und Sophie begleiten Elisabeth bis zum Hochzeitsbett. Der Tag ist zu Ende, die Nacht beginnt. Vielleicht erinnert sich Sophie an ihre eigene Jugend und die Panik, die sie spürte, als sie sich ihrem unfähigen Ehemann, seines Zeichens Erzherzog, hingeben mußte. Denn noch am Abend dieses 24. April schreibt sie in ihr Tagebuch: *»Louise (Ludovika) und ich führten* die junge Braut in ihre Räume. Ich ließ sie mit ihrer Mutter und blieb im kleinen Zimmer neben dem Schlafzimmer, bis sie im Bett war. Ich holte dann meinen Sohn und führte ihn zu seiner jungen Frau, die ich noch sah, um ihr eine gute Nacht zu wünschen. Sie versteckte ihr hübsches, von einer Fülle schönem Haar umflossenes Gesicht in ihrem Kopfpolster, wie ein erschreckter Vogel sich in seinem Nest versteckt.«
Endlich allein. Nur in der Ferne das Flüstern derer, die auf der Lauer liegen. Was weiß sie von der Liebe? Das, was normalerweise ein Mädchen aus ihrer Welt davon weiß. Hinzu kommt, daß sie auf dem Lande aufgewachsen ist. Sie hat die Tiere beobachtet. Auch die Seitensprünge von Herzog Max sind ihr nicht entgangen. Jedenfalls übt die Vorstellung einer körperlichen Vereinigung wohl keinen allzu großen Reiz auf sie aus. Den jungen Grafen Richard glaubte sie zu lieben, doch er starb zu früh, die Erregung der Heranwachsenden hatte sich noch nicht zu einer Verwirrung der Gefühle oder zu einem Wunschtraum entwickelt. Sie flüchtete sich damals in die Poesie, und ihre Gefühle blieben vage.
Und Franz Joseph? Als er mit achtzehn Jahren auf den Thron kam, war seine Mutter, die ihm ja zur Krone verholfen hatte, fest entschlossen, ihn weiterhin unter ihrer Fuchtel zu halten und sich um alles zu kümmern, auch um seine Einführung in das Liebesleben. Trotz aller Frömmelei ist Sophie durchaus realistisch. Damit ihr Sohn nicht anderswo sucht, wonach ihn gelüstet, müssen ihm zu Hause Frauen zugeführt werden. Die unermüdliche Großherzogin wird zum zentralen Organisationsbüro für die Freuden des Staatsoberhauptes. Ihrem

Beichtvater, Kardinal Rauscher, treibt es die Röte ins Gesicht.
Die Mutter organisiert für ihren Sohn Bälle in seinen Privatgemächern. Eingeladen werden die schönsten Mädchen, die beste Manieren aufweisen und an deren hochadeliger Abstammung es nichts auszusetzen gibt. Das Organisationsbüro mischte unter den jungfräulichen Chor ein paar »richtige« Frauen, die leichter zugänglich waren. Aber wer wollte den Herrn schon zurückweisen? Er ist jung, gutaussehend und ein ausgezeichneter Tänzer. Sein kräftiger Körper ist noch unverbraucht. Es ist schon lange her, daß an der Hofburg solche Feste gefeiert wurden. Sophie braucht nur unter den Kandidatinnen zu wählen. Bei der Auslese kann man sich getrost auf die Erzherzogin und ihre Spione verlassen. Gefragt ist erfahrenes, aber noch frisches Fleisch. Außerdem müssen die familiären und medizinischen Voraussetzungen stimmen.
Man braucht nur zu winken, schon kommen die Damen. Sie wissen über ihre Rolle Bescheid. Der Kaiser soll sich als geschickter Eroberer bestätigt fühlen. Dafür läßt man ihn zunächst einmal zappeln. Nach einer Quadrille oder Mazurka wird man weich. Natürlich sträubt man sich noch ein wenig, seufzt schließlich hingebungsvoll, und am nächsten Morgen schweigt man. Auf dieses Stillschweigen ist allerdings kein allzu großer Verlaß. Die Erzherzogin weiß zwar alles, aber Wien ist auch nicht ahnungslos. Recht schnell haben die Damen, die das Vergnügen mit Franz Joseph hatten, einen Beinamen: *les Comtesses hygiéniques*. Dies gibt die Situation ausgezeichnet wieder. Die Frauen, die der Kaiser bis jetzt in seinen Armen hatte, fühlen sich viel zu sehr geehrt, als daß sie sich erlauben würden, Schwierigkeiten zu machen oder – was noch schlimmer wäre – an ihr eigenes Vergnügen zu denken. Franz Joseph geht davon aus, daß sie alle so sind. Er ist Soldat, kein Poet. Von Anfang an in der Hofburg eingeschlossen, kann er sich eine andere Welt nicht einmal mehr vorstellen. Voller Einfalt glaubt er, daß die Welt außerhalb der Festung ein getreues

Abbild jener Welt ist, in der er lebt. Dieses Weltbild hat ihm die Erzherzogin vermittelt. Die mangelnde Phantasie ist das Erbgut seiner Mutter. Sein einziger Traum, der einzige seines Lebens, ist jenes Mädchen, das sich unter seinen Haaren versteckt und die tröstenden Worte nicht hört. Er hat nichts mehr von einem Kaiser an sich. Bei ihr fühlt er sich machtlos.
Und doch hat er sie gewollt. Von allen Frauen sie allein. Er wußte es bereits im voraus, wie alle Menschen, die schon alles haben und nur noch das Unerreichbare begehren können. Sie ist sein Triumph, und an ihr scheitert er. In diesem Schlafgemach liegen zwei gestrandete Menschen. Nacht für Nacht wird ihm das bewußt. Er kennt nichts, solange er sie nicht kennt. Weil sie sich als Opfer eines Tauschgeschäfts empfindet, hält sie ihre Gefühle zurück. Haben sie nicht ein ganzes Leben lang Zeit, sich zu lieben? Sich zu verständigen? Hat es denn wirklich solche Eile? Sie weiß nichts von dem Verlangen des jungen, verliebten Leutnants, der zuschaut, wie seine Frau sich auszieht, und dabei unter ihren vielen Haaren flüchtig den Körper wahrnimmt. Das Kind ist eine bildhübsche Frau. Transparente Haut unter dunklem Haar. Die schlanke Taille hebt die Rundungen der Brust und des Gesäßes noch stärker hervor. Sie ist nicht so mager, wie man vermuten könnte. Aber sie zeigt sich nicht stolz auf ihren Körper, im Gegensatz zu den *Comtesses hygiéniques*, die durchweg weniger schön waren. Franz Joseph hat bei diesen Frauen nichts gelernt, was ihm jetzt von Nutzen sein könnte. Er weiß nicht, ob er lachen oder weinen soll. Er überläßt sich seinem Gefühl und streift das kaiserliche Gehabe ab. Er ist ein Mann, der sich mit einer Frau in das Schlafzimmer zurückgezogen hat. Er weiß wenig von ihr und noch weniger von der Liebe. Er erwartet von diesem Augenblick das Glück seines Lebens, doch seine eigene Angst hindert ihn mindestens genauso sehr wie der Widerstand Elisabeths. Bei ihr kommen Schüchternheit, Stolz und ein großes, durch Träume und Einsamkeit noch verstärktes Liebesbedürfnis zusammen. Hat er nicht noch das ganze Leben vor sich, um dieses wider-

spenstige, menschenscheue Wesen zu zähmen? Ebendieses Leben, für das er sich entschieden hat, als er von allen Frauen sie erwählte.

Bereits zum Frühstück erscheinen die beiden Mütter. Es ist deutlich zu spüren, daß auch sie nicht viel geschlafen haben. Sie hatten in ständiger Alarmbereitschaft gelegen und waren beim ersten Lebenszeichen aus dem Bett gesprungen. Die Neugierde hält die beiden männerlosen Frauen munter. Ihre Augen leuchten seltsam. Sie kämen nur auf einen Sprung vorbei, geben sie vor, und seien fest entschlossen, nicht länger zu bleiben. Man wolle ja die zärtliche Zweisamkeit der lieben Kinder nicht stören. Der Kaiser ist zu höflich, um sie nicht zum Bleiben aufzufordern. Elisabeth muß ihre prüfenden Blicke ertragen. So sitzen sogar in einem so riesigen Palast die Menschen allzu dicht aufeinander. Und wenn man nie alleine ist, ist die Einsamkeit noch größer.

Nach dem letzten, schnell hinuntergeschlungenen Bissen führen die beiden Mütter Einzelgespräche mit ihrem jeweiligen Kind. Das Verhör beginnt, ungeachtet der um sie herumtanzenden Kammerzofen und Lakaien. Man wird doch ihretwegen nicht die Stimme senken. Die Dienerschaft ist ohne Bedeutung. Laut Metternich beginnt in Wien der Mensch erst mit dem Herzog. Die Gegenwart von Untermenschen stört nicht weiter. Die Erzherzogin wird gegenüber ihrem Sohn direkt. Er gibt zu, daß die Ehe nicht vollzogen wurde. Die Wände haben Ohren, die Lakaien und Kammerzofen auch. Die Nachricht geht sofort weiter, von Mund zu Mund, von den Salons über die Vorzimmer in die Korridore, und verbreitet sich in der ganzen Umgebung.

Am darauffolgenden Morgen wird das Szenario wiederholt. Die Antwort auf die Frage der Großherzogin ist immer noch die gleiche. Doch am Donnerstag, dem 27. April, ist alles anders. Die Mütter warten treu auf ihrem Posten. Sie sind besorgt, wie man sich vorstellen kann. Die Kleine macht entschieden Schwierigkeiten. Wurden sie selbst denn nicht auch mit Männern verheiratet, die sie nicht wollten? Und dabei blieb ihnen nicht einmal die Zeit, sich zu empören oder aufzubegehren. Sophie nimmt Ludovika bereits ins Gebet. Sie habe ihre Tochter schlecht erzogen, wirft sie ihr vor. Sie habe sie eigentlich überhaupt nicht erzogen. Plötzlich verstummt sie, ihr Franzi ist hereingekommen. Er ist allein und macht einen verlegenen Eindruck. Was ist los? Die Morgengabe war doch bereits wie vorgesehen am Dienstag morgen ausbezahlt worden, die Provokation ist unerträglich. Der Kaiser bittet die beiden, Sissi zu entschuldigen. Sie habe sich noch nicht erhoben. Die Erzherzogin denkt nicht daran, den Kampf aufzugeben. Er solle sie holen, sie würden warten.

Elisabeth ist sehr wohl schon auf den Beinen, doch sie lehnt es ab, vor ihren Richtern zu erscheinen. Sie ist in dieser Nacht endlich Franz Josephs Frau geworden und hat keine Lust, diese Neuigkeit an die große Glocke zu hängen. Wenn sie den Mut dazu hätte, würde sie doch nur wie Stendhals Lamiel sagen: »Ist das alles? … Das also ist die berühmte Liebe? Und weiter nichts?«

Erste Auseinandersetzung. Elisabeth will mit ihrem Mann alleine frühstücken. Franz Joseph bittet sie inständig einzulenken. Widerwillig und traurig gibt sie nach. Die Hofdamen empfangen sie herzlich, doch in der Stimme der Erzherzogin liegt etwas Triumphierendes. Halleluja! Die Kleine mußte sich dem Verlangen des Sohnes und dem Willen der Mutter beugen. Franz hat nicht begriffen, daß Widerstand gegen seine Mutter seiner Ehe geholfen hätte. Vor den protokollarischen Pflichtübungen und der Konfrontation mit der neugierigen Menge sehnte sich Elisabeth nach einem Moment der Nähe. Es war keine Laune. Sie wollte weder eine kleine Strohhütte noch eine Hochzeitsreise. Sie wollte nur für die kurze Zeit des Frühstücks ihren Mann für sich haben. Sie wünschte sich ihn zärtlich in der Liebe und stark bei den anderen, besonders gegenüber seiner Mutter. Statt dessen hat er kapituliert. Das kann sie ihm nicht vergessen.

Jahre später gesteht sie ihrer Hofdame, der Gräfin Festetics: »Der Kaiser war so gewohnt, zu folgen, daß er sich auch darein ergab. Aber mir war das gräßlich. Ihm zulieb, ging ich auch hin.« Zwischen der »wahren« und der neuen Kaiserin beginnen die Feindseligkeiten. Elisabeth ist nicht wie ihre Mutter, die der Erzherzogin nicht nur immer gehorcht, sondern sich ihr regelrecht unterwirft. Sie kann es nicht leiden, wie ihre Schwiegermutter den Sohn ständig erpreßt. Schlimmer noch: Die böse Fee löst bei ihr Haß aus, ein Gefühl, das sie bisher nicht gekannt hat.

Elisabeth ist sechzehn Jahre alt und mit einem Mann verheiratet, der sie sehr verehrt. Ihre Anmut und Jugend sind bereits über die Reichsgrenzen hinaus in aller Munde. Allmählich wird sie zu der meistbeneideten und meistbewunderten Frau der Welt. Ihr ist in den Schoß gefallen, wovon ihre Schwester träumte und was ihrer Mutter nicht gegönnt war: Liebe und Thron. Erzherzogin Sophie erinnert sich nicht ohne Bitterkeit daran, daß sie in jenem Alter ihre Schönheit und Intelligenz an einen geisteskranken und gewalttätigen Mann verschwenden mußte. Der Wiener Kongreß hatte es so entschieden. Und all das für ein Reich, das sie nach so vielen Opfern nun ihrem Sohn übertragen hat. Diese dumme Göre, die nichts wollte und alles bekam, wagt es nun, die Beleidigte zu spielen. Das ist doch die Höhe!
Natürlich weiß die Erzherzogin nicht, was die junge Ehefrau in ihren einsamen Flitterwochen heimlich zu Papier bringt:

> Oh, daß ich nie den Pfad verlassen,
> Der mich zur Freiheit hätt geführt.
> Oh, daß ich auf der breiten Straßen
> Der Eitelkeit mich nie verirrt!
>
> Ich bin erwacht in einem Kerker,
> Und Fesseln sind an meiner Hand.

Und meine Sehnsucht immer stärker –
Und Freiheit! du mir abgewandt!

Ich bin erwacht aus einem Rausche,
Der meinen Geist gefangenhielt
Und fluche fruchtlos diesem Tausche,
Bei dem ich Freiheit! dich – verspielt!

Niemand hatte damit gerechnet, daß das Kind seiner verlorenen Freiheit nachtrauern würde.

Doch was ist mir die Frühlingswonne
Hier in dem fernen, fremden Land?
Ich sehn mich nach der Heimat Sonne,
Ich sehn mich nach der Isar Strand.

Die junge Gefangene hat Sehnsucht nach dem heimatlichen Bayern. Doch schwerer wiegt, daß sie die Liebe, die sie im Alter von vierzehn Jahren für den Grafen Richard empfand, nicht vergessen hat. In einem Eckzimmer von Schloß Laxenburg bei Wien, wohin sie sich in ihrem Schmerz für eine Weile zurückziehen kann, schreibt sie:

Nur einmal konnt ich wahrhaft lieben
Es war das erste Mal.
Nichts konnte meine Wonne trüben
Bis Gott mein Glück mir stahl.

Geknüpfet war der Liebesknoten
Wir sahen uns jeden Tag;
Doch nun gehört er zu den Toten
Hart war des Schicksals Schlag! …

Den ganzen Tag konnt ich mich freuen
Auf einen einzgen Blick!

Soll in der Trübsal ich bereuen
Was damals war mein Glück?

Nur kurz warn diese schönsten Stunden,
Nur kurz die schönste Zeit.
Nun ist mein Hoffen all entschwunden,
Ihn geb ich nicht in Ewigkeit.

Warum kann Elisabeth denn nicht so sein, wie man es von ihr erwartet: eine Kaiserin und glückliche Frau? Sie schreibt die Gedichte nicht, um es ihrem Vater gleichzutun, und noch weniger für die Nachwelt. Sie ruft auch nicht um Hilfe, denn die vertraulichen Zeilen bleiben lange unbekannt. Was ist also mit diesem verwöhnten, sich immerzu grämenden Kind? Die monatelangen Vorbereitungen, das hoffnungsvolle Warten, die Liebeserklärungen, Geschenke und Feste, die Begeisterungsstürme in Wien und dem übrigen Österreich, ja die Liebe, die das ganze Reich dem kleinen Mädchen entgegenbringt – zählt dies alles denn überhaupt nichts?
Der Mai in jenem Jahr ist schrecklich. Regen und Wind. Das Laxenburger Schloß zieht die Feuchtigkeit an wie ein Schwamm. Franz Joseph bricht am frühen Morgen nach Wien auf und kehrt erst am Abend wieder zurück. Tags zuvor hat Elisabeth ihren Mann gebeten, ihn begleiten zu dürfen. Sie will den Tag in seiner Nähe verbringen und setzt sich deshalb zu ihm in sein Arbeitszimmer. Nur während der Audienzen zieht sie sich in das Vorzimmer zurück, um die Besucher und Minister nicht zu stören. Am Abend wartet in Laxenburg die Erzherzogin auf sie. Sie ist erbost, weil die beiden sich ihrer Kontrolle entzogen haben, und sieht in ihnen nicht mehr das Staatsoberhaupt und seine Frau, sondern zwei Schulkinder, die sie mit Schelte überschüttet. »Es schickt sich nicht für eine Kaiserin, ihrem Mann nachzulaufen.« Sie werde persönlich darüber wachen, daß sich dies nicht wiederholen könne.

Wacht sie nicht eigentlich über alles? Ganz unvermittelt taucht sie auf. Und selbst wenn sie abwesend ist und ihre lieben Kinder nicht bevormunden kann, halten andere sie über jeden kleinsten Schritt auf dem laufenden. Sie hat um Elisabeth ein engmaschiges Überwachungssystem aufgebaut. Die Hauptstütze dieses Informationsdienstes ist die Gräfin Esterházy. Sophie hat sie zur ersten Hofdame ihrer Schwiegertochter bestimmt. Die Gräfin ist der »wahren Kaiserin«, der sie alles verdankt, für immer ergeben und wird deshalb zu der offiziellen abkommandiert. Sie ist sechsundfünfzig Jahre alt, Elisabeth ist sechzehn. Der Altersunterschied verbindet die beiden Frauen nicht gerade, die geheimen Machenschaften noch viel weniger. Die Gräfin ist geradezu die Karikatur einer Hofdame: zusammengekniffene Lippen, mürrisches Gesicht, trockene und faltige Haut und eine stets fromme, unnachgiebige Haltung. Elisabeth, die besonders bei Frauen nur dem Schönen zugetan ist, haßt sie von Anfang an. Ihre Gesellschaftsdame kennt alle Einzelheiten des Protokolls, den ganzen Hoftratsch und jede Intrige. Die Etikette dient ihr als Moral. Jeder Verstoß ist eine Todsünde, die sie sofort der Erzherzogin meldet. Elisabeth ist in ihren Augen eine große Sünderin, die auf Grund ihrer Herkunft nur unter Vorbehalt zum Hochadel zählt. Die Wilde hat kaum ihr bayerisches Kuhdorf verlassen und fängt schon an, sich gegen die Regeln und Vorschriften aufzulehnen. Selbst wenn man ihr sagt, daß eine Kaiserin alle Schuhe nur einmal tragen darf, wagt sie zu protestieren. Vernünftig wie sie ist, hält sie dies für absurd, wenn es dem Volk an allem mangelt und die Ernten schlecht sind. Aber Gräfin Esterházy hat mit ihrer Schülerin keine Nachsicht. Einerseits ist sie ihr zu prüde – Elisabeth läßt sich nicht gerne wie eine Puppe von den Kammerzofen an- und auskleiden –, andererseits wirft sie ihr Schamlosigkeit vor, wenn sie sie nur in Begleitung eines Stallmeisters davongaloppieren sieht.

Die übrigen Hofdamen sind ihr etwas wohlgesonnener als die Gräfin. Aber alle wurden von der Erzherzogin ausgewählt und in ihr Amt eingeführt. Elisabeth wird in Ketten gehalten, und Sophie bleibt die »wahre Kaiserin«. Dahinter steckt kein Sadismus. Die Erzherzogin ist davon überzeugt, daß diese Dressur für Franzis Frau und die erste Dame ihres Landes die einzig richtige ist. Sie hat selbst so viele Opfer für das Reich gebracht, daß sie den Freiheitsverlust, an dem Sissi leidet, nicht begreifen kann. Ihn einzugestehen hieße zugeben, daß sie selbst gescheitert ist, gescheitert in ihrem eigenen Leben. Die Erzherzogin will die Sophie von einst vergessen. In diesem Leugnen liegt ihre Stärke.

Auch sie war mit sechzehn Jahren schön, vielleicht schöner noch als diese Sissi, in die ihr Sohn so vernarrt ist. Viel ist davon allerdings nicht übriggeblieben. Die Jugend ist dahin. Sie ist runzelig und blaß geworden. Die schwarze Sonne der Hofburg hat sie ausgeblichen wie einen alten Samtstoff. Der Kontakt mit der Habsburger Lippe machte die ihrigen fahl. Ein französischer Dichter bezeugt jedoch ihren einstigen Glanz. In seiner *Pandora* schreibt Gérard de Nerval: »Verzeih mir, erhabene Erzherzogin, wenn ich Dir einen Blick Deiner schönen Augen gestohlen habe; Dein auf ein Ladenschild gemaltes Bild liebte ich so sehr.« In seiner *Reise in den Orient* erscheint ihr Name klar und deutlich: »Mitten auf dem Platz – dem Graben – war ein Laden der Erzherzogin Sophie gewidmet. Nach dem bemalten Schild am Eingang zu urteilen, muß sie eine schöne Frau gewesen sein.«

Bevor sie gewissermaßen zur Rabenmutter wurde, war sie eine hübsche, junge Frau. Doch die bayerische Königstochter heiratet zu früh. Der häßliche, dumme und gewalttätige Erzherzog Franz Karl ist eine schlechte Partie. Sein Bruder, Kaiser Ferdinand, ist allerdings noch schlimmer. Der Monarch verbringt seine Zeit damit, Fliegen für seine Frösche zu fangen. Wenn er in Hochform ist, widmet er sich einer anspruchsvolleren Arbeit: Er vermerkt in seinen Akten, wie viele Fiaker an seinem Fenster in Schönbrunn vorbeifahren, und notiert sich deren Nummern. Dank Metternich kann sich der Geistesschwache bis 1848 auf dem Thron halten. Vierzehn lange Jahre. Ein trauriger Rekord gekrönter Debilität. Die Schlösser gleichen Irrenanstalten. Wie konnte die Erzherzogin da überleben? Sie traf auf einen anderen Verdammten, einen anderen Gefangenen.

Er ist sechs Jahre jünger als sie, schön und zerbrechlich. Man nennt ihn heimlich *Aiglon*, junger Adler. Sophies Vater verdankt seinen bayerischen Königsthron Napoleon. Auf den Herzog von Reichstadt kann sie zählen. Aber selbst wenn ihre Väter nicht miteinander verbündet gewesen wären, hätten sich die beiden gefunden und geliebt. Jugend, Schönheit, Einsamkeit führen sie zusammen.

Sophie schützt ihren schwachen Neffen. Sein Stern ist bereits am Sinken. Das Gesicht ist blutleer und die Stimme vom Husten geschwächt. Die Erzherzogin läßt ihr Zimmer in Schönbrunn mit viel Liebe für ihn herrichten. Sie selbst begnügt sich mit dem dunklen und feuchten Nest, in das man den Sohn des Adlers eingesperrt hatte. Sie ist wie eine Mutter für das von Marie Luise seinem Schicksal überlassene Kind. Wurde aus der anfänglichen Zärtlichkeit leidenschaftliche Liebe? Manche behaupten, daß Sophie nachts ihren Freund aufsuchte. Daß der Herzog von Reichstadt starb, ohne ein Verhältnis zu einer Frau gehabt zu haben, ist jedoch wahrscheinlicher. Denn er selbst sagte, daß alles, was er begehre, ihm zwischen den Händen zerrinne. Er hat weder Sophies Körper noch das Erbe seines Vaters besessen. Sie den Brutalitäten ihres Mannes ausgeliefert zu sehen ertrug er immer schwerer. Ein Grund mehr für ihn, die Habsburger zu hassen. Auf einer Miniatur von Hebner sieht man den Herzog von Reichstadt, zärtlich ein blondes Kind auf den Knien haltend. Es ist Franz Joseph, der älteste Sohn der Erzherzogin. Bis zu der Behauptung, der Herzog sei der wahre Vater des Kindes, ist es nur ein kleiner Schritt. Franz Joseph also ein Enkel Napoleons? Eine späte Rache für den Mann von Sankt Helena. Die These ist jedoch durch nichts bewiesen.

Bald nimmt der Tod der Erzherzogin den Freund. Sophie begleitet den jungen Adler auf seinem letzten Flug. Als er im Todeskampf liegt, beschließt sie, mit ihm gemeinsam die heilige Kommunion zu empfangen, damit ihm nicht bewußt wird, daß es für ihn die Letzte Ölung ist. Sie ist siebenundzwanzig Jahre alt, er einundzwanzig. Er stirbt allein. Ein Stockwerk über ihm bringt Sophie ihren zweiten Sohn zur Welt: Maximilian, der spätere Kaiser von Mexiko. Auch er hat ein tragisches Schicksal.

Nach dem Hinscheiden des jungen Mannes – er hat nie wirklich gelebt, schon zu Lebzeiten war er eine Legende – widmet sich Sophie ihren Kindern, beschäftigt sich mit der Religion und setzt auf Machtgewinn. Sie knüpft an ihre Jugendträume an. Seit langem schon hat sie sich einen Thron gewünscht. Elisabeth bekommt ihn mit sechzehn Jahren, ohne viel dafür getan zu haben. Schon deshalb kann die Erzherzogin die Grillen ihrer Schwiegertochter nicht mit Humor nehmen. Wenn Elisabeth ihren Stand als Last und den Wiener Hof als Gefängnis empfindet, fühlt sich Sophie in ihrem Innersten getroffen. Es ist für sie jedesmal ein Angriff auf ihre Person. Die beiden Kaiserinnen werden sich fast zwanzig Jahre lang bekämpfen. Der Graben zwischen ihnen wird immer tiefer. Elisabeths Schönheit – zur Zeit ihrer Hochzeit noch in der Knospe, doch bald für lange Zeit in voller Blüte – bezaubert jeden, nur nicht jene Frau, die sich nicht daran erinnern will, was sie in einer anderen Zeit, in einem früheren Leben war.

Elisabeth wandert in ihrem Käfig auf und ab. Als oberster Beamter seines Landes arbeitet Franz Joseph unermüdlich und mit einer nahezu krankhaften Gewissenhaftigkeit. Er sitzt auf der Drehscheibe eines nach seiner Identität suchenden Kontinents und inmitten eines ständig bedrohten Reiches. Sein ganzes Leben lang steht er um vier Uhr morgens auf. Die Liebe hält ihn nicht auf, im Gegenteil, sie verleiht ihm Flügel. Für Elisabeth hingegen will der Tag kein Ende nehmen, sie langweilt sich, ihre Brüder und Schwestern, die Familie und das geliebte »Possi« fehlen ihr sehr. Das seelische Leid grenzt an körperlichen Schmerz. Selbst im Sattel ihrer Vollblüter, wo sie sonst immer ihre Melancholie vergaß, kann sie keine Ablenkung mehr finden. Schuld daran sind jedoch nicht Wind und Regen in diesem Mai. Vom Zorn des Himmels ließe sich die Reiterin nicht abhalten. Das Zürnen der Erzherzogin ist weitaus gefährlicher. Aus angeblicher Sorge um ihre Gesundheit – die junge Kaiserin ist bläßlich und hustet – verbietet Franz Josephs Mutter ihr das Ausreiten. Diese Strafe trifft Elisabeth um so härter, als sie sich allein fühlt und es ihr trotzdem nicht gelingt, sich abzusondern.

Um sie herum eine Schwadron von Frauen. Sie sollen ihr dienen, in Wahrheit wird sie von ihnen überwacht. Gesellschaftsdamen, Hofdamen, Hausdamen und Kammerzofen. Angeführt wird die Truppe von der Gräfin Esterházy, dieser Karikatur der Erzherzogin. Nur für kurze Augenblicke kann sich Elisabeth ihrer Wachsamkeit entziehen. Sie sind da, wenn sie sich anzieht, wenn sie sich wäscht, wenn sie weint, wenn sie an Franzi denkt. Gelingt es ihr einmal, sich davonzustehlen, reicht die Zeit gerade aus, um ein paar Worte niederzuschreiben. Sie glaubt, sie hinter dem Wandschirm rascheln zu hören, und achtet auf jedes Geräusch und die kleinste Bewegung der Vorhänge. Wie ein Schulmädchen, das die Nachbarin nicht abschreiben lassen will, verdeckt sie mit der Hand das Gedicht, an dem sie gerade schreibt. Sobald sie gestört wird, verschließt sie alles in der Schublade ihres Sekretärs. Schloß und Riegel, doppelter Boden und andere raffinierte Tricks – keine Vorsichtsmaßnahme scheint ihr sicher genug. Sie lebt in der ständigen Furcht, daß ihre Schriftstücke entdeckt werden. In der Nacht nährt diese Angst ihre Alpträume. Sie sieht das Gesicht der Erzherzogin über ihren Gedichten und hört die Stimme der Schwiegermutter die ihrem traurigen Herzen entrissenen Strophen skandieren.

Die vielen Spione ertragen zu müssen ist noch nicht alles. Obendrein nämlich ist die eigene Tür immer offenzuhalten.

Zweihundertneunundzwanzig Damen, keine mehr und keine weniger, haben bei der Kaiserin ständigen Zutritt. Sie sind sorgfältig ausgesucht und stammen alle aus Familien, die schon seit Generationen dem Adelsstand angehören. Diese Frauen können Elisabeth jederzeit mit ihrem Tratsch behelligen und machen von ihrem Recht auch gerne Gebrauch. Hofknicks, Verbeugungen, Komplimente und Blabla. Sie kommen, um sie zu sehen, zu begutachten, abzuschätzen, und reden unermüdlich auf sie ein. Bereits mit sechzehn Jahren gibt sich die Kaiserin keinen Illusionen mehr hin. Sie wird es zwar erst später formulieren, aber durchschaut hat sie es bereits jetzt: »Hinter jedem Gruß steckt eine Absicht, jedes Lächeln will bezahlt werden.« Die junge Frau aus Bayern hat die äußere Erscheinung von Célimène, den Weitblick und Pessimismus von Alkestis. Sie ist weder zum Gehorchen noch zum Befehlen geboren, vielleicht für die Liebe, aber Franz, der liebe Franz, ist ja nie da.

Elisabeth ist sechzehn Jahre alt und schwanger. Sie ist selbst noch nicht ausgewachsen, und ihr Bauch wächst bereits. Ein Kind und im Schoß dieses Kindes ein weiteres Kind. Eine Puppe in der Puppe. Die Erzherzogin hat nicht so früh damit gerechnet, weiß den wunderbaren Umstand aber sofort für Propagandazwecke zu nutzen.
Die Schönbrunner Gärten sind öffentlich. Sophie fordert Elisabeth auf, dort täglich spazierenzugehen. Man soll sehen, wie der Bauch der Kaiserin größer wird. Die Schaulustigen laufen zusammen, und die gute Nachricht macht schnell die Runde.
Das Kind ist noch nicht geboren, schon wird es der Mutter genommen. Die Erzherzogin läßt den Wickelraum in ihren Gemächern herrichten. Es seien die sonnigsten Räume des Palastes, behauptet sie. Sie wählt die Hebammen, Kindermädchen und Ärzte aus und beschafft sich Bücher über Säuglingspflege. Die werdende Mutter wird nicht gefragt. Und Franz Joseph? Seine ganze Aufmerksamkeit gilt den Entwicklungen

des Krimkrieges, auch wenn österreichische Truppen nicht direkt beteiligt sind. Er ist viel zu beschäftigt, um seiner Mutter entgegentreten zu können. Das Gemetzel auf der Krim ist grauenerregend, große Verluste sowohl bei den besiegten Russen als auch bei den siegreichen Franzosen und Engländern. Während der elfmonatigen Belagerung von Sebastopol fallen auf der Halbinsel hundertachtzehntausend Menschen. Was wiegt das Elend einer jungen Frau in Anbetracht eines solchen Blutvergießens? Die Verschlossenheit der Kaiserin nimmt krankhafte Züge an. Je mehr man sie zwingt, sich in der Öffentlichkeit zu zeigen, desto mehr zieht sie sich in sich zurück.

Am 2. März 1855 stirbt Zar Nikolaus I. Er hatte Franz Joseph geholfen, den ungarischen Aufstand niederzuschlagen, und rechnete mit österreichischer Unterstützung im Krimkrieg. Sie blieb allerdings aus. Der sterbende Zar verflucht den Kaiser. Trotzdem ordnet die Hofburg eine vierwöchige Staatstrauer an. Am frühen Morgen des 5. März 1855 setzen bei der Kaiserin die Wehen ein. Sofort läuft der Kaiser los, um die Erzherzogin zu wecken. Er ist ziemlich kopflos, wie jeder junge Ehemann, der seine Frau liebt. Doch die betriebsame Sophie hat schon für alles vorgesorgt und wird die ganze Angelegenheit überwachen. Franz Joseph läßt die Hand seiner Frau nicht los. Und trotzdem spürt man eine große Lücke: Ludovika. Es ist üblich, daß die Mutter der Entbindenden bei der Geburt dabei ist, besonders wenn es sich um das erste Kind handelt. Man weiß ja, wie sehr Elisabeth an ihrer Familie, an ihrer Mutter und an Possenhofen hängt. Weshalb ist Ludovika nicht an ihrer Seite? Vermutlich hat die Erzherzogin ihr davon abgeraten zu kommen, und Ludovika wagte nicht, darauf zu bestehen. Elisabeth ist einer Schwiegermutter ausgeliefert, der niemand zu widersprechen wagt. Hin- und hergerissen zwischen der Liebe zu seiner Mutter und seiner Frau, geht Franz Joseph dem Konflikt noch aus dem Weg und gibt mal der einen, mal der anderen recht. Fällt es ihm nicht schon bei der schrecklichen Auseinandersetzung auf der Krim schwer genug, Partei zu ergreifen? Wenigstens in seiner eigenen Familie will er Frieden haben.

Für den Augenblick genießt der Monarch ganz seine Vaterfreuden. Seine Frau leidet nicht mehr, und das Kind ist geboren. Ein Mädchen. Das Reich hätte lieber einen Jungen gesehen, doch der Kaiser ist überglücklich. Keine Spur von Enttäuschung bei ihm. Er hatte solche Angst um seine Frau, daß er jetzt vor Erleichterung weint. Seine geliebte, kleine Sissi ist über den Berg. Sie wird wieder zu Farbe und Kräften kommen. Halleluja! Sein Herz schlägt im Takt der Kanonen, die das freudige Ereignis verkünden. Er war bei der Geburt seiner Tochter dabei – ein moderner Vater würde man heute sagen –, hat seiner Frau die Hand gehalten und ihr liebe, aufmunternde Worte zugeflüstert. Unaufhörlich rühmt er Sissis tapferes Betragen und stimmt in seiner Freude allen Wünschen seiner Mutter zu. Die Erzherzogin läßt wissen, daß das Kind wie sie heißen wird: Sophie. Franz Joseph ist einverstanden. Er bittet sie sogar darum, die Patenschaft für die Kleine zu übernehmen.

Sicherlich wäre der Erzherzogin ein Junge lieber gewesen. Für einen Erbprinzen hätten sich ihre Mühen noch mehr gelohnt, aber das Paar ist noch jung und wird weitere Kinder bekommen. Wenn es ihr gelingt, ihren Einfluß auf das Mädchen geltend zu machen, und der gesegnete Tag der Geburt des Sohnes kommt, ist die Verbindung perfekt. Im übrigen hat die Erzherzogin durchaus Gefühle. Auch sie kann lieben, und sei es auch nur auf ihre absolute und besitzergreifende Weise. Das kleine Mädchen, das ihren Namen trägt, wird zu ihrer Passion.

Für Wochen und Monate schweigt das Tagebuch der Erzherzogin über politische und gesellschaftliche Ereignisse. Die Rede ist nur noch von der kleinen Sophie, von ihrem Schreien und Lächeln, von ihrem ersten Zahn. Sie hat es geschafft, das Kind an sich zu reißen, und sie hat nicht einmal ein schlechtes Gewissen. Sie ist von ihrem Recht überzeugt. Als Mutter von vier Kindern hat sie die notwendige Erfahrung. Ihre drei Söhne bevormundet sie noch immer, und die kleine Anna, ihre einzige Tochter, wäre jetzt gut zwanzig Jahre alt. Sie starb im Alter von vier Jahren an einem heimtückischen Fieber. Mit Sophie findet die Erzherzogin zu ihrer früheren Zärtlichkeit zurück. Sie ist ihr in den vielen Jahren der Einsamkeit und des Machtkampfes nicht ganz verlorengegangen. Um das Kind, das nicht ihr eigenes ist, zu behalten, ist sie bereit, bis zum Letzten zu kämpfen.

Die Zeit im Wochenbett ist schwierig. Elisabeth begreift, daß sie überrannt worden ist. Doch es fehlt ihr die Kraft, sich zu wehren. Die Erzherzogin hat ihren Sohn davon überzeugen können, daß eine Kaiserin keine Zeit mit Säuglingspflege vertun dürfe, sondern sich vielmehr ihrem Mann und ihren Pflichten widmen sollte. Das Kind sei doch viel zu jung, um auf ein anderes Kind aufzupassen. Dieses Argument trifft Elisabeth am meisten. In Possenhofen hatte sie sich mit viel Freude um ihre jüngeren Geschwister gekümmert. Als sie fortging, gab es auf beiden Seiten viele Tränen. In ihrer Familie hatte man nie Bedenken, wenn sie die Kleinen wickelte, in die Wiege legte und beruhigte. Hier aber muß sie beinahe um Erlaubnis fragen, wenn sie ihre Tochter sehen will.

Zum Schlafzimmer der Kleinen ist es weit. Über eiskalte Treppen und endlose Gänge. Und wenn sie ankommt, behandelt man sie wie einen ungebetenen Gast. Streicheln kann sie Sophie nur in Gegenwart der anderen Sophie. Oh, dieser Name! Warum kommt er ihr so schwer über die Lippen? Er sollte ihr doch im Munde zergehen, doch er löst bei ihr keine Herzlichkeit aus. Warum hat man diesem unschuldigen Kind bloß die Hülle der bösen Fee übergestreift? Elisabeth fühlt sich gekränkt, wagt aber nicht, sich zu beklagen. Denn die böse Fee ist die Mutter ihres Mannes. Ihr verdankt er sein Leben und seine Macht. Außerdem weiß sie, wie sehr der Kaiser an seiner Mutter hängt. Franz Joseph ist in seiner Zuneigung beständig und treu.

Sie darf ihre Traurigkeit nicht zeigen, ihre Gefühle dürfen nicht nach außen dringen. Man wünscht sie sich als leere Hülle, als geistlose Frau und lieblose Mutter. Ihr Bauch soll nur der

Fortpflanzung dienen. Sie ist dazu bestimmt, ein Körper zu sein, nichts als ein Körper. Dann soll es eben auch so sein! Anderthalb Monate nach ihrer Niederkunft fängt sie wieder an zu reiten, und niemand kann ihren wütenden Galopp aufhalten. Die Erzherzogin stößt spitze Schreie aus. Die Zukunft des Reiches ist in Gefahr. Wie kann die Verantwortungslose sich solchen Gefahren aussetzen, ohne vorher einen Erbprinzen zur Welt gebracht zu haben? Je energischer Sophie auf Trennung zwischen Elisabeth und ihrer Tochter besteht, desto mehr fordert sie den Trotz ihrer Schwiegertochter heraus.

Ein Körper, nichts als ein Körper. Aber was für ein Körper! Elisabeth hat die Macht ihrer Schönheit entdeckt und hofft, sie einsetzen zu können. Aus der Halbwüchsigen mit den Pausbacken ist eine Frau geworden, die alle anderen Wiener Schönheiten mühelos in den Schatten stellt. Paris würde nicht zögern, und auch Franz Joseph ist hingerissen. Alles an ihr scheint einmalig. Zunächst ihre Größe: Sie mißt jetzt einen Meter zweiundsiebzig, für die damalige Zeit ungeheuerlich. Ihre aufrechte Kopfhaltung, der lange Hals und die außergewöhnlich schlanke, obendrein noch in ein Korsett gezwängte Taille unterstreichen ihre hohe Gestalt zusätzlich. Dann ihre Leichtigkeit: Sie wiegt ihr ganzes Leben lang kaum mehr als fünfzig Kilo. Der Wunsch, dieses Gewicht zu halten, entwickelt sich bei ihr zum krankhaften Zwang. In einer Zeit, in der die Frauen eher den Modellen von Rubens als denen Giacomettis gleichen, setzt sie neue Maßstäbe. Trotz ihres schlanken Körpers trägt sie tief ausgeschnittene Kleider mit stark gepolsterten Schultern und unterstreicht gerne ihre amazonenhafte Figur. Und schließlich ihre geheimnisvolle Aura: Sie strahlt eine Melancholie aus, die das Maßlose ihrer Schönheit mildert. Ein Hauch von Ernüchterung und totgeborener Hoffnung nimmt ihrer Jugend den allzu strahlenden Glanz. Die Traurigkeit hat bei ihr etwas Sinnliches und Schicksalhaftes.

Ihr Körper ist alles, was ihr noch bleibt, und sie pflegt ihn auf ihre Art. Als sie sich bei ihrer Ankunft in Wien auf eigene

Rechnung eine Badewanne installieren ließ, erregte dies bereits Aufsehen. Eine sanitäre Anlage solcher Art kannte man in den offiziellen Palästen nicht. Franz Joseph begnügte sich bis zu seinem Tode mit einer Waschschüssel und zwei Kannen. Man sagt, daß sie jeden Tag nackt badet, ohne Badeanzug und ohne jede Scham. Übrigens will sie beim Baden allein sein und verwendet darauf so viel Zeit wie möglich. Dies verschafft ihr neben dem Genuß der Körperpflege auch noch den des Alleinseins. Und was noch schlimmer ist: Sie beginnt den Tag mit ausgedehnten Gymnastikübungen. Bald läßt sie unter der vergoldeten Wandtäfelung der Hofburg, unter den Porträts der Habsburger, deren Lippen auch mit der Patina nicht schöner geworden sind, seltsame Geräte anbringen: Ringe, Leitern, Stangen und Hanteln. Eine Hexe mit ihren Zauberkesseln und Mixturen hätte den Hof weniger in Erstaunen versetzt als diese vermeintlichen Unsittlichkeiten der kaiserlichen Turnerin. Die Wiener zerreißen sich die Mäuler darüber, und die Erzherzogin tobt, doch schließlich kommt sie zu der Ansicht, daß die Kaiserin mit diesem seltsamen Benehmen nur ihre eigene Unfähigkeit unter Beweis stellt. Wie kann eine solche Person sich für Regierungsgeschäfte interessieren oder die Erziehung der kleinen Sophie übernehmen?

Hatte die Schwiegermutter sie vor kurzem nicht genötigt, ihren dicken Bauch spazierenzutragen? Jetzt wird sie in eigener Initiative ausfahren. Elisabeth läßt es zur Gewohnheit werden, sich mit offenem Wagen über den Graben fahren zu lassen. Die elegante Prachtstraße mit den Barockhäusern liegt ganze hundert Meter von der Hofburg entfernt. Zwischen der kaiserlichen Festung und der breiten Promenade, wo sich die Wiener mit der ersten Frühlingsluft einfinden, liegen dennoch Welten. Man bummelt, genießt das Schauspiel und setzt sich selbst in Szene. Der Graben ist eine Theaterbühne. Dort nimmt jedes Gerücht seinen Anfang und endet jeder gute Ruf. Gejohle im Walzertakt. In Wien wird wenig gelesen und viel getanzt. Man gibt sich ungezwungen und lebensfroh, auch wenn das Herz nicht immer in Festtagsstimmung ist. Wie die Pariser Trottoirs oder die Mailänder Straßencafés geht der Graben mit der Mode und mit der Zeit. Die nahe gelegene Hofburg hingegen scheint für alle Zeiten unverändert.

Auf einer Spazierfahrt über den Graben während der ersten Tage ihrer Ehe hatte Elisabeth versucht, in die Geschäfte hineinzukommen. Sie wollte die Waren aus der Nähe betrachten. Dies war der Gipfel ihres exzentrischen Benehmens: Die am Hofe sozusagen stumme Kaiserin fand vor den Verkäuferinnen ihre Sprache wieder. Man sah in diesen Menschenansammlungen sofort einen Unruheherd und hatte der Fürstin deshalb nahegelegt, solche Auftritte nicht zu wiederholen. Wenn es unbedingt sein müsse, könne sie unter dem Geleitschutz einer Eskorte einen Bummel über den Graben machen oder mit ihrem Lipizzaner zum Prater reiten. Sie solle jedoch zu den Leuten immer Abstand halten, eine protokollarische oder besser vorbeugende Maßnahme. Vor welcher Krankheit galt es sich denn zu schützen?

Inzwischen geht sie schweigend durch die Menge und spürt die Blicke auf ihrer Haut. Offensichtlich flößen sie ihr nicht mehr so viel Angst ein. Sie sind jedoch bei Gott nicht weniger intensiv, und die der größten Bewunderung sind nicht die diskretesten. Es bereitet ihr fast ein bißchen Vergnügen, denn die unsichtbaren Stiche treffen sie alle nur an der Oberfläche. Sie hat den Eindruck, daß ihr Panzer in diesem einen Jahr dicker und stärker geworden ist, und weiß jetzt, daß ihr inneres Sein dabei nicht beteiligt ist. Es ist für alle Augen ein schönes Bild, aber nur ein Bild ihres Äußeren.

Elisabeth ist in diesem Frühjahr bezaubernd. Spieglein, Spieglein an der Wand, wer ist die Schönste im ganzen Land? Es ist ihr Name, mit dem alle Spiegel im Chor antworten. Ihre Schönheit ist weit über die Grenzen hinaus bekannt, und bereits ganz Europa macht sie zu einer Legende.

Jeder Blick ist eine Liebeserklärung und Liebkosung. Erst heute morgen wieder habe ich es erfahren. Neunmal. Habe ich nicht ein junges Gesicht, einen jungen Körper? Elisabeth führt ihre Schönheit spazieren. Für die Haut Blumenduft, im Inneren Angst.

Der Wiener Hugo von Hofmannsthal sieht dreißig Jahre später in der narzißtischen Phase einen Reifungsprozeß, der der gefährlichen Suche nach sich selbst vorausgeht. Man lernt auf sein Inneres zu hören und den Lärm von außen immer mehr zu vergessen, verliebt sich in sich selbst und fällt wie Narziß beim Betrachten seines Spiegelbildes ins Wasser und ertrinkt. Doch man fällt auf dem richtigen Weg, wie die Kinder, die im Traum neben die Ärmel des väterlichen Mantels fallen, irgendwo im Feenreich, zwischen den Zauberbergen und dem Brunnen des Froschkönigs, verliebt in sich selbst, in das Leben oder in Gott, wenn man so will.

Das Leben zu lieben ist für Elisabeth wohl das Schwierigste. Besonders im Winter, wenn keine Spazierfahrten möglich sind und das Gefängnis seine Tore schließt. Die Kaiserin ist eine Fremde in ihrem eigenen Haus. Die kleine Sophie, die an der übertriebenen Zuwendung der eifersüchtigen Erzherzogin fast erstickt, erkennt ihre Mutter kaum.

Am 14. Dezember 1855 fährt Elisabeth mit ihrer Ehrendame, der Gräfin von Bellegarde, nach Schönbrunn. Unterwegs scheut ein Pferd, die drei anderen verstricken sich in ihrem Geschirr. Der Kutscher wird von seinem Bock gerissen, und das herrenlose Gespann stürmt davon. In wilder Panik will sich die Gräfin aus dem Wagen stürzen, doch Elisabeth, die ähnliches schon in Possenhofen erlebt hat, hindert sie daran. Der Wagen verläßt die Mariahilferstraße und biegt in eine Seitenstraße ein. Dort stellt ein Fuhrmann seinen Wagen quer, die Pferde stürzen, und die Deichsel bricht. Man bringt die beiden Damen, kreidebleich vor Schreck, in einem Fiaker zur Hofburg zurück. Die im dritten Monat schwangere Elisabeth berichtet ihrem Mann von diesem Vorfall. »Ach, hätte ich nur mein Leben verloren!« sagt sie bitter.

Am 25. Februar 1856 werden in Paris unter der Führung Napoleons III. die Friedensverhandlungen aufgenommen. Man will den Krimkrieg beenden. Im Salon d'Horloge am Quai d'Orsay kommen die Kriegsgegner zusammen. Richard von Metternich hat von seinem berühmten Vater die Vertretung Österreichs übernommen und versucht, sich als Vermittler durchzusetzen. Vergebliche Liebesmühe. Die neutrale Position Österreichs gereicht ihm nicht zum Vorteil. Sein Land geht isolierter denn je aus den Verhandlungen hervor.

Daß Österreich sie im Krieg im Stich gelassen hat, können die Russen nicht vergessen. Zwischen Wien und Petersburg beginnt eine Zeit der Spannungen und Konflikte. Von kurzen Unterbrechungen abgesehen, dauert sie bis zum großen Knall von 1914.

Franz Joseph hatte gehofft, durch einen behutsamen Umgang mit Frankreich seine italienischen Besitzungen retten zu können. Doch Napoleon III. denkt nicht an Dankbarkeit. Immer offener setzt er auf Cavour, den Premierminister von Sardinien-Piemont. Frankreich arbeitet mit Cavour an einer Neuordnung Italiens, auf Österreichs Kosten.

Die österreichischen Diplomaten verlieren an allen Fronten. Auch innerhalb des Deutschen Bundes hat der Krimkrieg das Kräfteverhältnis bedenklich verschoben. Eine seltsame Balance: Jede Schwächung Österreichs ist eine Stärkung Preußens. Preußische Interessen zu unterstützen wird den Russen in Zukunft nicht sonderlich schwer fallen. Es ist ihre Rache für den sogenannten österreichischen Verrat.

Als Antwort auf seine sozialen Ideen und nationalen Forderungen sucht Europa nach einer neuen Identität. Die Isolierung des Reiches läßt für seine Zukunft nichts Gutes erwarten. Glücklicherweise wird der Kaiser zum zweitenmal Vater, und so verdrängt die bevorstehende Niederkunft zunächst alle anderen Sorgen. Am 15. Juli 1856 kommt das Kind ohne Komplikationen zur Welt. Es ist ein Mädchen, wieder ein Mädchen. Die Erzherzogin zeigt deutlich ihre Enttäuschung. Um seine

Frau aufzumuntern, macht Franz Joseph Scherze. Das Kind – so sagt er – sei deshalb kein Junge geworden, »weil wir den Rat des Rabbiners Alexandersohn aus Pest, während der Entbindung ein hebräisches Gebet an die Türe zu heften, nicht befolgt haben«.

Die Patin ist dieses Mal Ludovika, die aber trotzdem nicht in Wien zu sehen ist. Ihre Schwester, die Erzherzogin, hält das Kind über das Taufbecken. In Erinnerung an eine bayerische Prinzessin des 10. Jahrhunderts, die ihren Mann, den ungarischen König Stephan I., so erfolgreich zum Christentum bekehrte, daß aus ihm ein Kirchenheiliger wurde, bekommt die Kleine den Namen Gisela. Vor fast tausend Jahren waren Ungarn und Bayern über eine Frau miteinander verbunden. Elisabeth wird sich noch daran erinnern.

Aus bekannten Gründen wünschte das Reich zwar lieber einen Jungen, das Töchterchen wird trotzdem gebührend gefeiert, und die Geschenke fließen reichlich. Das folgende Prozedere ist bereits bekannt. Gisela findet sich neben der kleinen Sophie wieder, und die Katze wird ein weiteres Mal von ihren Jungen getrennt. Dr. Seeburger, der für die beiden Kinder zuständige Arzt, ist ebenfalls eine Kreatur der Erzherzogin. Wie viele andere Menschen am Hofe verdankt er seine Stellung der Mutter des Kaisers. Für Elisabeth ist es allerdings jedesmal ein Ärgernis, wenn sie ihre Kinder sehen will.

Natürlich kann man den Nachwuchs eines Reiches nicht in völliger Freiheit aufwachsen lassen. Eine Krone verpflichtet, und die Erben reinen Blutes brauchen eine strenge Aufsicht. Auswahl und ständige Erziehung heißt die Devise. Andererseits haben es die Habsburger seit Jahrhunderten besser als andere verstanden, sich ihr Familienleben zu bewahren. Zwischen Eltern und Kindern waren oft zärtliche Bande geknüpft. Was das höfische Protokoll überdauert hat, soll aber nun dem Starrsinn einer Frau geopfert werden. Das geht entschieden zu weit. Es geht Elisabeth nicht um die Erniedrigung und Mißachtung, die ihr zuteil wird, es geht ihr um die Zukunft ihrer Töchter, wenn

sie ihren Ehemann jetzt zwingt, seinen neutralen Standpunkt aufzugeben, der ihm in seiner Europapolitik sehr geschadet hat und jetzt auch noch seine eigene Familie zu zerstören droht.
Am 30. August 1856, anderthalb Monate nach der Geburt der kleinen Gisela, trifft er endlich eine Entscheidung zugunsten seiner Frau. Selbstverständlich greift er seine Mutter nicht offen an, dies wäre eine zu harte Prüfung. Doch der Brief an seine Mutter enthält unmißverständliche Worte: *Ich bitte Sie jedoch inständigst, Sissi nachsichtig zu beurteilen, wenn sie vielleicht eine zu eifersüchtige Mutter ist – sie ist ja doch eine so hingebende Gattin und Mutter! Wenn Sie die Gnade haben, die Sache ruhig zu überlegen, so werden Sie vielleicht unser peinliches Gefühl begreifen, unsere Kinder ganz in Ihrer Wohnung eingeschlossen mit fast gemeinschaftlichem Vorzimmer zu sehen, während die arme Sissi mit ihren oft zu schweren Volumen die Stiege heraufkeuchen mußte, um dann selten die Kinder allein zu finden, ja auch Fremde bei denselben zu sehen, denen Sie die Gnade hatten, die Kinder zu zeigen, was besonders mir auch noch die wenigen Augenblicke verkürzte, die ich Zeit hatte bei den Kindern zuzubringen – abgesehen davon, daß das Produzieren und dadurch Eitelmachen der Kinder mir ein Greuel ist; worin ich übrigens vielleicht Unrecht habe. Übrigens fällt es Sissi gar nicht ein, Ihnen die Kinder entziehen zu wollen, und sie hat mir eigens aufgetragen, Ihnen zu schreiben, daß dieselben immer ganz zu Ihrer Disposition sein werden.*
Von diesem Zeitpunkt ab sind die Kinder in der Radetzky-Wohnung untergebracht. Die Räume sind groß und hell und liegen in unmittelbarer Nähe von denen der Eltern. Franz Joseph hat den Brief mit Absicht am 30. August geschrieben, denn am 2. September fährt das Herrscherpaar zu einem offiziellen Besuch nach Kärnten und in die Steiermark. Außerhalb von Wien entgeht der Kaiser wohl dem Gegenschlag. Möglich ist auch, daß die fest zum Kampf entschlossene Elisabeth ihrem Mann gedroht hat: Falls er sich nicht vor der Abreise auf ihre Seite stelle, müsse er auf ihre Begleitung verzichten.
Zum erstenmal hat die Kaiserin gewonnen.

September 1856. In der Steiermark und in Kärnten.
Noch nie hat Elisabeth so reine Luft geatmet, nicht einmal in ihren bayerischen Wäldern. Früher hat der Vater zu ihr gesagt. »Öffne deine Lungen und fülle sie, bis sie platzen. Spüre das Leben, mein Kind! Atme es ein und genieße es. Laß es auf keinen Fall wieder los.« Damals konnte sie mit diesem väterlichen Rat wenig anfangen. Alles verstand sich von selbst. Noch wußte sie nicht, daß ihr die Luft einmal fehlen würde.
Der Morgennebel über Heiligenblut löst sich langsam auf. Auch die von der Migräne herrührenden Kopfschmerzen klingen ab. Die Umrisse der Berge tauchen auf, und man sieht den Großglockner mit seinen fast viertausend Metern klar vor sich. Konnte man wirklich vergessen, daß es so etwas Schönes gibt? Ist der Blick für diese Schönheit noch nicht verlorengegangen? Hat sie den Kummer und all die Kränkungen wirklich überlebt? Woher kommt diese kristallklare und frische Energie immer wieder?
Sie wird Franz alles sagen. Wie sie gelitten hat und was sie in Zukunft nicht mehr ertragen will. Vier Jahre kennen sie sich jetzt und haben so wenig miteinander gesprochen. Er ist wieder der junge Mann, den sie in Ischl kennengelernt hat. Und wie dort, hat er auch hier nur noch Augen für sie. Das in der Ferne rumorende Reich kümmert ihn jetzt wenig. Von seiner Mutter kommen rachsüchtige Briefe, aber der Sohn hat sich entschlossen, sie nicht zu beantworten und außerdem die Spione und Höflinge zum Teufel zu jagen. In ihrer unmittelbaren Umgebung sind nur Bergbauern, und die lauschen nicht an den Türen.
Die beiden stillen Tage in den Bergen mußten sie sich bitter erkämpfen. Sie haben sie wohl verdient, davon sind sie über-

zeugt. Der offizielle Besuch in der Steiermark und in Kärnten war ein Erfolg. In Scharen kamen die Menschen gelaufen, um dem jungen Herrscherpaar zuzujubeln. Die Begeisterung der Menge, die nur in der Religion und Monarchie den Stoff für ihre Träume findet, ist kaum vorstellbar.

Selbst im hintersten Winkel des Reiches gibt es kein Haus, kein Geschäft, keine Werkstatt und kein Büro, in dem nicht die Porträts von Franz Joseph und seiner Gemahlin hängen. Aber wenn Cholera, Hungersnot und Inflation wüten, verblassen selbst die schönsten Bildnisse, und der Enthusiasmus läßt rasch nach. Dagegen hilft ein öffentlicher Auftritt des Kaisers und der Kaiserin am besten, denn Elisabeth spielt ihre Rolle gut. Die beiden werden wie Halbgötter verehrt. In der Hofburg gilt die Kaiserin als ein Kind, mit dem man auf keinen Fall über Politik reden sollte. Man raunt sogar, daß ihre Bildung zu wünschen übriglasse und ihre Konversation eine Wiederholung der Redensarten ihrer Papageien sei. Man hält sie ganz einfach für ein hübsches Dummchen, in deren Umgebung Intelligenz ohnehin wenig geschätzt wird. Trotzdem: Sobald die Menge sie erblickt, spendet sie ihr frenetischen Beifall.

Die Kaiserin kommt an, sie fasziniert. Augenzeugenberichte und eine ganze Bilderindustrie machen ihre Schönheit schnell bekannt. Bald wird die Fotografie diese Aufgabe übernehmen. Bei der Mystifizierung der Monarchin schimmert bereits Hollywood durch. Elisabeths Charme vollbringt unzählige Wunder. Sobald sie sich den Blicken ihrer Schwiegermutter und der erzherzoglichen Familie entzogen hat und sich fern vom Hofe nicht mehr von ihren Richtern beobachtet fühlt, bricht sie ihr Schweigen. Es wird ihr bewußt, wieviel Spaß es ihr macht, mit den Leuten zu reden, ihnen zuzuhören, besonders wenn es sich um ganz einfache Menschen handelt. Manchmal spürt sie, daß die Menschen etwas bedrückt, und sie geht auf ihre Sorgen ein. In den Krankenhäusern und Schulen werden die sonst immer nach dem gleichen Schema ablaufenden Besuche und Einweihungsfeste durch sie zu einer anregenden Begegnung. Diskret

muß man sie darauf hinweisen, daß die Zeit drängt. Sie fühlt sich mit ihren Gesprächspartnern in ihrem Kummer verbunden und trennt sich nur mit Bedauern von ihnen.
Die Landeskinder setzen ihre Hoffnung sehr schnell auf sie. Hat sie nicht einen guten Einfluß auf ihren Ehemann? Alles Gute führt man auf Elisabeth zurück, das Schlechte bringt man dagegen nicht mit ihr in Verbindung. Die Abschaffung der Prügelstrafe durch das neue Militärgesetz und die Amnestie für eine Reihe von politischen Gefangenen werden ihr zugeschrieben. Lockert ein verliebter Kaiser nicht bereitwillig die Fesseln seines absolutistischen Regimes? Der Streit zwischen Elisabeth und ihrer Schwiegermutter ist allgemein bekannt. Man weiß, daß er weit über den Generationskonflikt hinausgeht, und vermutet in der Kaiserin eine Verfechterin liberaler Ideen. Ohne Erfolg protestiert sie gegen das Konkordat, das der katholischen Kirche im Bereich des Familien- und Schulwesens uneingeschränkte Macht einräumt. Ab sofort ist jeder Mathematik- oder Sportlehrer zur regelmäßigen Beichte verpflichtet. Die Erzherzogin hat ihre Vorstellungen durchgesetzt. Am selben Tag berichtet das liberale Wiener Tagblatt, daß die Kaiserin einem protestantischen Pastor das Geld für den Bau eines Glockenturms gespendet habe. »Die Königin meines bayrischen Heimatlandes«, so erklärt sie, »ist evangelisch, und meine Großmutter ist ebenfalls protestantischen Glaubens. Bayern ist ein erzkatholisches Land, doch die Protestanten haben trotzdem keinen Grund zur Klage; sie werden weder ungerecht behandelt noch diskriminiert.«
In der Hofburg begegnet man ihr kühl, und die Erzherzogin nennt sie eine bayrische Gans. Doch die Augen des Volkes blicken nur noch auf sie. Franz Joseph konnte das bereits wenige Wochen nach ihrer Hochzeit miterleben, als Elisabeth ihn auf einer Reise nach Böhmen und Mähren begleitete. Es war die erste gemeinsame Reise, und alles lief leicht wie im Traum. Selbst Prag erlag ihrem Charme.

Die Erzherzogin hat allen Grund, sich Gedanken zu machen. Zum erstenmal seit langer Zeit sind die beiden miteinander allein, vereint in ihrer Liebe zur Natur – das einzige, was die zwei so grundsätzlich verschiedenen Menschen miteinander verbindet. Im Tagesablauf des Kaisers ist jede Minute verplant. Die Pirschgänge sind die einzigen Erholungspausen. Franz Joseph ist ein guter Schütze und zu Fuß unermüdlich. Mit achtzehn Jahren hat er den Thron mit dem Seufzer bestiegen: »Leb wohl meine Jugend!« Die ausgedehnten Streifzüge durch die Wälder erfüllen ihn mit einer Sorglosigkeit, die er sonst nicht an sich kennt und sich in seinem Amt auch nicht erlauben darf. Elisabeth hingegen liebt den Wald so, wie sie ihre Kindheit und ihren Vater liebt. Von Herzog Max hat sie gelernt, daß die hohen Baumwipfel und der Kieferduft Gott mehr erfreuen als ein Gebet. Das möchte sie an ihre Töchter weitergeben.
Sie muß die Stunden der Freiheit nutzen: Die Entscheidungen, zu denen sich Franz Joseph endlich durchgerungen hat, dürfen nicht wieder rückgängig gemacht werden. Die Antwort auf das Schreiben vom 30. August läßt nämlich nicht auf sich warten. Die Erzherzogin schreibt in ihrer Wut einen Brief nach dem anderen. Elisabeth mag an ihre baldige Rückkehr nach Wien gar nicht denken.
Die Erzherzogin donnert und tobt wie die Königin der Nacht. Sie droht, die Hofburg für immer zu verlassen, ihre Stellung am Hofe aufzugeben und auf alle Vorrechte zu verzichten, wenn sie ihre Bergwanderungen nicht augenblicklich abbrächen. Ein Kaiser, der sein Leben dermaßen aufs Spiel setze, stelle sich gegen alle Regeln der Vernunft. In diesem Punkt hat die Erzherzogin nicht ganz unrecht. Einige Tage zuvor war der Sohn eines hohen Beamten in einer Gletscherspalte tot aufgefunden worden. Am 3. August 1854 war König Friedrich August von Sachsen, Schwager der Erzherzogin und Onkel sowohl von Franz Joseph als auch von Elisabeth, bei einer ähnlichen Exkursion in den Tiroler Bergen ums Leben gekommen.

In Wirklichkeit fürchtet die schreckliche Sophie nicht so sehr die alpinen Steilhänge, sondern ein erneutes zärtliches Einvernehmen zwischen ihren lieben Kindern. Die Wut macht sie nicht blind, im Gegenteil, sie sieht die Dinge nur noch klarer: Trotz der Flucht der beiden Turteltäubchen weiß sie sehr wohl, wie sich die Dinge weiterentwickeln werden. Sie kennt doch ihren Franzi. Wenn sie nicht persönlich über ihn wacht, gerät er völlig in die Fänge seiner Frau. Sissi kann Trümpfe ausspielen, gegen die eine Mutter nicht ankommt, schon gar nicht aus der Entfernung. Sie wird ihm schmeicheln und schöne Augen machen, und wie immer kann der gute Ehemann ihr nichts versagen.

Die beiden brechen auf in die Berge. Elisabeth ist noch durch ihre Geburten geschwächt und folgt deshalb zu Pferd. An einer Berghütte steigt sie ab, um dort auf die Rückkehr ihres Mannes zu warten. Die Hütte heißt seitdem »Elisabeths Ruh«. Franz Joseph setzt seinen Aufstieg mit erfahrenen Bergsteigern fort. Er überquert den Pasterze-Gletscher und klettert bis auf die Spitze des Hohen Sattels, der seitdem zu seinen Ehren Franz-Joseph-Gipfel heißt. So weit die Österreicher zurückdenken können, ist kein Kaiser so hoch hinaufgestiegen.

Die Bergluft hat den Kaiser in seiner Entschlußkraft gestärkt. Elisabeths Liebe, Schönheit und Charme tun ein übriges. Auf subtile Art – nicht durch Zwang oder Erpressung – bringt sie ihn dazu, Entscheidungen in ihrem Sinne zu treffen. Sie flößt ihm Vertrauen ein und gewinnt. Bei ihrer Rückkehr nach Wien bekommt sie ihre beiden Töchter wieder.

Winter 1856–1857. Reise nach Italien.
Am 20. November entdeckt Elisabeth von den Höhen Triests aus das Meer. Ein still leuchtendes Blau. Bis jetzt kannte sie nur das dunkle Wasser der Bergseen. Die fern der Küste geborene junge Frau ist von der Adria begeistert. Später betrachtet sie sie als ihr Meer und läßt an ihrem Ufer ihr Haus bauen. Bei jedem Wetter wird sie sich auf die See hinausfahren lassen, mit dem Wunsch, sich in den Schaumkronen aufzulösen.

Eine Möwe bin ich von keinem Land,
Meine Heimat nenne ich keinen Strand,
Mich bindet nicht Ort und nicht Stelle;
Ich fliege von Welle zu Welle.

Das Schicksal der Möwe läßt sich bereits bei der ersten Begegnung vom 20. November erahnen. Eine Liebe auf den ersten Blick, daran gibt es keinen Zweifel. Im Unterbewußtsein hat sie schon lange auf diesen Augenblick gewartet. Der Phantasie sind keine Grenzen mehr gesetzt. Ein stilles, aber heftiges Verlangen zieht sie in die Ferne. Die Kaiserin ist vom Reisefieber befallen. Ab Triest nimmt die Reise allerdings einen unglücklichen Verlauf. Das Kaiserpaar soll zu einer Spazierfahrt auf den Golf hinausfahren. Wenige Minuten vor seiner Ankunft stürzt ein zwischen zwei Schiffsmasten aufgehängter Kristalleuchter auf das Deck und zerspringt in tausend Stücke. Niemand kommt dabei zu Schaden. Ein Unfall oder eher mangelnde Sorgfalt? Ein Attentat? Keiner wagt eine Erklärung.
In Venedig ist die Stimmung noch gedrückter. Die Bora kommt auf, und die Venezianer schweigen und beißen die Zähne

zusammen. Die österreichische Besatzung ist ihnen ein Dorn im Auge. Der Dogenpalast, ihr Palast, ist zum Hauptquartier und Spielsalon des k. u. k. Adels geworden. In *Venises* schreibt Paul Morand: »Die österreichischen Herren fuhren nach Venedig, um die Zeit bis zur Hirschbrunft zu überbrücken. Von dort aus zogen sie zu ihren Jagdschlössern in der Steiermark und in Tirol. Sie trugen Jagdröcke und grüne Lodenmäntel, auf der Stirnglatze einen Tirolerhut und verbreiteten den Duft borromeischer Magnolien und von Russisch-Leder.« Parfums, die in Venedig nicht sonderlich beliebt sind. Noch heute meiden die echten Venezianer – sie werden leider immer rarer – das Café Quadri auf dem Markusplatz. Hier gingen nämlich früher die österreichischen Offiziere ein und aus. Man geht zur Konkurrenz, ins Florian, das älteste und prächtigste Café Venedigs.

Das Fürstenpaar fährt auf einer alten Galeere in die Königin der Städte ein. Das Schiff erinnert an die *Bucintoro*, die der Doge alljährlich bestieg, um sich mit der Adria zu vermählen. Aber die Serenissima öffnet ihr Herz keinem Habsburger. Die Gäste gehen an Land und überqueren die Piazzetta in Richtung Markusdom. Elisabeth nimmt die kleine Sophie bei der Hand; es ist ihr gelungen, sie aus der Umklammerung der Schwiegermutter zu befreien. Mutter und Tochter tragen beide einen blauen, mit Zobel eingefaßten Mantel. Überall sieht man Uniformen und Fahnen, und der Boden ist mit Teppichen ausgelegt. Man hat es an nichts fehlen lassen – die Szene wäre eines Carpaccio durchaus würdig –, und alles wäre in bester Ordnung, wenn nur die schweigende Menge nicht wäre. Die Herzen der Venezianer bleiben stumm. Ihre Lippen öffnen sich nicht. Als endlich Jubelrufe laut werden, kann sich keiner irgendwelchen Illusionen hingeben, schon gar nicht das Herrscherpaar. Kein einziges ungezwungenes und spontanes italienisches *Evviva*. Nur disziplinierte Hurrarufe aus den Kehlen der österreichischen Soldaten, Polizei- und Verwaltungsbeamten.

Auf offizielle Anweisung hin sollte an jedem Fenster der Doppeladler gehißt werden, das vom byzantinischen Reich übernommene kaiserliche Emblem. Doch Venedig will nicht an seine byzantinische Vergangenheit erinnert werden und verurteilt alles in Bausch und Bogen: den Kaiser, das Reich und seine Fahne. Es gibt zu viele Gefangene in den Kerkern und zu viele Spione auf den Straßen. Die Stadt verschließt sich in ihrem Haß, und das Volk von Venedig schweigt. Der Adel hat seine Palazzi am Canal Grande geschlossen und sich auf seine von Palladio erbauten Landsitze zurückgezogen. Man weiß, daß jeden Augenblick ein Sturm der Empörung losbrechen kann, und die Kristallkrone würde wie in Triest in tausend Stücke zerbrechen. Krieg liegt in der Luft; der Riß zwischen den Kollaborateuren und den Widerstandskämpfern geht durch die Familien. In ganz Venetien spürt man bereits die bedrückende Atmosphäre, die Luchino Visconti in seinem Film *Senso* später so eindrucksvoll zum Ausdruck bringen würde.

Und dennoch wäre es so leicht, diese unvergleichliche Stadt zu lieben, sie zu lieben bis zum Wahnsinn und sich in ihrer Atmosphäre und in ihren Wassern zu baden. Obwohl sie von der Stadt fasziniert ist, gibt Elisabeth sich nach außen hin ruhig. Zum erstenmal spürt sie die Feindseligkeit einer Bevölkerung und begegnet ihr mit einem Mut, den sie bis jetzt an sich nicht gekannt hat. Innerlich bewegt, tritt sie noch näher an ihren Mann heran. Hier muß etwas geschehen. So viel Schönheit und Größe in einer solchen Stille. Jedesmal wenn das Kaiserpaar sich an die Öffentlichkeit begeben will, ist es vom Schweigen der Venezianer getroffen.

Am 29. November gibt das Herrscherpaar einen Empfang im Dogenpalast. Er wird von den vornehmen Familien weitgehend boykottiert. Von den hundertdreißig geladenen Gästen sind kaum dreißig gekommen. Die Damen sind leicht in der Überzahl. Sie möchten sich mit ihren eigenen Augen davon überzeugen, ob Elisabeth wirklich so schön ist, wie man sagt. Spieglein, Spieglein an der Wand, wer ist die Schönste im ganzen Land? Als die Damen in festlicher Robe aus ihren Gondeln steigen und die Piazzetta überqueren, werden sie von der

Menge, die sich verraten fühlt, ausgepfiffen. Wenige Tage später steht eine Galavorstellung im Teatro La Fenice auf dem Programm. Die Begrüßung ist kühl, und die Logen des Stadtadels bleiben leer. Der Propagandafeldzug droht kläglich zu scheitern. Die Venezianer geben sich nicht mit einem freundlichen Lächeln und einem großen Festakt zufrieden. Franz Joseph schreitet zur Tat. Am 3. Dezember gibt er das beschlagnahmte Vermögen der im Exil lebenden Italiener wieder frei und rehabilitiert so den gedemütigten italienischen Adel. Außerdem erläßt er für alle politischen Gefangenen eine Generalamnestie.

Die Maßnahmen zeigen sofort Wirkung: Die Atmosphäre entspannt sich etwas, und die Zungen lösen sich. Auch in Venedig glaubt man an den guten Einfluß der Kaiserin. Die von einem englischen Diplomaten zum besten gegebene Anekdote ist aufschlußreich: Das Fürstenpaar wird auf einem Stadtrundgang von einem älteren Mann angesprochen. Er versucht, dem Kaiser seine Lage zu schildern. Weil er an der 48er Revolution teilgenommen habe, sei ihm die Offizierspension gestrichen worden. Seitdem fehle ihm jedes Geld für den Lebensunterhalt. Dies sei nicht der richtige Ort für solche Angelegenheiten, unterbricht ihn Franz Joseph. Der Mann solle ihn im Palast aufsuchen.

»Aber man wird mich nicht vorlassen«, antwortet der ehemalige Offizier.

Wahrscheinlich wäre es dabei geblieben, wenn Elisabeth nicht die Verzweiflung in den Augen des Mannes gesehen hätte. Sie hält ihren Mann, der bereits weitergehen will, am Arm zurück: »Gib dem Mann doch einen deiner Handschuhe«, bittet sie ihn, »dann werden wir Befehl geben, den Besitzer des zweiten hereinzulassen.« Der Offizier spricht mit seiner Trophäe im Palast vor und bekommt seine Pension wieder zugesprochen. Die Geschichte macht schnell die Runde, von Mund zu Mund, von Gondel zu Gondel. Elisabeths Fürsprache wirkt Wunder. Man rühmt nicht nur ihre Schönheit, sondern auch ihre Güte.

Die Kaiserin spürt starken Bewegungsdrang. Rings von Wasserstraßen umgeben, kann sie weder reiten noch sich die Füße vertreten. Der kleinste Spaziergang würde einen Menschenauflauf verursachen. Manchmal steht sie mitten in der Nacht auf und steht stundenlang am Fenster. Was machen denn die anderen Reisenden in dieser Stadt? Was suchen sie hier? Ihr ist alles verboten. Wann hat dieser Winterschlaf endlich ein Ende?
Am Weihnachtsabend ist sie neunzehn Jahre alt. Das Paar besucht die Mitternachtsmesse in der Kirche Santa Maria della Salute. Venedigs größte Barockkirche liegt wie ein leuchtendes Schiff am Zusammenfluß von Canal Grande und den Canale della Giudecca. Elisabeth fühlt sich stark zur hohen See hingezogen. Wenn ich wenigstens in mir Frieden hätte, so könnte ich den lieben Gott mit noch viel stärkerer Inbrunst um Frieden für mein Land bitten.

Am 15. Januar 1857 Ankunft in Mailand. Die Polizei hat die Landbevölkerung der näheren Umgebung in die Stadt getrieben, damit sie das Herrscherpaar mit Ovationen begrüßt. Der schlaue Einfall kann jedoch ein Schweigen der herumkommandierten Menge nicht verhindern. Am Abend in der prunkvollen Scala wird der Affront noch deutlicher. Nicht ein einziger Bürger aus den vornehmeren Familien sitzt in den Logen. Statt dessen hat man die Dienerschaft in ihrer schwarzen Livree geschickt. Es gelingt Elisabeth, ihren Mann bei Laune zu halten. Sie bleiben bis zum Ende der Vorstellung, als ob nichts weiter wäre, den Kopf voller Gedanken. In den nächsten Tagen sucht Franz Joseph nach Lösungen. Er erläßt eine politische Amnestie und senkt die Steuern für die ganze Lombardei. Für einen Popularitätsaufschwung des Kaiserpaares reicht dies jedoch nicht aus. Weil der Stadtadel stur bleibt, lädt man die Bourgeoisie zu den Hofkonzerten ein. Doch auch das ist vergebliche Mühe. Die meisten Stühle bleiben leer.
Weiterreichende Reformen sind unvermeidlich. Feldmarschall Radetzky, Generalgouverneur und militärischer Oberbefehls-

haber von Lombardo-Venetien, sieht sich all seiner Ämter enthoben. Das war an der Zeit. Der Kaiser selbst stellt fest, daß der tapfere Mann »entsetzlich verändert und verkindert« ist. Der Name Radetzky war in ganz Norditalien ein Synonym für Unterdrückung. Erzherzog Maximilian, Franz Josephs jüngerer Bruder, löst den alten Feldmarschall ab. Die Wahl scheint gut getroffen und rettet die Situation, auch wenn die Mailänder damit nicht völlig umzustimmen sind.

Die beiden Brüder sind grundverschieden. Der in seiner Eigenschaft als Thronfolger erzogene Franz Joseph ist unendlich fleißig und gewissenhaft. Er weiß, daß die Grundlagen seiner Macht und Autorität weit zurückreichen. Der Ruhm ist für ihn nur Beiwerk. Jeder sollte seine Aufgaben nach seinen Möglichkeiten wahrnehmen, auch wenn er an der Spitze eines Reiches steht. Konservativ in seinem Wesen, bemüht er sich um den Erhalt seines Erbes, um es selbst eines Tages wieder weiterzugeben. Von Metternich und Schwarzenberg hat er gelernt, daß Waffen und Menschen nicht sinnlos vergeudet werden dürfen. Steht allerdings das Schicksal des Reiches auf dem Spiel, so sind sie ohne Zögern einzusetzen.

Maximilian ist ein scheuer Mensch. Durch die Regelung der Thronfolge hat er nur bedingt Aussichten auf einen Thron. Der elegante Mann spricht acht Sprachen – das einzige, was die beiden Brüder miteinander gemeinsam haben –, ist als Literaturliebhaber sehr belesen und deshalb am Wiener Hof eine auffallende Persönlichkeit. Franz Joseph mußte schon von klein an umfangreiche Studien absolvieren. Ihm blieb keine Zeit, sich mit schöngeistiger Lektüre zu beschäftigen. Auch Elisabeth gelingt es später nie, bei ihm ein Interesse für die Literatur zu wecken.

Inspiriert von der Poesie Heines, schreibt Maximilian schöne Gedichte voller Melancholie und Ironie. Sie verraten einen zurückhaltenden und verletzlichen Menschen. Doch am Wiener Hof werden Intellektuelle und Künstler wenig beachtet, sie zählen nicht gerade zu den gerngesehenen Gästen. John

Motley, ein amerikanischer Diplomat, schreibt dazu: »Selbst wenn ein Österreicher Shakespeare, Galilei, Nelson und Raphaël in einer Person wäre, hätte er keinen Zutritt zur Wiener Gesellschaft. Denn dort zählen nur die adeligen Vorfahren.« Es ist seltsam, daß ausgerechnet an einem solchen Hofe zwei Menschen, Erzherzog Maximilian und seine Schwägerin Elisabeth, mit Heinrich Heine – dem kleinen Juden und großen Dichter aus Deutschland – einen regelrechten Kult betreiben. Maximilian vergleicht sich in seinen Gedichten mit einem flügellahmen Vogel, und Elisabeth findet später in der Möwe ihr Zeichen. Für die Literaturwissenschaft gilt sie bald als eine große Kennerin der Werke von Heine.

»Die alten Staaten erkranken an ihren Erinnerungen«, schreibt Maximilian und umschreibt damit treffend die Trägheit des Reiches. Starrheit sei keine Stärke, notiert er außerdem. Aber weder sein Naturell noch seine Stellung als Zweitgeborener erlauben es ihm, seine Worte in Taten umzusetzen. Er hat den Charme und den Eifer der Schwachen. Wahrscheinlich beneidet er insgeheim seinen Bruder um den Thron. Er macht sich gerne zum Fürsprecher liberaler Ideen, ohne Zweifel aus innerer Überzeugung, aber sicherlich auch aus einem Oppositionsbedürfnis heraus. Er gilt als Liebling und Augapfel der Erzherzogin. Für den schwierigen, schwächlichen Sohn fühlt die Mutter eine völlig uneigennützige Liebe, ähnlich derjenigen, die der *Aiglon* einst in ihr weckte. Die kluge Erzherzogin war ihrem älteren Sohn gegenüber voller Ehrgeiz und Ambitionen, dem jüngeren hingegen begegnete sie mit Nachsicht und großem Einfühlungsvermögen. Dieser Gegensatz bestimmt zum Teil das Verhältnis der beiden Brüder zueinander.

Franz Joseph ernennt Maximilian zum Vizekönig und Gouverneur von Lombardo-Venetien. Der junge Mann – er ist keine fünfundzwanzig Jahre alt – mit den feinen Gesichtszügen und den blauen Augen nimmt seinen Ruf als liberaler und großzügiger Denker mit nach Italien. Zwei Jahre lang versucht er den Druck der österreichischen Besatzung zu lindern, aber die italienischen Patrioten würdigen seine entgegenkommende Haltung und seinen guten Willen nicht weiter. Rechtsanwalt Daniele Manin, der führende Kopf der 48er Revolution in Venedig, entgegnet dem Erzherzog aus seinem Pariser Exil: »Wir wünschen kein Österreich mit einer humaneren Politik, wir wünschen, daß es verschwindet.« Doch das steht natürlich nicht zur Debatte. Franz Joseph lehnt jede Form von Autonomie ab.

Mitte März kehrt das Paar wieder nach Wien zurück. Elisabeth eilt sofort zu ihrer kleinen Gisela, die sie fünf Monate lang nicht gesehen hat. Das Kind verzieht keine Miene, es scheint seine Mutter nicht zu erkennen. Mal sind es die gesellschaftlichen Verpflichtungen, mal die Anordnungen ihrer Schwiegermutter, es gibt immer einen Grund, sie von ihren Kindern zu trennen. Man glaubt zu hören, wie die böse Fee leise sagt: »Du hast alles, verlange nun nicht auch noch, glücklich zu sein.« In Italien wagten manche Leute sogar zu behaupten, daß sie ihre Tochter Sophie nur deshalb mitgenommen habe, um gegen ein Attentat besser geschützt zu sein. Die Beschuldigung ist nicht nur infam, sondern auch erwiesenermaßen ungerecht. Elisabeth fürchtet sich nie davor, an die Öffentlichkeit zu treten. An Mut fehlt es ihr wahrlich nicht. Später wirft man ihr sogar vor, auf waghalsige und leichtsinnige Weise das Schicksal herauszufordern.

Die Reisen des Kaiserpaares sind kein Vergnügungsurlaub, und dieses Mal haben sich die beiden sogar mit feindseligem Schweigen und Haß konfrontiert gesehen. Doch in diesen spannungsreichen Tagen fühlten sie sich einander sehr nahe. Jeder hatte Angst um den anderen. Zur Verständigung genügte ein Blick, eine Geste. Sie waren im Einklang miteinander und haben alles miteinander geteilt. In der Hofburg oder in Schönbrunn sind sie erneut durch das Protokoll, den unglei-

chen Tagesablauf und die unterschiedliche Umgebung voneinander getrennt. Franz ist wieder der Kaiser, und Elisabeth fällt es immer schwerer, sich in ihre untergeordnete Rolle zu fügen.
Jean Des Cars beschreibt in seiner Biographie *Elisabeth d'Autriche ou la Fatalité*, wie die Kaiserin kurz nach ihrer Rückkehr auf einem Sekretär in ihren Privaträumen ein Büchlein mit vergilbten Blättern vorfand. Damit die unterstrichenen Passagen mehr ins Auge fielen, war es aufgeschlagen. Elisabeth hatte keine Ahnung, wer es hingelegt hatte. Es war aber offensichtlich, daß der oder die Unbekannte niedere Beweggründe hatte. Der auf französisch abgefaßte Text lautet: »Der Krone Erben zu schenken, ist der Lebenszweck einer Königin. Der Herrscher, der seiner Frau antwortete: ›Madame, wir haben Euch erwählt, damit Ihr uns Söhne gebt und keine Ratschläge‹, war allen anderen ein gutes Vorbild. Das nämlich ist das Schicksal und die natürliche Bestimmung der Königinnen. Wenn sie sich nicht daran halten, werden sie zur Wurzel allen Übels, wie Katharina von Medici, Maria von Medici und Anna von Österreich. Wenn eine Königin schon das Glück hat, einem Staat Prinzen schenken zu dürfen, so sollte sie dafür ihren ganzen Ehrgeiz einsetzen und sich unter keinen Umständen in die Regierungsgeschäfte einmischen, denn diese sind keine Angelegenheit für eine Frau […] Eine Fürstin, die keine Söhne zur Welt bringt, ist eine Fremde im Staat, eine äußerst gefährliche Fremde sogar.«
Der Text attackiert nur französische Königinnen. Die Erklärung ist einfach: Die Schmähschrift zielte ursprünglich nicht auf Elisabeth. Man bediente sich ihrer bereits in einer anderen Welt und zu einer Zeit, in der Elisabeth noch nicht einmal geboren war. Aber offensichtlich will man erneut diese Mißtöne anstimmen, als ob sie immer wieder zum Klingen gebracht werden müßten. Der anonyme Autor hat sein Gift ein Jahrhundert zuvor in Paris verspritzt. Der Text stammt aus dem Jahre 1774 und war auf die verschrienste Herrscherin aller Zei-

ten gemünzt. Die Franzosen nannten sie *l'Autrichienne*, die Österreicherin: Königin Marie Antoinette.
Elisabeth fährt es wie ein Stich durchs Herz. Sie ist von diesen fremden- und frauenfeindlichen Formulierungen zutiefst verletzt. Der unerträgliche Haß wühlt schreckliche Dinge auf: Die Furcht vor einem tragischen Schicksal. Die Angst, von einem ganzen Volk verstoßen zu werden. Zunächst fehlende Liebe, dann Gleichgültigkeit und am Ende Verdammung. Der Alptraum, zum Schweigen verurteilt zu sein. Ein Bauch, nichts als ein der Fortpflanzung dienender Bauch.
Wer hat diesen schändlichen Text auf ihren Sekretär gelegt? Das Geheimnis hat sich auch später nie gelüftet. Es muß jemand aus ihrer näheren Umgebung gewesen sein, der Zutritt zu ihren Privaträumen hatte. Elisabeth empfindet so etwas wie Ekel vor so viel Feigheit. Ihr Feind oder ihre Feindin besitzt kein Ehrgefühl. Lange Zeit spricht sie mit niemandem über diesen Vorfall, schon gar nicht mit ihrem Mann. Er liebt sie zu sehr, als daß er nicht mit aller Strenge darauf reagieren würde. Wieder einmal kann sie nur bei sich selbst Zuflucht suchen.

Mai 1857. Reise nach Ungarn.
Wenn schon Italien sich dem Kaiser nicht gerade in die Arme wirft, ist in Ungarn noch mit wesentlich mehr Ablehnung und Widerstand zu rechnen. Aber die Kaiserin träumt schon seit langem von diesem Land, und die Beschwerlichkeiten der Reise ängstigen sie nicht weiter. Sobald sie Wien den Rücken kehren kann, fühlt sie sich wohler.
In Wahrheit hatten die beiden keine Vorstellung von den Ausmaßen des angerichteten Schadens. Die Ungarn haben die blutigen Vergeltungsmaßnahmen vom Herbst 1849 nicht vergessen. Nach dem gescheiterten Unabhängigkeitskrieg organisierte General Haynau den österreichischen Rachefeldzug: »Die Anführer der Revolte werden aufgehängt und die zu den Ungarn übergelaufenen Offiziere erschossen. Ich werde das Übel an der Wurzel packen und Europa zeigen, wie man die Rebellen straft und auf hundert Jahre Ruhe, Frieden und Ordnung schafft.« Mit Hinrichtungen, Ausweisungen und Haftstrafen hat er das Versprechen gehalten. Ungarn wird besetzt und annektiert.
Franz Joseph beruft seinen Onkel Erzherzog Albert an die Spitze des Landes. Doch die wirkliche Macht liegt in den Händen des Wiener Innenministers Baron Bach. Seine Agenten, die »Bachschen Husaren«, überziehen Ungarn mit einem dichten Überwachungsnetz. Die Abschaffung der Leibeigenschaft ist das einzige, was von den Errungenschaften von 1848 übrigbleibt. Die ehemalige Verfassung wird zu den Akten gelegt, und das ganze Land der österreichischen Vorherrschaft unterstellt.
Polizei und Beamtenschaft setzen alles daran, Geheimorganisationen und Verschwörungen aufzudecken. Jede Art von Ver-

sammlung ist verboten, auch Feste und Ballabende. Aber nichts kann den inneren Widerstand eines Volkes brechen. Die Devise gegen die Besatzung lautet: »Die Österreicher dürfen sich nirgendwo in unserem Lande zu Hause fühlen ... Jeder soll sie wie Aussätzige meiden und sich vor ihnen in acht nehmen ...«
Elisabeth lernt Ungarn in dieser Atmosphäre kennen. Trotzdem ist sie entschlossen, dieses Land zu lieben wie kein zweites, und nichts wird sie davon abbringen, auch nicht ein noch so großer Schmerz. Sie geht auf dieses Land zu wie ein junges Mädchen, das zu einem Rendezvous eilt. Woher nimmt sie diese Sicherheit, diese Gewißheit, sich nicht zu irren? Die Erzherzogin haßt selbstverständlich alles Ungarische. Sie ist überzeugt davon, daß den Ungarn die Rebellion im Blute liegt und sie deshalb ständig klein zu halten und der kaiserlichen Allmacht zu unterwerfen sind. Sind die Feinde meiner Feinde nicht meine Freunde? Doch man täte der Kaiserin unrecht mit der Annahme, daß sie nur von dem Wunsch geleitet gewesen sei, gegen die Erzherzogin Partei zu ergreifen und sich an ihr zu rächen.
Ihre Leidenschaft für Ungarn hat tieferliegende Gründe. Einer davon ist vielleicht der sanfte Blick eines am Ende seines Lebens stehenden alten Mannes. Mit Ungarn verbinden sich für Elisabeth die Monate ihrer Vorbereitungszeit zwischen der Verlobung und Hochzeit, eine Zeit voller Ängste und Hoffnungen. Es sind ihre letzten Tage in Possenhofen. Sie fühlt sich geliebt und ist selbst voller Liebe. Ihr Interesse an der Welt ist geweckt, und sie möchte alles, was man sie lehrt, in sich aufnehmen. János Majláth kommt diesem Verlangen entgegen. Mit seiner aristokratischen Nase und seinem traurig-leidenschaftlichen Blick gefällt er ihr auf Anhieb. Elisabeths Ungarnbild ist von dieser Traurigkeit und Leidenschaft geprägt. Der Unterricht geht über Geographie und Geschichte dieses so fernen und fremden Landes hinaus; János Majláth schildert sein Land in aller Lebendigkeit und in den eindrucksvollsten Farben. Wahrscheinlich wußte er bereits, daß er sterben würde,

ohne seine Heimat wiedergesehen zu haben, und es ist ebenfalls anzunehmen, daß er seiner aufmerksamen Schülerin, die bald über das Reich herrschen sollte, die grenzenlose Herzlichkeit seiner Landsleute vermitteln wollte. Mit zärtlicher Stimme und einem Lächeln in den Mundwinkeln hatte er gesagt: »Die Ungarn sind verrückt.« Diese Verrücktheit erschien ihr damals als eine Himmelsgabe, als eine Waffe im Kampf gegen das Böse, eine Waffe, die allen Mächten der Finsternis standhält.

Als Elisabeth Possenhofen verließ, um für immer in Wien zu leben, führte sie einen Schatz mit sich, der alle Reisekisten ihrer Aussteuer an Wert weit übertraf. Sie trug in sich sozusagen einen Schatz an persönlichen Wertsachen, zu denen neben den bayrischen Kindheitserinnerungen auch János Majláths kostbare ungarische Mitgift zählte: eine Mischung aus Melancholie, unermeßlicher Begeisterung und Traurigkeit. »Die Ungarn weinen, wenn sie fröhlich sind«, pflegte er immer wieder zu sagen.

Der alte Herr hat die Botschaft an die junge Kaiserin weitergegeben. Seine Aufgabe ist erfüllt. Es bleibt ihm nur noch, den festen Boden zu verlassen und sich in den dunklen Wassern des Starnberger Sees aufzulösen. Durch den Selbstmord ihres geliebten Lehrers hat der Unterricht nachträglich ein noch stärkeres Gewicht bekommen. Elisabeth wird ihn nie vergessen.

Später in Wien muß Elisabeth die verschiedensten Sprachen des Reiches lernen. Franz Joseph ist schon von klein auf an diese mühsame Aufgabe gewohnt. Er spricht die wichtigsten Sprachen seiner Untertanen, außerdem Englisch und Französisch. Elisabeth ist beträchtlich im Rückstand. In der Lombardei hat man es nicht versäumt, ihr Italienisch zu rügen. Ihr Akzent sei hölzern und ihr Wortschatz arm. Um das Tschechische ist es wenig besser bestellt. In den ersten Ungarisch-Stunden jedoch geschieht das Wunder. Sie lernt mit Leichtigkeit und Wißbegier und macht sich die zweifelsohne schwierige und fremdartige Sprache – der sprachliche Ausdruck des Madjarenvolkes ist nicht weniger rebellisch als das Volk selbst – zu ihrer eigenen.

In den Klängen und Rhythmen dieser Sprache erkennt sie instinktiv ihre eigene Musik wieder.
Seit János Majláth ist Elisabeth keinem echten Ungarn mehr begegnet. Die Ungarn am Wiener Hofe haben dem kaiserlichen Herrschaftsanspruch allzu viele Zugeständnisse gemacht und viel von ihrem Madjarenstolz verloren. Ihr Erscheinungsbild ist jedoch nach wie vor prächtig, besonders das der im kaiserlichen Dienst stehenden Offiziere der ungarischen Garde, eine zu Maria Theresias Zeiten gegründete Eliteeinheit für junge Adelige. Mit ihrem Kolpak, der Husarenmütze aus Leopardenfell, und der traditionellen Attila, einem roten, mit Edelsteinen besetzten Mantel, sind sie kaum zu übersehen.
Elisabeth hat die Absicht, die beiden Mädchen mitzunehmen. Ein weiteres Mal versucht die Erzherzogin, dies mit allen Mitteln zu verhindern. So viel der Ehre hätten diese Wilden gar nicht verdient, und außerdem sei der Gesundheitszustand der Älteren nicht der beste. Doch dieses Mal entscheidet Dr. Seeburger zugunsten der Kaiserin. Die beiden Kleinen dürfen mit, allerdings nur unter der Bedingung, daß ihr Arzt sie begleitet. Der Reise steht also nichts mehr im Wege.
Es geht mit dem Schiff donauabwärts. In Preßburg, das damals zu Ungarn gehörte, wird zum erstenmal angelegt. Die prächtige Stadt nennt sich heute Bratislava und war bis vor kurzem noch tschechoslowakisch. Inzwischen ist sie die Hauptstadt der Slowakei. So kommen und gehen die Grenzen des alten Europa …
Am 4. Mai 1857 erreicht das Kaiserpaar Ofen, die Vorstadt von Buda und Pest. Die beiden Städte der ungarischen Kapitale sind noch deutlich voneinander getrennt. Auf den Hügeln das barocke Buda mit dem Königspalast, in dem das Herrscherpaar aber nicht wohnen wird. Sie werden ihn jedoch besichtigen und in seinen Räumen einen großen Ball geben. Auf dem linken Donauufer Pest mit seinen verwinkelten kleinen Sträßchen und herrlichen Ausblicken, die sich irgendwo in der weiten Ebene verlieren. Die beiden Städte sind über prächtige Brücken miteinander verbunden, werden aber erst

1873 unter dem wohlbekannten Namen Budapest zu einer einzigen Stadt.
Franz Joseph trägt seine ungarische Generalsuniform, Elisabeth die ihr hervorragend stehende Nationaltracht. Die schwarze Samtbluse sitzt wie angegossen, ihre Figur zeichnet sich deutlich ab. Das Mieder ist mit Perlen an ihrer Bluse festgesteckt und umschließt ihre schlanke Taille. Die Ärmel aus geklöppelter Spitze sind über dem Ellenbogen hochgebunden und geben einen zierlichen Unterarm und ein feines Handgelenk frei. Jedes Detail ist wohl bedacht, und sie zeigt sich liebend gern in der ungarischen Tracht. Hier ist sie völlig ohne Hemmungen und fühlt sich wie ein anderer Mensch.
Die Kaiserin spürt, daß sie diesem Volk sehr wohl gefallen könnte, auch wenn es nicht gerade seine Art ist, sich Fremden in die Arme zu werfen. Es braucht schon eine ganze Reihe von Einfällen fremder Heere, um die Eindringlinge dermaßen zu hassen. Und sie gefällt tatsächlich. Bereits am anderen Tag würdigt die ungarische Presse das Ereignis. Man fordert mit allem Nachdruck die Wiedereinführung der ungarischen Verfassung, berichtet aber dennoch über mehrere Seiten hinweg von Elisabeths schöner Erscheinung und lobt den Eifer, mit dem sie sich die ungarische Sprache und Nationaltracht zu eigen gemacht hat.
Die Begeisterung wandelt sich in Raserei, als Elisabeth zu Pferd erscheint. Die Ungarn sind leidenschaftliche Reiter, und Elisabeth scheut sich nicht, ihre Reitkünste von den Ersten dieses Landes beurteilen zu lassen. Dem österreichischen Gefolge mag es noch so sehr mißfallen, die Kaiserin führt in aller Öffentlichkeit Reitübungen vor, und die Ungarn zollen ihr fachmännisches Lob für die Eleganz und Perfektion ihrer Reitkunst.
Die Menge ist zwar begeistert, doch die alten Wunden sind noch nicht geschlossen. Franz Joseph erläßt deshalb eine Amnestie. Selbst Rebellen der vordersten Front wie Gyula Andrássy dürfen ins Land zurückkehren und bekommen ihren Besitz zurück. Das sei ja wohl das mindeste, antworten die Aristokraten, boykottieren weiterhin alle Empfänge und fordern

nach wie vor die ehemalige Verfassung, die der Kaiser jedoch ablehnt. Er fürchtet zu sehr, daß das Beispiel Schule machen könnte. Eine nach der anderen würden die Nationen des Reiches auf die Barrikaden gehen, und der Alptraum von 1848 würde wieder von vorne beginnen. Selbst in Österreich macht sich in einigen bürgerlichen Kreisen Widerstand gegen den Absolutismus bemerkbar, und der Wunsch nach einer Verfassung wird laut. Die sich abzeichnende wirtschaftliche Rezession verstärkt diese Tendenz. Es ist Franz Joseph klar, daß er nicht in Buda zugestehen kann, was er in Wien verweigert.

Die stattlichen ungarischen Magnaten sind durch die Kaiserin zweifelsohne verwirrt, vom Kaiser hingegen sind sie noch nicht überzeugt. Doch der verführerische Tanz hat begonnen. Zwei Schritte vor und einer zurück. Die Ungarn tanzen den Csárdás und singen Reiter- und Zigeunerlieder aus der Pußta. Die Österreicher antworten mit dem Amnestieerlaß, dem charmantesten Lächeln der ungarischsten Kaiserin aller Zeiten und dem guten Willen eines Landesherrn, der ja so gerne wollte, wenn er könnte.

Während das Kaiserpaar zu einer Reise ins Landesinnere aufbricht, bleiben die beiden Mädchen, die nicht ganz gesund sind, in Ofen. Ihre Mutter aber entdeckt die weite Ebene, die Pußta, von der János Majláth ihr so viel erzählt hat. Das bayrische Kind der Berge betritt eine andere Welt, eine Welt, die ihren Träumen entspricht. Wahrscheinlich würde sie mit Rainer Maria Rilke in seiner *Weise von Liebe und Tod des Cornets Christoph Rilke* sagen:

> Reiten, reiten, reiten, durch den Tag, durch die Nacht, durch den Tag
> Reiten, reiten, reiten
> Und der Mut ist so müde geworden und die Sehnsucht so groß.
> Es gibt keine Berge mehr, kaum einen Baum. Nichts wagt aufzustehen.

Nach fünf Tagen ruft Dr. Seeburger Elisabeth und Franz Joseph über den Telegrafen nach Ofen zurück. Der Zustand ihrer Tochter Sophie sei hoffnungslos. Vor ein paar Tagen noch hat Dr. Seeburger keinen Anlaß zur Sorge gesehen und hinter dem Weinen und Fieber des Kindes einen Zahndurchbruch vermutet. Elisabeth findet eine abgemagerte und bleiche Tochter vor; das Feuer ihrer Augen ist bereits erloschen. Für die Mutter stürzt eine Welt zusammen. Elf Stunden lang kämpft sie um das Leben ihres Kindes. Am Abend des 29. Mai 1857 stirbt das Mädchen im Alter von zwei Jahren und zwei Monaten. Der Kaiser schickt an die Erzherzogin eine telegrafische Meldung: »Unsere Kleine ist ein Engel im Himmel. Nach langem Kampfe ist sie zuletzt ruhig um halb zehn Uhr verschieden. Wir sind vernichtet.«
In ihrer Verzweiflung rebelliert Elisabeth gegen Dr. Seeburger, der die Krankheit nicht rechtzeitig erkannt hat. Man weiß nicht einmal genau, woran das Kind gestorben ist. Vermutlich hat Gisela ihre Schwester mit Masern infiziert, denen der bereits geschwächte Körper der Kleinen erlag. Ungarn verstummt schlagartig. Das ganze Land trauert schweigend mit den jungen Eltern, die mit ihrem toten Kind nach Wien zurückkehren.
Den Schmerz der Erzherzogin kann man sich vorstellen. Der Tod der Enkelin, die ihren Namen trug und ihre Passion war, ist für sie ein doppelter Verlust. Man hat das Kind fortgeschleppt in das Land dieser Wilden, bei denen man immer mit dem Schlimmsten rechnen muß, und der Großmutter einen kleinen, puppengroßen Leichnam zurückgebracht. Unwillkürlich muß die Erzherzogin an einen anderen kleinen Körper denken, der ihr ebenfalls durch den Tod entrissen wurde, nämlich der ihrer eigenen Tochter Anna, die im Alter von vier Jahren gestorben ist. Das Leid von damals macht den Schmerz von heute nur noch größer. Sophie war kein Ersatz für Anna, denn die Liebe ist nicht austauschbar, aber mit der Geburt der kleinen Prinzessin wurden die zärtlichen Gefühle von einst wieder

geweckt und waren lebendiger und stärker denn je. Die Erzherzogin hatte sich des Kindes bemächtigt, um auf dessen Schicksal mehr Einfluß nehmen zu können.

Doch das Kind ist tot. Sein Schicksal ist besiegelt. Was bleibt, sind Vorwürfe und Schuldzuweisungen. Die beiden Frauen, Mutter und Großmutter, könnten sich gegenseitig alle möglichen Niederträchtigkeiten an den Kopf werden. Doch die Verzweiflung hält sie zurück. Die Erzherzogin spürt den Schmerz ihres Sohnes sehr wohl und möchte ihm weiteres Leid ersparen. Und Elisabeth ist am Boden zerstört. Sie ist zu schwach, um sich zu erregen und andere zu beschuldigen. Die bittersten Vorwürfe macht sie sich selbst.

Wie alle Habsburger wird das Kind in der keine hundert Meter von der Hofburg entfernten Kapuzinergruft beigesetzt. Elisabeth steigt hinter den sterblichen Überresten die Treppe hinunter. Ihre Trauer ist so groß, daß sie sogar alle Schuldgefühle erstickt. Die Gebete, der Weihrauch und die weißen Blumen bedeuteten noch Leben. Man konnte von Erinnerungen an glückliche oder weniger glückliche Augenblicke zehren und lachen oder weinen. Jetzt ist alles vorbei. Eine andere Welt tut sich auf. Tief unten in der Kapuzinergruft werden die Lebenden vom Schweigen der Toten erfaßt. Die Treppe führt in ein Nichts. Sich dagegen zu wehren ist zwecklos, es gibt kein Entrinnen. Elisabeth überläßt sich einer Kraft, die sie schon hier als Unausweichlichkeit des Schicksals bezeichnet.

Die ruhmreichen Habsburger liegen einer neben dem anderen wie in einem Kinderschlafsaal. Der Sarkophag Karls VI. trägt an seinen vier Ecken je einen gekrönten Totenkopf. Als der Kapuziner den Kerzenleuchter in seiner Hand bewegt, flackert das Licht, und die vier Schädel scheinen über sich selbst zu grinsen. Elisabeth betritt die Gruft, die Ruhestätte ihres Kindes, zum erstenmal. Das Gefängnis schließt sich, und die Gefangene ist neunzehneinhalb Jahre alt.

Regen und Trauer machen aus dem Sommer des Jahres 1857 eine triste Zeit. Franz Joseph fährt ein zweites Mal nach Ungarn, dieses Mal ohne Elisabeth. Die Trauer um ihr Kind steigert sich jedoch nicht zu Haß auf die Ungarn und ihr Land. Sie spürt vielmehr, wie stark das Band ist, das sie mit diesem Volk verbindet. Der große Schmerz um János Majláth und die kleine Sophie ist für sie nur ein zusätzlicher Beweis für diese innere Verbindung. Um an den Ort der Tragödie zurückzukehren, ist es allerdings noch zu früh. Die Kaiserin erträgt die Gesellschaft anderer Menschen nur schwer und zieht sich in ihre Einsamkeit zurück.

Sie ist abgemagert, im Gesicht und am Körper, und unter ihren Augen bilden sich dunkle Ringe. Sie ißt fast nichts mehr. Die Schuldgefühle belasten sie stark. Man hat ihr die Zeit, die sie brauchte, um ihre kleine Tochter zu lieben, nicht gegönnt. Und sie hat es auch nicht verstanden, das kleine Mädchen zu beschützen. Muß sie nun dafür büßen? Ist es nicht die Strafe, die grausame und ungerechte Strafe dafür, daß sie sich über Verhaltensnormen und Anordnungen der Erzherzogin hinweggesetzt hat? Bezahlt die kleine Sophie nicht für die andere Sophie? Oh, dieser Vorname! Manchmal bedeutet er so viel Haß, dann wieder so viel Liebe. Warum lebt die eine? Und warum ist die andere tot?

Franz Joseph fällt auf, daß in Ungarn das Porträt der Kaiserin im Vergleich zum letzten Aufenthalt häufiger zu sehen ist. Die Ungarn bedauern das Fernbleiben Elisabeths, zeigen aber viel Verständnis. Alle Welt nimmt Anteil an ihrem Schmerz. Vor zwei Monaten haben die Ungarn Feuer gefangen, inzwischen ist daraus echte Zuneigung geworden. Die Reise des Kaisers verläuft in ruhigeren Bahnen, auch wenn der Ruf nach der Verfassung nach wie vor zu hören ist. Die dank der Amnestie zurückgekehrten Emigranten sind nicht die letzten, die ihre Stimme erheben.

Graf Gyula Andrássy ist im Juni aus dem Pariser Exil heimgekehrt. Nach der Revolution von 1848 war er zum Tod durch den Strang verurteilt worden. Als das Urteil gefällt wurde, befand er sich jedoch bereits im Ausland. Am Seil baumelte lediglich das Bild des reichen und verführerischen Mannes. Und das Exil war alles andere als die Hölle für ihn. 1856 heiratet er Gräfin Katinka Kendeffy, die hübsche Erbin einer begüterten ungarischen Familie, die sich 1848 durch eine unbestechliche Treue zum Reich ausgezeichnet hat. Diese Heirat macht seine Entgleisung während der Revolution in etwa wett, um so mehr, als der »beau Pendu« aus seiner russenfeindlichen Einstellung kein Hehl macht, eine Tendenz, die sich auch am Wiener Hof immer mehr durchsetzt. Und so macht sich Andrássy stark für eine Versöhnung seines Vaterlandes mit Österreich. Franz Joseph sieht in Andrássys Rückkehr keinen Grund zur Sorge. Sie ist für ihn eher ein Zeichen dafür, daß die Wogen sich allmählich glätten. Nur ein Kern von Unbelehrbaren harrt weiterhin im Ausland aus. Sie gruppieren sich um Kossuth, der in London lebt.

Elisabeth kann ihren Schmerz nicht überwinden. Ihre Verzweiflung ist so groß, daß die Erzherzogin, die sehr wohl einiges zu sagen hätte, ihr gegenüber keine Vorwürfe laut werden läßt. Sie weiß sehr wohl, daß auch unausgesprochene Worte ihr Gewicht haben. In Zukunft wird sie auf eine andere, nicht weniger heimtückische und wirkungsvolle Weise ihre Mißbilligung zum Ausdruck bringen. In der Politik hat sie gelernt, jeder Situation Rechnung zu tragen und aus allem das Beste zu machen. Die Hochzeit ihres geliebten Maximilian bietet ihr dazu eine neue Gelegenheit. Der Lieblingssohn ist mit Charlotte von Sachsen-Coburg, der Tochter des belgischen Königs, ver-

lobt. Die Erzherzogin macht um den Neuankömmling sehr viel Aufhebens. Ist die junge Frau nicht elegant und schön? Außerdem soll sie intelligent und ehrgeizig sein. Nicht zu vergleichen mit ihrer ersten Schwiegertochter, diesem spleenigen bayrischen Landmädchen, dessen Stammbaum seine Zweige in alle Richtungen treibt. Die Geschlechterfolge der Familie von Sachsen-Coburg hingegen ist einwandfrei. Die Heiratskandidatin ist das Leben am Hofe gewöhnt, für die Erzherzogin ein Grund mehr, für ihre zukünftige Schwiegertochter zu schwärmen: »*Charlotte ist charmant, schön, anziehend, liebevoll und zärtlich zu mir. Es kommt mir so vor, als hätte ich sie schon immer geliebt [...] Ich danke Gott von Herzen für die charmante Frau, die er Max geschenkt hat und für das weitere Kind, das er uns gegeben hat.*« Es ist offensichtlich, daß Charlotte für die Erzherzogin all das besitzt, was Elisabeth fehlt, und es bereitet ihr größtes Vergnügen, aller Welt zu zeigen, wem ihre Sympathie gehört.
Mit dieser Haltung, die sich sofort auf ihre Umgebung überträgt, die der Kaiserin schon von vornherein nicht wohlgesonnen war, sorgt sie von Anfang an für eine Rivalität zwischen den beiden Schwiegertöchtern. Elisabeth ist außerstande, diese neuen Angriffe zu parieren. Abgemagert und von Gewissensbissen geplagt, fürchtet sie, an Boden zu verlieren. Ihre Schwiegermutter, gegen die sie eine tiefe Abneigung empfindet, macht nun auch noch Stimmung gegen sie. Die Situation zehrt an ihren Nerven und bedroht ihr inneres Gleichgewicht. Haßgefühle haben tiefe und weitverzweigte Wurzeln.
Während Elisabeths Popularität im Reich stetig wächst, hat man am Hofe immer etwas an ihrem Verhalten oder an ihrer Person auszusetzen. Natürlich beneiden sie die hübschen Gräfinnen um ihre Schönheit. Nicht nur, daß sie vom Kaiser geliebt wird und ihnen die beste Heiratspartie Europas entgangen ist, nein, sie verführt jetzt auch noch die einzelnen Völkerschaften des Reiches, selbst die aufsässigsten. Mit der Erzherzogin als Komplizin versuchen sich die Eifersüchtigen zu rächen. Sie planen einen Schönheitswettbewerb am Hofe, eine

Wahl der »Miss Schönbrunn« sozusagen. Im Gegensatz zu heute werden die Beteiligten nicht um ihre Zustimmung zur Kandidatur gebeten. Nachdem man sich vorher abgesprochen hat, gibt die Jury das Ergebnis bekannt. Die erwählte »Hofschönheit« ist die Braut Maximilians, Charlotte von Sachsen-Coburg. Man will damit zeigen, daß der Neuankömmling die Kaiserin in den Schatten stellt.

Das verlogene Spiel bringt den gewünschten Erfolg. Aus den beiden Schwägerinnen werden Feindinnen, und Elisabeth erfährt eine weitere Kränkung. Eigentlich sollte man meinen, daß die vielen Komplimente, die Elisabeth wegen ihrer Schönheit bekommen hat, ihr zumindest in diesem Bereich genügend Selbstvertrauen geben. Doch das ist nicht der Fall. Fern vom politischen Leben ist Elisabeth mehr denn je den Albernheiten ihrer Umgebung ausgesetzt. Außerdem fühlt sie sich schuldig, ihre Tochter nicht vor dem Tod bewahrt zu haben. Und nun kann sie nicht einmal mehr auf ihren Charme bauen. Sie galt als unvergleichlich. Trotzdem hat man es gewagt, sie mit anderen Schönheiten zu messen, und aus diesem Wettstreit ist sie nun auch noch als Verliererin hervorgegangen.

Elisabeth ist immer noch voller Trauer und Gewissensbisse, als sie im Dezember 1857 feststellt, daß sie zum drittenmal schwanger ist. Mit der Reiterei und den betont engen Miedern ist es jetzt vorerst wieder vorbei. Aber ihre Figur ist ohnehin bereits so schmal, daß es die Ärzteschaft alarmiert. Doch Elisabeth stört das wenig. Sie findet, daß sie nie schlank genug sein kann, und ißt deshalb weiterhin recht wenig.

Die Kaiserin muß sich jetzt mit ausgedehnten Spaziergängen begnügen. Soweit es ihm seine Aufgaben erlauben, begleitet ihr Mann sie dabei. Jede Geste und jeder Blick zeigen deutlich seine Bewunderung für sie. Franz Joseph ist mehr denn je der verliebte Leutnant. Seine kaiserlichen Pflichten vernachlässigt er deshalb allerdings nicht.

Es ist nicht bekannt, ob Franz Joseph bei der dritten Geburt für das hebräische Gebet an der Tür gesorgt hat. Der Rabbiner aus

Pest hatte ihm dies ja bereits bei der Geburt Giselas angeraten. Alle wünschen sich diesmal einen Jungen; auch die Kaiserin denkt seit Wochen an nichts anderes mehr. Das Büchlein, das von anonymer Hand auf ihren Schreibtisch gelegt wurde, kann sie nicht vergessen.

Sie ist zwanzig Jahre alt und steht vor ihrer dritten Entbindung. Wahrscheinlich wird es noch weitere, ja noch viele geben, falls sich der Junge immer noch nicht entschließen kann, seine Reise in die Welt anzutreten. Vor einem Jahr hat Elisabeth den Todeskampf ihrer kleinen Sophie erlebt. Eine starke Belastung für die noch so junge Frau. Seit der ersten Begegnung in Ischl sind inzwischen fünf Jahre vergangen. Das Glück und die Begeisterung der ersten Zeit liegen weit zurück. Viele Probleme und Schwierigkeiten hat es seitdem gegeben, doch das gute Einvernehmen der beiden ist dadurch nicht zerstört worden.

Das dritte Kind wurde nur sechs Monate nach Sophies Tod gezeugt. Elisabeths Trauerstimmung war eine schlechte Voraussetzung für die Schwangerschaft, und die Niederkunft erweist sich auch als wesentlich komplizierter als die beiden ersten Geburten. Am 21. August 1858 steht über Wien eine brütende Hitze. Die völlig erschöpfte Stadt sehnt sich nach einem Gewitter und einem Kronprinzen. In der Laxenburger Schloßkapelle werden auf Geheiß der Erzherzogin die heiligen Sakramente aufgestellt. Elisabeth wimmert vor Schmerzen. Ihre Schwiegermutter und Gräfin Esterházy liegen auf den Knien und beten. Um zehn Uhr abends ist die Kaiserin endlich erlöst.

»Ist es ein Junge?« fragt sie erschöpft.

Franz Joseph, in großer Sorge um den Gesundheitszustand seiner Frau, wagt keine direkte Antwort. Eine übermäßige Erregung könnte verhängnisvoll für sie sein.

Elisabeth seufzt niedergeschlagener denn je: »Ach, es ist sicherlich wieder ein Mädchen!«

»Und wenn es nun doch ein Junge wäre?« fragt der Kaiser vorsichtig.

Die Kaiserin glaubt es erst, als sie das Kind gesehen hat.
Ein Junge! Die Alpträume sind also endlich vorbei. Nie war der Wunsch nach einem Kronprinzen größer gewesen, es sei denn bei Napoleons kleinem König von Rom, der durch seine Mutter ebenfalls ein Sohn Habsburgs war. Über Franz Josephs Wangen laufen echte Freudentränen. Sofort legt er die schwere Halskette vom Goldenen Vlies in die Wiege des Kindes und ernennt es auf der Stelle zum Obersten des 19. Infanterieregiments.
In Erinnerung an den ersten Habsburger auf dem Thron des Heiligen Römischen Reiches und Schwiegersohn des damaligen bayerischen Kurfürsten erhält der Kronprinz den Namen Rudolf. Franz Joseph entschließt sich, das Grab dieses ersten Rudolfs von Habsburg im pfälzischen Speyer aus eigenen Mitteln restaurieren zu lassen. Der Kaiser hat die Hoffnung, eines Tages wieder über alle deutschen Länder zu herrschen, noch nicht aufgegeben. Wer weiß – vielleicht kann er später seinem Thronfolger die Krone des Heiligen Römischen Reiches übergeben, dieselbe Krone, die sein Großvater 1806 unter dem Druck der französischen Armeen niederlegen mußte.
Elisabeths Gesundheit ist angegriffen. Es bereitet ihr Schmerzen, wenn die Milch steigt, um so mehr, als dies völlig umsonst ist. Eigentlich möchte Elisabeth ihr Kind selbst stillen, aber am Hofe findet man diese Idee albern, ja sogar lächerlich. Ein bayrisches Landmädchen kann ihrem Kind die Brust geben, aber nicht die Kaiserin. Auf zur Amme! Eine hübsche, mollige Bäuerin aus Mähren. Die Schmähschrift auf dem Sekretär hatte also recht. Die Landesmutter ist eine Gebärmaschine. Alles andere hat sie nicht zu kümmern, nicht die Ernährung des Prinzen und erst recht nicht seine Erziehung.
Die Erzherzogin nutzt den schlechten Gesundheitszustand der Mutter, um das Kind zu sich zu holen. Diese Taktik hatte sie bereits drei Jahre zuvor eingesetzt. Ihren Anordnungen wagt keiner zu widersprechen. Über allem schwebt noch der Tod Sophies und die schreckliche Verantwortung Elisabeths. Für

die Erzherzogin ist dieser Enkel eine Garantie auf Franz Josephs Glück und die Zukunft des Reiches. Für die Sicherheit dieses Schatzes ist ihr nichts zuviel. Wie immer wollen alle Beteiligten nur das Beste, und die Bühne ist frei für eine neue Tragödie.

In Norditalien ist Krieg. Erst vor drei Tagen hat Franz Joseph Elisabeth verlassen, als er ihr aus dem Hauptquartier in Verona folgenden Brief schreibt:

Verona, den 31. Mai 1859

Meine liebste Engels Sissi,

Die ersten Augenblicke nach dem Aufstehen benütze ich, um Dir diese wenigen Zeilen zu schreiben und Dir wieder zu sagen, wie sehr ich Dich liebe und wie ich mich nach Dir und den lieben Kindern sehne. Wenn es Dir nur recht gut geht und Du Dich so fleißig schonest wie Du mir es versprochen hast … Suche Dich auch recht viel zu zerstreuen, um nicht zu traurig zu sein …

Wie oft haben unsere Mütter, Großmütter und Urgroßmütter solche Zeilen bekommen? Mit zitternden Händen öffneten sie die Briefe von der Front, aus dem Schützengraben oder Gefangenenlager. Ihre Worte waren denen von Franz Joseph nicht unähnlich, auch sie brachten ein wenig Hoffnung. Gott sei Dank, er lebt noch! Die Briefe waren wohltuend und schmerzlich zugleich. Die Zeit, in der die Frauen zitterten, weinten und beteten, ist noch nicht so lange her. Und selbst die ärmsten Familien haben den Briefwechsel dieser schrecklichen Jahre sorgfältig aufbewahrt. Der einfache Soldat und der Kaiser schöpfen beide im Krieg ihre Kraft aus der Erinnerung an ihre Liebsten, mit dem Unterschied jedoch, daß der Soldat gehorcht und sich die Haut durchlöchern läßt, während der Kaiser befiehlt und nur das Leben anderer aufs Spiel setzt.

Zwei Kaiser stehen sich 1859 in Italien gegenüber: auf der einen Seite Napoleon III., auf der anderen Seite Franz Joseph. Beide sind Neffen Napoleons I., der eine ist mit ihm blutsverwandt, der andere mit ihm verschwägert. Der Franzose hat den Österreicher regelrecht in die Falle gelockt. Napoleon III. will den Krieg in Italien um jeden Preis. Hat sich das Schicksal seines Onkels denn nicht auch in diesem Land entschieden? Er plant den Krieg auf lange Sicht. Im Sommer zuvor hat man in Wien gerade die Vorbereitungen zur Geburt des kleinen Rudolfs getroffen, als der französische Kaiser in Plombières heimlich den Grafen von Cavour empfing, den Premierminister von Sardinien-Piemont. Die beiden erarbeiteten eine Strategie, um Österreich aus Italien zu vertreiben. Im Falle eines Erfolgs soll Piemont die Lombardei und Venetien bekommen, Frankreich die Grafschaft Nizza, Savoyen und die Vorherrschaft über Italien, wo die Familie Buonaparte das Erbe der Habsburger und Bourbonen unter sich aufteilen möchte. Natürlich kann Napoleon III. nur dann einschreiten, wenn Piemont von Österreich angegriffen wird oder zumindest einen solchen Angriff vorgibt. Dann käme Frankreich dem Schwächeren zu Hilfe und könnte so sein Eingreifen mit dem Völkerrecht rechtfertigen. Es gilt also, Österreich zu kitzeln, auf seinem Staatsgebiet für Unruhen zu sorgen und es immer wieder zu reizen. Es dauert nicht lange, und schon schreitet die Donaumonarchie zur folgenschweren Tat, die sie in die Rolle des Angreifers bringt.

Der sechsundachtzigjährige Metternich warnt vergeblich vor der Falle: »Kein Ultimatum, auf keinen Fall ein Ultimatum!« sind seine immer wiederkehrenden Worte. Doch Franz Joseph geht auf den Leim. Er stellt Vittorio Emmanuele, dem König von Sardinien-Piemont, ein Ultimatum, das dieser umgehend zurückweist und als gültige Kriegserklärung betrachtet. Frankreich kann also so tun, als eilte es dem Angegriffenen zu Hilfe, und erklärt am 3. Mai 1859 Österreich den Krieg. Das Ultimatum löst eine blutige Auseinandersetzung aus. Es ist die zeitliche Vorwegnahme eines anderen Ultimatums: des von 1914 an die Serben. Europa hat noch nicht genug gelitten, und auch seine Frauen haben noch nicht lange genug auf die Liebesbriefe ihrer abwesenden Männer gewartet.

Elisabeth schreibt jede Nacht an den ihren. Das Briefpapier ist von ihren Tränen durchnäßt. »Liebst Du mich noch?« fragt sie beunruhigt und zieht an ihrer Zigarette. Sie hat angefangen zu rauchen, und diese neue Manie sorgt für Verwirrung und Skandal am Hofe. Eine Kaiserin, die sich wie ein junges Mädchen aufführt, wie eine zweite George Sand! In der Einsamkeit der Nacht steht Elisabeth auf, um zu rauchen und ihr Herz auszuschütten. Noch nie fühlte sie sich so voller Leidenschaft. Sie hat diesen Mann kennen- und lieben gelernt. Durch die Trennung empfindet sie ihre Gefühle für ihn noch stärker. Sie hat alles getan, um Franz Joseph zum Bleiben zu bewegen. Selbst politischer Argumente bediente sie sich. War es nicht besser, in Wien zu bleiben und nach einer diplomatischen Lösung des Konfliktes zu suchen? Warum sich in einen Krieg hineinbegeben, der von vorneherein unter einem schlechten Stern steht, und weshalb muß der Kaiser persönlich das Truppenkommando übernehmen?

In Wahrheit zittert sie wie jede Frau um den Mann, den sie liebt. Daß sie allein in der ihr feindselig gesinnten Hofgesellschaft zurückbleiben soll, macht die Sache nur noch schlimmer. Etwa hundert Kilometer weit begleitet sie ihren Mann im kaiserlichen Extrazug. An den mit dem Kaiser an die italienische Front ziehenden Grafen Grünne schreibt sie appellierende Worte: *Aber was an Ihnen liegt, werden Sie gewiß auch thun, um den Kaiser zu bewegen, bald zurückzukommen und Ihn bei jeder Gelegenheit daran zu erinnern, daß Er ja auch in Wien so nothwendig ist. Wenn Sie wüßten, wie ich mich gräme, hätten Sie gewiß Mitleid mit Mir.*

Sie wäre gerne weiter mit ihm gefahren und ganz an seiner Seite geblieben. Warum sollte sie ihn eigentlich nicht zu den Fronttruppen begleiten? Aus Sicherheitsgründen hat er es ihr verboten. Seitdem bittet sie ihn in jedem Brief, nachkommen zu dürfen. Am 2. Juni 1859 antwortet er ihr:

Mein lieber armer Engel!

[...] Ich kann leider Deinem Wunsche für jetzt nicht entsprechen, so unendlich gerne ich es thäte. In das bewegte Hauptquartiersleben passen keine Frauen, ich kann meiner Armee nicht mit schlechtem Beispiel voran gehen, auch weiß ich selbst gar nicht, wie lange ich hier bleibe [...] Ich bitte Dich, mein Engel, wenn Du mich lieb hast, so gräme Dich nicht so sehr, schone Dich, zerstreue Dich recht viel, reite, fahre mit Maß und Vorsicht und erhalte mir Deine liebe kostbare Gesundheit, damit, wenn ich zurückkomme, ich Dich recht wohl finde und wir recht glücklich sein können [...]

Am 4. Juni erringen die Franzosen und Piemontesen bei Magenta einen ersten Sieg. Der Preis ist hoch: viertausend Gefallene bei den Siegern, zehntausend bei den Österreichern, die somit die Lombardei verlieren. Vier Tage später marschieren Napoleon III. und Vittorio-Emmanuele II. triumphierend in Mailand ein.
Eine schwere Niederlage und ein fürchterliches Gemetzel. Der Kaiser kann nicht einfach alle seine Armeen aufs Spiel setzen. Seit seiner Thronbesteigung hat er ihnen seine ganze Aufmerksamkeit und einen großen Teil des Staatshaushaltes gewidmet. Franz Joseph fühlt sich vor allem als Soldat. Doch die Parade von wohlgeordneten Truppen in tadellosen Uniformen abzunehmen ist eine Sache. Eine andere dagegen ist, mit eigenen Augen festzustellen, daß in den Uniformen Menschen stecken, die blutend und schreiend dem Tod ins Auge sehen, deren Eingeweide sich mit denen ihrer aufgeschlitzten Pferde mischen. Er denkt an Elisabeth, an seine allzu sensible Prinzessin, die sich schon abwendet, wenn man das Gewehr auf einen Rehbock oder Damhirsch richtet. Was würde sie zu einem solchen Blutbad sagen? Mein Gott, läßt dich das menschliche

Leid denn völlig kalt? Ich bin bereit, mich dafür vor dir zu verantworten, aber ich bitte dich, stehe mir bei. Das Recht ist auf unserer Seite. Rechtfertigt dies jedoch die Toten?
Elisabeths Briefe erreichen Franz Joseph am frühen Morgen. Er verschlingt sie noch im Bett. Am 7. Juni 1859 antwortet er ihr:

Mein lieber einziger Engel,

[…] Ich bitte Dich um der Liebe willen, die du mir geweiht hast, nehme Dich zusammen, zeige Dich manchmal in der Stadt, besuche Anstalten. Du weißt gar nicht, was Du mir dadurch helfen kannst. Das wird die Leute in Wien aufrichten und den guten Geist erhalten, den ich so dringend brauche […] erhalte Dich für mich, der ich so viel Kummer habe […]

Elisabeth läßt im Schloß Laxenburg ein Lazarett einrichten und verbringt dort einen großen Teil ihrer Zeit. Man hat sie für unfähig befunden, sich um ihre Kinder zu kümmern, hier zeigt sie, daß sie Verwundete pflegen kann. Mit der Ankunft der invaliden Soldaten erreicht der Schrecken auch Wien. Franz Joseph unterstützt Elisabeths Bemühungen von Anfang an. Am 17. Juni 1859 schreibt er ihr: *Ich habe schon Nachrichten von Wien, über den vortrefflichen Eindruck, den Dein öfteres Erscheinen macht und wie Du alle Leute ermutigst und stärkst.*
Wenn sie die Schreie der Amputierten nicht mehr ertragen kann, reitet sie in Begleitung des Stallmeisters Holmes davon. Die Erzherzogin versäumt es nicht, ihrem Sohn von den Eskapaden seiner Frau zu berichten. *Wegen Deinem Reiten habe ich nachgedacht*, schreibt Franz Joseph. *Mit Holmes allein kann ich Dich nicht reiten lassen.* Noch größer ist seine Sorge, als er erfährt, daß Elisabeth angefangen hat, über Hürden zu reiten. Am 23. Juni, kurz vor Solferino, bittet er zwischen zwei Liebesbeteuerungen seine Frau, ihre Gesundheit nicht so sehr aufs Spiel zu setzen. *Ich beschwöre Dich, schone Dich doch […] Du ermüdest Dich sonst gar zu sehr und wirst mir zu mager.*

Der Kaiser wartet vergeblich auf die Unterstützung der »preußischen Bastarde«. Am 24. Juni 1859 muß er sich allein den Franzosen und Piemontesen stellen. Auch Solferino wird eine Niederlage und kostet noch mehr Verluste als Magenta. Siebzehntausend Tote auf der französisch-piemontesischen Seite, zweiundzwanzigtausend auf der österreichischen. Die Zahl der Verwundeten ist so groß, daß der Schweizer Henri Dunant mit verstärktem Einsatz die internationale Öffentlichkeit mobilisiert und die erste Genfer Konvention verabschiedet werden kann. 1864 entsteht daraus das Rote Kreuz.
Noch in derselben Nacht schreibt Franz Joseph: ... *So mußte ich den Befehl zum Rückzuge geben [...] Ich ritt nach Volta, wo ich noch einige Zeit blieb und dann bei einem fürchterlichen Gewitter nach Valeggio, von wo ich nach Villafranca fuhr. Dort verbrachte ich einen fürchterlichen Abend, denn da war eine Confusion von Blessirten, Flüchtlingen, Wägen und Pferden [...] Das ist die traurige Geschichte eines Tages, an dem viel geleistet worden ist, aber das Glück uns nicht gelächelt hat. Ich bin um viele Erfahrungen reicher geworden und habe das Gefühl eines geschlagenen Generals kennen gelernt [...] Mein einziger Trost und Lichtstrahl ist jetzt zu Dir, mein Engel zu kommen. Wie ich mich darauf freue, kannst Du Dir denken [...] Dein treuer Franz.*
In Ungarn erhebt sich die Bevölkerung erneut gegen das geschwächte Österreich. Napoleon III. entsendet eine von Kossuth angeführte Revolutionslegion. Von Laxenburg aus, wo sie sich Tag und Nacht den Verwundeten widmet, rät Elisabeth ihrem Mann, so schnell wie möglich den Krieg zu beenden. Zu viele Tote und Niederlagen, zu viel Elend. Am 11. Juni ist der alte Metternich gestorben, und eine ganze Welt ist im Sinken. Es ist das Ende einer Politik, der Politik ihrer Schwiegermutter. Die von der Erzherzogin ausgewählten und ihr hörigen Ratgeber sind gescheitert. Es ist nicht mehr möglich, gegen den Willen der Völker zu regieren. Die Gefahr, dabei den Krieg, die Würde und das Reich zu verlieren, ist groß. Elisabeth scheut sich nicht mehr, dem Kaiser zu sagen, was sie denkt. Am

Schluß ihrer Briefe kommt sie jedoch immer auf die gleichen Fragen: *Hast Du mich über all den Ereignissen vergessen? Liebst du mich noch? Wenn das nicht wäre, wäre ja doch alles gleichgültig, was immer geschehe.*
Meine innigstgeliebte, arme Sissi, antwortet Franz Joseph postwendend, *wie ich mich nach Dir sehne, kannst Du Dir denken und wie ungeheuer lieb ich Dich habe, brauche ich Dir wohl nicht zu wiederholen. Du weißt es doch, trotz den Zweifeln, die Du darüber in Deinem Briefe aussprichst [...] Du bist mein guter Engel und hilfst mir sehr viel. Sei nur stark und halte aus, es werden schon wieder bessere Zeiten kommen [...]* .
Die beiden Neffen Napoleons, Napoleon III. und Franz Joseph, packt beim Anblick der Toten und Verwundeten auch das Grauen. Der Krieg ist möglichst schnell zu beenden. Franz Joseph, geschlagen, aber noch nicht besiegt, wagt jedoch noch einen letzten Hilferuf bei der preußischen Armee. Handelt es sich nicht um einen Kampf der gesetzlichen Ordnung gegen die Revolution? Ein Rettungsversuch in letzter Minute. Preußen ist durchaus bereit, den konservativen Kräften beiseite zu stehen, erwartet allerdings im Gegenzug eine Stärkung seiner innerdeutschen Position. Außerdem fordert es eine Beteiligung am Oberbefehl der Streitkräfte. Bei dem Versuch, die italienischen Gebiete zu halten, läuft Franz Joseph Gefahr, seine Vormachtstellung innerhalb der deutschen Länder an die Preußen zu verlieren.
In Verona, wo er inmitten seiner geschlagenen Armeen auf das Ergebnis der Verhandlungen wartet, findet der Kaiser die Zeit, Elisabeth zu schreiben. Armer Franz Joseph! Er ist nicht nur dabei, Italien zu verlieren, auch innerhalb Deutschlands ist seine Stellung bedroht. Doch damit noch nicht genug; selbst in seiner Familie gibt es Probleme. Am 8. Juli schreibt er: *Ganz desperat macht mich die entsetzliche Lebensweise, die Du Dir angewöhnt hast und die Deine theuere Gesundheit ganz zerstören muß. Ich beschwöre Dich, gebe dieses Leben gleich auf und schlafe bei der Nacht, die ja von der Natur zum Schlafen und nicht zum Lesen und Schreiben bestimmt ist.*

Überall breitet sich das Chaos aus. Die Kaiserin macht, was sie will, und die Wiener sind des sich in der Ferne abspielenden Krieges, von dem sie nur Särge und Verwundete sehen, überdrüssig. Die Zeitungen unterliegen der Zensur. Dies kann allerdings nicht verhindern, daß die Leute reden. Sie wissen, daß die österreichischen Truppen sich unglaublich tapfer geschlagen haben. Ein Beweis mehr für die Leichtsinnigkeit der Heerführer. »Die Löwen werden von Eseln geführt«, hört man immer wieder. Im Lager der Feinde beurteilt man die Lage ähnlich. »Wenn der Kaiser seine Reservetruppen eingesetzt hätte«, erklärt Napoleon III., »hätten sich die Österreicher wesentlich besser geschlagen als die Franzosen und ohne Zweifel Solferino gewonnen. Der Kaiser von Österreich ist ein Mensch mit großen Fähigkeiten, aber leider fehlt es ihm an Willenskraft.« Am 8. Juli 1859 findet in Villafranca das Treffen der beiden Kaiser statt. Den einen wie den anderen drängt es zum Friedensschluß. Auf beiden Seiten zeigt sich die öffentliche Meinung wenig geduldig. Für Franz Joseph hätte der Friedensvertrag schlimmer ausfallen können. Er verliert zwar die Lombardei, seine – wie er selbst sagt – schönste Provinz, behält aber Venetien. Das Schlimmste bleibt Österreich also erspart. Cavour hingegen tritt in seinem Zorn auf Napoleon III. von seinem Amt als Premierminister zurück. Nach den geheimen Absprachen von Plombières sollte Venetien zu Piemont kommen. Cavour fühlt sich von seinem französischen Verbündeten verraten. Auch Kossuth, der in Ungarn gegen Österreich intervenieren wollte, läßt Napoleon III. unverzüglich fallen. Großes Aufatmen bei Franz Joseph. Die Verhandlungen bringen den Frieden, lassen aber große Unzufriedenheit zurück. Im Verlauf des Spiels geben die beiden Kaiser die Schachpartie auf, in der so mancher Bauer geopfert worden ist.

Die Freude des Wiedersehens. Wer zu sehr auf sie wartet, wird oft von ihr enttäuscht. Während der Trennung haben sich neue Gewohnheiten eingeschlichen; Franz Joseph spricht in bezug auf seine Frau sogar von entsetzlichen Gewohnheiten. Der Partner in der Ferne ist verklärt und idealisiert worden. Elisabeth kann wunderbar von der Liebe träumen, die Liebe zu leben fällt ihr hingegen wesentlich schwerer. Durch die Realitäten ernüchtert, schwindet bei ihr rasch die Begeisterung.

Nie waren sich die beiden so nahe wie während der Trennung. Über Briefe und in Gedanken sind sie in schwieriger Zeit eng miteinander verbunden geblieben. Die kleinsten Schritte wurden dem anderen berichtet. Sie sind mit dem Tod in Berührung gekommen. Für jeden Sterbenden fühlten sie sich verantwortlich. Stärker aber als die Schreie und das Stöhnen ist das Hohelied der Liebe, das ein unermüdlicher Sänger in ihnen weiterklingen läßt.

Die beiden sind grundverschieden, und das Wiedersehen macht die Unterschiede zwischen ihnen besonders deutlich. Alle Schwierigkeiten, die sonst im Alltagsleben untergehen, werden mit einemmal sichtbar. Die Feuerprobe hat beide verändert. Elisabeth ist nun kein Kind mehr. Durch Ängste und schlaflose Nächte, die Pflege der Verwundeten und endlose Geländeritte ist ihr Gesicht schmaler geworden. Sie hat jedoch nicht, wie der Ehemann glaubt, während seiner Abwesenheit die Nacht zum Tag gemacht, sondern immer – sowohl am Tage als auch in der Nacht – nach ihrer Art gelebt: wenig Schlaf und ein großer Kräfteverbrauch. Sie kann ohne fieberhafte Aktivität und ständige Anspannung nicht mehr sein und kommt deshalb nicht zur Ruhe. Ihre Maschinerie läuft auf Hochtou-

ren, aber sie kümmert sich nicht einmal um die dafür notwendige Energie. Sie ernährt sich äußerst unvernünftig und hält sich gegen jeden ärztlichen Rat an eine maßlos übertriebene Diät. Von Natur aus ungehorsam, unterwirft sie sich freiwillig einem selbstauferlegten Gebot. Zu einer Zeit, in der gerade füllige Frauen gut ankommen, entdeckt sie die verschiedenen Arten und Abarten der Trennkost und lebt zunächst nur von Eiern und Früchten. Später nimmt sie ausschließlich Milchprodukte zu sich. Zwischenzeitlich versucht sie auch eine Fleischdiät, die sie allerdings bald wieder aufgibt. Nur Ochsenblut trinkt sie weiterhin gläserweise. Es gibt Phasen, in denen sie auf die vegetarische Küche schwört, und andere, in denen sie in ihrer Genügsamkeit zu regelrechter Abstinenz neigt. Sie wiegt sich Tag für Tag und arbeitet jeden Morgen mit einem intensiven Gerätetraining an ihrem Körper wie an einer Skulptur. In ihrem Perfektionismus ist sie nie zufrieden mit sich. Mit den fünfzig Zentimetern ihrer Taillenweite – ein Rekord – gibt sie sich nur schwer zufrieden. Mit ihrer kaum entwickelten Selbstsicherheit sucht sie den Halt in ihrem Äußeren, in ihrem Körper. Ihre Schönheit ist ihre Stärke und ihr Trumpf. Niemand kann sie ihr nehmen, und jedem fällt sie sofort ins Auge.
Zurück nach Wien kehrt ein geschlagener Mann. Der Vertrag von Villafranca hält den Weg in die Zukunft zwar offen, doch sein Preis ist zu hoch. Die Toten von Solferino erstehen mit dem Friedensvertrag nicht wieder auf. Im Militärtheater treten die Opfer nach dem Ende der Vorstellung nicht vor den Vorhang. Der Krieg war ein Aderlaß, und die Bevölkerung verlangt Rechenschaft. Mit der verklärten Allmacht des Kaisers ist es nun ein für allemal vorbei; Trauer und Elend haben ihr ein Ende gesetzt. Die Niederlage ist eine persönliche Niederlage des Kaisers. Am 15. Juli, kurz nach seiner Rückkehr, stellt er deshalb seinen Untertanen in einer öffentlichen Erklärung Reformen in Aussicht. Natürlich verspricht er keine grundlegenden Umwälzungen und schon gar nicht die immer lauter geforderte Verfassung. Es sind kleine Zugeständnisse in Einzel-

fragen, um die Gemüter zu beruhigen. Franz Joseph will nicht wahrhaben, daß sich während seiner Abwesenheit alles verändert hat: seine Frau, seine Metropole und seine Untertanen. Er kann sich nicht damit abfinden, daß nichts mehr so ist wie vorher. Konservativ im Geist und in der Seele, eigentlich bis auf die Knochen, verhärtet er sich vor dieser Welt im Umbruch. Was auf dem Spiel steht, ist nicht nur sein absoluter Herrschaftsanspruch, sondern auch sein Lebensgrundsatz, seine Moral und die Grundlage seiner Macht und Persönlichkeit.
Gleich nach der Rückkehr zieht er sich mit Elisabeth mal in das eine, mal in das andere seiner Schlösser zurück. Sie ist für ihn Trost, Liebe und Zuflucht. Doch die Zeit, die er ihr jetzt im Gegensatz zu früher widmet, stimmt sie nicht völlig zufrieden. Kommt das alles nicht ein wenig zu spät? Der Kaiser zeigt sich ungeschickt im Umgang mit seiner Frau. Sie ist schöner, aber auch unabhängiger, einsamer und kritischer denn je. Der junge, verliebte Leutnant ist zwischen Magenta und Solferino verlorengegangen und an seine Stelle ein besiegter General getreten. Von allen Aufgaben, die man ihr zumutet, ist die Betreuung eines müden Kriegers sicherlich diejenige, die der ewig Unruhigen am wenigsten zusagt. Das kleinkarierte Alltagsleben macht sie trübsinnig; es sind die großen Probleme, die ihr Gemüt erhitzen und ihre Phantasie beleben. Sie scheut sich nicht mehr, sich zur politischen Situation des Reiches zu äußern. Ihrer Meinung nach liegt da vieles im argen. Gesträubte Nackenhaare bringen die Opposition nicht mehr zum Schweigen. Gefahr ist im Verzug. Wieso sollte man dem Staat denn keine verfassungsrechtliche Grundlage geben? Und warum kann man das Konkordat nicht kündigen? Wahre Reformen tun not. Sind die von der Aristokratie und Kirche geprägten Vorstellungen der Erzherzogin nicht überholt? Haben sie nicht Armut und Krieg gebracht?
Als Franz Joseph sich zwei Monate nach der Niederlage wieder an die Öffentlichkeit wagt, brechen vereinzelte Rufe das eisige Stillschweigen: »Abdanken! Abdanken!« Überall in Ungarn

flackert die Revolte wieder auf. Weitaus schlimmer jedoch ist, daß man selbst im Herzen der Burg einen Anschlag vorbereitet. Es stellt sich heraus, daß in der Hofburg, der verbotenen Stadt, dem Allerheiligsten, ein Attentat auf den Kaiser und seine Mutter geplant war. Ein Diener sollte ihnen den Gnadenstoß versetzen.

Die Zeichen stehen auf Sturm, doch die Schrauben werden nicht gelockert. Eine Verfassung ist nicht in Sicht. Aber immerhin jagt Franz Joseph die geistigen Urheber seines Desasters davon. Mehrere Minister werden entlassen, darunter auch Innenminister Baron Bach, ein Erzfeind der Madjaren. Auch Finanzminister Brück, der Gelder für die Armeen von Solferino veruntreut haben soll, wird in die Wüste geschickt. Der Unglückliche schneidet sich auf der Stelle die Gurgel durch. Graf Grünne, der allmächtige Generaladjutant des Kaisers, wird zum Oberstallmeister degradiert. Das von der Erzherzogin bestellte Haus fällt in sich zusammen.

Elisabeth ist dennoch weit davon entfernt zu triumphieren. Sie hat ganz andere Sorgen, denn sie zittert um ihre jüngere Schwester, die hübsche Marie. Ihre Familie war wohl zu selbstzufrieden, als sie die Tochter mit Franz II., König von Neapel und beider Sizilien, verheiratete. Sie ist charmant, voller Esprit und fast so schön wie Elisabeth. Er ist häßlich, unfähig und undurchschaubar. Maries Briefe an ihre Schwester sind regelrechte Hilferufe. Ihr Mann ist ein Versager, doch damit nicht genug: Garibaldis Rothemden haben ihn eingekreist. Das Königreich Neapel steht vor seinem Untergang, und Marie bittet den Kaiser um seinen Beistand. Elisabeth sieht über ihre liberalen Ideen und ihre politische Freiheitsliebe hinweg. Bei der Wahl zwischen Garibaldi und ihrer Schwester entscheidet sie sich für ihre Schwester. Hält sie sonst ihrem Ehemann die Kriege und das harte Durchgreifen vor, so fleht sie ihn dieses Mal an einzugreifen. Ist die hübsche Marie denn nicht eine wahre Heldin? Läßt sie doch ihren Ehemann in seinem Stumpfsinn dahinvegetieren und organisiert die Verteidigung

Neapels auf eigene Faust. Franz Joseph hat um Italien so viel Aufhebens gemacht, daß er es doch jetzt nicht einer wilden Horde von Patrioten in roten Hemden überlassen kann. Er sollte wenigstens Unterstützung schicken.

Er tut es nicht. Die Zeit ist nicht günstig für Abenteuer, auch nicht für Solidaritätsaktionen. Es gibt schon zu Hause genug zu tun. Elisabeth weiß genau: Wenn Franz Joseph auf ihre inständigen Bitten mit tiefer und sanfter Stimme antwortet, ist seine Entscheidung endgültig. Sie kann nichts ausrichten. Angst überkommt sie, und sie fühlt sich wie gelähmt. Nur Zerstreuung kann ihr helfen, sie muß sich abreagieren. Ist sie sonst scheu, zurückhaltend und voller Verachtung für die tanzende und geistlose Wiener Hofgesellschaft, so organisiert sie nun zur allgemeinen Verwunderung Ballabende. Die Kaiserin lädt ein, und sorgfältig ausgewählte, junge Paare drehen sich am Hofe im Walzertakt. Wie eine aufgezogene Puppe begibt sich Elisabeth zum Tanz, und die Orchester dudeln bis spät in die Nacht ihre ewig gleichen Melodien.

Doch auch das ermüdet Elisabeth sehr rasch. Zum Frühlingsbeginn sechs Bälle in zwei Monaten. Die Knospen sind aufgesprungen, aber der Rausch blieb aus. Sie sehnt sich nach ihrer Familie in Possenhofen. Der Vater kann sich nicht zu einer Reise nach Wien überwinden; es graut ihm viel zu sehr davor. Und ihre Mutter, kaum am Hofe angekommen, steht sofort unter dem Einfluß ihrer älteren Schwester. Um Größe zu demonstrieren, zeigt sie sich im besten Einvernehmen mit der Erzherzogin und erteilt ihrer nachlässigen Tochter deren Ratschläge und Lektionen.

Vor allem Marie, die kleine Marie fehlt ihr. Elisabeth weiß sie in ihrer neapolitanischen Festung in Gefahr. Zwei Jahre zuvor war sie in Wien, und die beiden Schwestern verstanden sich bestens. Die hübsche Marie war damals achtzehn Jahre alt. In München hatte man sie mit einem ihr unbekannten Mann verheiratet: Herzog Franz von Kalabrien, dem Erben des Königreichs Neapel. Zur Unterzeichnung des Ehevertrags hatte dieser einen Bevollmächtigten geschickt. Auf dem Weg nach Italien und zu ihrem bedauernswerten Schicksal macht Marie eine Woche lang bei Elisabeth Station. Ein kurzes Zwischenspiel. Für wenige Tage kehrt die Kindheit zurück. Es wird viel geplaudert und gelacht. Könnte die Zeit doch nur stehenbleiben! Bereits morgen kann ein neues Drama beginnen. Jede Sekunde sollte man festhalten, damit es nie morgen wird.

Sie trafen sich mitten in der Nacht, schlichen mit nackten Füßen über die Teppiche der Hofburg und rauchten wie Schülerinnen heimlich ihre Zigaretten. Damit der Geruch nach Rauch sie nicht verriet, war das hohe Fenster einen Spalt geöffnet. Sie waren vom Feuer ihrer Vertraulichkeiten so erhitzt, daß sie die eisige Luft fast gar nicht spürten. Unten im dunklen Hof liefen die Wachen hin und her. In ihrer unmittelbaren Nähe, in Hörweite, gab es Männer, die sie nicht kannten und auch nie kennenlernen würden, Männer, die einer anderen Welt angehörten. Die Wachen konnten in der Dunkelheit nicht sehen, wie sich die beiden glühenden Punkte zwischen den Lippen der Gefangenen auf und ab bewegten. Wo du jetzt wohl bist, Marie, meine hübsche Marie? Lebt dein Körper? Ist er erwacht? Hat dich der Krieg wenigstens mit diesen Männern bekannt gemacht?

In Possenhofen fehlt ihr die Schwester noch mehr. Die ganze Familie ist in Sorge. Seit Garibaldi die Grenze beider Sizilien überschritten hat und auf Neapel zumarschiert, hat man von Marie nichts mehr gehört. Zum erstenmal benutzten Elisabeth und die kleine Gisela die Eisenbahnlinie Wien–Salzburg. Franz Joseph weiht sie erst einen Monat später offiziell ein, wenn er die beiden in Bayern abholt. Elisabeths Geburtsland und das Land ihrer Wahlheimat sind sich näher gekommen. Trotzdem stimmt die Ankunft sie nicht gerade glücklich. Ihre Eltern finden, daß sie sich verändert hat. Sie ist abgemagert und nervös. Natürlich bleiben die entsprechenden Bemerkungen nicht aus. Schließlich ist man ja unter sich. Elisabeth reagiert gereizt. Die ständigen Angriffe der ganzen Wiener Korona haben sie emp-

findlich gemacht. Wenn sie nun in ihrem geliebten Possi auch keinen Frieden mehr findet, wohin soll sie sich dann wenden? Elisabeth ißt immer weniger und hustet ununterbrochen. In den ersten Tagen ihrer Ehe fand sie es noch lustig, wenn Herzog Max die Gräfinnen und aufgeblasenen Frauenzimmer ihres Gefolges provozierte, das sich am grünen Ufer des Starnberger Sees breitmachte. Es ist ihm ein Vergnügen, in so erlesener Gesellschaft einen besonders derben Umgangston zu pflegen. Also lädt er die edlen Damen zu einer Billardpartie mit den Wildhütern ein und schäkert zum Schein mit diesen spröden Wesen, obwohl sie seiner Vorliebe für frisches, pralles Fleisch in keiner Weise entsprechen. In Possenhofen wie in Wien denkt Elisabeth nur daran, wie sie mit ihrem Pferd das Weite suchen kann. Es gibt kein grünes Paradies mehr.
Die Seitensprünge ihres Vaters, seine Geliebten und die über das ganze Land verteilten unehelichen Kinder, Ludovika, die sich in ihr Schicksal ergeben hat und auf die Rückkehr ihres Mannes wartet – all das mißfällt Elisabeth sehr. Herzog Max' Charme und seine ansteckende Fröhlichkeit haben sie allzu lange die Partei ihres Vaters ergreifen lassen. Das Leid und die Kränkungen ihrer Mutter hat sie übersehen. Ist dies das Schicksal aller Paare? Aller Frauen? Hat man keine andere Wahl, als alles schweigend hinzunehmen? Sie betrachtet Ludovika, ihre Mutter, und eine wilde Wut steigt in ihr auf. Niemals, denkt sie, werde ich so aussehen wie sie.
Doch ohne daß sie es verhindern kann, sieht sie bereits, wie sich ihre beiden Bilder mischen. Der Spiegel verzerrt, schneidet Grimassen und macht sie alt und häßlich. Ein Spiegel ohne jede Liebe. Bei ihrer Migräne spürt sie deutlich die Schlagader an ihrer Schläfe. Ekel erfaßt sie. Unbeschreiblicher Abscheu. Sie sieht ja schon so aus wie ihre Mutter. Ihr geht es wie allen anderen Frauen auch. Das ist es also, was man sich am Hofe hinter vorgehaltener Hand erzählt, was man sich hinter dem Wandschirm zuflüstert. Man versteckt sich ja nicht einmal mehr, um dies weiterzugeben. Die Kaiserin ist nicht mehr die

meistgeliebte Frau ihres Reiches. Ihr Ehemann vernachlässigt sie. Ihr Ehemann hat Abenteuer. Man führt Namen und Beweise auf. Zur Not erfindet man welche.
War sie nicht der Meinung, aus Liebe geheiratet zu haben? War ihrem Mann nicht eine andere versprochen? Hatte sie den Franz nicht ihrer Schwester Helene weggenommen? Und dabei erlaubte sie sich sogar noch den Seufzer: »Wenn er bloß nicht Kaiser wäre!« Ohne Rücksicht auf Herz und Körper ausgehandelte Ehen – wie die ihrer Mutter oder die der hübschen kleinen Marie – waren ihr ein Greuel. Die Zweige der Stammbäume sollten allein zueinander finden. Sie wollte den Traum und das Unvergleichliche, sie wollte die Liebe. Jetzt, wo sie glaubt, daß Franzens Körper ihr nicht mehr gehört, scheint ihr alles verloren. Die Kaiserin verweigert die Nahrung. Sie verbringt ihre Zeit im Sattel der Pferde, die ihr nie schnell genug sind.
Seit Solferino ist Franz Josephs kaiserliche Macht geschwächt. Auf die Niederlage folgt der Popularitätsschwund. Manche Liberale sprechen sich sogar unverblümt für eine Abdankung des Monarchen zugunsten seines Bruders, des Erzherzogs Maximilian, aus. Im ganzen Reich gärt es, und der Kaiser kommt überall gerade noch recht, um das Schlimmste zu verhüten. Kaum hat er die einen beruhigt, brechen anderswo neue Stürme los. Das Boot füllt sich mit Wasser, und Franz Joseph schöpft, so gut er kann. Anstatt Zukunftsperspektiven zu entwickeln, versucht er, seine Stellung zu halten. Immer noch hält der Kaiser am konservativen Weltbild seiner Mutter fest, auch wenn der Zweifel ihn bereits quält.
Es fällt ihm immer schwerer, die Auseinandersetzungen zu schlichten, und an allen Ecken und Enden beginnen neue: Konflikte zwischen den einzelnen Völkerschaften. Konflikte zwischen den Progressiven und den Ultras, zwischen den Zentralisten und den Föderalisten. Konflikte zwischen der Kaiserin und der Erzherzogin, zwischen seiner Frau und seiner Mutter, den beiden liebsten Menschen in seinem Leben. Überall Konflikte, auch in ihm selbst.

Er ist knapp dreißig Jahre alt. Zum erstenmal in seinem Leben fühlt er sich müde. Ist ein Kaiser denn nur dazu da, um Klagen und Beschwerden entgegenzunehmen? Wer interessiert sich für seine Sorgen? Und seine Frau, sein über alles geliebter schöner Engel? Kann er sie noch glücklich machen? Wie hat sich zwischen ihnen dieser Graben auftun können, ohne daß sie selbst es bemerkten? Hat die Luft der Hofburg ihre Körper versteinert? Ist der junge, verliebte Leutnant mit seinen dreißig Jahren bereits alt?

Er läßt sich also wieder von denen verführen, die man vor seiner Heirat *les Comtesses hygiéniques* genannt hat. Auf den kleinsten Wink hin sind sie sofort zur Stelle. Seine Schwiegermutter Ludovika hat es in einem anderen Zusammenhang deutlich betont: »Bei einem Kaiser sagt man nicht nein.« Man sagt nicht nein und erteilt der Kaiserin, die sich jede Extravaganz und Laune erlaubt, gerne eine Lektion. Der Kaiser ist schließlich immer noch ein Mann. Ist es das, was er sich beweisen will? Auch wenn es ihm unangenehm ist, wenn man so viel Aufhebens darum macht.

Der Hof möchte sich an der Kaiserin für die Mißachtung rächen, die sie ihm entgegenbringt. Die konservativen Kreise haben mit Solferino eine Niederlage erlitten. Mit einer Erniedrigung Elisabeths versucht sich die Umgebung der Erzherzogin wieder aufzuwerten. Die Feinde der Kaiserin geben den Gerüchten gerne Nahrung: vorübergehende Liebesabenteuer! Ja, schlimmer noch: Franz Joseph unterhalte eine Beziehung zu einer polnischen Adeligen, der schönen Gräfin Potocka. Daß er sie vor seiner Heirat gut gekannt und vielleicht auch geliebt hat, macht die Sache nur noch brisanter. Man braucht nur die Geschichte seiner Seitensprünge in Umlauf zu bringen. Sie macht schnell überall die Runde und wird zusätzlich noch aufgebauscht und erweitert. Ihre Wirkung ist vorauszusehen. Man wird nicht enttäuscht sein.

Im Herbst 1860 ist Elisabeth am Ende ihrer Kräfte. Ihre Hustenanfälle nehmen kein Ende. Sie hat jeglichen Appetit verloren und weigert sich, einen Körper zu ernähren, den ihr Mann nicht zu lieben weiß. Etwas ist in ihr zerbrochen, auch wenn sie weiterhin eifrig ihre Gymnastikübungen macht und ihre Lipizzaner zum Galopp antreibt. Nach außen hin scheint alles in Ordnung, sie war noch nie so schön. Romantisch veranlagte Frauen mit dunklen Haaren und heller Haut entsprechen dem Geschmack der Zeit. Sie braucht ihrer Natur also keine Gewalt anzutun: durchscheinende, blasse Haut, dunkle Samtaugen, eine gewölbte Stirn, ein Rest von Kindlichkeit, zerbrechlich, mit starkem Willen und plötzlichen Ausbrüchen. Die Blutarmut macht sich durch Schwellungen an den Knöcheln und Knien bemerkbar. Die Ärzte sprechen von Tuberkulose. Voller Reue und Liebe fleht Franz Joseph sie an, ihre Ernährungs- und Lebensweise zu ändern. Aber Elisabeth will von ihrem Mann nichts mehr hören, er hat sie verraten. Er war ihre Stärke und Stütze an dem ihr so verhaßten Hof, in dieser Welt, die nicht die ihre ist. Für die Leidenschaft hatte sie ihre Freiheit geopfert. Jetzt hat die Gefangene nur noch einen Gedanken: fort von hier. Die Ärzte raten ihr, den Husten in einem Land der Sonne auszukurieren. Dies ist für sie die Gelegenheit: Wärme, Ferne und Meer. Überschwemmt von Einsamkeit, sehnt sie sich nach einer Insel. Franz Joseph legt ihr die Adria nahe, die immerhin noch zum Reich gehört. Er könnte sie besuchen, und sie wären wieder glücklich. Alles wäre wie früher. Doch Elisabeth will weder vom Reich noch vom Kaiser etwas wissen. Sie wünscht sich ihre Insel unzugänglich. Die Insel wird Madeira sein.

Sozusagen das Ende der Welt. Selbst für die Privilegierten sind die Gelegenheiten zum Reisen in jener Zeit rar. Einige wenige Individualisten wagen das Abenteuer, Schriftsteller, Künstler oder solche, die sich dafür halten. Aber daß eine Kaiserin, ihre Kaiserin, so weit und so lange fortfährt, ist für die Wiener ein Schock. Sie muß schon sehr schwer krank sein. Bereits Anfang des 19. Jahrhunderts hat Laennec die Tuberkulose entdeckt. Namen wie Schwindsucht oder Phtisis sind aber immer noch geläufiger für die Krankheit, die so vielen Menschen den Tod bringt, und Elisabeth zeigt alle ihre Symptome. Die äußeren Anzeichen stimmen: Blässe, Husten, Magerkeit und eine allgemeine Schwäche. Offensichtlich reicht das als Begründung für ihr Exil nicht aus, denn in Wien kursiert ein sonderbares Gerücht: Franz Joseph soll an seine Frau eine Geschlechtskrankheit weitergegeben haben. Die *Comtesses hygiéniques* sind also anscheinend nicht das, was ihr Name verspricht. Natürlich gibt es nicht den geringsten Beweis für diese Hypothese. Trotzdem bringt sie das Herrscherpaar in Mißkredit und verbindet auf boshafte Weise die Krise des Reiches mit der der kaiserlichen Ehe. Auch die hehre, unnahbare, göttliche Kaiserin wird nicht verschont. Schon ist der Wurm in der Frucht. Elisabeth liebt Wien nicht, und die Wiener lassen sie dafür bezahlen.

Während man an den europäischen Höfen heftig über ihre Gesundheit diskutiert und sie bereits mit einem Fuß im Grabe sieht, sticht die Kaiserin in See. Königin Viktoria hat der vornehmen Kranken eine ihrer Luxusyachten überlassen, die *Osborne*. Die Sterbenskranke schifft sich in Antwerpen ein und

fühlt sich bereits beim ersten Sturm wie neu geboren. Das kaiserliche Gefolge hingegen liegt schon beim leichtesten Schlingern in den letzten Zügen. Die Gesichter werden aschgrau und die Spitzenkragen und Ärmelaufschläge unansehnlich. Der starke Wellengang fegt das Deck leer. Nur Elisabeth jubelt. Sie hat sich damals in Triest nicht getäuscht. Hat sie nicht sofort gespürt, daß das Meer ihr Element ist? Auf dem stürmischen Ozean wird ihr dies jetzt bestätigt. Die Bayerin hat einen sicheren Seemannsgang und ist wohl die einzige, die die schreckliche Seereise genießt. Sie bedauert fast, daß sie die Gräfin Esterházy, die Komplizin der Erzherzogin, deren Schatten und Ableger, nicht mitgenommen hat. Die erste Ehrendame bekäme bei diesem Sturm das große Speien, und wenigstens dieses eine Mal würde ihr der Wind Gift und Galle mitten ins Gesicht zurückklatschen. Welch herrliches Schauspiel!
Die Lektüre ihres geliebten Heine ist eine gute Begleitung. Die Worte des Dichters haben Elisabeth schon vor ihrer Schiffsreise mit dem Meer vertraut gemacht. An Bord liest sie *Die Nordsee* erneut. Während die anderen stöhnen, überläßt sie sich vertrauensvoll dem Rhythmus des Schiffes:

> Sei mir gegrüßt, du ewiges Meer!
> Wie Sprache der Heimat rauscht mir dein Wasser …

Die Kranke segelt bereits ihrer Gesundung entgegen. Es ist, wie der Dichter sagt: »Ich liebe das Meer wie meine Seele.« Vielleicht schafft sie es auf dieser Insel im Atlantik, fünfhundert Kilometer vor der afrikanischen Küste und vor allem weit, weit weg von Wien, mit sich selbst ins reine zu kommen. Wenn nur die Reise recht lange dauert! Der Countdown hat noch nicht begonnen, und noch liegt alles vor ihr.
Niemals ankommen. Warum kann man die Ankunft nicht hinauszögern und einen Umweg machen? Oder den Kurs ändern und auf ein anderes Ziel zusteuern? Irgendwohin. Wissen denn die Möwen, wohin sie fliegen? Der Himmel über der See ändert

sich so schnell! Wolken ziehen auf, verdichten sich, verschwinden wieder, und neue Wolken bilden sich. Die Männer der Besatzung sind beschäftigt und die Frauen des Gefolges durch die Seekrankheit stark behindert. Elisabeth genießt endlich den Frieden und die Einsamkeit. Die ständig Rastlose findet ihr Gleichgewicht nur in einer Welt der Bewegung, im Pferdesattel oder auf dem Schiffsdeck.
Heine, mein Meister, in alten Erzählungen entdecktest du den Fliegenden Holländer, auf seinem Gespensterschiff zu ewiger Irrfahrt verdammt. Laß meine Reise nie enden! Was bedeutet es schon, in einem sicheren Hafen zu landen, wenn man doch weiß, daß jeder Hafen weitaus schöner ist aus der Ferne betrachtet. An Land gelten sofort wieder Regeln und Konventionen, und über alles wird sich eine neue Schwere legen. Briefe werden ankommen, und die ganze Welt ist sofort wieder präsent. An Land bringt sich Wien wieder in Erinnerung.

Die wohlwollende Freundlichkeit der Fischer und ein Willkommensbrief von König Pedro V. ist alles, was sie bei der Ankunft vorfinden. Nach Lissabon und Portugal sind es Gott sei Dank mehr als tausend Kilometer. Auf dieser fernen Insel kann man das Protokoll getrost vergessen. Die gemietete Villa liegt auf einem Felsvorsprung; ihre Blumenveranda beherrscht das Meer. Ein Nest aus Lorbeerbäumen und Palmen. Unzählige Kamelien voller Knospen. Sie warten auf Weihnachten, den vierundzwanzigsten Geburtstag der Kaiserin. Aber die Boten und Geschenke aus Wien werden immer mehr. Eine große Tanne aus dem Laxenburger Park kommt mit einem Liebesbrief des Kaisers per Eilpost auf der Atlantikinsel an. Franz Joseph schickt außerdem eine Drehorgel, aus der die Stimmen von Violetta und Alfredo aufsteigen. Verdis *La Traviata* wurde 1853 im venezianischen Teatro La Fenice uraufgeführt. Im selben Jahr sind sich Franz Joseph und Elisabeth in Ischl begegnet und haben einander geliebt. Es ist schon acht Jahre her. Auf ihrer Terrasse auf Madeira lauscht sie immer wieder dem Ende des ersten Aktes. Violetta versucht, sich gegen Alfredos Liebe zu wehren. Vergeblich, bald ist sie besiegt. Zum letzten, zum allerletzten Mal stimmt sie ihr Credo an:

> *Vogelfrei, muß ich*
> *von Genuß zu Genuß mich berauschen.*
> *Mein Leben soll verrinnen*
> *auf der Lust breitem Pfad.*
> *Torheiten!*
> *Auf zum Vergnügen!*

Elisabeth hustet immer noch, und auch die *Traviata* bringt ihren Appetit nicht zurück. Die Boten aus Wien sind nicht zufrieden. Die Mahlzeiten werden in rund zwanzig Minuten abgewickelt, die Kaiserin zeigt kein großes Interesse. Auf die Spaziergänge hingegen verwendet sie wesentlich mehr Zeit. Sie durchstreift die Insel in allen Richtungen und lernt die Namen der Blumen und Vögel. Ihr Gefolge ist von den langen Fußmärschen erschöpft. Hat sie eigentlich so etwas wie Ruhe wiedergefunden? Es ist nicht einmal sicher, ob sie es überhaupt will. Zu viele Schuldgefühle lasten auf ihr, weil sie ihre Kinder und ihren Mann im Stich gelassen hat. Sie weiß, daß im fernen Wien – in einem anderen Land und in anderen Breiten, im Zentrum einer für den Außenstehenden nicht faßbaren Welt – die Erzherzogin ihre Abwesenheit nutzen wird, um verlorenen Boden zurückzugewinnen. Sie ist sicher für ihre eigenen Kinder zu einer Fremden geworden, zu einem Gespenst, das in deren Erinnerungen herumgeistert. *Um Ihnen ganz offen zu gestehen,* schreibt sie dem Grafen Grünne, *hätte ich nicht die Kinder, so würde mir der Gedanke, wieder das Leben, das ich bisher geführt habe, wieder aufnehmen zu müssen, ganz unerträglich sein. An die E…* (Erzherzogin Sophie) *denke ich nur mit Schaudern, und die Entfernung macht sie mir nur noch zuwiderer.*

An Gisela und Rudolf schickt sie Geschenke und Briefe, in denen sie ihre Liebe beteuert und für die Rückkehr unendliche

Zärtlichkeit verspricht. Damit sie ihre Mutter nicht ganz vergessen, sendet sie ihnen auch Negative. Die Fotografie – besonders für den praktischen Gebrauch – steht zwar noch ganz am Anfang, doch die Kaiserin ist von der neuen Technik begeistert. Sie befriedigt sowohl ihren Narzißmus als auch ihren Wunsch, überall präsent zu sein. Eines dieser Fotos sorgt in Wien für einen Skandal, und die Höflinge zerreißen sich die Mäuler darüber, auch wenn es die meisten von ihnen nicht einmal mit eigenen Augen gesehen haben: Umgeben von ihren Gesellschaftsdamen, spielt die lächelnde Kaiserin auf einer Mandoline. Alle tragen Matrosenblusen und Kapitänsmützen. Ungezwungenheit und jugendlicher Übermut an Stelle von festlicher Kleidung, wie man sie von offiziellen Porträts erwartet. Österreich hat wieder Probleme mit Ungarn, der Kaiser leidet unter seiner Einsamkeit, und seine Kinder sind sozusagen verwaist. Und was macht die Kaiserin in der Zwischenzeit? Sie zupft auf der Mandoline herum und bittet die Offiziere eines in Madeira Station machenden russischen Kriegsschiffes an ihren Tisch. Von deren Reiseberichten ist sie fasziniert. Elisabeth kennt ihre Krankheit besser als jeder andere. In einem Brief gesteht sie dem Grafen Grünne: *Überhaupt möchte ich immer weiter. Jedes Schiff, das ich wegfahren sehe, gibt mir die größte Lust, darauf zu sein, ob es nach Brasilien, nach Afrika oder ans Kap geht, es ist mir einerlei, nur nicht so lang an einem Fleck sitzen.* Hundert Jahre später leidet ein anderer Österreicher an einer ähnlichen Sehnsucht. In *Wittgensteins Neffe* schreibt Thomas Bernhard: »Und die Wahrheit ist, daß ich nur im Auto sitzend zwischen dem einen Ort, den ich gerade verlassen habe, und dem anderen, auf den ich zufahre, glücklich bin, nur im Auto auf der Fahrt bin ich glücklich, ich bin der unglücklichste Ankommende, den man sich vorstellen kann, gleich wo ich ankomme, komme ich an, bin ich unglücklich. Ich gehöre zu den Menschen, die im Grunde keinen Ort auf der Welt aushalten, die nur glücklich sind zwischen den Orten, von denen sie weg und auf die sie zufahren.«

Auch auf Madeira braucht Elisabeth einen solchen fernen Ort, und immer häufiger ist es Ungarn, das für das Paradies steht. Der Unterricht des Grafen Imre Hunyady, eines Madjaren aus ihrem Gefolge, soll ihre Ungarischkenntnisse festigen. Die Schülerin sitzt auf der Freiterrasse und hört aufmerksam zu. Der schöne Graf verliebt sich zwangsläufig in die Kaiserin – und in die Frau. Mit großem Vergnügen leitet Elisabeths Umgebung diese Nachricht sofort nach Wien weiter. Als der Lehrer das Alter von János Majláth hatte, war man vom Eifer der Schülerin und der Zuneigung des Lehrers gerührt. Auf Madeira nimmt die Affäre jedoch einen anderen Verlauf. Mit der Distanz wächst die Phantasie, und der junge Graf kann durchaus Liebesgefühle wecken. Er wird auf der Stelle nach Wien berufen. Elisabeth hatte nicht beabsichtigt, Franz Joseph eifersüchtig zu machen, auch nicht, ihre Verführungskunst unter Beweis zu stellen. Doch es kommt ihr sicherlich nicht ungelegen, es dem Kaiser mit gleicher Münze heimzahlen zu können. Er ist verrückt vor Eifersucht. Daß er sich dabei nur auf Vermutungen und Spekulationen, Gerüchte und Klatschparolen stützen kann, macht die Sache nur noch schlimmer. Er kann ihr nichts vorwerfen, außer dem, was für ihn das Schlimmste ist: daß sie es so lange ohne ihn aushalten kann. Auf die ganze Welt müßte er eifersüchtig sein, denn der ganzen Welt gelingt es, sie aufzumuntern, nur er, er schafft es nicht. Eifersüchtig auf die Luft, die sie atmet, eine Luft mit all den Düften eines nahezu tropischen Frühlings. Eifersüchtig auf ihren großen, weißen Hund, einen irischen Airedale mit dem Namen Shadow, der tatsächlich das Glück hat, ihr wie ein Schatten folgen zu dürfen. Eifersüchtig auf einen Dichter, der zwar seit fünf Jahren tot ist, seiner kaiserlichen Angebeteten aber näher ist als jeder Lebende. Ständig bezieht sie sich auf diesen Heinrich Heine, und seine Werke begleiten sie überallhin. Was hat dieser Mann denn so Faszinierendes an sich? Der Kaiser bezeichnet ihn in seiner Eifersucht als »kleinen jüdischen Revoluzzer«. Intolerante Äußerungen in diesem

verächtlichen Ton sind sonst nicht seine Art. Er ist eben eifersüchtig auf alles, was ihre Aufmerksamkeit und Bewunderung erregt, was sie berührt und bewegt. Der schöne Graf Hunyady mußte zurück nach Wien; seine Schwester Lily hingegen ist auf Madeira geblieben. Elisabeth soll für ihren Charme und ihre Jugend sehr viel übrig haben. Schwärmt sie nicht etwas zu sehr von schönen Frauen? Hat er nicht selbst erlebt, wie sie einmal bei einem Empfang mit ihren Fingern einer Frau durch das Haar fuhr, weil ihr der Seidenglanz so sehr gefiel? Ist dies für die allgemein als scheu geltende Frau eines Staatsoberhauptes nicht etwas unpassend? Erinnert diese Lily Hunyadi die Kaiserin nicht weiterhin an ihren Bruder, an ihre Leidenschaft? Die Gefahr hat kein Gesicht, ist deshalb schwer zu fassen und immer gegenwärtig.
Sie zu bitten, nach Hause zu kommen, wagt Franz Joseph nicht. Auch über seine Einsamkeit klagt er kaum. Es geht ihm vor allem um ihre Genesung. Aus diesem Grund ist er auch bereit, seine Fehler und Schwächen einzugestehen. Die grenzenlose Bewunderung für seine Frau macht den Kaiser willensschwach und hat etwas Rührendes. Schon zu dieser Zeit zögert er nicht, ihr gegenüber die Position des Schwächeren einzunehmen. Seine Briefe schließt er mit »Dein armes, trauriges Männchen« oder »Dein Kleiner«. Der unterwürfige Ton ist nicht nur auf seine Leidenschaft zurückzuführen. Er glaubt im Ernst, zu Elisabeths geistiger und poetischer Welt keinen Zugang zu haben. Aus Angst, sie würde sich langweilen, wenn er von seinen Schwierigkeiten und Sorgen in der Politik spricht, vermeidet er es, darüber zu reden. Elisabeth interpretiert dieses Schweigen falsch. Schließlich hat ihre Schwiegermutter ihr zu verstehen gegeben, daß Staatsangelegenheiten sie nicht zu interessieren haben. Sie geht davon aus, daß ihr Mann diese Ansicht teilt. Von Madeira aus schreibt sie dem Grafen Grünne, von dem sie weiß, daß er dem Kaiser sehr nahe steht: *Ich bitte, schreiben Sie mir, wie die Sachen jetzt stehen, ob es wahrscheinlich ist, daß wir einen Feldzug haben werden, und wie es im Inne-*

ren ausschaut. Der K. (Franz Joseph) *schreibt mir über diese Sachen nichts. Aber weiß er es denn selbst, oder wenigstens die Mehrheit? Über Alles das können Sie mir nicht genug schreiben, ich bitte Sie, thuen Sie es mit jedem Curier.* Und einen Monat später, immer noch an Grünne: *Auch hatte ich gehofft, daß es in Ungarn besser aussähe, aber nach dem, was Sie mir schreiben, scheint dies nicht der Fall. Am Ende geht es dort früher los wie in Italien [...] Wie unheimlich mir es wäre, zur Zeit eines Krieges noch hier zu sein, können Sie sich denken. Darum habe ich den Kaiser gebeten, mich früher abreisen zu lassen, da er mir aber so bestimmt versichert hat, es sei kein Grund zur Angst, so muß ich es wohl glauben und mich damit zu beruhigen suchen.*

Aber von ihrer Schwester Marie hätte sie gerne Nachricht gehabt. Garibaldi und seine Rothemden haben Neapel eingenommen. Ihre heißgeliebte Schwester hat sich mit ihren Mitstreitern in der Festung Gaeta eingeschlossen. Ein letzter Versuch, das Königreich und den Ehemann zu retten. Eigentlich gehört das Reich nicht ihr, und einen Mann hat sie nie gehabt. Die ausländischen Höfe sind voller Bewunderung für die hübsche und mutige Königin von zwanzig Jahren. Man nennt sie die »Heldin von Gaeta«, hütet sich aber wohl, ihr zu Hilfe zu kommen. Der König beider Sizilien, krank und apathisch, ist nur noch ein Häufchen Elend, und die Jeanne d'Arc von Wittelsbach kämpft in ihrer Festung allein gegen die unaufhaltsame italienische Einigungsbewegung.

Am 13. Februar fällt die Festung Gaeta. Elisabeth erfährt es erst viel später, in der üppigen Pracht des tropischen Frühlings. Die Heldin und ihr Mann finden Zuflucht beim Papst in Rom. Die Kapitulation von Gaeta ist das Ende für das Königreich beider Sizilien. Laut kann die Erzherzogin Sophie rufen: »Nun ist auch unser letzter Trost, der letzte Glanz des monarchischen Prinzips verschwunden!«

Elisabeth hustet nicht mehr. Sie ist wieder bei Kräften und nimmt sich den Verrat des Kaisers nicht mehr so zu Herzen. Ihre Eigenliebe hat Genugtuung erfahren. Eines Tages vielleicht kommt der Franz, den sie geliebt hat, wieder. Die Kinder fehlen ihr entsetzlich. Immer häufiger spricht sie von der Heimreise. In Wahrheit packt sie wieder das Reisefieber. Bis zu ihrer letzten Stunde wird sie daran leiden.

Reisen nur um des Reisens willen. Allein die Bewegung zählt. Das Ziel ist unwichtig. Reisen, trotz allem, was sie in Wien erwartet: Erzherzogin Sophie, Untätigkeit und Gefängnis. »Der Anfang wird nicht süß sein und ich werde eine Weile brauchen, bis ich mich wieder hineinfinde, das Hauskreuz aufzunehmen.«

Am 28. April verläßt sie Madeira an Bord der luxuriösen *Victoria-and-Albert II*. Die englische Königin hat sie ihr zur Verfügung gestellt: Die 240köpfige Besatzung ist es gewohnt, das Schiff nahezu lautlos zu führen, um die gekrönten Häupter während der Reise nicht mit Lärm zu belästigen. Das Wetter ist herrlich, und man läßt sich deshalb Zeit. Erste Station ist Cadiz: Besichtigung der Stadt. Weiter geht es mit dem Zug nach Sevilla, wo man leider einen großen Staatsakt für sie organisiert hat. Bis dahin konnte Elisabeth den offiziellen Empfängen mit Erfolg aus dem Wege gehen. Man meint es gut mit ihr, stutzt ihr aber die Flügel. Deshalb schlägt sie die Einladung der königlichen Familie lieber aus und begibt sich mehr oder weniger inkognito zu den alljährlich Anfang Mai stattfindenden Stierkämpfen. Die schöne Fremde packt beim Anblick der mißhandelten Pferde sicherlich das kalte Grausen. Doch ausgelassenes Geschrei, Tod und Hitze, Staub und Musik vermitteln ihr – wenn auch nur für eine kurze Weile – die Illusion, in der Menge unterzugehen. Hinter dem Fächer aus schwarzem Leder ist Elisabeth keine Kaiserin mehr. Als das Fest sich dem Ende nähert, ist es bereits Nacht, und die schöne Fremde ist inzwischen über alle Berge.

Reisen, immer nur reisen. Oh, Fliegender Holländer, gibt es nicht Tausende von Inseln zu entdecken? Zunächst Mallorca, dann Malta. Anschließend durchpflügt die *Victoria-and-Al-*

bert II die Wasser des Ionischen Meeres. Am Horizont kommt Land in Sicht. In den Markierungen der Schiffahrtsstraße erkennt man das alte venezianische Seefahrtszeichen wieder: riesige Pfähle, meistens werden drei zusammengebunden, die im Wasser stehen und die Fahrrinne begrenzen.

Zur einen Seite Albanien, zur anderen das wilde Gebirge des nördlichen Korfu mit dem gewaltigen Pantokrator. Die Insel ist noch nicht griechisch; sie gehört zu der unter britischem Schutz stehenden Republik der Ionischen Inseln. Sie ist von einer herben, aber unermeßlichen Schönheit. Hier hatte Odysseus dank der schönen Nausikaa seine Ruhe gefunden und konnte endlich in das nahe Ithaka zurückkehren. Tausend Jahre lang war es byzantinisch, vierhundert Jahre venezianisch. Venedig ließ Festungen bauen, Kanäle graben, steinerne Löwen errichten und Olivenhaine anlegen – die schönsten des Mittelmeerraumes. Ein wohlriechender, aber auch viel geschundener, schattenspendender Zauberwald.

Korfu ist noch Korfu. Noch ahnt die Insel nicht, daß hundert Jahre später Touristenhorden ihr Körper und Seele, Wasser und Land zerstören. Keiner von denen, die mit Elisabeth anlegen, kann sich dem Zauber dieser Uferlandschaft entziehen. Hugo von Hofmannsthal, ebenfalls ein Wiener, gibt Jahrzehnte später eine Beschreibung von Korfu, die den eigenartigen Gleichklang zwischen der Kaiserin und der Insel verständlicher macht: Der erste Eindruck von diesem Land sei wenig einladend. Es wirke trocken, nackt, dramatisch und fremd wie ein schrecklich abgemagertes Gesicht. Aber es bade in einem Licht, wie es das Auge noch nie gesehen habe und deshalb so genieße, als habe es die Sehgabe soeben erst zum erstenmal erfahren. Das Licht sei von einer außergewöhnlichen Lebendigkeit und dennoch sanft. Es zeige jedes Detail in einer liebenswürdigen Klarheit, die das Herz höher schlagen lasse und selbst das allernächste Schauspiel in einen verklärenden Schleier hülle. Nur mit widersprüchlichen Bildern könne man die Insel beschreiben.

Die nach Licht Dürstende glaubt, einen Heimathafen und Spiegel gefunden zu haben. Sie nimmt sich vor, an diesen Ort zurückzukehren, denn im Augenblick wartet Franz Joseph. Er ist nach Triest gekommen, um sie dort auf seiner Yacht *Phantasie* willkommen zu heißen. Nach sechsmonatiger Trennung haben sie sich endlich wieder. Sie wirkt ausgeruht, hat Farbe im Gesicht und sieht blendend aus. Ihre Augen sind voller Freude und Rührung. Dem Kaiser kommen die Tränen. Ihr Glück ist offensichtlich, allzu offensichtlich. Es ist ihnen nicht gegönnt, sich in ein Hotelzimmer zurückzuziehen. Jede Art von Intimität ist verboten. Trotzdem versuchen sie, dem Wiener Alptraum ein paar Tage, ein paar Nächte abzulisten.

Auf Miramar, seinem halb gotischen halb maurischen Schloß bei Triest, bietet ihnen Erzherzog Maximilian seine Gastfreundschaft. Trotz des zauberhaften Ausblicks auf die Adria glaubt Elisabeth, bereits die stickige Luft der Hofburg zu atmen. Ihre Schwägerin Charlotte kann sich als Gastgeberin von Miramar noch so sehr bemühen, zwischen den beiden Frauen regt sich die alte Animosität. Elisabeth spürt deutlich, wie wenig sich Charlotte über ihre Rückkehr freut. Während der Abwesenheit der Titelträgerin ist Charlotte von der Erzherzogin zum Star am Hofe lanciert worden. Mit der Heimkehr Elisabeths sieht sie sich nun auf Rang zwei zurückgestuft. Die ehrgeizige Königstochter aus Belgien ist in Wien nur die Frau des jüngeren Sohnes Maximilian. Und die Kaiserin, die schon als todkrank galt, ist munterer denn je. Charlotte sieht auf den ersten Blick, daß sie in diesem Machtkampf den kürzeren zieht. Sie weiß auch, daß Elisabeth und Maximilian in ihren liberalen Anschauungen, ihrem Charme, ihrem Individualismus, ihrer Liebe zur Poesie und zu Heine, ja vor allem zu Heine, so vieles gemeinsam haben, daß es ihr nie gelingen würde, ihren Ehemann in diesem Kampf auf ihre Seite zu ziehen.

Natürlich trennt sich Elisabeth auch auf Miramar nicht von ihrem Shadow. Charlotte ihrerseits hängt sehr an einem kleinen Malteser, einem Geschenk der Königin Viktoria. Die Hunde folgen dem Vorbild ihrer beiden Herrinnen und beginnen sofort, miteinander zu raufen. Charlottes Malteser wird von Shadow tödlich verletzt. Die sonst so tierfreundliche Kaiserin empfindet wenig Mitgefühl für den armen Hund. »Ich mag keine kleinen Hunde«, ist alles, was sie als Entschuldigung zu sagen hat.

Die Hofburg in Wien. Freudiges Wiedersehen mit Gisela und Rudolf. Beide sind hübsch, und die Kleine hat in der Zwischenzeit lesen gelernt. Die Kinder haben ihre Mutter zwar nicht vergessen, stehen jedoch völlig unter dem Einfluß ihrer Großmutter. Wie könnte Elisabeth nach sechsmonatiger Abwesenheit der Erzherzogin das Sorgerecht oder gar die zärtlichen Gefühle für ihre Kinder absprechen?
In der Hofburg fühlt sie sich schuldig. Die Erinnerung an die kleine Sophie löst immer noch heftige Gewissensbisse aus. Verdammt sie den hübschen und zierlichen kleinen Rudolf und seine bereits wesentlich robustere Schwester nicht zu einem Leben ohne Mutter? Man gibt ihr zu verstehen, daß ihr Platz besetzt ist und es ihr schlecht anstünde, sich darüber zu beklagen. Man kann eben nicht die Hälfte des Jahres auf den Weltmeeren herumsegeln und im Matrosenanzug Mandoline spielen, um dann die restlichen sechs Monate wieder seine Aufgaben als Familienmutter zu übernehmen. Sie möge also bitte bei den offiziellen Anlässen gute Miene machen. Es geht wieder los mit den Paraden der Hofdamen, den Strapazen und Verpflichtungen.
Nach vier Tagen Hofburg geht es ihr bereits schlechter als vor ihrer Abreise nach Madeira: völlige Appetitlosigkeit, Hustenanfälle und fürchterliche Kopfschmerzen. Ihr Gesicht ist schmerzverzerrt, die Wangen sind eingefallen. Der verzweifelte Kaiser zieht sich mit ihr auf Schloß Laxenburg zurück. Die Ärzte sprechen erneut von galoppierender Schwindsucht. Alle offiziellen Besuche und Termine werden abgesagt. Elisabeth möchte niemanden mehr sehen. Ihr Geist wollte sich willig in

die Situation fügen, aber ihr Körper protestiert gegen alles, was sie haßt und nicht mehr hinnehmen kann. Wozu all die Reisen, die Inseln, das Fliehen in die Fremde, wenn man doch immer wieder zurückkehren muß? Etwas in ihr bäumt sich auf und will sich nicht damit abfinden. Es hat alles keinen Sinn. Überall spürt sie Schmerzen, an der rechten Schläfe, an der Nasenwurzel, hinter den Augen. Und dann dieser Ekel – Ekel vor jedem noch so bescheidenen Essen, vor sich selbst. Schließlich der trockene Husten, wie ein letzter Versuch, das Übel auszustoßen.

Sie schreit nach Einsamkeit, Stille und Dunkelheit. Laßt mich in Ruhe, und faßt mich nicht an! Die Flucht hilft nicht weiter. Der Tod, ja, der Tod ist der einzige Ausweg. Bei solchen Angstzuständen bietet auch die Poesie keine Zuflucht mehr. Um der Mutter ihr Leid zu klagen, hält sich Elisabeth dennoch an Worten fest. Es sehe so aus, als sei alles am Ende, schreibt sie ihr. Sie sei für den Kaiser und das Reich nur noch eine Last und könne auch ihren Kindern wenig geben. Es kommt ihr sogar in den Sinn, daß der Kaiser im Falle ihres Todes wieder heiraten könnte, zumal sie selbst, das kümmerlich dahinsiechende Geschöpf, ihn nicht mehr glücklich machen kann.

Die Ärzte verhelfen der ruhelosen Fliege, die nicht einmal mehr die Kraft hat, gegen die Fensterscheiben ihres Gefängnisses zu schlagen, zu einem zweiten Ausbruch. Sie geben ihr nur noch ein paar Monate, vielleicht sogar nur ein paar Wochen und verordnen ihr deshalb noch einmal einen Aufenthalt in einem Land der Sonne. Elisabeth entscheidet sich für Korfu.

Am 21. Juni 1861 – seit ihrer Rückkehr aus Madeira ist kaum ein Monat vergangen – geht sie erneut auf Reisen. Franz Joseph begleitet sie mit dem Zug bis Triest. Die Menge im Wiener Bahnhof bleibt still. Die Zeitungen sprechen von einem »Leichenzug«, und die Wiener glauben nicht daran, daß sie ihre Kaiserin noch einmal wiedersehen. Franz Joseph steigt ein weiteres Mal auf Schloß Miramar ab. Hier löst sich das vor einem

Monat geschnürte Band, und die Tränen des Kaisers sind dieses Mal keine Tränen der Freude. Er zittert um das Leben der Frau, die er mehr liebt als alles in der Welt. Trotz seiner Verzweiflung ahnt er, daß die Krankheit seiner Angebeteten nicht nur physische, sondern auch psychische Ursachen hat. In seiner Niedergeschlagenheit rechnet Franz Joseph mit dem Schlimmsten. Wahrscheinlich sitzt in seiner Frau eine unüberwindbare Abneigung gegen Wien. Solferino war nichts gegen diese Niederlage. Er ist bereit, aus ihrem Leben zu verschwinden und sich mit Trennung und Einsamkeit abzufinden, wenn das der Preis für das Ende dieses Alptraums ist. Wie konnte sich ihre Liebe so verändern, daß sie jetzt sogar unerträglich wird? Hat er allein sie zerstört? Elisabeth ist bereits unterwegs. Wann und ob er sie wiedersehen wird, weiß er nicht.

Maximilian begleitet Elisabeth bis Korfu. Auf dem Meer sind die Streitereien und Rivalitäten vergessen. Zwischen zwei Hustenanfällen erzählt sie ihrem Schwager, dem sie sich geistig verwandt fühlt, von einem Gespräch, das sie zufällig mitbekommen hat: Einer ihrer Ärzte teilte seinen Kollegen mit, daß die Kaiserin nur noch ein paar Wochen zu leben habe. Sie empfindet eine gewisse Erleichterung darüber. Seitdem hat sie nur noch den Wunsch, sich dem Rhythmus der Wellen zu überlassen und sich so sanft ihrem Ende zu nähern.

Es hat keinen Sinn mehr, weitere Reisen zu planen und die Aufpasser zu überlisten. Der Traum von fernen Inseln und Pferden ist ausgeträumt. Es ist erstaunlich, wie schnell die Unausweichlichkeit des Schicksals ihre Wünsche erfüllt hat. Sie wollte für immer gehen, und nun geht sie wirklich. Der Kaiser wird sein Leben frei einrichten können und sich eine richtige Kaiserin erwählen, die ihn bei seinen Aufgaben unterstützt.

Sie haben sich geliebt, und vielleicht liebt Franz Joseph sie immer noch, jetzt, wo er sie verlieren wird. Aber er liebt sie, wie man einen Irrtum, einen Fehler oder einen Rausch liebt. Wie etwas, was ständig Schwierigkeiten erzeugt und das

Schicksal unaufhörlich herausfordert. Er liebt sie wie eine Wunde.
Früher hat das ganze Reich mit ihnen und ihrer Liebe gelebt. Mit den derzeitigen Verrücktheiten kann sich jedoch keiner mehr identifizieren. Die kleine Herzogin *in* Bayern hat es nicht verstanden, aus sich eine Frau und Kaiserin zu machen. Das Pfropfreis ist nicht angewachsen. Es noch einmal anzuschneiden lohnt sich auch nicht, der Tod wird die schmutzige Arbeit schon übernehmen.
Elisabeth fährt mit ihrer Hand über die rechte Schläfe. Die Arterie pulst so stark, daß sie vor Schmerz das Gesicht verzieht. Ihre Haut fühlt sich noch durchscheinender an, so stark spannt sie sich über den spitzen Gesichtsknochen. Die Wangen und alles weiche Fleisch sind verschwunden, von der Angst verzehrt. Nur ihre Haarpracht ist ihr noch geblieben. Die aufgelösten Haare reichen ihr bis unter die Knie. Ihre Friseuse braucht jeden Morgen zwei Stunden, um sie auszukämmen und zu dem kunstvollen Gebilde zusammenzustecken, das ihre kaiserliche Stirn bekrönen soll. Später gesteht Elisabeth dem jungen Christomanos, ihrem Griechischlehrer: »Dieser Krone kann man sich leichter entledigen als der des Reiches.«
Das Schiff treibt in Richtung Korfu. Alles scheint stillzustehen, der Himmel, das Meer, die Zeit. Maximilian hört seiner Schwägerin zu. Er unternimmt keine großen Versuche, sie zu trösten. Was ist mit ihren Kindern? Was mit Franz, der sehr unter ihrer Trennung leidet? Er sagt, was man in solchen Fällen sagt. Doch Elisabeth weiß, wie wenig er seinen eigenen Worten glaubt. Spürt er nicht die gleiche Leere, die gleiche von unbefriedigten Leidenschaften herrührende Spannung, das gleiche ziellose Verlangen? Entwickelt er nicht auch ehrgeizige Pläne, um den Hunger zu betäuben und den Taumel zu vergessen?
Elisabeth hat die Friseuse gebeten, ihre Haare nicht hochzustecken, als ob das Gewicht der Zöpfe ihre Kopfschmerzen noch verstärken würde. Die Locken umgeben ihr krankes Gesicht und ringeln sich von der Kopfstütze des Liegestuhls bis

auf die Planken des Schiffsdecks. Doch das ist nicht mehr der wunderbare Schatz, um den sie alle vornehmen Damen Europas beneidet haben: Es erinnert eher an ein Gorgonenhaupt, Ausdruck von Unordnung und krankhaftem Schuldgefühl. Das Spiegelbild verzerrt sich, wenn der Wille, sich selbst zu erkennen, zur Manie wird.
Das Gewicht ihrer Haare wird ihr unerträglich. Sie hätte sie sich sicherlich gerne abschneiden lassen, wenn es ihr die Erinnerung an ihren Sohn nicht verboten hätte. Der kleine Prinz spielt liebend gern mit den Haaren seiner Mutter. Die Gelegenheit dazu bietet sich ihm selten genug, man sollte ihm deshalb diese Freude nicht nehmen. In der Hofburg sitzt Elisabeth manchmal stundenlang wie angebunden auf ihrem Stuhl und läßt sich ihre an Melisande erinnernde Haarpracht durchkämmen. Während sie Shakespeare, die *Odyssee* oder in ihrem Ungarischlehrbuch liest, wälzt sich Rudolf in der auf dem Boden liegenden Lockenpracht. Das Kind verkriecht sich in diesen Herbstwald und reagiert auf jeden Versuch, ihn daraus zu verjagen, mit herzzerreißendem Geschrei. Nach ihrem Tod soll der Sohn ihre Haare bekommen, so wünscht es Elisabeth.
Auf dieser Familie liegt ein Fluch, denkt Maximilian. Wer in sie hineingeboren wird, hat kein leichtes Schicksal. Habsburger zu sein ist kein Privileg, sondern bedeutet im Gegenteil verhindertes Leben und Freiheitsentzug. Trotzdem ist für ihn der Tod noch nicht der einzige Ausweg. Seit langem träumt er von einem Reich, das anders ist als das der Habsburger. Mit der Ernennung zum Generalinspektor der Marine hat ihn sein Bruder zur Untätigkeit verdammt. Generalinspektor, das bedeutet Hohn und Spott, denn die Marine zählt nicht gerade zu den wichtigsten Schalthebeln der österreichischen Macht. Ein Marineinspektor spielt in Österreich immer die zweite Geige. Er muß sich woanders ein Ziel suchen, weit weg von Wien und seinen Barockpalästen, wo die Geschichte nur ein stures Festhalten an einem starren Modell ist. Er war bereits in Brasilien und hat sich gegen die dortige Sklaverei ausgesprochen. Wie

Elisabeth findet er Gefallen an allem, was ihn den Wiener Starrsinn vergessen läßt. Er, der Jüngere, träumt von einem Thron, für den er seinem Bruder nicht zu ewigem Dank verpflichtet ist.
Erstaunlicherweise war es Napoleon III. nicht entgangen, daß dieser Romantiker zu jedem Abenteuer bereit ist. Um die französischen und europäischen Interessen in Mexiko zu sichern, unterstützt er bei einigen reichen Mexikanern die Idee, Maximilian zu ihrem Kaiser zu wählen. In seinem Palast von Miramar, wo Charlotte sich langweilt, wittert der Erzherzog in den Avancen Napoleons III. die Chance seines Lebens. Wenn er darauf einginge, könnte er der Monotonie des Alltags und der Verbitterung seiner Frau entgehen. Nie gab es eine größere Ähnlichkeit zwischen diesem Mann und *Aiglon*. Lange Zeit ging das Gerücht, daß Maximilian sein Sohn sei. Er entwirft Pläne für ein Paradies. Soll er gehen oder nicht? Noch ist der Traum möglich. Doch die Realität wird ein böses Erwachen bedeuten.
Elisabeth kann die Begeisterung ihres Schwagers nicht teilen, doch sie versucht zumindest, ihre Einwände zurückzustellen, die ja vor allem Ausdruck ihres Seelenzustandes, ihrer Krankheit sind. Sie wäre sicherlich die erste, die sich über Maximilian als Kaiser von Mexiko freuen würde. Seit langem schon möchte sie Amerika entdecken, aber jedesmal, wenn sie davon anfängt, erklärt Franz Joseph sie für verrückt. Vielleicht würde sie Maximilian eines Tages in der Neuen Welt besuchen. Aber ist es nicht ein sonderbares Vorhaben? Wie kann ein Mann mit seiner liberalen Überzeugung nach einem Thron streben, der sich nur auf einige reiche Mexikaner, den Papst und Napoleon III. stützen könnte? Ist es nicht gefährlich, sich gegen den Willen der Mestizen und vor allem der indianischen Ureinwohner durchsetzen zu wollen? Was nützt es schon zu regieren, wenn man dafür seine Ideen verraten muß?
Elisabeth grübelt darüber, wie sehr Macht faszinieren kann. Wenn Maximilian als erster aus dem Bauch der Mutter gekro-

chen und der Ältere gewesen wäre, wenn er statt der Spielzeugklapper die Krone bekommen hätte – wäre er dann glücklicher? Sähe das Reich unter ihm anders aus? Glaubt er wirklich an seine liberalen Grundsätze? Sind sie nicht einfach nur die Launen eines Zweitgeborenen? Armer Maximilian! Er hofft in der Neuen Welt auf ein neues Leben. Er weiß noch nicht, daß es kein Heilmittel für Träume gibt.

Für viele ist Korfu die Insel, die Shakespeare als Schauplatz für sein letztes Drama, *Der Sturm*, vor Augen hatte. Nach Heine ist Shakespeare Elisabeths Lieblingsautor. Eine weitere Leidenschaft, die sie nicht mit ihrem Manne teilen kann. Franz Joseph schläft ein, wenn das Burgtheater etwas von dem großen Engländer aufführt. Am Ende der Vorstellung wacht er auf und stöhnt über die Langeweile und Einfalt des Stückes. Er ist allerdings auch bereits seit vier Uhr morgens auf den Beinen, und der lange Tag wird durch Korrespondenzen, Audienzen und Aktenstudien bestimmt.
Mit der Ankunft auf Korfu fallen die Schiffbrüchigen aus *Der Sturm* in Lethargie. Wie in Trance irren sie umher, ihren Träumen und Visionen ausgesetzt. Elisabeth geht es ebenso. Im Palast von St. Michael und St. Georg, wo sie der britische Lord-Oberkommissar empfängt, sinkt die Kaiserin in einen von entferntem Insektensummen und klappernden Kricketschlägern begleiteten Halbschlaf.
Sie glaubt sich am Ende ihrer Qual und hofft auf den Tod. Der Zauber Prosperos holt sie in sein Reich des Vergessens. Wien existiert schon nicht mehr, und wie jedesmal, wenn Wien schweigt, fühlt sich Elisabeth sofort besser. Doch Franz Joseph, beunruhigt über ihr Schweigen, schickt den Grafen Grünne. Er soll ihr Dornröschendasein beenden und an die Rückkehr erinnern. Es ist derselbe Grünne, den sie von Madeira aus so inständig um Nachrichten über den Kaiser und das Reich gebeten hat. Damals genoß er ihr Vertrauen und ihre Sympathie. Auf Korfu kommt es jedoch zum Bruch zwischen ihnen. Noch

zehn Jahre später sagt sie von ihm: »Der Mensch hat mir soviel angethan, daß ich glaube, selbst in meiner Todesstunde kann ich's ihm nicht verzeihen.«
Grünne zweifelte an Elisabeths Treue und hielt deshalb als guter Höfling seinen Ratschlag an die Kaiserin für angebracht: »Merken sich Eure Majestät das Eine. Sie können machen, was Sie wollen, nur nie ein Wort schreiben. Lieber einen Zopf als ein geschriebenes Wort.« Sind das auch seine Ratschläge an den Kaiser, wenn sich am Horizont eine Comtesse hygiénique zeigt? Man muß Elisabeth schon sehr schlecht kennen, wenn man glaubt, sie könnte eine ihrer Haarlocken opfern. Und wenn wir schon bei den Haarlocken sind: Postiert sich nicht die Gräfin Potocka, um die sich Franz Joseph so sehr bemüht, vor dem Fotografen mit einem langen Haarzopf, der sich wie eine Schlange um ihren Arm ringelt? Wer der Kaiserin Seitensprünge und kurzfristige Liebschaften unterstellt, hat sie völlig mißverstanden. Ihr Körper erfährt keine Befriedigung, und ihr Geist fordert ohne Unterlaß. Wie die Figuren aus *Der Sturm* träumt sie von ihren Liebschaften, ohne sich je darum zu bemühen, sie zu leben. Als weiblicher Narziß möchte sie das Bild, das sie von sich selbst hat, nicht beschmutzen. »Ich verstand das damals kaum«, gestand sie später ihrer Freundin Marie Festetics, »aber der Instinct sagte mir, solche Rathschläge könnten keinem reinen Herzen entspringen.«
Grünne tritt ab. Seine Mission endet in einem totalen Fiasko. Franz Joseph läßt nicht locker, fängt es diesmal aber geschickter an: Er bittet Helene von Thurn und Taxis, nach Korfu zu fahren. Es handelt sich um Nene, Elisabeths ältere Schwester, die Ludovika und die Erzherzogin Sophie für den jungen Kaiser bestimmt hatten, der sie aber abgelehnt hatte. Helene hat die Kränkung von Bad Ischl längst vergessen. Sie ist jetzt eine glückliche Frau, verheiratet mit einem Mann, den sie liebt und der sie liebt. Sie hat zwei Kinder, die sie für eine so lange Reise nicht gerne allein läßt. Aber die gute Kameradschaft mit der kleinen Sissi ist der großzügigen Nene noch in bester Erinne-

rung – die Verbindung zwischen den beiden Schwestern war nie unterbrochen –, und so gibt sie dem Drängen Franz Josephs nach.

Helene trifft in Korfu auf eine Sissi, die kaum wiederzuerkennen ist. Sie hat das aufgedunsene Gesicht einer Depressiven. Sigmund Freud ist gerade fünf Jahre alt, seine Familie war zwei Jahre zuvor von Mähren nach Wien übergesiedelt, und erst gegen Ende des Jahrhunderts wird er die Psychoanalyse ins Leben rufen. Trotzdem begreift die intelligente Nene rasch, in welchem Zustand sich ihre Lieblingsschwester befindet, und ahnt, »daß sie mehr nerven- als brustkrank ist«. Sie rät ihr zu einer besseren Ernährung: Fleisch und Bier. Es lebe Bayern! Die beiden Schwestern finden schnell wieder zu einem Vertrauensverhältnis und plaudern den ganzen Tag miteinander.

Nach und nach verliert Elisabeth ihre Apathie. Die beiden schlendern gemeinsam durch den zauberhaften Olivenhain und baden im Ionischen Meer, wie früher im Starnberger See. Die Melancholie – in ursprünglicher Wortbedeutung die schwarze Galle – hellt sich im Lichte Korfus auf und verflüchtigt sich. Elisabeth schafft es erneut, ihren Lebensekel zu überwinden. Eine Besserung zeichnet sich ab.

Helene kehrt zurück nach Wien, wo Franz Joseph auf ihre Diagnose wartet. Er will die Wahrheit wissen, und sie verschweigt ihm nichts. Ihre Schwester fühlt sich am Hofe eingesperrt und geächtet. Sie kann das Leben dort nicht mehr ertragen. Es graust ihr vor dem Gedanken, sich wieder in den Einflußbereich der Erzherzogin begeben zu müssen, sie lebt deshalb lieber weit entfernt von ihren Kindern und ihrem Mann, um der Gewalt ihres Henkers ausweichen zu können. Sie hat versucht, sich gegen diesen krankhaften Zustand zu wehren, doch vergeblich. Ihr Geist lehnt sich auf und ist zum Kampf bereit, doch ihr Körper läßt sie sofort im Stich.

Helene versäumt es nicht zu betonen, daß – von den leidvollen Erfahrungen wie dem Tod ihrer Tochter, dem Schuldvorwurf, den Kränkungen und dem Gefühl, nicht geliebt und geachtet zu werden, einmal ganz abgesehen – Elisabeth sehr verletzbar und ihre innere Unruhe durch nichts zu bändigen sei. Außerdem habe sie einen Absolutheitsanspruch, der jeden Kompromiß ablehne.

Die Familie Wittelsbach, allen voran die Frauen, schließt sich zusammen, um Sissi ihrer Einsamkeit zu entreißen. Ohne Zögern bringt Ludovika mit erstaunlicher Klarheit aufmunternde Wahrheiten zu Papier: *Mein Kind, es gibt zwei Sorten von Frauen: Diejenigen, die ihre Wünsche verwirklichen und die anderen. Du gehörst, so fürchte ich, zur zweiten Gruppe. Du bist intelligent, von kontemplativer Natur, und es fehlt Dir nicht an Charakter. Aber Du machst nicht genug Konzessionen. Das moderne Leben und seine Anforderungen sind Dir fremd. Du bist aus einem anderen Zeitalter, aus dem der Heiligen und Märtyrer. Gib Dich nicht zu sehr als Heilige. Brich Dir nicht das Herz in der Vorstellung, Du seist eine Märtyrerin.*

Im Oktober schifft sich Franz Joseph nach Korfu ein, und die beiden finden sich wieder. Zwei Wesen am Ende ihrer Kräfte, die sofort ihre Waffen niederlegen. Sie versucht nicht mehr, Spuren einer »Comtesse hygiénique« bei ihm zu entdecken, und er hat weniger Angst vor ihrem Urteil. Mit der Erinnerung an den Ruhm ihrer Schönheit schüchtert sie ihn ein. Ihr aufgedunsenes und von Schmerzen gezeichnetes, kleines Gesicht rührt ihn. Und sie ist nur noch ein Kind, das vor sich selbst geschützt werden will. Ist das Zärtlichkeit? Die Wunden des anderen zu sehen und mit Freuden zu lecken, Heilsalben zuzubereiten und nicht mehr an das Unmögliche zu glauben?

Oh, Ludovika, hat sie wohl deine Lektion verstanden? Beide machen sie Zugeständnisse: Franz Joseph verlangt von ihr nicht die Rückkehr nach Wien, nur soll sie nicht mehr im Ausland leben. Sie wird den Winter also in Venedig verbringen, Venetien gehört noch zum Reich. Franz Joseph wird sie leichter besuchen können. Elisabeth setzt sogar durch, daß ihre Kinder Wien und die Erzherzogin verlassen und mit ihr einen venezianischen Palazzo beziehen.

Rudolf und Gisela sind mit der fürchterlichen Gräfin Esterházy gekommen. Die Kaiserin haßt sie. Sie behält die Kinder bei sich in Venedig und schickt die Gräfin wieder zurück nach Wien. Eine Rebellion, die der Kaiser wohl oder übel akzeptieren muß. Von jetzt ab sucht sich die Kaiserin ihre Gesellschaftsdamen selbst aus. Franz Joseph spürt, wie mit jedem Besuch der Widerstand in der Bevölkerung zunimmt. Man macht aus der feindseligen Haltung gegenüber Österreich keinen Hehl.

Es ist März, und Elisabeth hat Venedig mit seinen unter Wasser stehenden Marmorufern immer noch nicht verlassen. Sie ist völlig isoliert. Wenn sie sich aus dem Fenster beugt, sieht sie nur ihr eigenes Bild im dunklen Spiegel des Canal Grande. Dabei kommt ihr ein seltsamer Einfall. Die Kaiserin beginnt eine Fotosammlung, die sie selbst lieber ihr Album der Schönheiten nennt. Es enthält nur Frauen, alle für die Ewigkeit auf Platten festgehalten.

Die Krankheit macht ihr das Leben schwer. Die Beine der ehemaligen Reiterin und Akrobatin schwellen immer stärker an. Ihre Gliedmaßen leiden sehr unter der Feuchtigkeit der Lagune: Ödeme, Wassersucht und Blutarmut. Sie ist vierundzwanzig Jahre alt und kann sich nicht mehr bewegen. Die Reisende bleibt stehen, und die Welt läuft ihr davon. Also versucht sie, sie zu sich zu holen, und betraut ihren Außenminister und ihre Auslandsbotschaften mit einer geheimen Mission, die vor allen anderen Geschäften Vorrang hat. Man soll ihr die Fotos der schönsten Frauen beschaffen. Sie will sie alle: die Prinzessinnen und die Huren, die Mägde und die Bäurinnen, die Damen von Welt und die der Halbwelt, die Berühmten und die Unbe-

kannten, die aus der Gosse genauso wie die aus den edelsten Palästen, die Haremsdamen wie die Metzgertöchter. Und man soll gründlich suchen, ohne Rücksicht auf die soziale Schicht oder Rasse. Die Jagdtrophäen sind im Diplomatengepäck zu verschicken. Kein Verbot und keine Grenze ist zu respektieren. Mit eingefallenen Wangen und geschwollenen Beinen stellt die kleine Kranke ihren Katalog zusammen. *Mille e tre. Mille e tre.* Tag und Nacht betrachtet sie die Gesichter aus aller Herren Länder. Spieglein, venezianischer Zauberspiegel, sag mir die ganze Wahrheit. Wer ist die Schönste im Königreich, im Kaiserreich und in der Welt? Eingeschlossen durch die Kanäle der Stadt und von der Wassersucht gepeinigt, jagt sie von einem Spiegelbild zum anderen, fragend und vergleichend. Sie möchte unvergleichlich sein. Und falls der Spiegel nun wirklich antworten sollte: »Du bist die Schönste, mach dir also deswegen keine Gedanken«, so träte sie noch gegen ihr eigenes Bildnis an, um gegen sich selbst zu gewinnen.
Es nimmt kein Ende. Immer wieder kommen neue Sendungen. Die Liste ließe sich lange fortsetzen, unendlich lange, denn viele eifrige Diener beliefern die Kaiserin, und viele Schönheiten kennt die Welt. Die Angst hat ihre Nahrung gefunden. In Sissis Beinen sammelt sich immer mehr Wasser. Ihre Gesundheit gibt Anlaß zu größter Sorge, sie muß raus aus Venedig. Die Zeit ist kurzlebig geworden. Man betrachtet das Leben jetzt auf dem Papier, matt oder glänzend, und die Zahl der Bilder nimmt immer mehr zu.

Im Frühjahr 1862 besucht Ludovika ihre Tochter in Venedig. Sie wird begleitet von Dr. Fischer, einem Arzt, auf den sie schwört. Er behandelt die Familie von Wittelsbach schon seit langem und kennt alle ihre Gebrechen und Eigenheiten. Nach seinem Dafürhalten ist die Tuberkulosegefahr gebannt, denn Elisabeths Husten ist so gut wie verschwunden. Er glaubt eher an Blutarmut, sogar an Bleichsucht. Die Wassersucht sei eine Folge davon. Manchmal sind Elisabeths Füße und Knöchel am

Morgen so geschwollen, daß sie sich kaum erheben und nur mit Hilfe von zwei Leuten in ihrem Zimmer ein wenig auf und ab gehen kann. Die schöne, gutgebaute Kaiserin, die einst zwischen ihren Turnringen herumwirbelte und als furchtlose Reiterin die Pferde unter sich abhetzte, ist geradezu bewegungsunfähig geworden. Ist es nicht das Wichtigste, wenn man schon leben muß, sein höchstes Gut, die Schönheit, zu bewahren? Ebenjene Schönheit, die ihr das Herz des Kaisers öffnet und ihr die Herrschaft über alle anderen sichert? Wiegt sie nicht alle Kronen auf?

Elisabeth fügt sich den Argumenten von Dr. Fischer und ihrer Mutter. Die Serenissima ist bei einer Wassersucht nicht der ideale Aufenthaltsort. Von fernen Inseln und warmem Klima hält der Arzt auch nicht viel. Wahrscheinlich denkt er nicht nur an die körperlichen, sondern auch an die psychischen Störungen der Kranken. Er will auf keinen Fall ihr Fluchtverhalten unterstützen, sondern sie langsam, ohne daß sie es merkt, in das normale Leben zurückführen, sie behutsam den Ihren wieder näherbringen und – das Schwierigste von allem – ihr die Angst vor Wien und der Nähe des Hofes nehmen.

Der kaiserliche Zirkus geht erneut auf Reisen. Nächste Station: das fränkische Bad Kissingen im nördlichen Bayern. Dort können sich alle Wittelsbacher am Krankenbett ihres Idols einfinden. Auf Dr. Fischers Empfehlung unterzieht sich Elisabeth einer Kur mit Schlammbädern. Die Historikerin Brigitte Hamann hat dargelegt, wie sehr die Österreicher wegen der ständigen Abwesenheit ihrer Kaiserin verstimmt sind. Einerseits macht man sich Sorgen um ihre Gesundheit und sieht sie schon mit einem Bein im Grabe. Andererseits ist aber nicht zu übersehen, daß sie ihre Leiden sehr wohl zu nutzen weiß, wenn es darum geht, sich den Pflichten zu entziehen. Eine hypochondrische Nomadin! Man unterstellt ihr alles mögliche.

Trotz Zensur weisen die Zeitungen darauf hin, daß die Kaiserin in den letzten zwei Jahren ganze drei Wochen in Wien gelebt hat. Das ist herzlich wenig. In dieser Zeit ist die Donau über die

Ufer getreten und hat zahlreiche Wohnviertel überschwemmt. Als ob das Elend nicht schon groß genug wäre. Zur gleichen Zeit führt die Rezession bei einem Teil der Bevölkerung zur Hungersnot, und die Arbeitslosigkeit löst eine Selbstmordwelle aus. Das ganze Reich arbeitet – sofern es Arbeit hat – und leidet an den wirtschaftlichen und industriellen Veränderungen.

Eine Randbemerkung in der Tageszeitung *Die Presse* wird zum Skandal, zur Majestätsbeleidigung. Der Journalist schildert die Kaiserin in ihrer neuen Rolle als Kurpatientin in Bad Kissingen. Wie immer beschreibt er alle Details: ihre Frisur und Garderobe, ihren Sonnenschirm, ihre natürliche, nie aufdringliche Eleganz, denn das interessiert den Leser nach wie vor. Was dann folgt, ist nicht ohne Bosheit: »Außerdem hat der Aufenthalt in Kissingen auf die Kaiserin derart unliebsam gewirkt, daß sie dort leider mehrere ihrer schönsten Zähne einbüßte.«

Man kann sich sicherlich vorstellen, wie Elisabeth zumute ist, als sie diese Zeilen liest. Was die Erzherzogin Sophie in Ischl gesagt hat, hat sie nicht vergessen. An der kleinen Herzogin, in die ihr Sohn unsterblich verliebt war, an dem schüchternen, entzückenden Mädchen war ihr nur eines aufgefallen, ihr einziger Fehler: »Sie hat gelbe Zähne.« Haß hatte sich zwischen die beiden Frauen geschlichen. Seitdem achtet Elisabeth darauf, daß man ihre Zähne nicht sieht. Sie lächelt mit geschlossenen Lippen oder versteckt ihr Lachen hinter einem Fächer. Die Wittelsbacher haben zweifellos schlechte Zähne, und Elisabeths Blutarmut und ihre Neigung zur Magersucht haben das Ihre beigetragen. Die Kaiserin ist sehr darum bemüht – in Bad Kissingen wahrscheinlich noch mehr als anderswo –, die äußerlichen Zeichen ihrer Krankheit zu verbergen. »Habe ich mich verändert?« fragt sie immer wieder, wenn ihr Vater oder ihre Brüder sie besuchen. Vermutlich hat man die Lücken in ihrem Mund bald verschwinden lassen. Schon damals beschränkte sich die zahnärztliche Kunst nicht auf das Ziehen, man versuchte bereits auszubessern. Dennoch verbreitet sich die Nachricht in Windeseile, denn das Volk ist von den Geheimnissen und Eigenheiten der Kaiserin genauso fasziniert wie von ihrer Schönheit. Und wenn man etwas findet, was das schöne gekrönte Haupt entstellen kann, so läßt man sich das doch nicht entgehen.

Der Vorfall artet schnell in einen Familienstreit aus, dann in einen politischen Konflikt. Zang, der Geschäftsführer der *Presse* ist nämlich ein Freund Maximilians. Franz Joseph duldet nicht, daß man seiner Elisabeth ein Haar krümmt, noch viel weniger einen Zahn, und ereifert sich gegen seinen Bruder, der sich für eine Versöhnung mit seinem Freund ausspricht. Von einem Adjutanten erhält Zang einen Brief, in dem Maximilian ihm erklärt, daß seine Entschuldigungen nicht annehmbar seien, »eine verletzte weibliche Eitelkeit sei im Wege«. Sofort droht der Journalist mit der Veröffentlichung des Briefes. An seinen Bruder schreibt der Kaiser, daß er es nicht zulassen könne, *daß Mitglieder der kaiserlichen Familie und besonders die Kaiserin auf eine ebenso leichtsinnige als pflichtvergessene Art gegenüber einer solchen Canaille wie Zang kompromittiert werden [...] Ich brauch Dich wohl nicht zu versichern, daß sich Sissi um den bewußten Artikel nicht gekümmert hat und daß also hier nicht von weiblicher Eitelkeit, sondern von der gerechten Entrüstung die Rede ist, die der Artikel in mir und in jedem treuen Unterthan erwecken mußte.*

Eine fromme Lüge und ein echter Liebesbeweis! Bei solchen Querelen hält Franz Joseph immer zu seiner Frau, auch wenn er dabei selbst Federn lassen muß. Wenn es um Elisabeth geht, vergißt der Kaiser schnell seine sonst sprichwörtliche Vorsicht und bedauert aufrichtig, daß er nicht wie ein verliebter, einfacher Leutnant den Frevler zum Duell fordern kann.

Eine rebellische Stimmung fegt durch das Land. Vier Wochen später treibt die Presse erneut ihren Spott mit dem Kaiser. Dieses Mal ist es die *Morgen-Post*, die die Monarchen von ihrem hohen Podest herunterholt. Das große Ereignis: Franz Joseph hat sich seinen berühmten Backenbart abrasiert. »Wie man aus

Possenhofen schreibt, fiel des Kaisers Bart aus galanter Zärtlichkeit für die Kaiserin. – Ihre Majestät ließ nämlich die Bemerkung fallen, ›daß der Kaiser früher, bevor er den Backenbart getragen habe, jugendlicher und munterer ausgesehen habe‹.«
Trotz des Zahnmalheurs und der damit verbundenen unerfreulichen Pressegeschichten tut Elisabeth die Kur in Bad Kissingen gut. Possenhofen bewirkt ein übriges für ihre Gesundung. Das österreichische Gefolge läßt sich an den Ufern des Starnberger Sees nieder. Man bezieht Quartier in den Gasthäusern im näheren Umkreis des elterlichen Anwesens. Die Hofdamen versäumen keine Gelegenheit, die von Herzog Max provokativ zur Schau gestellte »Bettelwirtschaft« anzuprangern. Neuerdings gibt sich Ludovika auch nicht mehr viel feiner als ihr Mann. Ihre Töchter bereiten ihr so viele Sorgen, daß sie ihre eigenen guten Manieren vernachlässigt. Die Freude an der mondänen Welt ist ihr vergangen. Im ganzen Haus laufen die Hunde herum, und die Mutter der Kaiserin ist beim herzoglichen Nachtmahl damit beschäftigt, auf ihrem Teller Flöhe zu zerdrücken.
Ihre Tiere sind tatsächlich folgsamer als ihre Kinder. Nach Elisabeth ist es nun die jüngere Schwester, die hübsche Marie, die Heldin von Gaeta, die für Probleme sorgt. In Rom hat sie sich in einen jungen belgischen Grafen verliebt; als Offizier der päpstlichen Garde war er für ihre persönliche Sicherheit verantwortlich. Die kleine Königin von zwanzig Jahren erfährt durch ihn, was ihr die unglückselige Heirat vorenthalten hat. Ex-König Ferdinand, ihr Mann, ist mit einer Phimose geschlagen. Sei es aus Bigotterie oder aus Angst, er denkt immer noch nicht daran, sich operieren zu lassen.
Marie, die jungfräuliche Königin, erwartet ein Kind von ihrem Liebhaber. In diesem Fall ist es schwierig, den legitimen Mann zum Vater zu erklären. Unter dem Vorwand, im Kreise ihrer Familie eine Krankheit auskurieren zu wollen, eilt Marie nach Possenhofen, wo sie ihren Bauch und Kummer verstecken kann. Elisabeth und Mathilde, eine weitere Schwester, werden

in das Geheimnis eingeweiht. Die stillen Zusammenkünfte der drei Komplizinnen werden immer ausgedehnter, zum Verdruß ihrer Umgebung. Man jagt alle zum Teufel, die Gefolgsleute, die Diener und die ganze Legion der Ehrendamen. Apropos Ehre: Offiziell ist Marie leidend. Nähere Angaben werden nicht gemacht. Das ist nur halb gelogen, denn die abgesetzte junge Königin leidet tatsächlich, zwar weniger an einer Krankheit als vielmehr an der Liebe. Es droht der Skandal. Die Gefahr im besetzten Gaeta war wahrscheinlich geringer. Die weinende Marie kniet vor sämtlichen Altären, doch es sind die Arme und der Körper ihres Geliebten, um die sie Gott anfleht, und diese Liebe ist hoffnungslos. Gegen Garibaldis »Zug der Tausend« konnte sie sich allein verteidigen. Um jedoch nach ihren Wünschen leben und mit ihrem Herzen lieben zu können, müßte sie den Kampf gegen die ganze Welt aufnehmen. Ohne Königreich, ohne Mann und ohne Geliebten ist die kleine Königin der Verzweiflung nahe.
Immer wenn die herzogliche Familie in tausend Nöten ist und keiner mehr aus noch ein weiß, wird Dr. Fischer zu Hilfe gerufen. Der alte Arzt kommt und nimmt sich Maries an. Es war Zeit, denn Herzog Max hat es satt, sein Haus in den Hof eines Dreikäsefürsten verwandelt zu sehen. Seine eigenen Verrücktheiten werden von denen seiner Kinder bei weitem übertroffen. Er liebt zwar das Chaos, jedoch nur wenn er dabei im Mittelpunkt steht. Allein seine eigene Originalität weiß er zu schätzen. Das ganze Tohuwabohu hängt ihm zum Halse heraus. Was? Will man ihm sein Possenhofen zerstören? Wie herrlich war doch der Sommer in den anderen Jahren! Zum Sonnenuntergang spielte er auf der Laute, und das dunkle Wasser des Sees glänzte wie Silber. Er ritt seine Pferde ohne Sattel und deklamierte seine Gedichte vor den Symposien fröhlicher Zecher. Doch dieses Jahr stößt er bei jedem Schritt auf eine Gräfin mit Federschmuck, einen Leibwächter oder einen wichtigtuerischen höfischen Ratgeber. Die kleinste Bewegung bringt einen Schwarm von Friseusen in Gang. Eine ganze Dienerschaft steht

sich bei Tisch gegenseitig im Wege. Seine Töchter in ihrem Herzeleid nehmen ihm restlos die Lebensfreude. Dr. Fischer soll sich um Marie kümmern, und alles wird gut werden. »Na ja, solche Sachen passieren nun einmal«, sagt Herzog Max. »Wozu also das Gegacker!«

Seht zu, daß ihr fortkommt, ihr Österreicher, ihr Italiener! In der Sommerfrische will Herzog Max seinen See für sich allein haben, und den Wald teilt er lieber mit anderen süßen Wesen. Am liebsten würde er das ganze Volk kurzerhand vor die Tür setzen. Drei Monate später bringt Marie im Augsburger Ursulinenkloster ein Mädchen zur Welt. Die Entbindung bleibt streng geheim. Das Kind wird dem Vater übergeben, dem jungen Offizier der päpstlichen Garde. Marie will im Kloster bleiben. Auf die inständige Bitte ihres Mannes hin kehrt sie jedoch zu ihm zurück. Überglücklich über die Rückkehr seiner Frau, willigt der Ex-König in die Operation ein und wird durch die späte Beschneidung endlich von seinem Leiden erlöst. Sie werden – nicht gerade glücklich – miteinander leben und Kinder haben. Die hübsche Marie, die Heldin von Gaeta und Königin von Neapel, wird am Arm von Marcel Prousts Baron Charlus unsterblich.

Spielt auf mit Pauken und Trompeten! Der 14. August 1862 ist der Tag der Wiedergeburt. Nach zwei Jahren kehrt Elisabeth in ihr (gutes) Wien zurück. Mit sechshundert Sängern und einem Fackelumzug wird das Ereignis gefeiert. Nicht daß die Kaiserin dies erwartet hätte. Im Gegenteil, Franz Joseph weiß sehr wohl, daß sie Spektakel dieser Art wenig schätzt, aber andererseits glaubt er, daß er nie genug tun kann, um sie bei sich zu behalten und ihre finsteren Launen zu vertreiben. Da die Erzherzogin Sophie voller Taktgefühl in Bad Ischl geblieben ist, hat Elisabeth beim Betreten der Palasträume nach so langer Zeit tatsächlich das Gefühl, nach Hause zurückzukehren.

Das Kaiserpaar richtet sich in Schönbrunn ein. Elisabeth fühlt sich dort weniger eingesperrt als im Gefängnis der Hofburg. Ihre Leidenszeit hat sie stärker gemacht. Noch ist es zu früh zu resignieren. Körper und Geist würden aufbegehren gegen das, was ihnen schlimmer erscheint als der Tod. Aber wenigstens hat Elisabeth begriffen, daß nichts ihr Schicksal aufhalten wird. Sie kann ihm höchstens durch einige Tricks etwas von seiner Härte nehmen und es so erträglicher machen.

Die sechziger Jahre sind Jahre der Schönheit und des Narzißmus. Die Kur in Bad Kissingen und der Aufenthalt in Possenhofen haben ihr gutgetan. Sie ist nicht mehr ganz so dünn, aber immer noch geschmeidig, und ihre Rundungen werden im geschnürten Korsett zusätzlich betont. Doch sobald sie müde wird, meldet sich auch ihre Krankheit wieder. Die beiden äußersten Enden ihres Körpers lösen dann ein Alarmsignal aus. Eine Vene im linken Fuß schwillt an, sobald sie bei der Begrüßung von Gästen oder bei einem Rundgang nach dem

Diner zu lange steht, und ein stechendes Klopfen in der rechten Schläfe kündet ein rasches Fortschreiten ihrer schrecklichen Migräne an. »Doch davon abgesehen, Madame la Marquise, *tout va très bien, tout va très bien.*«

Ihre Gymnastikübungen und ihre ausgedehnten Fußmärsche hat sie wieder aufgenommen. Frühmorgens startet sie zu endlosen Geländeritten. Manchmal findet Franz Joseph die Zeit, sie zu begleiten. Er überschüttet sie mit Geschenken, die er aus seiner Privatkasse bezahlt. Die besten Vollblüter des Reiches stehen in den Ställen der schönen Amazone. Für eine Frau, die man noch vor wenigen Monaten für sterbenskrank hielt, schont sie sich herzlich wenig. Bei offiziellen Anlässen allerdings – sie hat es sich zur Pflicht gemacht, ihnen nicht mehr fernzubleiben –, bekommt sie mitunter Schwindelanfälle. Man sieht, wie sie schwankt, sich wie eine Blinde am Arm ihres Mannes festhält und wieder langsam zu sich kommt. Manchmal ist es auch der Arm eines Bruders. Die jungen Wittelsbacher sind nach Wien gekommen, um ihre große Schwester moralisch zu unterstützen und nicht aus den Augen zu lassen.

Bei seiner Frau, dieser so schwachen und starken Frau, fühlt sich Franz Joseph hin- und hergerissen. Normalerweise orientiert er sich an der Strenge und Unnachgiebigkeit der Paragraphen. Wann immer er seine Augen hebt, verneigen sich die Männer vor ihm, und die Frauen setzen ihr Paradelächeln auf. Überall ist er der Herr. Diese Herrschaft über die anderen und sich selbst zu sichern ist vor allem seine Aufgabe. Die Leidenschaft packte ihn völlig unerwartet. Und während all der Jahre seiner Ehe, in der nur unvorhergesehene Zwischenfälle ein intimes Beisammensein ermöglichten, hat sich diese irrationale Liebe zu seiner Frau noch verstärkt.

Er würde sie und sich gerne gegen ihre Kaprizen schützen. Doch seine Vorsätze sind sinnlos, die Wut hält nie lange an. Um die Flüchtende zu halten, ist er, der Kaiser, zu jedem Zugeständnis bereit. Ist es nicht gerade dieser Starrsinn, dieses

Unbezähmbare, das ihn an ihr am meisten reizt? In einer Welt voller Diener und Scheinheiligen bewegt sie sich wie ein feurig-wildes, widerspenstiges Roß. Wenn er sie nur sieht, ist er bereits hingerissen, und alles, was er gegen sie vorbringen wollte, ist vergessen. Er sucht nicht einmal mehr nach Entschuldigungen für sie. Sollte man ihr nicht eher dafür danken, daß sie so ist, wie sie ist: zuweilen seine Frau; aber immer die Frau, die er liebt?

Selbst bei großen Diners mit den vornehmsten Gästen ist es nur sie, nach der seine Augen suchen. Er ahnt schon von weitem, wie sehr sie sich langweilt. Je größer die Gesellschaft, desto stiller wird sie. Und wenn sie spricht, dann mit einer leisen, kaum hörbaren, kindlichen Stimme. Schüchternheit und die Scheu, ihren Mund zu öffnen und Zähne zu zeigen, mit denen sie nicht zufrieden ist, halten sie zurück. Sie lebt in der ständigen Angst, daß die anderen von ihr enttäuscht sein könnten, so als ob sie überhaupt nicht spürt, daß sie es ist, die die anderen durch ihre Gegenwart, ihren intensiven Blick und ihre anmutigen Gesten verunsichert. Aber trotz dieser Befangenheit beweist sie nicht selten eine Ungeniertheit, die ihre Schwiegermutter bestürzt und ihren Mann amüsiert. Sie bringt es fertig, die in edlen Kristallgläsern aus Böhmen servierten besten französischen Weine auszuschlagen und statt dessen nach einem Schoppen Bier zu verlangen. Zur Ehre ihres bayrischen Heimatlandes leert sie ihn bis auf den letzten Tropfen und genießt den Geschmack und die Frische. Wenn sie in der Hofburg ihre Turngeräte an der Decke befestigen läßt und ihre Hundemeute über die kostbaren Teppiche jagt, kümmert sie sich wenig um die Meinung ihrer Umgebung.

Franz Joseph, dessen Wort überall den Ausschlag gibt, hat es gelernt, seiner Frau in ihren Entscheidungen freie Hand zu lassen. Er hat vor allem gelernt, auf sie zu warten. Immer wenn er glaubt, sie verloren zu haben, kehrt sie beruhigt und vertrauensvoll zurück. Er kann den raschen Wechsel ihrer Stimmungen nicht begreifen, aber inzwischen findet er sich damit ab. Er

ist ihr gegenüber von einer Unterwürfigkeit, die zwar seiner Liebe, aber nicht dem Protokoll entspricht.
Zugegeben, er konnte den Körper seiner Frau nicht wecken, aber wie viele Männer – vor allem in dieser Zeit – beklagt er sich nicht allzu sehr darüber. Eine ehrliche Frau hat keine Gelüste. Trost findet sich überall, auch wenn der eifersüchtige Ehemann sich dessen nicht immer bewußt ist. Bietet ihm seine Frau, sein eigen, denn nicht einen einzigartigen Genuß? Warum zum Teufel sollte sie woanders suchen, was sie gar nicht kennt?
Natürlich haben Franz Joseph und Elisabeth wieder eine gewisse Nähe zueinander. Ihr gemeinsames Schlafzimmer in Schönbrunn ist ein Zeichen dafür. An allen anderen europäischen Höfen schlafen die fürstlichen Paare getrennt. Elisabeth gibt sich freilich oft reserviert. In ihrem Widerstand wird sie von Dr. Fischer unterstützt. Die Gesundheit der Kaiserin sei noch zu anfällig, als daß man an einen kleinen Bruder für Rudolf denken könnte. Und natürlich ist es schwer für sie, das Leben eines »normalen« Paares zu führen. Aber trotzdem, wenn der riesige Palast zur Ruhe kommt und die beiden nebeneinander liegen, kommt es vor, daß sich jedes Gefühl von Schwere löst und sie vergessen, wo und wer sie sind.
Die Liebe ihres Mannes gibt Elisabeth zwar Kraft, aber sie fürchtet, dieser Leidenschaft nicht gewachsen zu sein und eine Verehrung in diesem Ausmaß nicht zu verdienen. Es ist das alte, nicht zu erstickende Schuldgefühl, das sie an ihre Fehler erinnert, immer nur mit dem Schlimmsten droht und den Körper zerstört, weil der Geist krank ist: Wittelsbach. In solchen Augenblicken fühlt sich Elisabeth mehr denn je als eine Wittelsbacherin; die Sünde der Vorfahren wird ihr zur inneren Qual.

Am 10. März erfährt Elisabeth vom Tod des bayerischen Königs Maximilian. Obwohl sie seit ihrer Heirat Österreicherin ist, hat sie immer eine starke Bindung zur bayerischen

Dynastie, zu ihrer Familie und ihrem Land bewahrt. Nach Maximilian besteigt sein Sohn Ludwig den Thron. Er ist neunzehn Jahre alt. Franz Joseph ist in Sorge. Er fürchtet die mangelnde Erfahrung des jungen Fürsten. Und um sich gegen die Ambitionen Preußens und seines Kanzlers Bismarck wehren zu können, ist Österreich mehr denn je auf seine Allianz mit Bayern angewiesen.

Österreich hat sich an Preußens Seite auf einen Krieg gegen Dänemark einlassen müssen. Die beiden Großmächte streiten mit dem kleinen Land um zwei seiner Herzogtümer: Schleswig und Holstein. Wer ist im Unrecht? Wer im Recht? Die Erbregelungen der beiden Herzogtümer sind so kompliziert, daß beide Parteien sie zu ihren Gunsten auslegen. Lord Palmerston, der englische Premierminister, sieht die Situation klar und deutlich: »Es gibt nur einen, der davon etwas verstanden hat, er war verrückt und ist daran gestorben.«

Bismarck hingegen ist alles andere als verrückt. Er hat großes Interesse an den beiden Herzogtümern, denn sie bedeuten für ihn einen Machtzuwachs nördlich der Elbe. Außerdem ist die Bevölkerung der beiden Länder zum großen Teil deutsch. Um seine Allianz mit Preußen nicht aufs Spiel zu setzen, läßt sich Franz Joseph in den Konflikt hineinziehen.

Dänemark leistet mutigen Widerstand. Aber was kann es gegen zwei übermächtige Feinde ausrichten? Es wird vernichtend geschlagen. Seitdem hegen die Dänen ein berechtigtes Mißtrauen gegenüber Deutschland. Andere, noch schlimmere Kriege werden dieses Gefühl noch verstärken. Wenn das mutige Dänemark in der Gegenwart gezögert hat, sich völlig auf die Europäische Gemeinschaft einzulassen, sind die Gründe dafür in seiner Vergangenheit zu suchen. Vom schleswig-holsteinischen Krieg bis zur Hitlerinvasion, Deutschland ist nicht gerade ein ruhiger Nachbar gewesen.

Eine preußisch-österreichische Gesamthoheit über Schleswig und Holstein ist das Ergebnis des Konfliktes. Ein neuer Krieg mit Toten und Verwundeten – fünf Jahre nach Solferino muß

Elisabeth ein zweites Mal auf Schloß Laxenburg ein Lazarett einrichten –, ein Krieg, von dem ganz offensichtlich Preußen profitiert. Für Österreich ist die wilde Heidelandschaft ohne jedes Interesse. Im Kriegsfall kann Preußen sofort seine Armeen schicken, für Österreich hingegen ist die Entfernung von großem Nachteil. Bismarck will eine deutsche Einheit, von der Preußen profitiert. Der Krieg gegen Dänemark ist sein erster genialer Streich.

Franz Joseph spürt die Bedrohung und sucht deshalb Unterstützung bei Bayerns jungem König Ludwig II. Auch er ist ein Wittelsbacher, doch Elisabeth kennt ihren entfernten Vetter kaum. Er ist acht Jahre jünger als sie und war noch ein Kind, als sie aus München fortging. Während ihrer Sommerkur in Bad Kissingen sollte sie auf Wunsch des Kaisers in freundschaftliche Beziehung zu ihrem königlichen Vetter treten und ihn so für einen Fortbestand des katholischen Bündnisses zwischen Bayern und Österreich gewinnen.

Das Frühjahr 1864 steht auch im Zeichen der Abreise von Erzherzog Maximilian und seiner Frau Charlotte nach Mexiko. Maximilian war lange unschlüssig, ob er sich auf dieses verrückte Abenteuer einlassen sollte. Franz Joseph und seine Mutter stehen der Initiative mit Napoleon III. als Drahtzieher mißtrauisch gegenüber. Der Kaiser von Österreich knüpft an die Zusage seines Bruders eine drakonische Bedingung: den Verzicht auf den Titel des Erzherzogs und auf sämtliche Ansprüche an die Krone. Um die Verhandlungen mit seinem Bruder persönlich zu führen, reist Franz Joseph nach Miramar. Während des Treffens werden alte Rechnungen beglichen. Die beiden Brüder legen ihre Masken ab.

Für Franz Joseph ist der Liberalismus, den sein jüngerer Bruder propagiert, ein rotes Tuch. In Ungarn, Böhmen und vor allem in Italien bedroht er den Zusammenhalt des Reiches. Außerdem bezichtigt der Kaiser seinen Bruder der Falschheit. Mit seinen reformistischen Ideen wolle er sich nur interessant machen und sich der Öffentlichkeit als möglichen Thronfolger präsentieren.

Der Kaiser hat nicht vergessen, daß bei seiner Rückkehr aus Solferino vereinzelte Stimmen in der Menge seinen Rücktritt forderten, und ebenso wenig, daß in der Diskussion um einen möglichen Nachfolger mehrmals der Name seines Bruders fiel. Dies hat die Rivalität zwischen den beiden Brüdern verschärft. Auch Maximilian wartet mit schweren Vorwürfen auf. Franz Joseph habe ihm den Oberbefehl über die Lombardei und Venetien übertragen, um das Amt just im Moment des Kriegsausbruchs wieder zu nehmen. Als ob er ihn für unfähig halte, eine militärische Operation zu führen. Und wenn schon von Italien die Rede ist: Um die österreichische Vorherrschaft über dieses Land zu sichern, wären Reformen notwendig gewesen. Franz Joseph habe hingegen alle Initiativen seines Bruders verworfen und ihm anschließend die mäßigen Ergebnisse vorgehalten. Habe er ihn nicht sofort nach seiner Rückkehr aus Solferino zur Untätigkeit verurteilt und sozusagen auf sein Schloß bei Triest verbannt? Würde er ihm nicht, wenn er es könnte, noch vorhalten, daß er trotz seiner geringeren Stellung als Zweitgeborener und trotz seiner mit der habsburgischen Tradition wenig konformen politischen Meinung das Lieblingskind und der Augapfel der Mutter ist?
Während zwischen Wien und Miramar der Streit tobt und sich ihre beiden Söhne erbittert in den Haaren liegen, verkriecht sich die Erzherzogin Sophie in Laxenburg. Die sonst so kampfbereite Frau ist zwischen den beiden Söhnen hin- und hergerissen. Napoleon III. ist für sie die Inkarnation des Bösen. Ihr Maximilian riskiert Kopf und Kragen, wenn er sich mit diesem niederträchtigen Menschen einläßt. Franz Joseph tut gut daran, von seinem Bruder den Verzicht auf alle Rechte zu fordern. Man darf das Reich nicht in dieses absurde Abenteuer hineinziehen. Aber was wird aus ihrem Max in diesem Land der Wilden? Lohnt es sich, für diesen Thron am Ende der Welt seine Vergangenheit, seine Familie und seine Mutter zu opfern? Vielleicht auch sein Leben? Aus Angst, mit diesem Gedanken ihrem Lieblingssohn Unheil zu bringen, bekreuzigt sich die Erzherzogin.

Die Warnungen fruchten nichts. Charlotte, Maximilians Frau, besitzt Ehrgeiz für zwei. Sie will einen Thron. Er kostet seinen Preis, einen hohen Preis.

Zunächst in Possenhofen, dann in Bad Kissingen, wo die Fürsten Europas sich gesund plaudern, trifft sich Elisabeth fast täglich mit ihrem Vetter, König Ludwig II. von Bayern. Sie sind einander sofort zugetan, jeder ist von der Schönheit und dem seltsamen Wesen des anderen fasziniert. Entfernte Verwandte, die ihre Nähe entdecken. Sie begegnen einander mit einem Wohlwollen, das auch durch ihr Flirten nicht verlorengeht. Ludwig II. hat eine Vorliebe für junge Männer, die er sich aber selbst noch nicht eingesteht. Trotzdem ist er der Schönheit in all ihren Erscheinungsformen zugetan. Die Anmut und stolze Haltung, das zauberhafte Haar und die ungewöhnliche Sensibilität seiner Kusine haben es ihm angetan.
Der junge König steht in seiner ersten Blüte. Schön und sanft wie ein Engel von Raffael. Die dunklen Augen seines äußerst feinen Gesichtes scheinen das, worauf sie ruhen, nicht zu sehen. Diese geistige Abwesenheit, durch seine abrupten Bewegungen und seine krankhafte Scheu noch unterstrichen, macht seine himmlische Erscheinung wunderlich und einzigartig. Er mißt einen Meter neunzig und hat, wie seine Kusine, einen durch ausgiebiges Reiten, Schwimmen und Gehen wohlgeformten Körper. Seine außergewöhnliche Schönheit macht ihn sowohl stolz als auch unbeholfen. Er fühlt sich allein. In der Tat unterscheidet er sich sehr von seiner Umgebung, so sehr und so offensichtlich, daß die Neugierde aller auf ihn gerichtet ist. Er ist von seinem eigenen Bild gefangen und wünscht es sich vollkommen. Jeder kleinste Schönheitsfehler wird aufgespürt, und in seinem Wahn wird jede noch so minimale Unvollkommenheit zu einer seine ganze Harmonie zerstörenden Mißbildung, zu einem Fehler im Herzen des Diamanten. Seine Ohren etwa liegen ihm nicht eng genug an. Er versucht sie unter Locken zu verstecken, die Aufgabe eines geschickten Friseurs. Er könne

nicht einmal das kleinste Mahl genießen, wenn seine Haare nicht frisiert sind, meint der König.
In der Kaiserin sieht er sein Spiegelbild, sein weibliches, veredeltes Abbild. Die beiden Narzisse brauchen sich nun nicht mehr über ihr Bild auf dem Wasser des Starnberger Sees zu beugen. Ununterbrochen sieht der eine im anderen den Zwillingspart seiner eigenen Schönheit.
Zusammen hängen sie ihren Träumen nach. Sie spricht von Shakespeare und Heine, er antwortet mit Wagner. Die Elfenkönigin Titania trifft auf Lohengrin. Sie spielen wie Kinder miteinander, auch wenn die Unglücklichen sehr wohl wissen, daß ihre Kindheit weit zurückliegt. Doch zumindest die Erinnerung an sie wollen sie sich bewahren.
Drei Monate zuvor hatte Ludwig nach Wagner fahnden lassen. Es war die erste Amtshandlung des jungen Königs. Für den Musiker kam dies im richtigen Moment. Der fünfzigjährige Wagner schleppt sich ohne Frau und ohne Geld von Mißerfolg zu Mißerfolg. An der Wiener Oper hatten die Proben zum *Tristan* bereits begonnen, doch noch vor der Premiere wird das Musikdrama abgesetzt. Auch sein Pariser Aufenthalt endet mit einem Desaster: Sein *Tannhäuser* kann sich gegen die Intrigen der Pariser Abonnenten nicht durchsetzen. Wagners Lage ist zum Verzweifeln, er sucht einen Mäzen. Die Götter Walhalls erhören ihn, und es gelingt dem bayerischen Königsboten, den flüchtenden Musiker ausfindig zu machen. Er überreicht ihm die Einladung des Königs, zusammen mit einem großen, dunkelroten Rubin und einem Porträt des Königs. Überglücklich eilt Wagner nach Bayern, um sich dem jungen König, der schön wie ein Engel ist und reich wie Krösus, zu Füßen zu werfen.
Es ist Liebe auf den ersten Blick. Ludwig II. bringt Wagner in einer luxuriösen Villa unter, und der Reigen der Lieferanten beginnt. Wenig später kommt Cosima nach. Die Tochter von Liszt ist mit dem Dirigenten von Bülow verheiratet, angeblich der einzige, der den *Tristan* entziffern kann. Ludwig ahnt nicht, daß Cosima seit einigen Monaten die Geliebte Wagners ist.

Die Großzügigkeit des Königs kennt keine Grenzen. Einzige Bedingung: Der Komponist hat sich Tag und Nacht zur Verfügung zu halten. Auf den leisesten Wink seines Mäzens muß er diesen auf seinen Spaziergängen begleiten, seine Worte mit Rede oder Gesang erwidern, für sie beide allein im Mondschein spielen oder in der Dämmerung zur mitten im Starnberger See gelegenen Roseninsel rudern. Wagner ist der dekadenten bayerischen Idylle sehr schnell überdrüssig und läßt sich seine Dienste immer teurer bezahlen. Das Genie hat seinen Preis. Doch Ludwig kümmert das wenig. Er achtet weder auf seine privaten noch auf die öffentlichen Gelder. Sein Traum soll nie enden. Mein Königreich für eine Note des göttlichen Richard!
Zu Beginn des nächsten Jahres trifft Elisabeth in München erneut mit ihrem Vetter zusammen. In der Stadt wundert man sich bereits über die seltsamen Eigenarten des Königs. Er erfreut sich jedoch nach wie vor einer unglaublichen Beliebtheit. Trotz vieler Gerüchte – und Tatsachen – bleibt ihm diese lange erhalten. Ohne eigentlich kritisieren zu wollen, findet man allerdings doch, daß Wagner den Staat allzu teuer zu stehen kommt. Auch seine Liaison mit Cosima und die Gutmütigkeit ihres Mannes bieten den Münchnern reichen Gesprächsstoff.
Mit ihrer natürlichen Autorität stellt Elisabeth ihren Vetter zur Rede. Es läßt sich nicht leugnen, daß Wagner seine Forderungen allmählich übertreibt. Wie ein kleiner Junge hört Ludwig ihr zu. Er sagt ja und denkt nein. Sie empfindet eine ungeheure Zärtlichkeit für ihn. Was verbirgt sich hinter diesem Blick, der nirgends verweilt? Was ist eigentlich an Verrücktheiten so anziehend? Kann man sich denn einfach so gehenlassen? Auf ihren offiziellen Reisen besucht Elisabeth mit Vorliebe Irrenanstalten. Die Damen ihres Gefolges wenden sich mit Grausen ab, also eine wunderbare Möglichkeit, sie loszuwerden. Sie liebt das Zwiegespräch mit den Kranken. Sobald sie an einem Bett sitzt, kommen die Worte von allein, sie braucht sie nicht mehr zu suchen. Eine aufrichtige Unterhaltung wird vor einem

Spiegel geführt, es ist der Spiegel der Verrücktheit, der ihrer Meinung nach gar nicht so sehr entstellt. »Haben Sie nicht bemerkt«, gesteht sie am Ende ihres Lebens, »daß bei Shakespeare die Wahnsinnigen die einzigen Verständigen sind?«

Trotzdem versucht Elisabeth, sich im Leben nicht vom Rausch des Irrationalen mitreißen zu lassen und der Verrücktheit nicht mehr Raum zu geben, als gut ist. Im Augenblick ist es Rudolf, der ihr Sorgen macht. Gisela ist bereits ein robustes, lustiges Mädchen, der kleine Junge hingegen wird immer nervöser, labiler und schwächlicher. Seine Wutausbrüche nehmen zu.

Die Kaiserin war von Anfang an zur Seite gedrängt worden. Erzherzogin Sophie wußte die Krankheiten und Reisen ihrer Schwiegertochter gut zu nützen, der Erbprinz ist fest in ihrer Hand. Zum Erzieher des kleinen Prinzen bestimmte sie einen ihrer Günstlinge, den Oberst Leopold von Gondrecourt. Eine zur Schau gestellte Frömmelei und etwas militärische Erfahrung im dänischen Krieg sind seine einzigen pädagogischen Vorzüge. Mit seiner Scheinheiligkeit – man nennt ihn den »Kreuzschlucker« – gewann er das Vertrauen der Erzherzogin. Es ist erstaunlich, daß die intelligente Frau, so besorgt sie auch um das Wohl und die Zukunft ihres Enkels sein mag, sich keine Gedanken darüber macht, wie das höchst sensible Kind auf Gondrecourts Unterricht reagiert. Die Großmutter spricht zwar immer wieder von Rudolfs außergewöhnlicher Intelligenz – was wahr ist, denn der Fünfjährige kann sich schon in vier Sprachen verständlich machen: auf deutsch, ungarisch, tschechisch und französisch –, bemerkt aber nicht, wie ihr Enkel bereits beim leisesten Geräusch wie ein gehetztes Tier zusammenfährt. Sie will seine Schreie und Zornausbrüche nicht als Hilferufe begreifen.

Lange Zeit hat Elisabeth es nicht gewagt, ihren Sohn zurückzufordern. Wegen ihrer häufigen Abwesenheit und der traurigen Erinnerung an die kleine Sophie fühlte sie sich in der Position des Schwächeren. Langsam glaubte sie selbst an ihre Unsicherheit. Doch mit Rudolfs Hilflosigkeit vor Augen wagt sie einen neuen Vorstoß. Der Augenblick ist günstig, denn nie war ihr Einfluß auf den Kaiser größer. In ihrem Tagebuch schreibt die von einem weiteren Enkel träumende Erzherzogin über Franzi: *Und ein Wort … gab mir, Gott sei deshalb tausendmal gelobt, fast die Gewißheit, daß sich Sissi endlich mit ihm von neuem vereinigt hat.*

Die Kaiserin informiert sich und stößt dabei auf sonderbare Geschichten. Um seine militärischen Fähigkeiten zu fördern, hat der Erzieher das Kind von seiner geliebten Schwester getrennt. Unbeirrt hält er an dem Ziel fest, durch strenge Zucht den sensiblen, bereits viel zu empfindsamen und fragilen Jungen abzuhärten. Beim geringsten Trotz werden ihm eiskalte Duschen verordnet. Nach Einbruch der Dunkelheit sperrt ihn Gondrecourt in den Lainzer Tierpark bei Schönbrunn und schreit, um den Sechsjährigen noch mehr zu erschrecken: »Ein Wildschwein! Ein Wildschwein!« Gondrecourt wartet ab, bis Rudolf von brüllendem Geheul völlig erschöpft ist, erst dann befreit er ihn.

Zur Entlastung des Wüterichs ist zu sagen, daß solche Methoden in einer Zeit, in der man nur die Zucht durch Grausamkeit oder gar Bosheit kannte, gang und gäbe waren. Dies und noch weitaus Schlimmeres beschreibt Robert Musil in *Verwirrungen des Zöglings Törleß*. Aber Rudolf hat nicht das Alter von Törleß, er ist kein Jugendlicher, sondern sechs Jahre alt, und wie alle Kinder seines Alters wagt er es nicht, sich über die ihm auferlegten Qualen zu beklagen. Glücklicherweise erkundigt sich die Mutter bei denen, die den kleinen Prinzen wirklich lieben: bei Joseph Latour, einem Untergebenen Gondrecourts, und dem alten Kindermädchen, das sich um den Säugling Rudolf gekümmert hatte. Mit Tränen in den Augen berichten ihr die beiden eigenartige Dinge.

Jahre später erzählt Elisabeth ihrer Freundin Marie Festetics, wie sie sofort den Kaiser einschaltete: »Er konnte sich nicht entschließen, gegen den Willen seiner Mutter Stellung zu nehmen – ich griff zum Äußersten und sagte, ich könnte das nicht mit ansehen. Eines müsse geschehen! Entweder geht Gondrecourt oder ich!«

Ein Brief an Franz Joseph zeigt, daß es sich um einen wahren Kraftakt handelte, um den endgültigen Sieg Elisabeths über die Erzherzogin. *Ich wünsche, daß mir vorbehalten bleibe unumschränkte Vollmacht in Allem, was die Kinder betrifft, die Wahl ihrer Umgebung, den Ort ihres Aufenthaltes, die complette Leitung ihrer Erziehung, mit einem Wort, alles bleibt mir ganz allein zu bestimmen, bis zum Moment der Volljährigkeit. Ferner wünsche ich, daß, was immer meine persönlichen Angelegenheiten betrifft, wie unter anderem die Wahl meiner Umgebung, den Ort meines Aufenthaltes, alle Anordnungen im Haus p.p. mir allein zu bestimmen vorbehalten bleibt. Elisabeth. Ischl, 27. August 1865.* Besser hätte man es nicht formulieren können. Der Brief reifte in zwölf langen Jahren, nahezu Tag für Tag, seit der Verlobung in demselben Ischl. So viel Zeit brauchte es, damit aus der kleinen Sissi eine »wahre Kaiserin« wurde. Daß der Kaiser sich dem Willen seiner Frau beugte, braucht man wohl nicht zu erwähnen. Über solch ein Ultimatum wird nicht diskutiert.

Der geneigte Leser wird Elisabeth sicherlich bereits lieben – »es ist nicht möglich, sie nicht zu lieben«, gestand die zukünftige Königin von Preußen einem Vertrauten. Eine allzu ausführliche Auflistung all dessen, was über die Schönheit dieser Frau gesagt und geschrieben wurde, könnte ihn deshalb nur verdrießen. Ob Kaiser, Prinz, Sultan, Ratgeber, Herzog oder die ganze Kohorte der weniger erlauchten, aber um so entzückteren Herrschaften, jeder äußert sich zu ihrer Schönheit, und zwar nicht nur mit Komplimenten, was ja durchaus liebenswürdig und angebracht ist, sondern mit einer ins Detail gehenden, begeisterten Beschreibung. Selbst die Frauen schwärmen von ihr, was nun wirklich außergewöhnlich ist. Sobald es ihnen gegönnt ist, Elisabeth zu sehen, sie mit ihren eigenen Augen zu betrachten, halten sie sich nicht mehr an die nüchterne Objektivität und das Vokabular einer Fachfrau in Sachen Schönheit, nein, sie erliegen ihrem Charme. Sie schwärmen von den Haaren und der Haltung, dem Hals und den Schultern. Von ihrer schlanken Taille und dem hübschen, runden Kleidausschnitt. Vom traurigen Schimmer ihrer goldbraunen Augen. Von ihrer Haut so zart wie Seide, der anmutigen Ausstrahlung, ihrem hellen, aber matten Teint. Es sieht so aus, als ob das Licht sie mit Freude streichle. Nicht zu vergessen ihre deutlich sichtbare Zartheit, die selbst den strengsten Richter gnädig stimmt und sie vom sündhaften Stolz freispricht. Auch er verzeiht ihr die Fülle der Trümpfe. Lieber Leser, denk an das Bezauberndste bei einer Frau, und du näherst dich der Wahrheit!

Alle Verehrer – und Verehrerinnen – betonen, daß sie in Wirklichkeit noch schöner ist als auf ihren Porträts. Trotzdem nehmen in den sechziger Jahren, als der Stern fast seinen Höhepunkt erreicht, die Bildnisse der Kaiserin stark zu. Man findet alle möglichen Formen, vom Heiligenbildchen bis zur Ikone, von der Schmiererei bis zum Hofporträt.

Der Maler Franz Winterhalter, dessen Pinselstrich in den Fürstenhäusern sehr geschätzt wird – in Karlsruhe genauso wie in Paris oder bei Königin Viktoria in London –, bekommt eine Einladung nach Wien. Er malt das offizielle Porträt, Elisabeth als Elfenkönigin. Ihr Haar und ihr Kleid aus weißer Gaze sind mit Sternen übersät. Ihre Erscheinung ist bewußt romantisch gehalten, sie lächelt und ist traurig zugleich. Er malt noch zwei weitere, weniger bekannte Porträts von ihr, auf ihnen wird die Kaiserin von der Frau verdrängt. Das erste zeigt eine unter Spitzen hervorschauende weiße Schulter. Die Haare fallen in dunklen, kupferfarbenen Locken bis unter die Hüften. Rudolfs Vorliebe für diesen fliegenden Teppich wird nur allzu verständlich. Kaum ist das Bild beendet, wird es sofort vom eifersüchtigen Kaiser beschlagnahmt und in seinem Arbeitszimmer in der Hofburg aufgehängt. Dort verbringt er einen Großteil seiner Zeit. »Endlich ein Porträt, das ihr wirklich ähnlich sieht«, urteilt der verliebte Mann.

Das zweite der beiden intimen Bilder zeigt Elisabeth in einem leichten Negligé, einem Morgenmantel. Ihr Gorgonenhaar liegt wirr ineinander verschlungen auf ihrer Brust.

In die sechziger Jahre fallen auch die Anfänge der Fotografie. Daß Elisabeth im Winter 1862 in Venedig ihr Album der Schönheiten begann, wurde bereits erwähnt. Für den österreichischen Teil ihrer Sammlung hatte sie den Schwager Ludwig Viktor gebeten, ihr Angerers schönste Frauenfotos zu besorgen. An Angerer mit seinen Stativkameras kommt in Wien niemand mehr vorbei.

Jetzt, da Gesicht und Körper nicht mehr von der Krankheit gezeichnet sind und die Spiegel ein günstigeres Urteil abgeben, muß sie sich einem anderen Blick stellen, einem objektiven Blick, der sich weder durch Rang noch Titel beeindrucken läßt. Angerer gibt sein Debüt am kaiserlichen Hofe. Die meisten Fotografien Elisabeths stammen aus dieser Zeit und sind von Angerer signiert.

Die Kamera ist eine Zauberkiste, vor der man stillstehen muß, starr wie eine Salzsäure. Für einen so unruhigen Geist wie Elisabeth eine Tortur. Man weiß noch recht wenig vom Licht und den Tricks, die aus diesem entweder einen Verbündeten oder einen Feind machen. Auch die Kosmetik ist noch nicht auf die neue Technik eingestellt. Elisabeth schminkt sich übrigens recht wenig. Ihre feine und straffe Haut, die Gymnastikübungen und ihre Vorliebe für alles Natürliche bewahren sie vor Falten. Im Gegensatz zu ihrem Vetter Ludwig II. kann sie zu penetrante Parfüms nicht leiden. In Possenhofen beklagt sie sich beim Bayernkönig, daß sein Zypernparfüm einen noch stärkeren Geruch verströme als die Weißdornblüte.

Die fotografischen Grundregeln sind noch unbekannt. Man sucht und probiert. Schnell zeigt sich, daß flach einfallendes Licht entstellen kann, eine gute Beleuchtung hingegen eine Schönheit hervorhebt, die man bisher im Gesicht nicht wahrgenommen hat. Die Kaiserin läßt sich auf dieses neue Spiel ein,

ohne zu ahnen, wie fotogen sie mit ihren feinen und regelmäßigen Gesichtszügen ist.
Jedesmal, wenn Angerer mit zitternden Händen die Ergebnisse präsentiert, erschrickt das vornehme Modell. Das bin ich? Von diesem Gesicht und dieser Figur schwärmt man so? Schmeichelt man da nicht zu sehr? Ich bin verraten worden. Aber von wem? Von der Kamera? Oder eher von meiner äußeren Erscheinung, die so wenig von dem wiedergibt, wie ich wirklich bin? Hätte eine andere Sammlerin mich in ihr Album der Schönheiten aufgenommen? Die narzißtische Beschäftigung hat wenigstens einen Vorteil: Sie hält die Zeit an und bannt sie auf die Platte.
Die Kaiserin nimmt die Fotografien immer wieder zur Hand, und allmählich schafft sie es, ihr Bild zu zähmen. Als der erste Schreck überwunden ist, führt sie andere Gefährten in das Spiel ein: ihren Hund Shadow oder ihren Lieblingsbruder, den jüngeren Karl Theodor. Franz Joseph und Elisabeth sind allerdings auf keinem Foto vereint. Diese narzißtischen Übungen gehören offenbar zu einem Bereich, der der Kaiserin vorbehalten ist.

Zur gleichen Zeit tritt eine andere Angerer, ohne verwandtschaftliche Beziehung zum Fotografen, in Elisabeths Leben und gewinnt ihr Vertrauen. Fanny Angerer ist Friseuse am Theater der Hofburg, dem Burgtheater. Es ist die Nummer eins unter den Bühnen von Wien. Der Kaiserin haben die Frisuren der Schauspielerinnen gefallen, und da sie mit ihren eigenen Haaren auch einen Kult betreibt, versucht sie also, das Mädchen dazu zu überreden, die Locken der zweifelsohne renommierten Diven – Elisabeth versäumt keine von deren Vorstellungen – aufzugeben und sich statt dessen ihrer Haarpracht anzunehmen. Die Presse bekommt Wind von diesen Machenschaften und macht aus der Anstellung der Friseuse eine Staatsaffäre.
Fanny läßt sich von der Kaiserin und der traumhaften Entlohnung, die sie ihr bietet, verführen. Mit ihrer Kunst und

Geschicklichkeit verschafft sie sich am Hofe eine begehrte Stellung. Was ursprünglich nur ein einträgliches Geschäft war, macht sie zu einer ehrenhaften Aufgabe.
Durch Fanny Angerer wird die berühmte Haarkrone noch schöner. Überall versucht man Elisabeths Frisur nachzuahmen, allerdings mit wenig Erfolg, denn das Haar muß kräftig, dicht und gesund sein.
Alle drei Wochen werden die Haare gewaschen. Die Zusammensetzung der dafür benutzten Schaummischung wird als Geheimnis gehütet. Fanny wird wohl wie unsere Großmütter Eier und Kognak unter die Zauberlösung gerührt haben. Das Trocknen der Haare nimmt einen Großteil des Tages in Anspruch. Elisabeth liest währenddessen und folgt dem Unterricht eines Lehrers. »Haare sah ich«, schreibt ihr Griechischlehrer Christomanos, »Haare wie Wellen, den Boden erreichend und sich auf ihn niederlegend und weiterhin fließend: vom Haupt, dessen zarte anmutige Form und reine vollendete Linie sie ungetrübt offenbarten […] flossen sie herab über den weißen Mantel von Spitzen, der ihre Schultern bedeckte, ohne je zu verfließen.«
Jeden Tag dauert es drei Stunden, um diese Fülle von Haar zu ordnen und zu frisieren und die Zöpfe zu befestigen. »Ich bin eine Sklavin meiner Haare«, gesteht die Kaiserin. Man benötigt nicht viel Phantasie, um sich vorzustellen, wieviel Macht und Einfluß eine unbestrittene Meisterin wie Fanny Angerer unter solchen Voraussetzungen haben kann. Kurz nach dem Antritt ihrer Dienste bei Elisabeth verliebt sie sich in den Bankangestellten Hugo Feifalik. Den Bestimmungen nach dürfte sie als verheiratete Frau nicht bei der Kaiserin bleiben. Auf ausdrücklichen Wunsch seiner Frau stimmt Franz Joseph einer Ausnahmeregelung zu: Fanny darf ihren Hugo heiraten. Dieser wird außerdem Privatsekretär der Kaiserin und anschließend ihr Reiseintendant (eine überaus wichtige Aufgabe in den kommenden Jahren). Das ist noch nicht das Ende seiner Laufbahn. Denn später wird er zum

Hofrat ernannt und in den Ritterstand erhoben. Fanny wird, wie Shadow, ihre Meisterin nie mehr verlassen, aber die clevere Friseuse kümmert sich durchaus auch um ihre eigenen Interessen und versteht es dabei sehr wohl, sich die Gunst der Kaiserin zu erhalten.
Mit sehr viel Poesie beschreibt Christomanos die tägliche Frisierzeremonie: »Hinter dem Sessel der Kaiserin stand die Friseuse in schwarzem Kleide mit langer Schleppe, eine weiße spinnewebene Schürze sich vorgebunden [...] Mit weißen Händen wühlte sie in den Wellen der Haare, hob sie dann in die Höhe, und tastete darüber wie über Samt und Seide, wickelte sie um die Arme wie Bäche, die sie auffangen möchte, weil sie nicht rinnen wollten, sondern fortfliegen, teilte die einzelne Welle mit einem Kamm aus goldgelbem Bernstein in mehrere und trennte dann jede von diesen in unzählige Fäden, die im Sonnenlicht wie golden wurden, [...] flocht diese Wellen zu kunstvollen Geflechten, die in zwei schwere Zauberschlangen sich wandelten, hob die Schlangen empor und ringelte sie um das Haupt und band daraus, mit Seidenfäden dieselben durchwirkend, eine herrliche Krone [...] Dann brachte sie auf einer silbernen Schüssel die toten Haare der Herrin zum Anblick, und die Blicke der Herrin und jene der Dienerin kreuzten sich eine Sekunde – leisen Vorwurf bei der Herrin enthaltend, Schuld und Reue der Dienerin kündend. Dann wurde der weiße Mantel aus Spitzen von den fallenden Schultern gehoben, und die schwarze Kaiserin entstieg gleich einer göttlichen Statue der bergenden Hülle. Die Herrscherin neigte dann den Kopf – die Dienerin versank in den Boden leise flüsternd: ›Zu Füßen Euerer Majestät ich mich lege‹ – und so ward die heilige Handlung vollendet.«
Christomanos liebt nicht gerade das Schlichte und Einfache. In seiner abgöttischen Verehrung umgibt er die Kaiserin mit einem Nimbus voller Glanz und Pracht. Sein Bericht zeugt von der dünnen Luft in den höheren Sphären der Hofburg. Dort ist es schwierig, schwindelfrei zu bleiben.

II

Wenn ich den Namen Ungarn hör'
Wird mir das deutsche Wams zu enge,
Es braust darunter wie ein Meer,
Mir ist, als grüßten mich Trompetenklänge!

Es klirrt mir wieder im Gemüt
Die Heldensage, längst verklungen.
Das eisern wilde Kämpenlied –
Das Lied vom Untergang der Nibelungen.

Heinrich Heine, *Im Oktober 1849*

Eljen Erzsébet! Éljen Erzsébet! Es lebe Elisabeth! Elisabeth lebe hoch! Wieviel Zeit, Liebe, Geduld und Opfer waren notwendig, bis dieser begeisterte Jubelruf erklang? Am 8. Juni 1867 wird Franz Joseph in der Matthiaskirche von Buda zum ungarischen König Ferenc József gekrönt. Aber es ist der persönliche und politische Triumph Erzsébets. Die Ungarn haben sie zur Königin erwählt und werden selbst in den schlimmsten Zeiten ihrer Geschichte nie aufhören, sie zu lieben.

Am Krönungstag liest man in der wichtigsten Tageszeitung der Stadt: »Die charmante Frau gilt als eine echte Tochter der Ungarn. Man ist überzeugt, daß es Vaterlandsliebe ist, die aus ihrem edlen Herzen spricht, daß sie sich nicht nur die ungarische Sprache, sondern auch die ungarische Denkart zu eigen gemacht hat und immer eine glühende Verfechterin der Interessen Ungarns gewesen ist.« Sie ist unbestritten die beliebteste Persönlichkeit des Landes und wird es auch bleiben.

Als um vier Uhr morgens von der Zitadelle her einundzwanzig Kanonenschläge durch die Luft donnern, ist man in Buda und Pest bereits auf den Beinen. Die Bevölkerung hat nicht viel geschlafen. Während der ganzen Nacht strömten die Massen vom Lande an die Ufer der Donau. Die Näherinnen, Schneider, Juweliere und Friseure waren mit den Magnaten und ihren Frauen schwer beschäftigt. Die Madjaren-Aristokratie hat ihren während der Revolution und den Massakern versteckten alten Staat wieder hervorgeholt: Tiara, Quaste, Kettenhemd, das als Attila bezeichnete Bärenfell und sämtliche Ehrenabzeichen. Sie tragen herrliche Stiefel aus weichem Leder und einen goldenen Harnisch. Alle Waffen sind mit Edelsteinen besetzt.

Um sieben Uhr setzt sich der Zug in Bewegung. Gyula Andrássy, der »beau Pendu« von 1848, marschiert an der Spitze. Er trägt ein Kissen mit der heiligen Krone Ungarns. Ihm folgen die Vertreter des höchsten Adels mit weiteren Insignien des Reiches. Dann Ferenc József zu Pferd. Um seine Schultern der Mantel des heiligen Stefan, ein schwerer Umhang aus blaugrünem Satin. Darunter trägt der Monarch seine ungarische Marschallsuniform. Und endlich Erzsébet. Sie strahlt in ihrem vom Pariser Modeschöpfer Worth nach der ungarischen Tracht entworfenen Brokatkleid. Alle Éljen-Rufe gelten ihr, wenn sie in ihrer achtspännigen Karosse vorbeifährt. Mit einem Schiff hat man die Kutsche aus Wien herbeigeschafft, in der sie auch schon an ihrem Hochzeitstag durch die Straßen rollte. Dreizehn Jahre später ist Erzsébet so anmutig und gerührt wie damals als junge Braut.
Vor der Matthiaskirche steigt sie aus. Der frühe Sommer wärmt die ungarische Ebene bereits bei Tagesanbruch. Erzsébet spürt, wie das Land sozusagen einmütig und in völliger Ergebenheit auf sie zukommt. Ein Land, das weit über die Wachen mit dem Leopardenfell auf den Schultern, über die Schimmel mit den mittelalterlichen Reitdecken und über die Menge hinausreicht. Selbst an den äußersten Rändern der weiten Pußta scheint sich alles zu einer Welle, zu einem Geist zu vereinen und ihr in der Milde dieses höchsten Festtages entgegenzueilen. Sie sieht in diesem freudigen Ereignis kein Symbol, keinen Ritus und noch weniger eine von jenen offiziellen Zeremonien, die sie seit eh und je haßt. Sie geht zu einem Rendezvous, das sie sich sehnlichst gewünscht hat. Sie liebt Ungarn und wird sich heute mit diesem Land vermählen, so wie sich der Doge mit der Adria vermählt oder der Papst mit seiner Kirche, wie der Geliebte des Hohenliedes und seine Geliebte oder der Zigeuner, der sich unterwegs in der weiten Ebene mit seiner Traurigkeit vermählt.
Mit Tränen in den Augen tritt sie in die beflaggte Kirche. Es ertönt die Krönungsmesse von Liszt. Der Ungar hat sie seiner

Königin gewidmet. An seine Tochter Cosima, Wagners spätere Frau, schreibt der Musiker, daß er Elisabeth noch nie so schön gesehen habe, wie eine himmlische Erscheinung inmitten eines Festes von Wilden.
Im Innern der Kirche hängen die Fahnen und Hoheitszeichen eines ungleich größeren Ungarns als das von heute. Es umfaßt den größten Teil der Slowakei, Kroatiens und des gegenwärtig rumänischen Siebenbürgens. Ein buntes Völkergemisch unter der strengen Zucht der ungarischen Magnaten. Das Land hat viele Einfälle erlebt, von den Mongolen bis zu den Türken. Auch die Österreicher betrachtete man 1848 als Eindringlinge, gegen die es sich zu verteidigen galt. Man führte den Kampf im Namen des Vaterlandes und zu Ehren des heiligen Stephan, des ersten Königs der Ungarn. Unter dem Einfluß seiner Frau Gisela führte er sein Land dem Christentum zu. Auch Gisela war eine bayerische Prinzessin gewesen.
Und nun erwählen sich diese Völker und die mächtige Madjaren-Aristokratie einen König, der neunzehn Jahre zuvor ihr erklärter Feind war, und eine Königin, die nicht aus ihrem Land stammt. Die Matthiaskirche scheint von ihrer Anhöhe aus die ganze ungarische Ebene zu beherrschen. Ein Leuchtturm über einem Binnenmeer, dessen Schiffe von den Schlachtrössern Attilas und seiner Piraten, der Hunnen, abstammen. Die Kirche ist mehrmals zerstört und wieder aufgebaut worden. Jedesmal haben die Madjaren ihre Trümmer wiederaufgerichtet, und jedesmal fühlten sie sich in ihrem Entschluß, die Hoffnung niemals aufgeben zu wollen, noch bestärkt. Sie besitzen den unerschütterlichen, teils schwermütigen, teils heiteren Stolz derer, die aus ihrer Erinnerung zehnfache Kraft schöpfen.
Und diese Unbeugsamen geben sich nun einen fremden Herrn. Am Ort ihres Glaubens und ihrer Geschichte knien die mächtigen Magnaten nieder, sichtbares Zeichen dafür, daß sie ihre Herrin anerkennen und der Vermählung mit ihr zustimmen. Die feuchten Augen glänzen stärker als jeder der kostbaren Steine

der Stefanskrone. Eine legendäre Krone. Ein Engel soll sie den Erben Attilas versprochen haben, falls dieser und seine erobe-rungssüchtigen Horden Rom schonten. Man zeigte sich einverstanden. Jahrhunderte später löst der französische Papst Sylvester II. das Versprechen des Engels ein und schickt Stefan I., dem heiligen Stefan, die Königskrone.
Die Tradition schreibt vor, daß der ungarische Palatin die Krone zunächst auf das Haupt des Königs setzt und anschließend mit ihr die rechte Schulter der Königin berührt. Der letzte Palatin starb im Exil, ein neuer ist seitdem nicht gewählt worden. Wer wird die Ehre haben? Das ungarische Parlament übernimmt den Vorschlag einer sich im Herzen bereits als Erzsébet fühlenden Elisabeth. Andrássy, einer der Anführer der 48er Revolution, der verführerische Andrássy, wird seinen König und die Dame seines Herzens krönen. Er nennt diese Dame »die schöne Rettung des ungarischen Vaterlandes«. Sie wird auch *seine* Rettung sein.
An diesem Tag fühlt sich jeder erhaben. Man hat keine andere Wahl. Der leiseste Mißton würde alles ins Lächerliche ziehen. Feierlichkeiten dieser Art sind vollkommen losgelöst von ihrer Zeit und ihrer Welt, sie lassen deshalb den Alltag und die Realitäten vergessen. Mitten im Industriezeitalter wird das Mittelalter wieder lebendig. Das Tageblatt *Die Zeit* berichtet: »Nach der Messe zog Ungarns neuer König an der Spitze eines großen Festzuges über die Donaubrücke, um in Pest den Eid auf die Verfassung zu leisten; anschließend bestieg er unter Fanfarenklängen, Kanonensalven und Éljen-Hochrufen den traditionellen, aus Erde von allen ungarischen Landschaften zusammengesetzten Krönungshügel, deutete mit seinem Schwert in alle vier Himmelsrichtungen und bekräftigte mit diesem symbolischen Akt die Erneuerung des alten Bundes zwischen der ungarischen Nation und der österreichischen Dynastie.«
Es ist Mittag. Das Bankett kann beginnen, unter einer kontinentalen Sonne, bei strahlendem Licht. Mehr als tausend

Gäste sind geladen. Die Menge wird in das Fest miteinbezogen. Gold- und Silberstücke werden verteilt. Gulaschkanonen geben ungarisches Rindsragout aus, die riesigen Kessel kühlen fünf Tage und Nächte lang nicht ab. Ferenc József stiftet hunderttausend Golddukaten für die Witwen und Waisen der während der 48er Revolution auf ungarischer Seite gefallenen Soldaten. Der Wiener Clan um Erzherzogin Sophie erblaßt vor Wut. Was? Eine Belohnung für die Verräter! Das Fest geht weiter. Die Amnestie gilt für alle. Alle Verbannten kehren heim, außer Kossuth. Für ihn ist diese Krönung »der Tod der von ausländischen Interessen gesteuerten Nation«. Keiner hört mehr auf die Kassandra. Man schürt das Feuer lieber, um die Rinder zu braten.

Der 8. Juni ist für Erzsébet vielleicht der glücklichste Tag ihres Lebens. Es ging ihm manches Drama voraus, und andere werden bald folgen. An diesem 8. Juni aber scheint die Zeit stillzustehen, und für einen kurzen, begnadeten Augenblick halten sich die freudige Erregung und der innere Friede die Waage. Die Zigeunermusik verleiht den Träumen Flügel. Die Königin würde gerne wieder Leben schenken. Sie wünscht sich ein Kind. Und dieses Mal fühlt sie sich stark genug, um es gegen den Besitzanspruch der Erzherzogin zu verteidigen. Wenige Tage nach der Krönung schreibt sie ein Gedicht mit dem Titel »Oh, könnte ich euch den König geben!«

O Ungarn, geliebtes Ungarnland!
Ich weiß dich in schweren Ketten.
Wie gerne böt ich meine Hand,
Von Sklaverei dich zu retten!

Es starben für Freiheit und Vaterland
Der hehren Helden nicht wenig.
Könnt knüpfen ich mit euch ein inniges Band,
Euren Söhnen jetzt schenken den König.

Er sollte ein Ungar von echtem Stamm,
Ein Held sein von Stahl und von Erz,
Mit klarem Verstand, ein starker Mann,
Für Ungarn nur schlüge sein Herz.

Frei macht er euch, trotz allem Neid,
Ein stolzfreies Ungarn für ewig!
Und er teile mit allen Freud und Leid,
So soll er sein – euer König!

Sie hatte sterben wollen, doch jetzt, in diesem Augenblick, wählt sie das Leben. Sie lehnte ihre Aufgaben als Kaiserin ab und ist von ihrer Rolle als Königin begeistert. Ungarn hat den Österreichern einst ewigen Haß geschworen und erwählt sich nun eine Königin aus Wien. Was ist da geschehen? Wie konnte sich die Situation so grundlegend ändern? Hat so viel Liebe nicht ihre Vorgeschichte?

In Bayern hat es einen ersten Ungarischlehrer gegeben: János Majláth. Durch ihn liebte Elisabeth Ungarn, schon bevor sie es kannte. Dann war da Imre Hunyady, der ihr auf der Terrasse von Madeira seine Ungarischlektionen erteilte. Ihm blieb wenig Zeit, ihr das Herz zu brechen, denn Wien rief den verführerischen Lehrer beizeiten zurück. Die Kaiserin hatte seine Gefühle geweckt, ohne sie erwidern zu wollen. Seine Schwester Lily allerdings bleibt bei Elisabeth. Die junge Frau erzählt ihr viel von ihrem Land. Weder die Entfernung noch die begehrte Stellung am österreichischen Hof haben sie ihre Heimat vergessen lassen.
Als sich Elisabeth nach dem zweijährigen Herumirren wieder in Wien etabliert, beschließt sie, ihre Ungarischkenntnisse zu vertiefen. Sie möchte sich so gut wie möglich in dieser schwierigen Sprache ausdrücken können und die Dichter Ungarns lesen. Nicht die geringste Spur von Ablehnung, auch wenn sie vor einigen Jahren mit dem Leichnam ihrer kleinen Tochter aus diesem Land zurückgekehrt ist. Sie versucht, die schmerzliche Erinnerung zu überwinden. Aus einer Intuition heraus glaubt sie, daß dasselbe Ungarn, das so große Tragödien ausgelöst hat, in einer wundersamen Gegenbewegung auch Hoffnung, Kraft und Freude vermitteln kann. Ihre Überlegung, daß der Erzherzogin Sophie alles Ungarische zutiefst zuwider ist, hat weitaus mehr Realitätsbezug. Asien und der Orient, eine schreckliche Welt, wild und heidnisch, beginnt für ihre Schwiegermutter unmittelbar hinter der österreichischen Grenze mit dem ersten Meter ungarischen Bodens. Wenn es Elisabeth gelingt, einige ungarische Steine ins Spiel zu bringen, stärkt sie damit ihre eigene Position und kann die Gegenkönigin schachmatt setzen.

Bei wem kann sie lernen, die Gedichte Eötvös' zu lesen? Wer festigt ihre Ungarischkenntnisse so weit, daß sie mühelos aus dieser Sprache einen Geheimcode entwickeln kann? Wer hilft ihr, den indiskreten Ohren nur unverständliche Worte entgegenzuschleudern, wie der Polyp, der seinen Verfolgern Tinte entgegensprüht? Elisabeth braucht eine ungarische Gesellschaftsdame. Sie wünscht sie sich jung, sanftmütig und intelligent. Eine Freundin und Vertraute. Ungarn ist groß und seine Aristokratie zahlreich. Wo ist die seltene Perle zu finden?
Wie Ida Ferenczy es geschafft hat, ist nicht bekannt. Es bleibt für immer ein Geheimnis. Die Kaiserin bekommt eine Liste von sechs jungen Ungarinnen aus den besten Familien des Landes. Ein siebter Name soll in letzter Minute hinzugekommen sein, der von Ida Ferenczy. Ihr Vater stammt nur aus dem Landadel und ist nicht begütert. Man vermutet, daß Andrássy und sein Freund Deák die Bewerbung dieses Mädchens unterstützt haben, denn ihre Familie gilt als liberal und patriotisch. Mit Ida Ferenczys Hilfe glauben sie, die Kaiserin für ihre Sache gewinnen zu können. Es ist ihre Absicht, aus Ida eine Fürsprecherin und Verbündete zu machen. Eine andere, viel banalere Version von Idas Karrierestart am Hofe betont die enge Verbindung der Ferenczys mit der Familie der Gräfin Almássy, die den Auftrag hatte, die Liste zu erstellen. Demnach soll es die Gräfin selbst gewesen sein, die den Namen des Mädchens auf die Liste setzte und ihre Kandidatur unterstützte. Elisabeth entscheidet sich sofort für den einfachsten Namen. Sie verlangt eine Fotografie und zusätzliche Informationen. Es ist interessant, daß die Kaiserin, wie alle ungarischen Magnaten, in Vertrauensangelegenheiten nicht auf den sozialen Status achtet, sondern eher einer gewissen Bescheidenheit den Vorzug gibt.
Das Mädchen ahnt offensichtlich nicht, was da in die Wege geleitet wurde. In ihrer kleinen Landstadt Kecskemét, achtzig Kilometer hinter Buda, teilt man ihr mit, daß die Kaiserin sie zu sehen wünschte. Sie macht sich auf den Weg, glücklich, der für sie vereinbarten Heirat – dem üblichen Schicksal für eine

mittellose und wenig elegante Provinzlerin wie sie – zu entkommen. Über die Kaiserin weiß sie das, was man sich allgemein erzählt. Wien kommt immer näher, und die Freude weicht sicherlich bald einem beklemmenden Gefühl.
Das Schloß hat für Ida etwas Beeindruckendes, vom Labyrinth der Gänge und den Kontrollschleusen vor dem Zutritt zum Allerheiligsten einmal ganz abgesehen. Draußen geht ein kalter Novemberwind. Im Salon herrscht eine Milde, die keine Jahreszeit und keine Stunde kennt. Die Tür geht auf, und die Kaiserin erscheint. Vor ihrer tadellosen Verbeugung kann Ida einen kurzen Blick auf die Frau vor ihr werfen. Sie wird sie bis an das Ende ihrer Tage nicht mehr verlassen.
Elisabeth ist gerade von einem Ausritt zurückgekehrt. Die Frische des Waldes und das Feuer ihres endlosen Galopps haften noch an ihr. In ihrer enganliegenden Amazonenkleidung – man könnte glauben, sie sei ihrem Körper angegossen – erscheint sie noch größer und schlanker. Mit einer kleinen Handbewegung richtet sie das vor Verwirrung errötete Mädchen wieder auf. Ihre Jugend gefällt ihr auf Anhieb, und sie fragt nach ihrem genauen Alter. »Dreiundzwanzig Jahre«, antwortet das Mädchen. Elisabeth weiß es bereits, denn sie hat es in den Unterlagen gelesen, und fügt hinzu, daß sie selbst fünf Jahre älter sei. In ihrer Stimme liegt keineswegs ein Bedauern, vielmehr der Wunsch, zwischen ihnen eine Verbindung zu schaffen wie zwischen zwei »normalen« Frauen, die ohne Rücksicht auf das Protokoll miteinander reden.
»Sie gefallen mir sehr«, sagt Elisabeth, »wir werden viel zusammensein.«
Die kleine, rundliche Ida wäre in ihrer unbeholfenen Art sicherlich vor Freude und Schüchternheit gestorben, wenn sie nicht gespürt hätte, wie die ungarischen Worte der Kaiserin sie streichelten. Aber Elisabeth versteht die Kunst des Bezauberns besser als jeder andere. Der Akzent und die Ungeschicklichkeiten, mit der sie sich in der Sprache der Kleinen ausdrückt, verleihen ihr noch mehr Charme. Außerdem hat die Kaiserin

in ihrer Neugier wenig übertrieben: Sie fühlt sich wie eine Gefangene, der eine Besucherin Neuigkeiten von der Welt draußen berichtet.
Sie lügt nicht, das Mädchen gefällt ihr. Sie wird sie von Anfang an schützen, denn der Hof wird ihr sofort Fallen stellen. Erzherzogin Sophie und ihre Leute werden mit allen Mitteln versuchen, sie einzuschüchtern. Das Mädchen weiß sich dieser Angriffe und Gefahren nicht zu erwehren. Doch keine Angst, Elisabeth garantiert für ihren Schutz.
Schon in den folgenden Tagen erfüllt sich die Vorhersage. Ida besteht die Probe mit Bravour. Die Erzherzogin kann dem Mädchen nichts anhaben. Elisabeth beglückwünscht sich zu ihrer Wahl und nennt sie nur noch »meine süße Ida«. Um in der aggressiven Atmosphäre des Hofes bestehen zu können, braucht sie natürlich noch einen Rang. Man macht aus ihr also eine Brünner Stiftsdame, zumindest auf dem Papier, damit sie den Titel »Frau« erhält. Außerdem ernennt Elisabeth sie zur »Vorleserin Ihrer Majestät«. Die Ehrendamen werden sie sehr schnell beneiden und später hassen. Doch sie kümmert sich nicht darum. Elisabeth, ihre liebe Erzsébet, duzt sie und kann auf ihre Gegenwart nicht mehr verzichten. Nur für die kurze Zeit ihrer Gewaltmärsche und wilden Galoppaden akzeptiert die Kaiserin eine Trennung.
Ida leidet an einer Kurzatmigkeit, die ihr solche Anstrengungen verbietet. Sie wartet auf die Zurückkehrende und macht sich bei der geringsten Verspätung sofort größte Sorgen. Die beiden Frauen sprechen nur Ungarisch miteinander, ein weiteres Mittel, die anderen auf Abstand zu halten. Schlimmer noch: Selbst der Kaiser, wenn er sich ihnen anschließt, schaltet sich auf ungarisch in ihre Unterhaltung ein. Er beherrscht die Sprache der Pußta perfekt. Die Erzherzogin protestiert vergeblich gegen diesen Madjaren-Aufstand, Ungarn hat seine Fürsprecher jetzt im Herzen der Hofburg.
Elisabeth fordert viel und ist eine eifersüchtige Freundin. Von Bad Kissingen schreibt sie im Sommer 1865 an Ida: *Viel den-*

ke ich an Dich, während des langen Frisierens, während der Spaziergänge und tausendmal am Tage ... Gott schütze Dich, meine süße Ida, heirate während meiner Abwesenheit weder Kálmán noch irgendeinen anderen, sondern bleibe Deiner Freundin treu. Elisabeth.

Ida wird nicht heiraten, obwohl sich ihr mehrmals die Möglichkeit bietet und sie wahrscheinlich jedesmal die Versuchung spürt. Elisabeth möchte sie ganz für sich haben und hat sie für ihr ganzes Leben. Andere Frauen werden kommen und die mehr oder weniger beständige Gunst der Kaiserin gewinnen. Doch in ihrer bedingungslosen Ergebenheit bleibt Ida die Treueste der Treuen. *Weil sie es ist und weil ich es bin.* Montaignes wunderschöner Ausspruch ist eine treffende Beschreibung für diese tiefe und leidenschaftliche Freundschaft.

Sind die beiden Frauen getrennt, schreiben sie sich lange Briefe. Leider ist von diesem Briefwechsel so gut wie nichts erhalten, Ida persönlich verbrennt die Briefe und bewahrt so das Geheimnis vor ihren Zeitgenossen, aber auch gegenüber der Nachwelt. Aber auch ohne die schriftlichen Zeugnisse gilt es als sicher, daß Elisabeth durch ihre Vorleserin und Freundin über die Situation in Ungarn unterrichtet ist. Und die ungarischen Liberalen wissen, daß sie in der Kaiserin an der Hofburg eine Verbündete haben. Ida verehrt Franz Deák, das ungarische Gewissen, und ist über ihre Familie auch mit ihm bekannt. Deáks Porträt hängt über Elisabeths Bett und wird dort bis zu ihrem Tode bleiben: Ausdruck ihrer Bewunderung für diesen Mann und seinen politischen Mut.

In einem günstigen Moment teilt Franz Deák die Bedingungen der Liberalen für den vertraglichen Ausgleich zwischen Österreich und Ungarn mit. Niemand im Lande denkt mehr daran, für die Unabhängigkeit zu den Waffen zu greifen. Die Gutsherren fürchten die Forderungen der Bauern und die nationalistischen Bewegungen der nichtmadjarischen Völker auf ungarischem Boden. Wer immer noch mit einer Revolution geliebäugelt hatte, durfte 1863 miterleben, wie Rußland den polnischen Aufstand niederwalzte. Man fürchtet jetzt für das eigene Land eine ähnliche Tragödie. Nur der unversöhnliche Kossuth zeigt sich unnachgiebig. Auch die Generalamnestie hat er nicht annehmen wollen. Er bleibt nach wie vor im Ausland und versucht bei jeder Gelegenheit, Österreich zu schwächen. Durch einen 1859 mit Napoleon III. geschlossenen Vertrag war es ihm möglich, eine ungarische Legion gegen Franz Josephs Armeen aufzustellen. Kaum hatte er sie in Marsch gesetzt, als der Kaiser der Franzosen bereits den Friedensvertrag mit dem Kaiser von Österreich unterzeichnete. 1866 tritt er in den Dienst Preußens und Bismarcks: Die Feinde meiner Feinde sind meine Freunde.

Für den Augenblick ist er gegen jedes Einlenken gegenüber Wien und propagiert als Alternative einen Donaubund: Rumänen, Serben, Kroaten und Ungarn. Österreich ist natürlich ausgeschlossen. Eine Allianz dieser Donauvölker scheint wenig realistisch. Denn selbst im Hinblick auf einen gemeinsamen Feind ist die Verständigungsbereitschaft unter diesen Völkern mehr als fraglich. Die allerjüngste Geschichte unterstreicht den utopischen Charakter dieses Donaubundes. Die letzten Unentwegten unter den Ungarn werden durch Kossuths allzu weltfremdes Programm abgeschreckt. Von einer Versöhnung mit Wien verspricht man sich mehr. Ungarns herrschende Klasse will lieber vom europäischen Wirtschaftsaufschwung profitieren. Allein der Bau der Eisenbahnlinien eröffnet schon riesige Märkte. Es wäre schade, wenn man die günstige Wirtschaftslage und die guten Zukunftsaussichten nicht berücksichtigen würde.

Ostern 1865 veröffentlicht Franz Deák in einem vielbeachteten Artikel die Bedingungen für den Ausgleich. Als Gegenleistung für das gemeinsame Außen- und Verteidigungsministerium Österreichs und Ungarns plädiert er erneut für ein verfassungsrechtliches System und eine eigenverantwortliche ungarische Regierung.

Franz Joseph beruft die ungarische Nationalversammlung ein und begibt sich im Dezember 1865 zur Eröffnung der Parlamentssitzung nach Pest. Einmal mehr stellt er fest, wie beliebt Elisabeth quer durch alle Gesellschaftsschichten ist. Er nimmt sich vor, ihre Popularität zu nutzen, und macht aus ihr eine für die Versöhnung zwischen den beiden Ländern verantwortliche Vermittlerin.

Am 8. Januar 1866 empfängt Elisabeth in der Hofburg eine ungarische Delegation. Der Anlaß scheint eher banal: Neujahrsglückwünsche und verspätete Geburtstagsgrüße. Die Vasallen erneuern gegenüber ihrer Herrin den Treueid. Durch die Begeisterung der Kaiserin und die Anwesenheit Andrássys unter den Madjaren erhält das Ereignis allerdings seine besondere Note.
Mit einem strahlenden Lächeln trägt Elisabeth ihre ungarische Tracht. Sie weiß, daß sie ihr hervorragend steht. Das Samtmieder legt sich um ihre schlanke Taille. Ihr Ungarisch ist tadellos. Idas Lektionen haben Erfolg, und Elisabeth stürzt sich mit vollem Eifer in das Studium der ungarischen Sprache und Literatur. »Seitdem die Vorsehung dank Seiner Majestät meines geliebten Gatten zärtliche und unauflösliche Bande zwischen mir und dem Königreich Ungarn geknüpft hat, ist das Wohlergehen dieses Königtums Gegenstand meiner lebhaften und ständigen Sorge.«
Graf Andrássy überragt die ungarische Abordnung um Haupteslänge. Das dichte, romantisch zerzauste, dunkle Haar, die langen Reiterbeine und die schwarzen Augen, aus denen das Feuer des Eroberers blitzt, bestätigen das, was man über ihn erzählt, voll und ganz. Der Hüne im extravaganten Ornat der Magnaten – ein Meer von Farben und Pelzen – ist wohl der begehrenswerteste aller Männer. Zum Glück ist er nur in effigie gehängt worden. Er ist ohne jedes gezierte Gehabe und deshalb um so unwiderstehlicher.
Sie begegnen sich zum erstenmal, wissen aber alles voneinander. Dieses Vorherwissen macht den Augenblick noch reizvoller. Ida war die Botin. Andrássy weiß wohl, daß das Herz der

Kaiserin bereits für Ungarn schlägt. Es liegt nun an ihm, dieses Gefühl in einen festen Willen umzuwandeln. Ida hat ihm das Kräfteverhältnis innerhalb der kaiserlichen Familie nicht verschwiegen. Ungarn ist der ewige Zankapfel zwischen Elisabeth und ihrer Schwiegermutter; freilich gibt es noch andere, genug für einen ganzen Obstgarten. Je mehr die Kaiserin sich den Madjaren zuwandte, desto größer wurde die Verachtung, mit der Erzherzogin Sophie ihnen begegnete. Andrássy weiß auch, daß Franz Joseph seine Frau liebt wie am ersten Tag, vielleicht sogar noch mehr. Der Einfluß der im Herzen ungarischen Monarchin auf den in eine konservative Welt verstrickten und vor dem entscheidenden Schritt zögernden Kaiser ist in Andrássys Spiel der wichtigste Trumpf.
Für Ida war es ebenfalls ein Vergnügen, ihrer geliebten Kaiserin die Geschichte Andrássys zu erzählen. Der schöne Graf ist 1823 geboren. Seine Familie zählt zu den ältesten des ungarischen Adels. Als die Revolution ausbricht, ist er gerade fünfundzwanzig Jahre alt, das beste Alter für einen Helden. Als echter Patriot schließt er sich dem Unabhängigkeitskampf an. Seine Truppen werden in der Gegend von Zemplén ausgehoben, wo man Kampfesmut und den Tokaier bereits bei der Geburt im Blut hat. Der tapfere Soldat bringt es im Handumdrehen zum Oberst. Als die Russen den Österreichern zu Hilfe eilen, schickt ihn Kossuth mit einer Delegation nach Konstantinopel. Trotz heldenhaften Widerstands wird die ungarische Revolution zerschlagen, die Führerriege enthauptet oder verbannt und das Land zu Reparationsleistungen verpflichtet. Andrássy führt in seinem Londoner und Pariser Exil ein angenehmes Leben. Die Liebschaften des exzellenten Reiters und brillanten, polyglotten Unterhalters machen Schlagzeilen. Die Pariserinnen betrachten diesen Hernani mit den Augen einer Doña Sol. In Treue zu seinem Vaterland und seinen Ambitionen heiratet er jedoch eine ungarische Adelige. Sie ist reich und zudem auch noch hübsch. Das Jahr 1858 bringt die kaiserliche Amnestie. Er kehrt in sein Land zurück und unterstützt

den politischen Kampf des um etliche Jahre älteren Franz Deák. Beide wünschen eine Aussöhnung mit Österreich und eine verfassungsrechtliche Autonomie. Seine diplomatische Begabung, klare Sichtweise und sein temperamentvolles, aber gewandtes Auftreten machen aus ihm den Hoffnungsträger der ungarischen Nation. Die von Franz Joseph einberufene Nationalversammlung wählt ihn zu ihrem Vizepräsidenten.
Das alles weiß Elisabeth, als er in der mit Gold bestickten Magnatentracht und der traditionellen Attila, dem über der linken Schulter liegenden Tigerfell, vor sie tritt. Natürlich ist er nicht der einzige in dieser dem Anlaß angemessenen und als Ehrerbietung für die Kaiserin durchaus angebrachten festlichen Tracht. Aber er ist der Schönste, und er hat eine Vorgeschichte.
Elisabeths improvisierte Ansprache endet mit einem Versprechen: »Nehmen Sie hierfür Meinen aufrichtigen, innig gefühlten Dank, und entbieten Sie Jenen, die Sie hierher gesendet, auch bis dahin Meinen herzlichen Gruß, als es Mir gegönnt sein wird, dem Wunsche des Landes entsprechend, an der Seite Meines Erlauchten Gemahls in Ihrer Mitte zu erscheinen.«
Sie wird also nach Ungarn zurückkehren. Ein hoffnungsvolles Zeichen. Kaum ist die Rede zu Ende, ertönen die Éljen. Die sonst in der Öffentlichkeit so scheue Elisabeth spricht mit einer an ihr bisher nicht gekannten Leichtigkeit. Und dies in einer Sprache, die nicht die eigene ist, die sie aber wahrscheinlich inzwischen zu der ihren gemacht hat.
Die Delegation wird an den Tisch der Hofburg gebeten. Elisabeth denkt nicht im entferntesten daran, das Essen und die französischen und ungarischen Weine zu verschmähen. Sie gibt sich entspannt in ihrem weißen Kleid. In das vielgerühmte Haar sind Perlen eingeflochten. Nach dem Essen bleibt sie länger als gewöhnlich sitzen und unterhält sich mit sichtlicher Freude. Zum erstenmal spricht sie mit Andrássy, auf ungarisch natürlich. Die Frau, die keine Konversation in der am Wiener Hof üblichen Art führen kann – also reden, ohne etwas zu sagen –, drückt sich bei ihr am Herzen liegenden Themen klar

aus. Gegenüber Andrássy macht sie aus ihren Ansichten keinen Hehl. »Sehen Sie«, gesteht sie ihm mit Charme, »wenn des Kaisers Angelegenheiten in Italien schlecht gehen, so schmerzt es mich; wenn aber das gleiche in Ungarn der Fall ist, so tötet mich das.«

Die Ungarn wünschen vor allem, daß das Kaiserpaar sich in Buda krönen läßt. Abgesehen von der dadurch deutlich werdenden Zuneigung zu ihrem neuen König, und mehr noch zu ihrer neuen Königin, sichern sie sich damit eine Sonderstellung innerhalb des Reiches. Kaiser Ferdinand, der Onkel und Vorgänger Franz Josephs, hat sich zweimal krönen lassen: zuerst in Prag zum König von Böhmen, dann in Preßburg (dem heutigen Bratislava) zum König von Ungarn. Die Ungarn möchten sich als einzige einen König geben. Damit besäßen sie nämlich das gleiche Gewicht wie alle anderen kaiserlichen Provinzen zusammen und sähen ihren Herrschaftsanspruch über die nichtmadjarischen Völker ihres riesigen Territoriums bestätigt. In Wien betrachtet man diese ungarische Königskrönung mit gemischten Gefühlen; ein Land wird auf Kosten der anderen bevorzugt behandelt. In Prag empfindet man es als Skandal. Zur Wiederherstellung des Gleichgewichts verlangt eine Krönung in Ungarn auch eine Krönung in Böhmen. Aber Elisabeth hat sich für Ungarn entschieden und wird alles für die Durchsetzung dieser Entscheidung Notwendige tun.

Ende Januar 1866, nur wenige Wochen nach dem prunkvollen Neujahrsempfang, reist das Kaiserpaar nach Buda-Pest. Sie wohnen im königlichen Schloß. Seit dem Tod der kleinen Sophie im Jahre 1857 hat Elisabeth die Stätte nicht mehr wiedergesehen. Die Erinnerungen sind schmerzlich, aber die begeisterte Menge und der ihr mit Bewunderung begegnende Adel helfen ihr darüber hinweg.

In Wien fühlte sie sich nie so überschwenglich gefeiert. Franz Joseph zeigt keine Eifersucht auf ihren persönlichen Triumph. Er braucht ihn vielmehr und macht sich sogar ein teuflisches Vergnügen daraus, in den Briefen an seine Mutter zu betonen, wie sehr die Kaiserin ihm mit ihrem unermüdlichen Einsatz, ihrem Charme und Wissen die Aufgaben erleichtere. Wo die Bachschen Husaren scheiterten, trägt seine Frau dank ihrer Schönheit und Leidenschaft den Sieg davon. Das österreichische Gefolge zeigt sich zurückhaltender. Sie habe ein »neues Vaterland« gefunden und wird deshalb weiterhin streng kritisiert. Ihre vertraulichen Gespräche mit dem schönen Grafen Andrássy werden fast auf die Minute genau registriert. Daß die Unterhaltung auf ungarisch geführt wird, erregt noch mehr Argwohn.

Der Wiener Hof, die Offiziere, Minister und Ratgeber zeigen sich bei allem, was aus Ungarn kommt, verächtlich. Ihre Briefe aus Buda an die in Österreich gebliebenen Angehörigen bezeugen es überdeutlich. Wenn man ihnen glaubt, ist die einheimische Bevölkerung schmutzig und ohne jedes Schamgefühl. Die Zigeunermusik und der Csárdás verleiten zu den schlimmsten Liederlichkeiten, und die Gesänge sind voller Unzucht. Die Atmosphäre ist völlig ungesittet. Auch die ungarischen Frauen sind allzu hitzig und leichtlebig. Franz Joseph und Elisabeth jedoch vermissen den geschraubten Stil der Hofburg nicht sonderlich. Die Kaiserin genießt die Tuchfühlung mit dem einfachen Volk, und der Kaiser ist glücklich, weil seine Frau es ist.

Der 1. Februar bringt Elisabeth den Triumph. Franz Joseph empfängt eine wichtige Delegation von Parlamentsabgeordneten. Er sagt ihnen erneut, daß er hier nicht gewähren könne, was er anderswo verweigere. Die Enttäuschung ist auf allen Gesichtern deutlich zu sehen. Da ergreift Elisabeth, Erzsébet, das Wort. Ihr Ungarisch ist perfekt und elegant, so voller Schmerz, ja Zärtlichkeit, daß ihr die Tränen kommen. Mit einer natürlichen Bewegung streckt sie den Parlamentariern die Arme und Hände entgegen und fleht um Geduld und Vertrauen. Als sie verstummt, bleibt der sonst übliche Éljen-Sturm aus. Stillschweigen herrscht bei den Abgeordneten. Ihre tränenfeuchten Augen verraten die Rührung. Sie ist gehört und verstanden worden. Man liebt sie. Auch wenn sich das, was sie

sagt, in nichts von der Erklärung des Kaisers unterscheidet. Aber sie sagt es anders.
Fünf Wochen in Ungarn. Auf die Empfänge und Feierlichkeiten folgen die Ballabende, der Tagesablauf kennt keine Pause. Elisabeth tut ihr Bestes, bereitwillig und ohne zu zögern. Anderswo fiel es ihr schwer, doch hier gibt sie ihr Letztes. Und dennoch kommen Momente, in denen ihre Begeisterung nachläßt. Die Müdigkeit und ihre häßlich entstellte, verrückte Halbschwester, die Migräne, treten auf den Plan. Die Kaiserin kann heute abend nicht kommen. Die Ballgäste sind ihretwegen gekommen. Allgemeine Enttäuschung. Auch Elisabeth selbst verflucht dieses Übel, das sie für eine Woche ans Bett fesselt. Wenigstens wird deutlich, daß sie nicht aus Hypochondrie leidet. Gegenüber der Krankheit hat die Willenskraft ihre Grenzen. Doch bald steht die, die die Ungarn nicht mehr Kaiserin nennen, sondern längst zu ihrer Königin gemacht haben, wieder lächelnd in aller Öffentlichkeit, und niemand sieht ihr die Schmerzen der letzten Tage an. Das Spektakel kann wieder beginnen, und in den Kulissen werden die politischen Verhandlungen weitergeführt.
In Wien ist man in Sorge. Wie lange setzt sich das Kaiserpaar denn noch diesem schädlichen ungarischen Einfluß aus? Vergißt man in der bunten Welt der Zigeuner nicht die besten Vorsätze? Man ahnt den schädlichen Einfluß Elisabeths und ihrer Ungarn-Manie. Erzherzog Albert, Franz Josephs Großonkel, der die Ungarn nach der 48er Revolution wieder in die Knie zwingen wollte, übernimmt die Führung der Opposition. *Inzwischen*, schreibt er aus Wien, *erbittert sich hier die Stimmung persönlich gegen beide Majestäten und insbesondere gegen Ihre Majestät, wenn das Publikum [...] Detailberichte über Affectionen und Liebenswürdigkeiten liest, welche nie weder dem hiesigen Adel und den Wienern, noch viel weniger anderen Provinzen zu Theil wurden!*
Nichts hätte Franz Joseph mehr ärgern können. Die Angriffe auf die Kaiserin pariert er mit aller Entschiedenheit. Elisabeth

verläßt Budapest nicht gern. Der Gedanke der Rückkehr an den Wiener Hof versetzt sie nicht gerade in Hochstimmung. Sie nimmt sich deshalb vor, so bald wie möglich wiederzukommen. Dem Grafen Andrássy gesteht sie sogar, daß sie sich mit dem Gedanken trägt, nächsten Sommer nicht wie gewöhnlich nach Bad Kissingen zur Kur zu fahren, sondern in ein ungarisches Bad. Ungarn ist für seine zahlreichen Thermalquellen bekannt, allein die Hauptstadt besitzt über hundert. Bereits die Römer und die Herren des Osmanischen Reiches wußten sie zu schätzen. Zurück in Wien, erhält die Kaiserin einen Brief von Andrássy, wahrscheinlich auf dem Umweg über die süße Ida. Er rät ihr, in Begleitung ihres Sohnes, des kleinen Rudolf, zu kommen: »Dies wäre auf all jene, die den Ungarn-Aufenthalt der Königin zu bekritteln pflegen, von guter Wirkung, es würde dem Kaiser und ich glaube dem Kronprinzen Freude bereiten und viel dummes Gerede jetzt und in Zukunft zum Verstummen bringen.«
In Ungarn erzählt man sich nämlich, daß Elisabeth durchaus ansprechbar ist. Graf Andrássy gefällt ihr. Vielleicht ist sie sogar in ihn verliebt. Doch keine Spur von Entrüstung oder gehässigem Klatsch. Die Ungarn beglückwünschen sie deswegen eher. Sie hat keinen schlechten Geschmack. Wenn die Ungarn sich eine Königin geben, so muß es eine Liebesehe sein. Der schöne Graf steht für ihre Liebe zu ganz Ungarn. Im Hinblick auf einen Ausgleich zwischen ihrem Land und Österreich vertrauen die Ungarn mehr denn je auf Andrássy.
Die Madjaren finden einen instinktiven Gefallen am verführerischen Spiel der Liebe und besitzen eine den Wienern unbekannte Leichtigkeit und Lebensfreude. Andrássy denkt jedoch nicht im Traum daran, die für ihn schmeichelhafte, aber für Elisabeth gefährliche Situation auszunützen. Er ist viel zu verliebt und zeigt sich deshalb vorsichtig. Wegen der Verhandlungen ist er ständig zwischen Budapest und Wien unterwegs. Die Polizei überwacht jeden Schritt. Natürlich hegen sie einen Verdacht. Die Kaiserin aufzusuchen ist ihm deshalb nicht mög-

lich. Das Protokoll, die Polizei und die Ehre verbieten es. Auch den direkten Kontakt mit Ida Ferenczy vermeidet er. Die Gefahr einer Kompromittierung der Vorleserin und damit der Kaiserin ist zu groß.
Aber sie korrespondieren miteinander, und Ida dient als Schaltstelle. Die Sprache ist verschlüsselt, der Name der Kaiserin wird nie erwähnt. Sie übernimmt in diesem politischen Briefwechsel um Ungarn die Rolle von Idas Schwester. Auch der Name Andrássy taucht in den Antworten nie auf. Man spricht immer nur von Idas Freund. Da ihnen die Liebe verboten ist, widmen sie sich beide ganz dem Fall Ungarn.

Trotz dieses vielversprechenden Beginns ist das Jahr 1866 für Franz Joseph und das Reich eines der schlimmsten. Die größte Gefahr lauert nicht im ungarischen Orient, sondern im germanischen Norden. Bismarck leitet in Preußen alles in die Wege, um Österreich endgültig aus dem Deutschen Bund zu vertreiben. Er hat alles vorbereitet, im Falle eines Konfliktes steht die Donaumonarchie allein da. Auch an die Vorbehalte seines Königs hat er gedacht. Wilhelm I. will keinen Krieg mit dem Hause Habsburg. Zu groß sind die persönlichen und familiären Bindungen zwischen Berlin und Wien.

Zunächst versichert sich Bismarck der Neutralität Napoleons III. Gegen eine fränzösisch-österreichische Koalition kämen die preußischen Armeen nicht an, sie ist deshalb unbedingt zu verhindern. Es sieht gut aus. Napoleon III. hat kein Interesse, sich an einem möglichen Konflikt zwischen Preußen und Österreich zu beteiligen. Er geht davon aus, daß der Krieg, wenn es dazu kommt, lang und schwierig sein wird. Und wenn die beiden Parteien sich gegenseitig genug geschwächt haben, wird er mit seiner Vermittlerrolle leichtes Spiel haben.

Außerdem kann Bismarck mit der wohlwollenden Neutralität Rußlands rechnen. Sankt Petersburg hat Österreichs lasche Haltung während des Krimkrieges nicht vergessen. Die Russen werden Franz Joseph nicht zu Hilfe kommen.

England allerdings betrachtet Bismarcks expansionistische Pläne mit Mißtrauen. Doch die Tochter der Königin Viktoria ist mit dem preußischen Erbprinzen verheiratet, und außerdem verfügt das britische Heer nicht über die entsprechende Ausrüstung, um auf dem Kontinent eingreifen zu können. Auch von dieser Seite her muß der Kanzler also nicht mit Schwierigkeiten rechnen.

Letztendlich zählt Bismarck auf ein Bündnis mit den Italienern. Vittorio Emmanuele II. aus dem Haus Savoyen will die Einheit Italiens, Wilhelm I. von Preußen die Deutschlands. Sie haben einen gemeinsamen Gegner: Österreich. Bei einem Angriff auf zwei Fronten – im Norden durch die Preußen, im Südwesten durch die Italiener – kann man auf einen Sieg hoffen. Am 8. April 1866 bringt Bismarck Vittorio Emmanuele zur Unterzeichnung eines Vertrags. Es ist auf drei Monate befristet. Bismarcks kriegerische Absichten sind also offensichtlich. Es liegt nun an ihm, dafür zu sorgen, daß der Krieg innerhalb dieser Zeitspanne erklärt wird.

Er versucht es mit zunehmenden Vorfällen an der Grenze zwischen dem österreichischen Holstein und dem preußischen Schleswig. Doch Franz Joseph hütet sich wohl, auf die Provokationen zu reagieren. Außerdem will Wilhelm I. den Krieg genauso wenig wie er. Ein Teil des Berliner Hofes ist gegen die Bismarcksche Politik, und Franz Joseph versucht deshalb den Konflikt auf diplomatischem Wege zu regeln.

Trotzdem wird die Situation für ihn immer schwieriger. Napoleon III. nutzt die Gunst der Stunde und fordert für die Zusicherung der französischen Neutralität den Verzicht Österreichs auf Venetien. »Mit der Pistole auf der Brust, haben wir offensichtlich keine andere Wahl, als zu verhandeln«, teilt Franz Joseph seinen Ministern mit. Venetien ist verloren.

Das Opfer und die Umstände, die dazu führten, sind unerträglich. Zudem ist alles vergeblich. Die wunderschöne Provinz und die Serenissima gehen Österreich für immer verloren. Doch der Verzicht kommt zu spät, denn Italien ist bereits seit April 1866 vertraglich an Preußen gebunden. Die Situation ist absurd: Italien zieht in den Krieg für ein Venetien, das ihm bereits gehört.

Die Haltung Preußens und seines Kanzlers wird vom deutschen Reich verurteilt. Daraufhin plädiert Bismarck für eine Auflösung der Versammlung und fordert ein gewähltes Parlament. Jedes Mittel ist ihm recht, selbst die Forderung nach einer allgemeinen Wahl, die er sonst immer strikt abgelehnt hat. »Aus Gründen der Not«, gesteht er in seinen alten Tagen, »scheute ich es nicht, im Kampf gegen die ausländische Vorherrschaft auf revolutionäre Mittel zurückzugreifen und gleichzeitig die schönste der Freien Künste – die allgemeine Wahl – in die Pfanne zu werfen [...], um so den ausländischen Monarchien die Lust zu nehmen, ihre Finger in unseren nationalen Pfannenkuchen zu stecken [...] In einem Kampf dieser Art, bei dem es um Leben und Tod geht, schaut man nicht so genau darauf.« Im nachhinein zumindest ist er offen und ehrlich.

Der Friede stirbt, der Friede ist tot. Auf beiden Seiten wächst die Spannung, und man beginnt mit der Mobilisierung. Mit dem kleinen Unterschied, daß die Preußen über moderne Waffen verfügen, während die österreichische Ausrüstung veraltet ist. Und dies, obwohl in Wien die militärischen Ausgaben seit Jahren steigen. Die Offiziere des Reiches, hauptsächlich auf äußere Form bedacht, besitzen weitaus mehr Adelstitel als Kompetenzzeugnisse. Aber ganz Europa glaubt an die Überlegenheit der Österreicher. Zahlenmäßig sind sie tatsächlich im Vorteil. Außerdem haben sie unter den deutschen Staaten starke Verbündete: Sachsen, Württemberg, Hannover und Bayern. Letzteres bereitet Elisabeth allerdings Sorgen. Ihr Vetter Ludwig II. zeigt sich zurückhaltend.

Er hat seinen Kopf nämlich ganz woanders. Unter dem Druck der konservativen Partei muß er sich von Wagner trennen. Bei aller Liebe für das musikalische Genie findet man die Belastung für die Staatsfinanzen nun doch zu groß. Der König kann keine Bitte abschlagen, und Richard führt ein aufwendiges Leben. Mit seinen verrückten Bauten beansprucht Ludwig II. den Finanzhaushalt schon genug, man wird für seinen Schützling die Ausgaben nun nicht noch ins Unendliche steigern. Es ist dieselbe konservative Partei, die zum Krieg drängt. Man sorgt sich um den Fortbestand der Allianz mit Österreich. Außerdem erhofft man sich durch den Krieg eine Stärkung des süddeutschen Bundes – Sachsen und Württemberg unter der Führung Bayerns – gegenüber den norddeutschen Staaten, die von Preußen angeführt werden. Ludwig II. würde sich sicherlich gerne bei den Konservativen für den Fortgang Wagners rächen. Der untröstliche König fleht den in das schweizerische Tribschen geflüchteten Musiker an, zu kommen, unter seiner Abwesenheit leide er wie an einem ewigen Schmerz. Nur in Gegenwart Wagners lebe er. »Sonst gehe ich zugrunde, vernichte und zerstöre mich in einer öden Leere.«

In diesem Konflikt, der Europas Schicksal für lange Zeit bestimmt, lassen sich die persönlichen und politischen Motive nur schwer voneinander trennen. Tote Männer, verwaiste Kinder, verwitwete Frauen und eine veränderte europäische Landkarte. Zukünftige Generationen werden noch indirekt an den Folgen zu tragen haben. Der helle Wahnsinn! Viele Faktoren beeinflussen die Entscheidung. Politische Intuitionen und Machtverhältnisse, aber auch Eitelkeit, Leidenschaft, Rachsucht und ein ganzes Konglomerat von irrationalen Gefühlen.

In Shakespeares Stücken ist der Narr oft gar nicht närrisch, und so ist vielleicht auch Ludwig II. durchaus weise. Die Politik interessiert ihn sicherlich nicht, und das Militär haßt er sogar. Alles, was mit der Armee im Zusammenhang steht, findet er absurd. Das Zusammenschlagen der Hacken löst bei ihm Migräne aus. Seiner Meinung nach zerstören die Helme nur die Frisur, und die bayerische Uniform findet er besonders häßlich. Nur in Zivil ist er bereit, die Truppen zu besichtigen, der Regenschirm ist seine einzige Waffe. Ansonsten verbringt er die meiste Zeit zurückgezogen in seinen Palästen und hört Musik. Erst in der Abenddämmerung verläßt er die geschlossenen Räume und unternimmt ausgedehnte Ausflüge zu Pferde. Selbst wenn man wittelsbachsche Maßstäbe anlegt, ist der König ein übersteigerter Phantast. Trotzdem fehlt es ihm nicht an gesundem Menschenverstand. Er geht davon aus, daß die Einigung Deutschlands auf jeden Fall kommen wird. Wenn

Bismarck jetzt sein Meisterwerk vollbringt, so hat Wagner es mit seiner Musik bereits vorausgesehen, angekündigt und den Impuls dazu gegeben. Der Bayer kann sich weder dem Willen des Volkes noch dem Bismarcks widersetzen. So will er wenigstens das Gesicht wahren.

Die Konservativen haben die Mehrheit, und natürlich wollen sie den Krieg. Sollen sie also zusehen, wie sie zurechtkommen. Der antimilitaristische Ästhet hat etwas von Pontius Pilatus und von Lohengrin: »Wenn wir schon mit Waffen kämpfen müssen, so laßt uns also kämpfen, bis uns das Blutbad anekelt und wir uns wieder auf die alten Zeiten besinnen, wo die Nationen ihre Konflikte im Einzelkampf regelten.«

Dennoch ist er bereit, den Befehl zur Mobilmachung zu unterzeichnen. Gleich darauf macht er sich mit seinem Liebling Paul von Taxis auf die Suche nach dem verschwundenen Freund. Die Armeen Mitteleuropas bereiten sich auf das große Gemetzel vor, und Ludwig II. mietet ein Fischerboot. Wie eine in einen Mantel gehüllte Galionsfigur fährt er über den Bodensee und sucht in dieser Aufmachung Wagner in Tribschen auf. Er bleibt zwei Tage bei Richard und Cosima. Wieder zurück in Bayern, zeigt er erneut wenig Interesse, sich an den Kriegsvorbereitungen zu beteiligen, und zieht sich auf die Roseninsel inmitten des Starnberger Sees zurück.

Elisabeth befindet sich zu dieser Zeit in Bad Ischl, in der Nähe der bayerischen Grenze und ihres Sees. Sie würde ihren Vetter gerne wiedersehen und ihm etwas von der Kriegsbegeisterung vermitteln, die für Österreich demnächst wichtig wird. Nicht daß sie die Kampflust einer Walküre in sich spürte. Sie haßt die Gewalt, den Krieg und das Militär nicht weniger als ihr Vetter. Aber sie weiß, daß der Kaiser alles versucht hat, um den Konflikt zu vermeiden, und ist entschlossen, ihm immer zur Seite zu stehen, auch in schweren Zeiten. Am 15. Juni 1866 wird der Krieg erklärt. Ludwigs Verhalten macht ein Treffen der beiden unmöglich. Er weigert sich strikt, jemanden zu empfangen, auch seine Minister bekommen keinen Zutritt. Auf der Rosen-

insel, in der Gesellschaft des schönen Paul von Taxis, vergißt er die harten Zeiten. Das Feuerwerk, das er ab und zu steigen läßt, muß bereits das Klirren der Waffen übertönen.
Am 29. Juni kehrt Elisabeth nach Wien zurück, die Kinder läßt sie in Bad Ischl. Der Krieg ist überall. In Bayern müssen ihre Brüder einrücken, und in Preußen geht Kossuth daran, eine ungarische Legion gegen Österreich aufzustellen, so wie er es 1859 in Italien getan hat. Wird ganz Ungarn in das feindliche Lager überwechseln? Wie kann Andrássy die lange Friedensarbeit retten? Elisabeth rechnet mit dem Schlimmsten. Der Bruderkrieg könnte alle Anstrengungen zunichte machen. Eine schreckliche Vorstellung!
Nach den Erfahrungen von 1859 übernimmt Franz Joseph kein militärisches Kommando, sondern bestimmt zwei Oberbefehlshaber: General Benedek für die Nordfront, Erzherzog Albert für die italienische Südfront. Benedek genießt den Ruf sagenhafter Tapferkeit, doch ein Stratege ist er nicht. Er hegt auch große Bedenken. In Böhmen stößt er zu seinem Heer, einem Riesenheer mit mehr als zweihunderttausend Mann. Wahrscheinlich weiß er, daß die preußischen Soldaten auf der anderen Seite zwar zahlenmäßig unterlegen, aber wesentlich besser ausgestattet sind. Die neuen Zündnadelgewehre könnten großen Schaden anrichten. Benedek verharrt deshalb in Defensivposition und achtet sehr darauf, daß seine Verbindung mit Wien durch nichts unterbrochen wird. Oberst Beck pendelt ständig zwischen dem in der Hofburg sitzenden Franz Joseph und dem bei Ölmütz in Stellung liegenden Benedek hin und her. Die Untätigkeit seines Oberbefehlshabers macht dem Kaiser Sorgen, denn dadurch sind die anderen deutschen Staaten in ihrem Kampf gegen Preußen auf sich allein gestellt. Sachsen ist von den Preußen bereits eingenommen worden; die sächsischen Armeen haben dem Feind ihr eigenes Land überlassen, um sich in Böhmen Benedek anzuschließen. Bayern zeigt sich immer noch widerspenstig und weigert sich, dem sächsischen Beispiel zu folgen.

Am 26. Juni marschieren die preußischen Armeen auf drei verschiedenen Routen in Böhmen ein. Benedek könnte seine zahlenmäßige Überlegenheit nutzen und wie Bonaparte oder Horaz den Feind einzeln schlagen. Statt dessen verschanzt er sich in seiner Position, und als das feindliche Zündnadelgewehr seine Wirkung zeigt, zieht er sich nach dem Dorf Sadowa zurück. Selbst Oberst Beck ist voller Pessimismus, als er dem Kaiser die Botschaft des in Bedrängnis sitzenden Benedek übermittelt: »Bitte Eure Majestät dringend, um jeden Preis Frieden zu schließen. Katastrophe für Armee unvermeidlich.« Allgemeines Erstaunen in der Hofburg, wo der von Erzherzog Albert bei Custozza gegen die Italiener errungene Sieg bereits Hoffnungen auf einen glücklichen Ausgang genährt hat. Franz Joseph begreift Benedeks Panik nicht. Fordert er nicht den Frieden, bevor überhaupt gekämpft wurde? Beck überbringt die Antwort des Kaisers: »Einen Frieden zu schließen unmöglich. Ich befehle – wenn unausweichlich – Rückzug in größter Ordnung anzutreten. Hat eine Schlacht stattgefunden?« Notfalls billigt er den Rückzug, doch einen Frieden unter solchen Bedingungen lehnt er ab. Benedek versteht des Kaisers Frage als einen Aufruf zum Kampf. Die Truppen sind ausgeruht, Verwirrung und pessimistische Grundhaltung scheinen verdrängt. Am 3. Juli kann die Schlacht beginnen. Sie tobt nördlich der Kleinstadt Königgrätz, mitten im Dorf Sadová oder mit eingedeutschtem Namen Sadowa.

Wie gewöhnlich beweisen die österreichischen und sächsischen Truppen unwahrscheinliche Tapferkeit und die Heerführer mangelnde Intelligenz. Die Soldaten kämpfen um ihr Leben; die Elbe im Rücken, sind sie eingezwängt. Benedek glaubt, es nur mit einer preußischen Armee zu tun zu haben, doch gegen Mittag wirft sich eine zweite den Österreichern entgegen. Mit dem Zündnadelgewehr verfügen die Preußen über eine unglaubliche Feuerkraft. Landgräfin Fürstenberg schreibt: »Es ist der blutigste Krieg, den die Geschichte kennt [...] Die Österreicher waren so von Kugeln übergossen, daß sie schaarenweise niederfielen, es war, als werfe man ihnen Sand ins Gesicht; es muß ein grauenhaftes Blutbad gewesen sein. Gott mache ein Ende, einerlei wie und durch wen.« Die österreichische Armee zieht sich unter schrecklichsten Bedingungen zurück. Was von ihr übrig bleibt, sind geschlagene, zerstreute und sich irgendwo zwischen Wien und den Preußen auflösende Truppenteile.

Die Schlacht bei Königgrätz ist das größte Militärunternehmen des 19. Jahrhunderts. Vierhundertfünfzigtausend Mann beteiligen sich am Kampf. Am 3. Juli 1866 steigt Preußen zur europäischen Großmacht auf.

Die breite Masse beschäftigt sich nicht mehr mit dieser kriegerischen Auseinandersetzung. Wer sollte sich noch über sie freuen? Trotzdem ist Königgrätz und alles, was zu Königgrätz geführt hat, ein Nachdenken wert. An diesem 3. Juli 1866 werden für ganz Europa die Weichen für die Zukunft, für unsere Gegenwart gestellt. Ohne Königgrätz, ohne den Aufstieg Preußens hätte es den deutsch-französischen Krieg von 1870–1871 nicht gegeben. Der Sturz Napoleons III. und der französische Verlust von Elsaß-Lothringen sind die Folgen. Ohne den Krieg von 1870 und die französischen Abtretungen wäre der Krieg 1914–1918 sicherlich anders verlaufen (wahrscheinlich wäre es gar nicht dazu gekommen). Auch die Versailler Verträge hätte es nicht gegeben. Und ohne die Schleifung Mitteleuropas hätten sich Hitler und der Nationalsozialismus nicht im Bauch der ehemaligen Kaiserreiche einnisten können. Eine schreckliche Verkettung, die im nachhinein leicht zu durchschauen ist. O teures, unglückseliges Europa, gibt es auf deinem Boden eine Stelle, über die kein Blut geflossen ist und kein Stacheldraht gespannt war?

Zurück zum 3. Juli 1866. Elisabeth und Franz Joseph warten während des ganzen Tages auf Neuigkeiten von der Front. Sie schweigen, vereint in demselben beklemmenden Gefühl. Gegen sieben Uhr abends trifft das Telegramm ein. Eine Nie-

derlage. Und der Weg nach Wien ist offen. Der Kaiser bleibt ruhig, trotz seiner Niedergeschlagenheit. Elisabeths nervöses Temperament offenbart ungeahnte Ressourcen. Angesichts der Niederträchtigkeiten des Alltags zeigt sie sich verletzlich und wenig belastbar. Wird die Situation jedoch ernst, entwickelt sie eine ungeheure Willenskraft. Die in einer Traumwelt lebende, launisch-kapriziöse Kaiserin verwandelt sich in solchen Momenten in einen unermüdlichen Geduldsmenschen, der allen anderen Trost und Mut zuspricht. Sie kann sich ein Herz fassen und für die Wahrheit, ihre Wahrheit, eintreten. Sie gibt das Letzte, wenn es darum geht, ihren Mann, ihre Kinder oder ihr Land zu verteidigen. Sollen die Wiener, die ihre Kaiserin leichtlebig und gleichgültig gescholten haben, es doch wagen, ihr Unterricht in Vaterlandsliebe zu geben.
In dieser langen Nacht vom 3. auf den 4. Juli ist sie keine Wittelsbacherin mehr. Mit Franz Joseph hat sie das Reich geheiratet. Ihre eigene Familie konnte das Gemetzel ja auch nicht verhindern. Wieso sollte sie sich also als Wittelsbacherin fühlen? Anderswo streitet man sich um das Erbe einiger unbedeutender Ländereien, hier geht es um das Schicksal Europas. Ihre Mutter und ihre Tanten, die vier Wittelsbach-Schwestern, haben durch ihre Ehen Einfluß auf die wichtigsten Fürstenhöfe erlangt. Ludovika blieb in Bayern, und Sophie zog in der Hofburg ein. Maria, die Königin von Sachsen, ist ein sicherer Bündnispartner Österreichs. Doch wie sieht es mit Elise aus, Tante Elise, der Schwägerin Wilhelms I., der ein willenloses Werkzeug Bismarcks ist?
Am anderen Tag kapituliert Bayern, und zwar ausgerechnet in Bad Kissingen, wo Elisabeth sich einer Kur unterziehen sollte. In der gemeinsamen Not finden Erzherzogin Sophie und ihre Schwiegertochter für ein einziges Mal zusammen. Beiden ist kein Wort schlimm genug, um die Feigheit und Sorglosigkeit Ludwigs II. und die erbärmliche Rolle ihres bayerischen Heimatlandes anzuprangern. Jeden Tag schreibt Elisabeth an Latour, den Erzieher ihres Sohnes. Sie hofft, daß Rudolf unter

ihrer Trennung nicht zu sehr leidet und von Latour mit Worten, die dieser wohl zu wählen versteht, über die Situation des Landes unterrichtet wird. *Schon gestern abend erhielten wir die Nachricht, die unsere letzten Hoffnungen vernichtete [...] Der Verlust soll furchtbar sein.* Zum Schluß beklagt sie das Schicksal ihres Sohnes: *Das arme Kind, dessen Zukunft eine so traurige ist.* Das Kaiserpaar läßt dennoch den Kopf nicht hängen. Elisabeth verstärkt ihren Pflegeeinsatz und reist von einem Lazarett zum anderen. Man rühmt ihre Opferbereitschaft und Tüchtigkeit. Und Wunder über Wunder, Erzherzogin Sophie ist voll des Lobes über ihre Schwiegertochter. Natürlich gibt es auch hier wieder böse Zungen, die finden, daß die Kaiserin sich in erster Linie für die verletzten Ungarn interessiert und sich mit ihnen am liebsten in deren Sprache unterhält, damit das Gefolge ihre Worte nicht verstehen kann.
Franz Joseph gibt sich nicht geschlagen. Er will seine in Norditalien stehenden Truppen an die Nordfront verlegen. Ermutigt durch ihren Sieg bei Custozza, könnten diese Soldaten die Stimmung der Nordarmee heben und innerhalb der Streitkräfte wieder für ein Gleichgewicht sorgen. Im gleichen Zug wird Benedek durch Erzherzog Albert ersetzt. Noch gibt es keinen Grund zum Verzweifeln, denn die Preußen stehen weit entfernt von ihrer Versorgungsbasis, und die Cholera lichtet ihre Reihen zuverlässiger als die österreichische Artillerie.
In Wien herrscht eine mörderische Hitze. Die Furcht vor der Ankunft der Preußen nimmt zu. Die ersten Flüchtlinge verlassen die Stadt mit Koffern und Kisten. Auch der Hof flieht. Die kostbarsten Dinge werden mit dem Zug oder per Schiff nach Buda verschickt: die Dokumente des Außenministeriums, die Handschriften der Bibliothek, die Gemälde und Krönungsinsignien, ja selbst die Kaiserin. Am 9. Juni verläßt sie Wien. Es ist – um der Wahrheit die Ehre zu geben – ihr Mann, der sie zum Aufbruch drängt. Zunächst zu ihrer eigenen Sicherheit. Nicht zuletzt aber auch, damit sie ihren guten Einfluß geltend macht und die Ungarn weiterhin im Schoß des Reiches bleiben. Die

Erinnerung an 1848 verfolgt Franz Joseph. Hört Ungarn auf Kossuth und nutzt es Österreichs schwache Stunde, um erneut gegen Wien loszuschlagen? Elisabeth ist bereit, sich von ihrem Mann zu trennen, allerdings nur unter der Bedingung, daß ihre Kinder Ischl verlassen und mit ihr gehen.

Deák, Andrássy, zahlreiche Vertreter der liberalen Partei und mehr als tausend Ungarn heißen sie mit ihren Jubelrufen im Bahnhof von Pest willkommen. »Ich würde es für eine Feigheit halten, der Kaiserin im Unglück den Rücken zuzuwenden, nachdem wir ihr entgegengingen, als die Angelegenheiten der Dynastie noch gut standen«, gesteht Deák.

Das Land scheint fest in der Hand ihrer liberalen Freunde, die Gefahr eines Aufstandes ist nur latent vorhanden. Etwas erleichtert fährt Elisabeth drei Tage später zurück nach Wien, um Rudolf und Gisela zu holen. Sie nutzt die Gelegenheit, um ihrem Mann einen Lagebericht zu geben. Ihrer Meinung nach sollte man rasch handeln, um zu verhindern, daß die Revolution in Ungarn erneut um sich greift und Österreich in völlige Isolation treibt. Nur Andrássy könne die enge Verbindung zwischen den beiden Ländern aufrechterhalten. Mit seiner Ernennung zum Reichsaußenminister müsse man die Leute überrumpeln und die Revolution im Keime ersticken. Der Kaiser hört zu, schreckt aber vor dem entscheidenden Schritt zurück.

Franz Joseph hofft noch auf Frankreich. In der engeren Umgebung Napoleons III. gibt es auch Fürsprecher Österreichs, vor allem um die Kaiserin Eugenie. Fürchteten sich die Franzosen nicht vor einer preußischen Hegemonie? Franz Josephs Boten reisen nach Paris, doch Napoleon III. läßt sich nicht überreden. Der sonst recht geschickte Politiker schätzt Bismarck und seine Pläne höchst unzureichend ein. Er glaubt, ohne aktiv werden zu müssen, die Situation für sich nützen zu können. Seiner Meinung nach bleibt Deutschland auch nach dem Krieg in zwei Lager gespalten, die norddeutschen Staaten auf der einen, die süddeutschen auf der anderen Seite. Er setzt auf ein

stärkeres Auseinanderdriften der beiden Gruppierungen. Dieser Irrtum kommt ihn vier Jahre später teuer zu stehen.
Die Hitze drückt schwer auf die Stadt, die Panikstimmung tut ein übriges. Wer weiß, wo er Unterschlupf findet, flieht. Die anderen halten auf den Hügeln Ausschau nach den preußischen Soldaten. Am 13. Juli fährt Elisabeth zum zweitenmal nach Buda, diesmal mit ihren Kindern. Im Wiener Bahnhof küßt sie wiederholt die Hand ihres Mannes, der Abschied von ihm fällt ihr schwer. Gibt sie sich sonst eher gehemmt, so zeigt sie diesmal offen, ohne jede Theatralik ihre Zuneigung für diesen Mann, der so schweren Angriffen ausgesetzt ist. Zu allem Überfluß wird in der unter dem Krieg leidenden Bevölkerung der Ruf nach Franz Josephs Abdankung laut. Manche behaupten, Maximilian komme aus Mexiko zurück, um die Zügel zu übernehmen, und andere rufen sogar den Feind zu Hilfe, eine Art vorweggenommener Anschluß: »Sollen nur kommen, die Preußen, wir werden ihnen goldene Brücken bauen!«
Elisabeth richtet sich mit ihren Kindern in einer Villa auf den Höhen von Buda ein. Der Königspalast dient als Lazarett. In der Krankenpflege kennt sich die Kaiserin aus. Außerdem kann sie mit den Kranken Ungarisch sprechen, die Sprache, die von jetzt ab die ihrige ist. Der tägliche Briefwechsel zwischen Franz Joseph und seiner Frau wird von nun an auf ungarisch abgefaßt. Auch die Kinder werden von beiden auf ungarisch angesprochen. Nichts kann mehr die Madjarisierung der Kaiserin aufhalten.
Die süße Ida Ferenczy begleitet sie überallhin. Sie ist glücklich, ihr Land wiederzusehen. Zum ersten Mal, seit sie ihren Geist, ihr Herz und ihre Vaterlandsliebe in Elisabeths Dienst gestellt hat, betritt sie wieder heimatlichen Boden. Der ungarische »Clan« in Wien bekommt Auftrieb; seine Gegner haben verspielt. Mit den Preußen vor den Toren der Stadt sind die deutschen Träume der Erzherzogin geplatzt. Und Venetien ist verloren. Was bleibt also anderes übrig, als sich mit den Ungarn zu verständigen und somit zu retten, was noch zu retten ist? Steht

Sophies plötzliche Nachsicht gegenüber ihrer Schwiegertochter im Zusammenhang mit der Einsicht, daß ihre Politik gescheitert ist? Bricht Österreich unter ihrem Sohn endgültig mit seiner heiligen, traditionellen Sendung für Deutschland? In diesem Kampf gegen die Fortschrittlichen geraten die Traditionalisten zusehends ins Hintertreffen.

In Georg Majláth hat Elisabeth einen Verbündeten und Ansprechpartner in der engeren Umgebung des Kaisers. Auch er natürlich ein Ungar und außerdem ein Freund von Herzog Max, ihrem Vater. Der Mann stammt aus derselben Familie wie der unvergeßliche János Majláth, dem sie ihre Liebe zu Ungarn verdankt. Er ist in Wien der für die ungarischen Angelegenheiten zuständige Hofkanzler. Was ihm Elisabeth am 14. Juli, einen Tag nach ihrer Ankunft in Buda, schreibt, zeigt deutlich ihre Begeisterung und ihr Engagement für Ungarn: *Vor allem eine Bitte, seien Sie mein Stellvertreter beim Kaiser, übernehmen Sie mein Amt, dem Kaiser die Augen zu öffnen über die Gefahr, in die er sich unwiederbringlich stürzt, wenn er noch immer keine Konventionen an Ungarn machen will. Seien Sie unser Retter, darum beschwöre ich Sie jetzt im Namen unseres armen Vaterlandes und meines Sohnes und zähle dabei auch auf die Freundschaft, die Sie, wie ich mir vielleicht einbilde, doch ein wenig für mich fühlen. Das Zugeständnis, zu dem ich den Kaiser zu bewegen trachtete, das er mir aber leider noch nicht machte, ist, die jetzigen Regierungsmänner zu entfernen und als Minister des Äußeren Gyula Andrássy zu ernennen. Dies wäre eine Konzession an Ungarn, ohne sich durch Nachgeben jetzt zu kompromittieren. Seine Popularität im Lande würde beruhigend und vertrauenserweckend wirken und das Königreich ruhig halten, bis endlich die Verhältnisse erlauben, daß die inneren Zustände geregelt werden […] Ohne Rückhalt habe ich mich an Sie gewendet. Mein Vertrauen kann ich nur ganz oder gar nicht geben. Bringen Sie das zuwege, was mir nicht gelang, dann werden Millionen Sie segnen, mein Sohn aber täglich für Sie beten, wie für seinen größten Wohltäter. Ich vertraue diesen Brief nicht der Post an. Sie können den*

Überbringer so lange behalten, als Sie wollen, lassen Sie ihn aber nicht ohne Antwort zurückkommen.

Man muß es Elisabeth wirklich zugestehen: Wenn sie jemandem ihr Vertrauen schenkt, dann tut sie es ohne jeden Vorbehalt. In diesem Brief – eigentlich ein in einem Zug heruntergeschriebenes Blatt – offenbart sie mit einer unglaublichen Offenheit ihre Pläne, vielleicht auch ihre Gefühle, einem Mann, den sie kaum kennt, für den der ungarische »Clan« aber bürgt. Georg Majláth antwortet ihr am 15. Juli. Wenn man ihm glauben darf, weiß der Kaiser sehr wohl, daß dringend Maßnahmen zugunsten von Ungarn zu treffen sind; er will jedoch unter allen Umständen vermeiden, daß die Entscheidungen unter dem Druck der Ereignisse getroffen werden.

Elisabeth ist immer noch voller Ungeduld. Noch am selben Tag schreibt sie ihrem Mann einen langen Brief. In ihrem Eifer versucht sie, ihn mit seinen eigenen Gefühlen zu erpressen. Auf sie brauchten die ungarischen Liberalen keinen Druck auszuüben. Sie hat sich Ungarn auserwählt und sieht sich als Heilsbringerin dieses Landes. Andrássy soll sein Retter sein: *Eben komme ich zurück von Königseggs, wo ich eine Unterredung mit Andrássy hatte, natürlich allein. Er sprach seine Ansichten klar und deutlich aus. Ich habe sie verstanden und die Überzeugung gewonnen, daß, wenn Du ihm vertraust, aber ganz, so sind wir, und nicht Ungarn allein, sondern die Monarchie, noch zu retten. Du mußt aber jedenfalls selbst mit ihm reden, und zwar gleich, denn jeder Tag kann die Verhältnisse so gestalten, daß er es am Ende gar nicht mehr übernehmen würde; in so einem Moment gehört auch wirklich viel Aufopferung dazu, es zu tun. Spreche also gleich mit ihm, Du kannst es ohne Rückhalt tun, denn diese Versicherung kann ich Dir geben, Du hast keinen Mann vor Dir, der um jeden Preis eine Rolle spielen will, nach einer Position hascht, im Gegenteil, er setzt eher seine jetzige Stellung, die eine schöne ist, aufs Spiel. Aber wie jeder Ehrenmann, ist er auch bereit, in dem Moment, wo der Staat dem Schiffbruch nahe ist, alles, was in seiner Macht steht, zur Rettung beizutragen; was er hat, seinen Verstand, seinen*

Einfluß im Land wird er Dir zu Füßen legen. Zum letzten Mal bitte ich Dich im Namen Rudolfs, versäume den letzten Moment nicht.
Ich habe Andrássy gebeten, Dir die Wahrheit ganz offen zu sagen, Dich von allem in Kenntnis zu setzen, wenn es auch leider nicht erfreulich ist. Ich bitte Dich, telegraphiere mir gleich nach Erhalt meines Briefes, ob Andrássy abends mit dem Zug nach Wien fahren soll. Ich bestelle ihn auf morgen wieder zu Paula, wo ich ihm die Antwort sage. Sagst du »nein«, willst Du in der letzten Stunde nicht einmal mehr einen uneigennützigen Rat hören […] dann bleibt mir nichts mehr übrig, als mich mit dem Bewußtsein zu beruhigen, daß ich, was immer auch geschehe, Rudolf einmal ehrlich sagen kann: »Ich habe alles getan, was in meinen Kräften stand. Dein Unglück habe ich nicht am Gewissen.«
Einen Tag später erhält sie ein verschlüsseltes Telegramm, Franz Joseph hat es in aller Eile abgefaßt: *Habe Deák im geheimen kommen lassen. Lasse Dich daher mit Andrássy nicht zu weit ein.*
Regt sich beim Kaiser wieder die Eifersucht? Oder hat er ganz einfach lieber den alten Weisen als den allzu attraktiven Andrássy? Kossuth ist in der Zwischenzeit nach Italien gegangen. Daß seine Landsleute Elisabeth empfangen haben, macht ihn wütend. Aus Florenz schreibt er am 16. Juli: *Die der Kaiserin abgegebenen sympathischen Erklärungen gelegentlich ihrer Fahrt nach Pest waren hier von schlechter Wirkung. Es ist sehr wichtig, ja außerordentlich wichtig, daß ein nationales Lebenszeichen in ganz entgegengesetzter Richtung gegeben wird. Die ungarische nationale Passivität ist von sehr verstimmender Wirkung.* Kossuth spürt den Wettlauf mit der Zeit zwischen Elisabeth und den Liberalen einerseits und den letzten Emigranten und den über das ganze Land verstreuten Revolutionären andererseits. Er hofft auf einen Sieg Bismarcks, um neuen Aufwind zu bekommen. Gleichzeitig zwingt die drohende Gefahr den Kaiser, schneller auf Ungarn zuzugehen, als ihm lieb ist. Deshalb ist er endlich auch bereit, Andrássy zu empfangen.

Die Ereignisse überstürzen sich. Noch am Morgen des 16. Juli hat der Kaiser Elisabeth telegraphiert, daß er lieber mit Deák sprechen möchte. In der Zwischenzeit hat er wahrscheinlich erfahren, daß Deák nicht in Pest weilt und deshalb eine schnelle Unterredung nicht möglich ist. Da die Zeit drängt, gibt er den Argumenten seiner Frau nach und läßt Andrássy zu sich rufen. Vor seiner Abreise nach Wien spricht der schöne Graf noch einmal mit Elisabeth. Sie übergibt ihm einen langen Brief an den Kaiser. Diesesmal ist der Ton des Schreibens sanfter. Einen ersten Sieg hat sie ja bereits errungen. Und sie weiß, daß Sanftmut die beste Art ist, ihrem Boten zu einem angenehmen Empfang zu verhelfen. Zum erstenmal nimmt sie sich die Zeit, ihm in allen Einzelheiten ihr Leben in Buda und die Villa Kochmeister, die sie mit ihren Kindern bewohnt, zu schildern. Am anderen Tag erhält sie einen Brief des Kaisers. Er schreibt ihr fast täglich, gleich nachdem er zwischen vier und fünf Uhr morgens aufgestanden ist und bevor sein langer Tag beginnt: *Geliebter Engel […] Heute erwarte ich also* G.A. (Gyula Andrássy). *Ich werde ihn ruhig anhören und reden lassen und ihn dann fest auf den Zahn fühlen, um zu sehen, ob ich Vertrauen zu ihm fassen kann. Der Alte* (Deák) *ist nicht mehr in Pest und muß daher auf dem Lande geholt werden, so daß er erst morgen oder übermorgen hier sein kann. Mir ist es auch lieber, A. zuerst allein zu sprechen, denn der Alte ist zwar sehr gescheit, hat aber nie viel Courage gehabt. Hier hat sich die Situation nicht geändert. Napoleon vermittelt noch, hat aber bei den Preußen noch nichts zustande gebracht […] Jetzt können sie jeden Tag angreifen, aber so leicht werden sie nicht über die Donau kommen […] Lebe wohl, mein Engel, mit den lieben Kindern umarme ich Dich mit der größten Sehnsucht nach Euch, Gott schütze uns, Gott schütze Österreich. Dein Dich heiß liebender Franz.*

Die Unterredung kommt am Mittag zustande. Die Atmosphäre ist herzlich, aber die beiden Männer kommen auf keinen gemeinsamen Nenner. Man muß Andrássy zugute halten, daß er nicht durch Abstriche an der ungarischen Position versucht, sich beim Kaiser einzuschmeicheln und den von ihm begehrten Ministerposten zu gewinnen. Er besteht darauf, Ungarn braucht einen verfassungsrechtlichen Rahmen. Franz Josephs Antwort ist bekannt. Er kann in Buda nicht zulassen, was er anderswo – in Prag zum Beispiel oder auch in Wien – verweigert. Im übrigen beginnen die Liberalen in den anderen Provinzen des Reiches bereits, die ungarischen Forderungen zu unterstützen. Natürlich erhoffen sie sich dadurch Vorteile für sich selbst. Der schwierige, aber durchaus offene Dialog zwischen den beiden Männern hat jedoch begonnen. Andrássy bittet den Kaiser, sich Deáks Argumenten nicht zu verschließen, und Franz Joseph bittet den Grafen, bis zur Ankunft seines Freundes in Wien zu bleiben.

Am anderen Morgen berichtet er Elisabeth von seiner Verhandlung mit Andrássy:

Wien den 18. Juli 1866 1/2 6 Uhr früh

Meine heiß geliebte Sissi,

[...] Ich fand Andrássy übrigens wie früher immer, zu wenig präzis in seinen Absichten und ohne die nothwendige Rücksicht auf die übrigen Theile der Monarchie. Er begehrt sehr viel und biethet für den jetzigen, entscheidenden Augenblick zu wenig. In dieser Beziehung erkenne ich seine große Offenheit und Nüchternheit an und diese Anerkennung spreche ich mit voller Überzeugung aus; er ist ein braver, ehrlicher und höchst begabter Mann, aber ich fürchte er hat weder die Kraft, noch findet er im Lande die Mittel, um seine jetzigen Absichten durchzuführen [...] Vor allem muß ich aber noch mit dem Alten reden, dann mit Beiden zusammen, ehe ich einen Entschluß fassen kann [...]

Dann bekommt sein Brief plötzlich einen völlig anderen Ton.

Sehr dankbar bin ich Dir für die genaue Beschreibung der Villa Kochmeister, die sehr hübsch sein muß. Nur freut mich die Glashü-

re an Deinem Zimmer gar nicht, denn da kann man gewiß hineinsehen, wenn Du Deine Waschungen vornimmst und das ängstigt mich. Lasse doch einen großen Vorhang vor die ganze Thüre machen […]

Dein treues Männchen

Es ist ergreifend, wie der schwer unter Beschuß stehende Kaiser sich über eine Glastür aufregen kann, die seiner Meinung nach nicht sein sollte, wo sie ist. Franz Joseph ist eifersüchtig, das hat er schon mehrmals bewiesen. Jetzt, wo mehr denn je Grund zur Eifersucht besteht, lenkt er von seinem Rivalen Andrássy ab und zeigt sich über vermeintliche Voyeure beunruhigt. Einen hinter der Villa Kochmeister auf das Schauspiel lauernden Grafen Andrássy kann man sich nur schwer vorstellen. Zudem befindet er sich in Wien, als Franz Joseph den besagten Brief schreibt. Der Kaiser fühlt sich allein, und seine Frau fehlt ihm. Die Ängste in ihm nehmen zu. Lauert die Gefahr nicht überall? Eine Glasscheibe, ein überaus attraktiver Graf, im verborgenen bleibende Unbekannte? Die Eifersucht ist immer gegenwärtig, auch wenn man sich weigert, dem Rivalen ein Gesicht zu geben.

Es ist auch denkbar, daß Franz Joseph die Zeilen kurz nach seinem Gespräch mit Andrássy geschrieben hat. Es gibt nichts, was er diesem Mann vorwerfen kann. Daß er ein Mann ist, der gefällt, daran besteht kein Zweifel, und das macht die Ängste, die der Kaiser für sich behalten muß, nur noch größer. Offiziell ist seine Frau für ihn über alle Zweifel erhaben. Mehr noch: Er würde sich ihrer nicht würdig fühlen, äußerte er auch nur den leisesten Verdacht. Deshalb läßt er seine Wut lieber an einer harmlosen Glasscheibe aus.

Einen Tag später, es ist der 18. des Monats, schlagen die Preußen in Nikolsburg ihr Hauptquartier auf. Nach Wien sind es noch fünfundfünfzig Kilometer. Von den Hügeln der Stadt kann man in der Ferne die feindlichen Militärzelte erkennen.

Am 19. Juli um sieben Uhr morgens trifft sich Franz Joseph mit Deák. »Der Alte« war inkognito in einem Wiener Vorort abgestiegen. Um die Spuren zu verwischen, nennt er sich Ferenczy. Ein Hinweis auf die wichtige Rolle, die die süße Ida bei all diesen Verhandlungen spielt. In seiner bescheidenen und diskreten Art fährt Deák mit einem Fiaker vor der Hofburg vor: *Wir sprachen eine Stunde sehr eingehend und offen über alle denkbaren Eventualitäten*, schreibt der Kaiser am nächsten Morgen an seine Frau. *Ich habe ihn nie so ruhig, so klar und so aufrichtig gefunden. Viel klarer wie A. und viel mehr der übrigen Monarchie Rechnung tragend. Ich habe aber durch ihn denselben Eindruck erhalten, wie durch A. Sie begehren alles im weitesten Sinne und bieten keine sicheren Garantien des Gelingens, sondern nur Hoffnungen und Wahrscheinlichkeiten und versprechen kein Ausharren im Falle sie ihre Absichten im Lande nicht durchsetzen können und von der Linken überflügelt werden [...] Deák hat mir eine hohe Achtung für seine Ehrlichkeit, Offenheit und dynastische Anhänglichkeit eingeflößt und mich in meiner Überzeugung bestätigt, daß wenn der unglückliche Krieg nicht dazwischen gekommen wäre, ich mich in nicht zu langer Zeit mit dem Landtage auf dem eingeschlagenen Wege verständigt hätte; allein Muth, Entschlossenheit und Ausdauer im Unglücke ist dem Manne nicht gegeben. Mit A. wollte er durchaus nicht zusammenkommen und um 11 Uhr ist er wieder in aller Stille abgereist. Heute will ich wieder mit A. sprechen, um den Faden der Verhandlungen nicht abreißen zu lassen, da wenn die äußere Situation einmal entschieden ist, mit ihm doch etwas zu machen sein wird. Jetzt muß ich schließen, um zu arbeiten. Adieu meine Sissi. Mit den Kindern Dich umarmend, Dein Dich ungeheuer liebender Kleiner.*

Franz Joseph klagt nicht, das würde sich nicht mit seiner Erziehung, seinem Charakter und seiner Vorstellung vom Amt eines Staatsoberhauptes vertragen. Trotzdem leidet er, er leidet schrecklich während des ganzen Sommers 1866, auch wenn sein Tagesablauf ihm wenig Zeit und Raum für Selbstmitleid läßt. Wenn er sich nach dem Aufwachen in Gedanken und geschriebenen Worten mit seiner Frau unterhält, ist dies sein einziger Moment der Ruhe. Und auch diese Freude wird ihm sehr schnell zum Schmerz. Elisabeth scheint schon seit einer Ewigkeit fort zu sein. Die Trennung steigert seine Ängste. Sie ist doch von so schwacher Gesundheit. Seine Sorge darüber kommt in jedem Brief zum Ausdruck. Das Schlimmste wäre, wenn sie wieder wie vor ein paar Jahren in den Zustand zurückfallen würde, in dem ein Leiden das andere nach sich zieht. Er kennt auch ihre große Begeisterungsfähigkeit und Ungeduld und will sie nicht gerne enttäuschen, wenn er ihren ungarischen Elan dämpfen muß.

Auf dem europäischen Schachbrett sind schon zu viele Figuren geopfert worden. Da Napoleon III. sich nicht rührt, muß man wohl oder übel den Friedensvertrag unterzeichnen. Es ist Franz Joseph, der Habsburger, der Deutschland verliert. Noch nie hat er sich so allein gefühlt. Doch nur in den Schlußformeln seiner Briefe an Elisabeth tritt diese Hilflosigkeit zutage. *Dein Männchen* schreibt er oder einfach *Dein Kleiner*, schließlich *Dein Dich sehnsuchtsvoll erwartender Kleiner*. Ein geschlagener Kaiser und gebrochener Mann.

Er hat schon manche Schlacht und manches Land verloren, doch die Wunden sind letzten Endes immer vernarbt. Dieses Mal aber schätzt er seine Verletzung als unheilbar ein. Österreich wird nie mehr zum Deutschen Reich gehören, zu jenem Reich, das achtzehn seiner Vorfahren als Kaiser regierten. Franz Joseph, der sich für einen Deutschen hält und es in seinem ernsten Wesen, seinem Mut, seiner Zuverlässigkeit und Bescheidenheit auch ist, fühlt sich als Heimatvertriebener. Wenn er am Tag nach Königgrätz hätte ahnen können, wie sein Land 1938 in das Reich heimkehren sollte, wäre er wahrscheinlich noch verzweifelter gewesen.

Am 26. Juli wird in Nikolsburg der Waffenstillstand geschlossen. Die Unterzeichnung des Friedensvertrags folgt am 23. August 1866 in Prag. Der kluge Bismarck demütigt den Gegner nicht mehr als unbedingt notwendig. Gegen den Willen seines Königs fordert er weder Geld noch Gebietsabtretungen. Wilhelm I. konnte sich zwar nur schwer zum Krieg entschließen, doch mit dem Sieg bekommt er Appetit, und er würde gerne eine österreichische Provinz verspeisen. Bismarck kann ihn nur mit Mühe beschwichtigen. Es genügt ihm, daß Österreich aus Deutschland ausgeschlossen wird. Das hat er gewollt, und das bekommt er, fertig, Schluß! Preußen gibt sich mit der Annektierung von Schleswig und Holstein und seiner Vormachtstellung über die norddeutschen Staaten zufrieden. In die Organisation des deutschen Südens mischt es sich nicht ein. Napoleon III. ist mit diesem Friedensschluß vollauf zufrieden, gibt er ihm für den Augenblick doch recht. Man hatte mit größeren Forderungen gerechnet. Doch der siegreiche Bismarck denkt weiter und plant auf lange Sicht. Er wird noch mehr triumphieren. Für den Augenblick hat er mit den Waffen gewonnen und sich Ansehen verschafft.

Nicht nur Franz Joseph ist durch die Niederlage schwer getroffen. In Buda fühlt Elisabeth, wie die Krankheit sich ihrer erneut bemächtigt; sie ruft Dr. Fischer zu Hilfe. In Wien ist das Ansehen des Kaisers auf seinem Tiefpunkt angelangt. Die Feinde stehen nicht nur draußen, sie dringen allmählich auch in die belagerte Festung ein. Selbst an den Mauern der Hofburg kann man von anonymer Hand hingeschmierte beleidigende Parolen lesen.

Das von Metternich auf dem Wiener Kongreß gestaltete Europa gibt es nicht mehr. Machthunger und Nationalismus haben gewonnen. Franz Joseph wird zum erstenmal von Pessimismus überwältigt. Das Reich, sein Reich, hat vielleicht nicht für alle Zeiten seinen festen Platz auf der europäischen Landkarte. Der Mann ist mit einem Schlag gealtert. Er ist nicht mehr der junge Kaiser, der glaubt, durch Arbeit und Strenge jeden Schaden von seinem Land abwehren zu können. Seine Einsamkeit und Ohnmacht wachsen sich zum Fatalismus aus. In diesem Sinne schreibt er an seine Mutter, die Erzherzogin Sophie: *Wenn man alle Welt gegen sich und gar keinen Freund hat, so ist wenig Aussicht auf Erfolg, aber man muß sich so lange wehren, als es geht, seine Pflicht bis zuletzt tun und endlich, mit Ehre, zu Grunde gehen.*

Franz Joseph hat die Hofburg verlassen. Die Hitze im Zentrum von Wien ist unerträglich. In Schönbrunn hat er den Park mit schattenspendenden Bäumen und dem Gartenpavillon von Maria Theresia. Doch ihm fehlt das Entscheidende, seine Frau. Am 28. Juli, zwei Tage nach dem Waffenstillstand – die Gefahr eines Einmarsches ist gebannt –, appelliert er an sie: *Ich bitte Dich, komme daher, mich besuchen, ich habe so eine Sehnsucht nach Dir und Dich freut es ja vielleicht auch, mich in so trüber Zeit wiederzusehen*. Der Kaiser weiß, daß Elisabeth voll Ungeduld ist, weil die Verhandlungen mit Ungarn auf der Stelle treten. Um sie zu beruhigen, vielleicht aber auch, um sie zur Rückkehr aus Buda zu bewegen, teilt er ihr deshalb mit, daß für den folgenden Tag eine weitere Unterredung mit Andrássy geplant ist.

In der Tat treffen sich die beiden Männer am 29. Juli. Zwischen den Feinden von einst entwickelte sich ein unsagbares Vertrauen, das weit über bloße Worte und die Ergebnisse ihrer Politik der kleinen Schritte hinausgeht. Natürlich erwähnt weder der eine noch der andere die Kaiserin, trotzdem fehlt sie nie bei den Gesprächen. Ihre Gegenwart bringt die beiden aber nicht auseinander und ist auch nicht Anlaß für Streit oder Verdächtigungen, sondern hat eher etwas Stimulierendes. Wenn sie schon aus Liebe zu einer Frau ihre Eifersucht und ihren Groll überwinden können, warum sollten sie dann zu keiner ehrlichen Lösung für das Reich kommen? Die höfische Liebe in ihrer Reinform. Die beiden Männer kennen ihre Rolle und werden ihr voll und ganz gerecht. Über den gegenseitigen Respekt hinaus ist ihnen bewußt, daß sie das Bild einer Zukunft vermitteln, die weitaus wichtiger ist als ihrer beider Person. Dieses Bewußtsein fasziniert sie außerordentlich.

Andrássy unterbreitet dem Kaiser den Plan einer dualistischen Monarchie. Das Reich würde sich so als Bund zweier Länder definieren: Österreich-Ungarn. Wie immer nimmt Franz Joseph es zur Kenntnis, legt sich aber nicht fest. Der Grund ist nicht nur in seiner Unentschlossenheit zu suchen, denn der Kaiser hat sich auch noch um andere Dinge zu kümmern. Der Waffenstillstand hat die Kampfhandlungen beendet, die Gefahr eines ungarischen Aufstands gegen Österreich ist also geringer geworden. Von größter Dringlichkeit hingegen sind Maßnahmen für die vom Krieg verwüsteten Provinzen. In Böhmen herrscht Hungersnot, und in der geschwächten Bevölkerung sind Epidemien ausgebrochen. Krankheiten setzen gerne die Arbeit der Waffen fort. Die Spanische Grippe fordert 1918 eine Million Tote, unter ihnen auch Guillaume Apollinaire und Egon Schiele.

Endlich kommt Elisabeth ihren »Kleinen« in Schönbrunn besuchen. Aber die Wiedersehensfreude ist von kurzer Dauer. Kaum angekommen, nützt sie die Gelegenheit, um Andrássy zu empfangen. Die Zeiten, in denen der von der kaiserlichen Polizei bespitzelte Graf aus Rücksicht auf ihren guten Ruf Begegnungen mit ihr mied, sind vorbei. Jetzt, da die Gespräche mit Franz Joseph einen herzlichen Ton angenommen haben, wäre es eher seltsam, wenn er die Kaiserin in ihrem Schönbrunner Schloß nicht besuchen würde. Schließlich sieht er sie in Buda auch fast täglich.

Sofort ist Franz Joseph mit einem Vorwurf bei der Hand. Warum diese Eile und dieses distanzierte Verhalten ihm gegenüber? Als Antwort hält sie ihm seine politische Unentschlossenheit vor. Ihrer Meinung nach gibt es nicht den geringsten Grund dazu. Deutschland ist verloren. Es bleibt nur zu retten, was noch zu retten ist, Ungarn nämlich. In ihrer ehelichen Auseinandersetzung fliegen europäische Länder, wie bei anderen Paaren das Geschirr.

Zwei Tage nach diesem Eklat reist Elisabeth wieder ab nach Buda. Kurz darauf erhält sie einen Brief des Kaisers: *Komme bald wieder, mich zu besuchen [...] wenn Du auch recht bös und sekant warst, so habe ich Dich doch so unendlich lieb, daß ich ohne Dich nicht sein kann.* Am 7. August folgt ein weiterer Brief, in dem er ihr die Gründe seines Verhaltens erklärt, sozusagen als Entschuldigung dafür, daß er sie enttäuscht hat: *Es wäre gegen meine Pflicht, mich auf Deinen ausschließlich ungarischen Standpunkt zu stellen und diejenigen Länder, welche in fester Treue namenlose Leiden erduldeten und gerade jetzt der besonderen Berücksichtigung und Sorgfalt bedürfen, zurückzusetzen.* In einer zu Herzen gehenden Resignation fügt er hinzu: *Ich werde mein langgewöhntes Alleinsein wieder mit Geduld tragen. In dieser Beziehung habe ich schon viel auszuhalten gelernt und man gewöhnts endlich.*

Aber in Buda kann sich Elisabeth nicht beruhigen. Zu Andrássy hatte sie gesagt, wenn des Kaisers Angelegenheiten in Italien schlecht gingen, so schmerze sie das; wenn aber das gleiche in Ungarn der Fall sei, so töte sie das. Österreich hat seinen ganzen Einfluß in Deutschland und Italien verloren. Aber offensichtlich ist es damit nicht genug. Denn die Kaiserin ist überzeugt, daß ihr Mann mit seinen ständigen Ausflüchten auch Ungarn verspielt.

Mal packt sie die Wut, mal die Verzweiflung. Die Männer mit ihrem ewigen Geschwätz! Das Entscheidende fehlt ihnen: Energie. Sowohl mit Franz Joseph als auch mit Andrássy geht sie hart ins Gericht. Tun sie doch beide so, als ob sie in ihrem – der Kaiserin – Willen handeln. Plötzlich wird ihr bewußt, wie begrenzt ihre Macht ist. Man gibt ihr die zärtlichsten Namen, für den einen ist sie der »geliebte Engel«, für den anderen die »schöne Vorsehung«, aber letzten Endes ist ihnen ihre Meinung egal. In ihrer Leidenschaft wird sie verletzend. Aber wer außer Ida hat schon ganz uneigennützig Verständnis für sie? Elisabeth hält ihre Sache für gescheitert und ist in ihrer Enttäuschung ungerecht.

Bei politischen Gesprächen mit ihren Freunden, den ungarischen Liberalen, ist sie neuerdings kurz angebunden. Wie ihr Vetter Ludwig II. versucht sie, den Realitäten zu entfliehen, und läßt sich vom Galopp ihres Pferdes davontragen. Auf einem dieser Ausritte entdeckt sie das etwa dreißig Kilometer vor Buda liegende Schloß Gödöllö. Sie ist sofort sehr angetan, auch wenn das Schloß nicht gerade den besten Eindruck macht. Es ist in einem schlechten Zustand. Zudem hat man in seinen Räumen ein provisorisches Lazarett für die bei Königgrätz verletzten ungarischen Soldaten eingerichtet. Was andere Spaziergänger eher abschrecken würde, zieht sie an. Kriegsverwundete sind ihr nichts Neues. Außerdem fühlt sie sich für jede Wunde verantwortlich, und wenn daraus Madjarenblut fließt, erst recht.

Schloß Gödöllö wurde Mitte des 18. Jahrhunderts für Maria Theresia erbaut. Ein herrliches Barockschloß, umgeben von einem Wald hoher, alter Bäume, die sich irgendwo am Rand der weiten Ebene verlieren. Eine Insel in der endlos scheinenden Ebene. In seinen Mauern fühlt man sich geschützt, ohne gefangen zu sein. Viel Licht strömt durch die großen Fenster der Eingangshalle und läßt den weißen Marmor der geschwungenen Doppeltreppe erglänzen. Die Sonnenstrahlen spielen auf seiner Oberfläche. Das Gebäude strahlt Lebendigkeit und Natürlichkeit aus, und das ist es, was Elisabeth an Ungarn so liebt.

Eben hier in diesem Schloß der ehemaligen Kaiserin hatte Kossuth am 7. April 1849 seine Generäle um sich versammelt und die Habsburger in Ungarn für abgesetzt erklärt. Macht diese Tatsache den Ort für Elisabeth noch liebenswerter? In ihrer Haltung steckt Trotz. Kann sie allein mit ihrem Willen den Lauf der Geschichte ändern? Unverzüglich schreibt sie dem Kaiser, daß sie das Anwesen gerne zurückkaufen würde. Die Antwort läßt nicht auf sich warten. Ein Nein, und zwar ein kategorisches: *Wenn Du willst, kannst Du nach Gödöllö zu den Verwundeten fahren. Schaue Dir es aber nicht so an, als wenn wir es kaufen wollten, denn ich habe jetzt kein Geld und wir müssen in diesen harten Zeiten ungeheuer sparen […] Das Hofbudget für das nächste Jahr habe ich auf 5 Millionen herabgesetzt, so daß über*

2 Millionen erspart werden müssen. Fast der halbe Stall muß verkauft werden und wir müssen sehr eingeschränkt leben. Dein trauriges Männeken.

Der ablehnende Bescheid öffnet Elisabeth die Augen. Mit Hilfe der klarsichtigen Ida wird ihr obendrein ihr Egoismus bewußt. Steht der Kaiser, den sie immer für bärenstark hielt, am Rande des Abgrunds? Er haßt es zu klagen. Und wenn er es schon zugibt, muß die Situation wirklich ernst sein: *Ich bin sehr melancholisch und herabgestimmt, eigentlich abgestumpft, und muß mich sehr zusammennehmen, um gerade jetzt nicht zu ermatten [...] Ich sehne mich sehr nach Dir und Deiner erheiternden Gesellschaft. Dein einsames Männeken.*

Sie beschließt, nach Wien zurückzukehren. Am 18. August feiern sie gemeinsam den sechsunddreißigsten Geburtstag des Kaisers. Die Atmosphäre ist gespannt. Doch Elisabeth hält sich zurück; während ihres ganzen Aufenthalts spricht sie ihren Mann nicht auf Ungarn an. Andrássy selbst hat sie davor gewarnt, allzu sehr zu insistieren. Es würde doch nur auf sie zurückfallen. Der Kaiser ist im Augenblick schwer belastet. Der endgültige Frieden mit Preußen ist noch nicht unterzeichnet; das steht noch für nächste Woche in Prag bevor. Und zu all den Sorgen nun auch noch eine weitere Hiobsbotschaft: Maximilian ist in Mexiko von allen Seiten umzingelt. Seine Frau Charlotte hat sich Napoleon III. niedergeschlagen und verstört vor die Füße geworfen. Doch ihr Hilferuf wurde nicht erhört. Franz Joseph erklärt dazu: »Ich hoffe nur, daß sie nicht hierher kommt, denn die fehlte uns noch im jetzigen Augenblicke.« Er ist selbst viel zu sehr in Probleme verstrickt, um sich mit seinem Bruder solidarisch fühlen zu können. Der Augenblick ist wirklich nicht gerade günstig. Jedesmal, wenn das Reich in einer Krise steckt, werden Stimmen laut, die eine Abdankung zugunsten Maximilians fordern. Für Franz Joseph wäre es das Schlimmste, wenn sein Bruder, des mexikanischen Abenteuers müde, jetzt nach Wien zurückkehren würde. In Wirklichkeit ist Maximilians Situation wesentlich ernster, als man es in Europa glauben will. Die Nachrichten aus Übersee treffen mit sechs- bis achtwöchiger Verspätung ein, und man interpretiert deshalb Charlottes aufgelösten Zustand eher als Folge einer geistigen Verwirrung.

Einen Tag nach des Kaisers Geburtstag, am 19. August, kehrt Elisabeth nach Buda zurück. Sie kann zwei gute Gründe anführen: zum einen ihre Kinder, die in der ungarischen Hauptstadt geblieben sind, zum anderen das Fest des heiligen Stefan, das sie auf ungarischem Boden feiern will. Denn Stefan ist der ungarische Schutzpatron. Sie empfindet es als ihre Pflicht, bei diesem Anlaß den Kaiser zu vertreten. Erst eine schwere Choleraepidemie bringt sie dazu, ihr Domizil auf den Höhen von Buda zu verlassen, und sie ist endlich bereit, den unzähligen Appellen ihres Mannes zu folgen und mit ihren Kindern heimzukehren: *Du gehst mir fürchterlich ab, denn mit Dir kann ich doch sprechen und dann erheiterst Du mich doch manchmal, wenn ich auch im Augenblicke finde, daß Du etwas sekant bist. Ja, der Schatz, und was für einer!! fehlt mir sehr.*

Zurück in Wien, gibt sie ihren Kampf keineswegs auf. Im Gegenteil, die Not verleiht ihr Flügel. Aber Franz Joseph beugt sich ihren Wünschen nicht, auch wenn er noch so sehr unter den Spannungen mit seiner Frau leidet. Die Ernennung des Sachsen Beust zum Außenminister wertet sie als persönlichen Mißerfolg, denn ihr Kandidat war natürlich Andrássy. Als sich jedoch herausstellt, daß auch Beust für den Dualismus und die Verständigung mit Ungarn plädiert, gibt sie ihre feindselige Haltung rasch auf. Um seine ungarischen Gesprächspartner zu beruhigen, sagt Beust sogar: »Ihr behaltet eure Horden, und wir die unsrigen.« Also ein Mann, der sich in bezug auf die menschliche Natur keinen Illusionen hingibt.

Im Herbst erweitert Elisabeth ihre ungarische Garde um Max Falk. Der Mann hat alle Eigenschaften, die bei der Erzherzogin und ihrem Clan Anstoß erregen: Er ist Ungar, außerdem Jude, und zu allem Überfluß hat er auch noch wegen Pressedelikten im Gefängnis gesessen. Um das Bild zu vervollständigen, sei auch noch gesagt, daß der sich über die Zensur hinwegsetzende Journalist ein Freund Andrássys ist. Um ihn in ihren Kreis einzuführen, bedient sich die Kaiserin eines Tricks, der ihr schon manches Mal geholfen hat. Sie bittet Max Falk, ihr Unterricht in Ungarisch zu geben.

Eigentlich ist ihre Ausbildung in diesem Fach abgeschlossen, denn Ida hat ihren ganzen Ehrgeiz darangesetzt, und inzwischen ist die Schülerin so gut wie ihre Lehrerin. Doch Elisabeth tut den Einwand ab. Sie findet, daß ihrem ungarischen Stil die Leichtigkeit fehlt und ihre Kenntnisse der madjarischen Literatur äußerst lückenhaft sind, und Max Falk ist ein großer Literaturkenner.

Der Journalist lebt in Wien, schreibt aber regelmäßig für Budapests bedeutendste liberale Zeitung. In seinen späteren Memoiren berichtet er, wie erstaunt er bei seinem ersten Besuch in Schönbrunn war. Da er hauptsächlich mit von der Zensur verbotenen Waffen einen ständigen Kampf gegen den Absolutismus geführt hat, glaubt er, höchstens über den Dienstboteneingang in das Schloß Einlaß zu finden. Man empfängt ihn jedoch wie einen Freund des Hauses. Ein Mann im schwarzen Anzug wartet auf ihn und führt ihn zur Kaiserin: »Ihre Majestät will nicht, daß Sie durch was immer für Zeremonien geniert werden. Sie hat daher Auftrag erteilt, daß Sie stets auf dieser Seite hinaufkommen, wo Sie niemand anderem als mir begegnen werden.« Keine Ehrendame hört bei ihren Gesprächen zu, nur Ida ist zugegen. In der Unterhaltung – auch Falk bestätigt die »durchaus reine und korrekte ungarische Aussprache« der Kaiserin – geht es großenteils um Literatur, aber auch die Politik wird immer wieder gestreift.

Elisabeth ist von dem ungarischen Dichter Joseph Eötvös begeistert, auch er ein überzeugter Liberaler. Die Zensur hat viele seiner Gedichte verboten. Von Elisabeth und Ida ermutigt, schleust Falk nicht nur die auf dem Index stehenden Werke in das Allerheiligste des Reiches, sondern auch sämtliche Informationen, die sonst nur unter der Hand weitergegeben werden. Er zeigt ihr die Briefe, die er von Eötvös bekommt. Mit der Zeit wendet sich der Poet über seinen Freund Falk direkt an die Kaiserin. Die Taktik ist nicht neu, auch Andrássy hat seine Briefe an die Kaiserin offiziell an eine Drittperson gerichtet, nämlich an Ida.

Max Falk ist auch Historiker. Auf die Bitte seiner Gesprächspartnerin hin erweitert er seinen Themenbereich. Von Ungarn ausgehend, kommt man auf ganz Europa zu sprechen, aus dem Geschichtsunterricht wird eine politische Unterhaltung. Der Liberalist macht aus seiner republikanischen Weltanschauung keinen Hehl. Auch das kann die Kaiserin, die Frau des Kaisers, nicht erschüttern. Oft sprechen sie täglich miteinander. Da Franz Joseph keine Ahnung hat, worüber sie sprechen, packt ihn wieder die Eifersucht. In Wirklichkeit besteht dazu kein Anlaß. Für Elisabeth ist es allerdings besser, wenn sich die Eifersucht ihres Mannes auf Falk richtet und nicht auf Andrássy. Außerdem weiß sie Franz Joseph zu beschwichtigen: *Mit den Manieren des Falk bin ich sehr zufrieden*, schreibt sie dem Kaiser. *Brauchst auf ihn nicht eifersüchtig zu sein, er ist das lebendige Bild des echten Juden, aber sehr gescheit und angenehm.* Das Argument mag überraschen: Er ist Jude, also kann man sich nicht in ihn verlieben. Die Kaiserin setzt es ein, weil sie sich auf seine Wirkung verlassen kann. Franz Joseph ist mit Sicherheit kein Antisemit, das hat er wiederholt bewiesen. Auch wenn die Ausdrücke *Antisemit* und *Antisemitismus* erst zehn Jahre später zum erstenmal auftauchen, so ist das Phänomen trotzdem leider wesentlich älter. Und selbst der toleranteste Kaiser kann in dieser archaischen und hierarchisch-katholischen Gesellschaft, in die man nur mit einem mindestens vier Generationen alten Adelsbrief Einlaß findet, unmöglich einen oppositionellen, ungarischen Juden und ehemaligen politischen Häftling auf die Stufe eines Rivalen erheben.

Die Sache ist durchgestanden. Falk kann der Kaiserin weiterhin Informationen liefern und sie mit verbotenen, oft recht abgewetzten Schriftstücken vertraut machen. Manchmal kommt ihm Elisabeths Wißbegier eigenartig vor, doch sie versteht es immer wieder, ihm zu vermitteln, daß er bei ihr keine Vorbehalte zu haben braucht und daß sie auch ohne ihn Mittel und Wege fände, um an die verbotenen Schriften heranzukommen. Sie will alles wissen, und der Journalist wird ihren Ansprüchen gerecht. Nach ihrer Krönung kehrt er nach Ungarn zurück, um die Politik seines Freundes Andrássy zu unterstützen. Als Chefredakteur der in Ungarn erscheinenden deutschsprachigen Liberalenzeitung *Pester Lloyd* und Parlamentsabgeordneter zählt er zu den einflußreichsten Männern des Landes.

Während des Winters 1866/1867 bemüht sich Elisabeth, ihre nur schwer stillbare Reiselust zu zügeln. Aber solange der Ausgleich mit Ungarn noch nicht unterzeichnet ist, ist ihr Platz in Wien. Eine Lösung scheint in Sicht, gerade jetzt sollte man die Angelegenheit also nicht hängenlassen. Im Anschluß an einen Kurzbesuch bei ihrer Schwester Mathilde in Zürich gönnt sie sich jedoch ein paar Tage in Bayern. Ein kurzer Aufenthalt in München gibt ihr Gelegenheit zu einem Wiedersehen mit Vetter Ludwig II. Sie findet ihn verändert. Vielleicht sieht sie den Verbündeten, der sich im Krieg gegen Preußen so schmählich verhalten hat, inzwischen auch nur mit anderen Augen. Wenige Tage zuvor hat ihr Ludovika eine unglaubliche Neuigkeit eröffnet: Ludwig hat sich mit Sophie, Elisabeths jüngster Schwester, verlobt. Sie kann sich der einhelligen Begeisterung der Familie nicht anschließen. Der Heiratskandidat ist zwar König, aber ein recht seltsamer, und ein Thron war noch nie eine Glücksgarantie; allzu oft vielmehr alles andere als das. Außerdem kennt Elisabeth ihre hypersensible Schwester. Mit der erst zwanzigjährigen Sophie hatte man schon verschiedentlich hochfliegende Heiratspläne. Bleibt ihr nun diese die Eigenliebe verletzende Enttäuschung nicht erspart? Werden auch ihre Träume platzen? So wie die der hübschen Marie, die nicht nur das Königreich von Neapel, sondern auch den Mann, den sie liebte, und ihren kleinen Bastard verlassen mußte?

Ludwig erwartet Elisabeth im Bahnhof von München. Der Fieberkranke ist ihretwegen zum erstenmal seit mehreren Tagen wieder auf die Straße gegangen. Wie immer ist er voller Komplimente und Bewunderung für sie. Nie sei sie schöner gewesen, meint der König, und zum Glück, fügt er hinzu, sehe Sophie ihr ähnlich. Seine Vorliebe für das Original ist deutlich zu spüren. Nur widerwillig hat er sich mit der Nachbildung verlobt. Elisabeth hätte sich in ihrer Eitelkeit durchaus geschmeichelt fühlen können, doch die Liebe zu ihrer Schwester ist größer, und im Hinblick auf die eigenartige Situation hat sie die größten Bedenken, zumal Sophie offensichtlich in ihren hübschen Vetter sehr verliebt ist.

Elisabeth hat begriffen, daß Ludwig sich in keiner Weise von Frauen angezogen fühlt; wenn er sie so lautstark bewundert, dann deshalb, weil eine Liebe zwischen ihnen völlig ausgeschlossen ist. Sie verbindet keine körperliche Zuneigung, sondern ihre gemeinsame Vorliebe für geistige und ästhetische Schönheit, von den Verrücktheiten, die bei beiden eine morbide Faszination auslösen, ganz zu schweigen. Ludwig hat dem Druck seiner Regierung und seiner Familie nachgegeben. Der bayerische Thron braucht einen Erben, sonst ist das Problem der Nachfolge schwer zu lösen. Sein jüngerer Bruder Otto leidet an besorgniserregenden Wahnsinnsanfällen, von ihm ist also nicht viel zu erwarten. Des ewigen Kampfes müde, hat Ludwig eingewilligt. Ob Heirat oder nicht, letzten Endes ist doch alles egal! Seine große Liebe, seine einzig wahre Passion hat ihn sowieso enttäuscht. Wagner liebt ihn nicht und hat ihn verraten. Wagner liebt eine andere. Lange Zeit wollte der König das Verhältnis zwischen Richard und Cosima nicht wahrhaben. Schließlich, am Ende seiner Kräfte, hatte er schließlich ein Einsehen. Unter diesen Voraussetzungen ist Sophie das kleinere Übel. Sie ist Musikerin, teilt seine Begeisterung für Wagner und ist obendrein noch die Schwester der göttlichen Kaiserin.

Der Blick des Königs wirkt noch unsicherer als sonst. Das Gesicht ist glatter geworden und hat die Grazie des blühenden Jünglings verloren. Sein Charme ist jedoch ungebrochen, auch wenn ihn im Augenblick alles schwer bedrückt. Mehr denn je scheint Ludwig in seinen Träumen gefangen, Träume, die er sich nie einzugestehen wagt. Doch Sophie ist nach wie vor zuversichtlich. Die beiden geben Elisabeth den Termin ihrer Hochzeit bekannt. Am 25. August soll sie stattfinden, an Ludwigs Geburtstag. Der König wird an diesem Tag zweiundzwanzig Jahre alt.

Mögen sie miteinander glücklich werden! Alles in allem ist ihre Zukunft auch nicht ungewisser als bei anderen, und nicht immer brechen die Katastrophen da aus, wo man sie erwartet. Elisabeth denkt an ihre Schwägerin Charlotte. Die Frau Maximilians ist durch die mexikanische Tragödie schwer getroffen. Nachdem der Hilferuf für ihren Mann bei Napoleon III. ergebnislos verhallt war, versuchte sie es mit einem Bittgang beim Papst. Sowohl im Vatikan als auch am französischen Hof lehnte sie, aus Angst davor, daß man sie vergiften könnte, die ihr angebotenen Getränke ab. Danach zog sie sich in geistiger Umnachtung nach Miramar zurück. Sah die ehrgeizig-stolze und intelligente Charlotte, die von der Erzherzogin immer wieder als Vorbild hingestellt worden war, nur noch im Wahnsinn einen Ausweg aus ihrem Leid?

Zurück in Wien, sieht sich die Kaiserin für ihre Mühen belohnt. Am 18. Februar 1867 wird Andrássy zum Premierminister Ungarns ernannt. Für den Grafen ein Triumph und für Elisabeth eine unbeschreibliche Freude. In der Folge avanciert der Sachse Beust zum Premierminister Österreichs. Der Weg zum Dualismus ist offen. Nun liegt es an Andrássy und Beust, die entsprechenden Regeln festzulegen.

Der Ausgleich von 1867 sieht einen Erbbund zweier souveräner Staaten vor, das gemeinsame Dach ist die Monarchie. Franz Joseph regiert in Buda nicht mehr in seiner Eigenschaft als Kaiser von Österreich, sondern als König von Ungarn. Mit dem alten einheitlichen Reich ist es vorbei. Im Gegenzug akzeptiert Ungarn gemeinsame Ministerien für Verteidigung und Außenpolitik. Die ungarische Regierung ist dem Parlament verpflichtet. Die ehemalige Verfassung tritt wieder in Kraft. Der Kaiser und die Kaiserin müssen sich in Buda krönen lassen, und die

Ungarn jubeln. Bei den Tschechen hingegen stößt der Ausgleich auf Protest. Auch sie fordern ihren Platz in diesem Vielvölkerstaat. Die slawischen Völker des Reiches sind bei dem Ausgleich die großen Verlierer.
Auch für die Anhängerschaft der Erzherzogin bedeutet der Ausgleich eine Niederlage. Erzherzog Albert, der große Krieger und mehrmalige Sieger von Italien, dessen Truppen die Ungarn immer wieder in ihre Schranken gewiesen haben, ist einer der schärfsten Gegner des Ausgleichs. Für diese alte Garde ist Ungarn nach wie vor das »österreichische Asien«.
Das Kaiserpaar wird in Buda für den 12. März 1867 mit Freuden erwartet. Die Krönung muß vorbereitet werden. Wenige Tage vor dem festgesetzten Termin kommt es in der Familie von Wittelsbach zu einem Trauerfall. Elisabeths Schwägerin, die Frau ihres jüngeren Lieblingsbruders Karl Theodor, stirbt völlig unerwartet. Unter diesen Umständen kann Elisabeth ihren Mann nicht nach Buda begleiten. Zum zweitenmal steht zwischen ihr und Ungarn ein Todesfall. Anstatt dem Triumph Andrássys beizuwohnen, heißt es nun wieder Trauerkleidung anlegen. Wie könnte der Graf Elisabeth an diesem Tag vergessen? Eigentlich sollte sie bei diesem Anlaß an seiner Seite sitzen.
Elisabeth gelingt es nicht, sich vom Schatten des Todes zu befreien. Er legt sich über ihre schönsten Träume und macht eine vollständige Erfüllung ihrer Wünsche unmöglich. Das Gefühl, nie satt und zufrieden zu sein, ist eine noch vergleichsweise milde Strafe. Es ist viel schlimmer, überhaupt keinen Hunger zu haben. Dieses Gefühl der Leere, der Lethargie und Appetitlosigkeit kennt sie nur zu gut. Man wünscht sich letzten Endes nur noch die Selbstzerstörung.
Schon damals in Ischl, als Franz Joseph sie zum erstenmal sah, trug sie Trauerkleidung. Vielleicht hätte sie in Buda in ihrem schwarzen Kleid auch das Herz des schönen Madjarenreiters rühren können. Aber wahrscheinlich soll es so sein: Für das gute Gelingen des Ausgleichs muß sie noch etwas mehr von

ihrem Glück opfern. An jenem 12. März 1867, als sich die beiden Länder eine neue Zukunft geben, wird sich Elisabeth bewußt, wie stark für sie Ungarn mit seinem Premierminister, dem Grafen Andrássy, verbunden ist. Sie liebt und vermißt beide in gleichem Maße.
Gerade im traurigsten Augenblick ihrer Entsagung erreicht sie eine wunderbare Nachricht. An ebenjenem 12. März gibt Andrássy bekannt, daß die ungarische Nation ihr Königspaar mit Schloß Gödöllö beehrt. Mit diesem Geschenk macht Andrássy der Königin seine Zuneigung deutlich. Es ist sein Wunsch, sie so oft wie möglich in seinem Land wohnen zu sehen. Gödöllö mit seinen Marmortreppen, die glänzen wie die Felsen von Korfu. Gödöllö, das sie auf Anhieb geliebt hat und Franz Joseph ihr nicht geben wollte, besiegelt ihren Liebesbund mit Ungarn.

Elisabeth hatte keine Mühe gescheut, Ungarn zu helfen, und das Madjarenvolk ist ihr deshalb unendlich dankbar. Es fordert, daß die Kaiserin am selben Tag zur ungarischen Königin gekrönt wird wie Franz Joseph zum König und nicht, wie die Tradition es will, in den darauffolgenden Tagen. Damit zeigt Ungarn, daß es selbst über sein Schicksal entscheidet. Es gibt sich einen König, sozusagen eine Vernunftehe, aber es wählt sich seine Königin, eine Liebesverbindung.
Der Dichter Joseph Eötvös, Kultusminister in der neuen Regierung Andrássys, schreibt an Max Falk: *Ihre hohe Schülerin wurde bei uns mit Blumen empfangen. Tagtäglich wächst die Begeisterung. So fest ich daran glaube, daß noch nie ein Land eine Königin hatte, die dies mehr verdient, so sehr weiß ich, daß es noch niemals eine gab, die so geliebt wurde […] Ich war immer überzeugt, daß, wenn eine Krone, so wie 1848 die ungarische, zerbrach, sie nur von den Flammen der im Herzen erweckten Gefühle wieder zusammengeschweißt werden kann […] nun blieb nur noch eines übrig, daß die Nation irgendein Mitglied des Erzhauses aus tiefstem Herzen lieben möge. Nun wir dies erreicht haben, bangt mir vor der Zukunft nicht mehr.*
Trotz all dieser Liebesbeweise fürchtet Elisabeth bis zum Schluß

einen unvorhergesehenen, fatalen Zwischenfall, eine Laune des Schicksals, die den noch labilen Ausgleich wieder zunichte machen könnte. Sie hat sich so sehr für die Versöhnung eingesetzt und so lange von ihr geträumt und auf sie gewartet, daß sie jetzt gar nicht zu glauben wagt, am Ziel zu sein. Sie muß oft an *Délibáb*, eine alte ungarische Legende, denken. Im Sommer, wenn die Sonne am höchsten steht, erscheint über der weiten Ebene das zitternde Bild einer alten Frau. Eine Hexe? Eine Amme? In ihren ausgestreckten Händen hält sie ein Haus. Dort zeigt sich die Hoffnung in der Gestalt einer Luftspiegelung, die Hoffnung eines in unsicheren Grenzen lebenden alten Nomadenvolkes, hin- und hergetrieben durch Kämpfe und Invasionen. Wird es dort im zitternden Himmel eines Tages ein Ende der Irrfahrt geben? Eine Oase zum Verweilen?

Deák hat Drohbriefe erhalten. Kossuths Anhänger könnten sich während der Krönungszeremonien mit Gewalttaten bemerkbar machen. Die Polizei ist deshalb auf der Hut, als das Kaiserpaar am 8. Mai nach Ungarn reist. Doch das Land liegt im Freudentaumel. Man fährt nach Gödöllö, wo die Renovierungsarbeiten begonnen haben. Elisabeth liebt diesen Ort mehr denn je; sie ist glücklich, dort ihren Mann willkommen heißen zu können. In diesem Haus und seinem riesigen Reit- und Jagdrevier werden sie ein neues Leben anfangen. Wie die Bauern, die ihre herrlichen Pferde ohne Sattel reiten, werden sie auf einfache Weise glücklich sein. Elisabeth fühlt sich auf ihrem Anwesen wie umgewandelt und mit neuem Leben erfüllt. Bereits vor der Krönung wird sie zu Erzsébet. Aber noch will sie den Atem und damit ihr Glück anhalten, aus Angst, das schöne Bild am Himmel könnte verschwinden. Die Krönung ist in einem Monat. Bis dahin würde sie am liebsten die ganze Welt in einen Halbschlaf versetzen. Nichts soll die Ordnung der Dinge verändern können.

Doch das Schicksal will weder schweigen noch in seinem Lauf verharren. Gegen Ende des Monats treffen schlechte Nachrichten von Maximilian ein. Benito Juárez, ein Republikaner indianischer Abstammung, hat ihn im nordmexikanischen Querétaro gefangensetzen lassen. Das Telegramm ist zwei Wochen alt. Was ist seitdem geschehen?

Das Kaiserpaar kommt gerade aus der Matthiaskirche, wo es an einer Krönungsprobe teilgenommen hat, als eine weitere Schreckensmeldung aus Wien überbracht wird. Mathilde, Erzherzog Alberts Tochter, hat schwerste Verbrennungen erlitten. Die knapp Achtzehnjährige war mit Vorbereitungen für einen Ball beschäftigt und rauchte gerade eine Zigarette, als ihr Vater unerwartet hereinkam. Der Ungarn-feindliche und erzkonservative Militarist schätzt es nicht, wenn seine Tochter dem Beispiel der Kaiserin folgt. Mathilde versteckte die brennende Zigarette unter ihrem Kleid. Sofort stand der Gazestoff in Flammen und machte aus dem Mädchen eine lebende Fackel. Man hatte große Heiratspläne mit ihr. Einen Monat später stirbt sie.

Der bereits über das Scheitern seiner politischen Ideen verbitterte Erzherzog Albert ist nach diesem Schicksalsschlag ein gebrochener alter Mann. Elisabeth hat für ihn zwar wenig übrig, doch der schreckliche Unfall macht sie betroffen. Ihren Weg begleiten so viele Todesfälle, daß sie jeden Augenblick mit einer neuen Tragödie rechnet. In Budapest zeigt man für einen Aufschub der Krönung wenig Verständnis. Die Ungarn empfinden nur Haß für Erzherzog Albert. Er war ihr Henker, und das können sie ihm nicht vergessen. Auch wenn sie das Schicksal der armen Mathilde bedauern, für die Ungarn ist es ein Bußopfer.

Die madjarische Tradition schreibt vor, daß die Königin am Vorabend der Krönung den Königsmantel selbst instand setzt. Die neue Penelope kommt diesem Brauch nicht ungern nach. Denn die Arbeit erfordert so viel Aufmerksamkeit, daß sie alles andere vergißt. Rückt sie ihrem Ziel nicht Stück für Stück näher? In München interessierte sich die junge Braut noch herzlich wenig für ihre Aussteuer. In Buda kümmert sie sich mit liebevoller Hingabe um den Krönungsornat.

Am Mantel des heiligen Stefan – es handelt sich mehr um eine Reliquie als um ein Kleidungsstück – sind Ausbesserungsarbeiten auch bitter nötig, denn in den letzten Jahren hat er schwer gelitten. Bevor Kossuth ins Exil ging, hatte er ihn in einer Kiste versteckt und in ungarischer Erde vergraben. Der österreichische Kaiser sollte ihn nicht wieder tragen können. Daß seine Landsleute den Mantel Franz Joseph freiwillig offerieren würden, konnte Kossuth nicht ahnen. Vier Jahre eifrigen Suchens waren notwendig, um den kostbaren Schatz zu finden und zu heben. Der Stoff hat Schaden genommen, aber sein Symbolwert ist noch gestiegen.

Was ging dem 8. Juni 1867 nicht alles voraus! Eine Revolution und wildes Gemetzel, Verschwörungen, Vormärsche, Rückschläge und Niederlagen, Stunden voller Schmerz, Stolz, Leidenschaft und Wut, voller Träume, Utopien und Wünsche, aber auch Augenblicke der Klarsicht, Verhandlungen, Kompromißlösungen, eine starke Willenskraft und noch vieles mehr.

Liszt hat die *Ungarische Krönungsmesse* komponiert und ist gekommen, um sie dem Königspaar seines Landes persönlich darzubieten. Aus den Orgeln der Matthiaskirche ertönt die kraftvolle Musik, sie klagt und triumphiert mit gleicher Intensität. Das Gloria erklingt über den Hügeln von Buda und wird weitergetragen bis an den Rand der Ebene. Der Klageruf des *Qui tollis* hat den ungarischen Schmerzenston. Erzsébet erkennt im musikalischen Fluß alle Elemente des weiten Ungarns. Die zahlreichen und sehr unterschiedlichen Komponenten stammen aus fernen Regionen. Lange Zeit waren sie im Waffenlärm erstickt, doch jetzt mischt sie die musikalische Flut zu bunten Erinnerungsbildern: verrückte Zigeunerweisen, jüdische Trauerklagen, ruhige gregorianische Gesänge und temperamentvolle, wilde Madjarenlieder. Bilder von den Seßhaften und den Nomaden. Von Zufriedenheit und Anspannung, den Lebenden und den Toten, von Fürsten und Bettlern. Alles fließt zusam-

men und vereinigt sich zu einem einzigen Strom. Dunkel und kraftvoll wie die Donau.
Die Sonne steigt. Bald kommt sie wieder, die Stunde der Luftspiegelungen. *Délibáb*. Das Bild der alten Amme, der Urmutter, wird im Zittern der Orgeln und des Lichtes immer deutlicher. In den ausgestreckten Händen hält sie ihr zum Mythos gewordenes Haus. Darin zu ruhen ist der Traum eines jeden. Ist dieser Hafen des Friedens und der Wärme nur eine Illusion? Kann man ihn nicht durch einen Glaubensakt auf der Erde verwirklichen? Auch die Krone, die Graf Andrássy auf das Haupt von Ferenc József setzt, ist ein Sinnbild von *Délibáb*, ein Traum von der Einheit, von einem gemeinsamen Haus. Als Palatin Andrássy mit der Krone des heiligen Stefan die rechte Schulter seiner Königin berührt, die Schulter dieser zierlichen Frau, schöner und strahlender als alle ihre Abbildungen in den Büchern, wird das Flimmern in der Kirche, das Bild von *Délibáb*, noch deutlicher. Die Augen zucken vor Rührung. Attilas Nachkommen geben sich der, die sie liebt. Erzsébet heißt ihre schöne Vorsehung.
Sie wird von Andrássy gekrönt, von den Händen des »beau Pendu« von 1848, des ehemaligen Erzfeindes der Österreicher. Doch sie spürt sie nicht auf ihrer Haut, auf ihrer nackten Schulter, denn eine Krone ist zwischen ihren beiden Körpern. Nichts als eine Krone. Das Metall und die kostbaren Steine wiegen wenig. Erzsébet hält den Atem an. Für diesen Augenblick haben sie beide gekämpft. Und nun gibt er ihr von Ungarn alles, von sich jedoch nichts. Nur über die Krone berühren sie sich. Nie waren sie sich so fern und so nah zugleich. Sie wagen es nicht, einander anzuschauen. In der Matthiaskirche sind sie körperlos, ohne Begierden und Gefühle, nur Symbole. Franz Joseph schenkte ihr ein Kaiserreich, Andrássy ein Königreich. Es ist ihr Schicksal, Macht zu bekommen, wenn sie nach Liebe verlangt.
Sie verlassen die Kirche zur Stunde der Luftspiegelungen. Éljen Erzsébet! Éljen Erzsébet! Das ist mehr als Liebe, es ist die rein-

ste Hingabe. Eine heidnische Welle, eine barbarische Brandung bricht sich zu Füßen des Idols.

Der 8. Juni 1867 bringt ein eigenartiges historisches Phänomen. Die österreichisch-ungarische Doppelmonarchie ist beispiellos in ihrer Art. Ein Reich mit zwei Köpfen, ein Doppeladler, ein dualistisches System, ein halb ungarisches, halb österreichisches Hirngespinst. Das Abenteuer ist riskant. Geraume Zeit später vergleicht Robert Musil in seinem *Mann ohne Eigenschaften* die beiden Reichshälften mit einer rot-weiß-grünen Jacke und einer schwarz-goldenen Hose. Man könne die Jacke durchaus als Einzelstück tragen, denn die Hose sei nur noch der traurige Rest eines 1867 in Stücke gerissenen Anzugs. Ein bunter und wackeliger Turm zu Babel. Wie viele Sprachen und Dialekte in diesem Reich gesprochen werden, vermag niemand genau zu sagen. Auch nicht, zu wie vielen Göttern die Bürger dieses Reiches beten oder wie viele mehr oder weniger über das ganze Reichsgebiet zerstreute Nationen, Völker und Stämme es zählt. Es ist die Aufgabe der Habsburger, den Zusammenhalt dieses Reiches zu garantieren. Je brüchiger das Haus, desto dringlicher die Omnipräsenz des Monarchen. Das politische Dogma, die Bürokratie und Polizei, die Armeen und Gesetze helfen ihm dabei.
Ab 1867 untersteht alles, jede öffentliche Einrichtung, jeder Bürger, sowohl dem Kaiser als auch dem König: kaiserlich und königlich, k.u.k. Aus diesen drei Buchstaben, dem Emblem der Monarchie – heute würde man eher Firmenzeichen sagen –, bildet Robert Musil einen neuen Namen für sein Land. Österreich-Ungarn wird in seinem *Mann ohne Eigenschaften* zum mythischen Kakanien: »Es war nach seiner Verfassung liberal, aber es wurde klerikal regiert. Es wurde klerikal regiert, aber man lebte freisinnig. Vor dem Gesetz waren alle Bürger gleich, aber nicht alle waren eben Bürger. Man hatte ein Parlament, welches so gewaltigen Gebrauch von seiner Freiheit machte, daß man es gewöhnlich geschlossen hielt [...] und jedesmal,

wenn alles sich schon über den Absolutismus freute, ordnete die Krone an, daß man doch wieder parlamentarisch regiert werden müsse. Solche Geschehnisse gab es viele in diesem Staat, und zu ihnen gehörten auch jene nationalen Kämpfe, die mit Recht die Neugierde Europas auf sich zogen [...] Ja, es war, trotz vielem, was dagegen spricht, Kakanien vielleicht doch ein Land für Genies, und wahrscheinlich ist es daran zugrunde gegangen.«

In diesem kakanischen Vielvölkerstaat sind die deutschstämmigen Österreicher in der Minderheit. Dennoch achten sie sehr auf den Erhalt ihrer Macht, was Musil boshaft unterstreicht: »Es nannte sich schriftlich Österreichisch-Ungarische Monarchie und ließ sich mündlich Österreich rufen; mit einem Namen also, den es mit feierlichem Staatsschwur abgelegt hatte, aber in allen Gefühlsangelegenheiten beibehielt, zum Zeichen, daß Gefühle ebenso wichtig sind wie Staatsrecht und Vorschriften nicht den wirklichen Lebensernst bedeuten.«

Doch auch diese Regel kennt eine Ausnahme. Die Kaiserin von Österreich mag Elisabeth heißen, der Name der Königin von Kakanien ist Erzsébet, und diese Königin hat ein ungarisches Herz.

Für Erzherzogin Sophie gibt es keinen Zweifel, das Reich hat schweren Schaden erlitten. Österreichisch-ungarisch? Sie weigert sich, diesen Ausdruck überhaupt zu verwenden. Österreich und Ungarn gleichrangige Bündnispartner? Niemals! Die Wilden gewinnen an Boden. Für diesen schändlichen Ausgleich hat sie ihren Sohn nicht auf den Thron gesetzt. Sie hat verloren. Sie fühlt sich alt. Doch ein weiterer Schlag wartet auf sie, denn ein Unglück kommt selten allein. Er trifft sie noch härter, und die früher so streitbare Frau wird jeden Lebensmut verlieren.

Maximilian, der teure, zarte und unberechenbare Maximilian, ist in Gefahr, drüben am anderen Ende der Welt. Als die Franzosen mit ihrem Expeditionskorps aus Mexiko abzogen, rieten sie ihm, seinen Thron aufzugeben und unter französischem Geleitschutz wieder nach Europa zurückzukehren. Maximilian zögert. Er weiß, daß er nicht siegen kann. Die Mehrheit der Mexikaner lehnt ihn ab. Die Azteken haben diesem Habsburger, dem Nachkommen Karls V., Rache geschworen. Rache für den Tod ihres Vorfahren Montezuma. Auch die Vereinigten Staaten, die den Sezessionskrieg hinter sich haben, wenden sich gegen ihn. Schließlich läßt ihn auch Napoleon III. fallen, der ursprüngliche Initiator dieses barocken Abenteuers. Maximilian sieht seine Niederlage eigentlich bereits ein, doch seine ehrgeizige und exaltierte Frau beschwört ihn zu bleiben. Charlottes Sprache erinnert eher an ein Orakel, von strategischen Überlegungen ist sie nicht bestimmt: Sie erliegt der Versuchung des Wahnsinns: »Die Ehre des Hauses Österreich hat den Atlantik überquert, sie ging mit der Sonne unter, um in der Ferne wieder aufzutauchen [...] Karl V. hat den Weg gewiesen, du bist ihm gefolgt, bereue es nicht [...] Das schönste Weltreich wird dein Eigen sein.«

Maximilian bleibt und wählt damit den Tod: »Ein Habsburger wirft nicht sein Gewehr fort und geht«, sagt er. Die Begabung der Bourbonen für ein Leben in Pracht und Herrlichkeit fehlt den Habsburgern tatsächlich. Aber sie zeigen immer Würde und in der Stunde des Todes oft auch Größe. Maximilian, der unschlüssige Zweitgeborene, mal Revolutionär, mal Konquistador, knüpft gegen Ende seines Lebens an die Regeln des Escorial an.

Zweiundsiebzig Tage lang leistet er den Belagerern von Querétaro Widerstand, erschöpft, ausgehungert und krank. Schließlich ergibt er sich; der Munitionsvorrat ist aufgebraucht und er selbst am Ende seiner Kräfte. Sein Gegner Juárez läßt ihn gefangennehmen. Franz Joseph in Wien spricht seinem Bruder als Mitglied der kaiserlichen Familie sofort wieder alle Rechte zu. Wer wollte es wagen, an einen Erzherzog Hand anzulegen? Der Titel soll ihn vor der Mörderhand schützen wie das Kreuz vor einem Vampir. In Europa glaubt man noch an die quasi magische Macht des österreichischen Kaiserhauses. Das mexikanische Indianerherz hingegen läßt sich von dem Namen Habsburg nicht sonderlich rühren. Juárez läßt Maximilian vom Militärgericht zum Tode verurteilen. Verbrechen gegen die mexikanische Nation. Der Urteilsspruch ist innerhalb von drei Stunden zu vollziehen. In aller Ruhe verteilt Maximilian an alle Soldaten des Erschießungskommandos eine Goldunze. Sechs Kugeln treffen seine Brust. Was von diesem Erzherzog, der so gerne sein wollte wie Heine, bleibt, ist ein Bild von Manet.

Maximilian stirbt am 19. Juni 1867 in Querétaro, elf Tage nach der Königskrönung in Budapest. Die Nachricht von seiner Hinrichtung trifft erst gegen Ende des Monats in Europa ein. Franz Joseph und Elisabeth erreicht das Telegramm in Regensburg, wo sie an der Beisetzung ihres Schwagers, Helenes Mann, teilnehmen. Nene, die junge Witwe, ist am Boden zerstört. Von Elisabeths Schwestern ist sie die einzige, die den Mann ihres Herzens geheiratet hat. Sie war glücklich, wahrscheinlich zu glücklich für eine Wittelsbacherin. Elisabeth schätzt die Ausgeglichenheit, Intelligenz und Verläßlichkeit ihrer Schwester, sie bewundert sie. Außerdem fühlt sie sich gegenüber der ehemaligen Heiratskandidatin Franz Josephs in tiefer Schuld. In schwierigen Momenten wird Nene zu Hilfe gerufen. Franz Joseph hatte sie nach Korfu geschickt, um Elisabeth ihrer Einsamkeit zu entreißen. Doch heute ist die Trösterin nicht zu trösten.

Der Totentanz geht weiter, sein Tempo wird immer schneller. Ein Trauerfall folgt auf den anderen. Ein barocker Taumel. Ins Leben, in den Tod. Mathilde, die junge Mathilde, ein Raub der Flammen. Maximilian von Kugeln durchsiebt. Nenes Mann von der Krankheit besiegt. Muß denn das Leid jedem Augenblick seine Krone aufsetzen?

Maximilian hatte Elisabeth nach Korfu begleitet. Auf dem Schiffsdeck träumte er laut von einem anderen Leben, von einem anderen Reich. Bei ihm kamen Begeisterung für die Dichtung mit Verlangen nach Macht zusammen. Er wollte ans Ende der Welt, um wenigstens da nicht im Schatten seines Bruders zu stehen. Er brauchte einen Thron, Abenteuer, Titel und Ehren. Dort würde er endlich der Erste sein. Elisabeth hatte es damals nicht gewagt, ihm seinen Traum zu nehmen. Ihm, dem sie sich so nahe fühlte, hatte sie geantwortet: »Warum denn ein Reich? Warum denn Macht? Warum das Glück woanders suchen? Die Orchideen wachsen so schön in Miramar.«

Juárez ist bereit, der Familie den Leichnam Maximilians auszuhändigen. Auf der Fregatte Novara, die ihn dreieinhalb Jahre zuvor in sein unsicheres Reich gebracht hatte, kehrt er nach Europa zurück. Elisabeth murmelt eine Strophe ihres gemeinsamen Lieblingsdichters Heinrich Heine.

Eine starke schwarze Barke
Segelt trauervoll dahin.
Die vermummten und verstummten
Leichenhüter sitzen drin.

Sieben Monate nach seinem Tod wird der Kaiser von Mexiko wieder Habsburger. Endstation: die Kapuzinergruft. Er wird in der Krypta neben den anderen Toten seiner Familie beigesetzt. Erneut geht es die enge Treppe zu den Grabkammern hinunter. Elisabeth fühlt mit ihrer Schwiegermutter. Sie weiß, was es heißt, ein Kind zu verlieren. Unter diesem Gewölbe ruht die kleine Sophie. Das Leid könnte die beiden Frauen einander näherbringen. Elisabeth ist durchaus gewillt, aber im selben Augenblick hält sie der Blick der Erzherzogin zurück. Die Traurigkeit hat ihren Haß und ihre Ressentiments in keiner Weise gemildert. In den Augen der alten Frau sind nur Vorwürfe zu lesen. Maximilian ist tot, und Elisabeth lebt. Schon dies steht einem Frieden im Wege.

An diesem düsteren Ort fühlt sich jeder einsamer denn je. Franz Joseph denkt wahrscheinlich daran, wie er den Bruder bei der letzten Begegnung im Streit verlassen hat. Die beiden Männer sind von jeher aufeinander eifersüchtig gewesen. Auch ihrer beider Ergebenheit gegenüber der Mutter hat sie nicht zusammengeführt, eher noch mehr entzweit. Die Habsburger, die aufrecht in der Kapuzinergruft stehen, sind einsam wie jene, die in ihren Grabnischen liegen. In sich verschlossen und zu einer letzten Pose erstarrt, wandeln sie durch die Nacht der Zeit, ohne sich jemals zu begegnen, weder hier noch in der Unendlichkeit.

Zum Glück gibt es Ungarn! Zum Glück gibt es Gödöllö! Ein Lichtblick. Elisabeth fährt immer öfter dorthin, besonders seit sie sich zum viertenmal schwanger weiß. Am Tage nach der Krönung hatte sie ein Gedicht geschrieben mit dem Titel: »O könnt ich euch den König geben!« Das Wunschkind – der sichtbare Beweis für ihre Vermählung mit dem geliebten Land, für ihre Versöhnung mit dem Ehemann – wächst in ihrem Bauch. Und es gehört ihr. Niemand wird es ihr wegnehmen, das schwört sie sich. Weit weg von Wien will sie es zur Welt bringen, um es vor möglichen Gefahren besser schützen zu können.

Diesmal ist die Kaiserin fest entschlossen, sich ihr Verhalten nicht diktieren zu lassen. Sie braucht keine Ratschläge mehr. Auch ohne die Ermahnungen ihres Mannes oder ihrer Schwiegermutter zeigt sie sich vorsichtig. Mit den Galoppaden, Gewaltmärschen und morgendlichen Geräteübungen ist es vorerst vorbei. Die ewig Rastlose nimmt sich die Zeit zum Ausruhen. Sie hört nur noch auf die zappelnde Bewegung in ihrem Inneren und genießt es, daß es ihr viele lästige Protokollpflichten erspart.

Sie verläßt ihre ruhige Umgebung so gut wie gar nicht mehr. Nur angesichts des Verhaltens ihres Vetters Ludwig II. fühlt sie sich verpflichtet, ihrer Familie zu Hilfe zu eilen. Der König von Bayern verschiebt den Hochzeitstermin mit Sophie, Elisabeths jüngster Schwester, von Monat zu Monat. Die Braut, am Ende ihrer Nervenkraft, hat dem allzu großen Träumer sogar die Auflösung der Verlobung angeboten. Doch er hat das Angebot ausgeschlagen und einen neuen Termin festgesetzt. Ludwig fürchtet sich vor der Ehe, wagt es aber aus Angst vor der öffentlichen Meinung nicht, sich außerhalb der moralischen Norm zu bewegen. Sophie interessiert ihn nicht mehr als andere Frauen. Daß er seiner Verlobten Namen von Wagner-Heldinnen gibt oder zwischen ihr und der fernen, göttlichen Kaiserin eine Ähnlichkeit feststellt, hilft ihm nicht weiter. Es ergeben sich für ihn immer wieder neue Zwänge. Einen feschen Adjutanten wird er immer einer keuschen Verlobten vorziehen. Elisabeth kann das nicht erschüttern, zumal sie es schon lange geahnt hat. Ludwigs Ausflüchte hingegen sind ihr unerträglich. Sie verletzen ihre Schwester unnötig und kompromittieren ihre ganze Familie. *Wie sehr ich über den König empört bin und der*

Kaiser auch, kannst Du Dir vorstellen, schreibt sie ihrer Mutter. *Es gibt keinen Ausdruck für ein solches Benehmen. Ich begreife nur nicht, wie er sich wieder kann sehen lassen in München, nach allem, was vorgefallen.*
Herzog Max stellt seinem König ein Ultimatum. Ludwig II. ist darüber verärgert und nimmt dies zum Anlaß für einen Bruch. Damit ist die Affäre beendet, und alle atmen auf. Sophie braucht nicht mehr auf den schwer faßbaren Verlobten zu warten, und Ludwig gesteht seinem Tagebuch noch am selben Abend, wie erleichtert er ist: »Sophie abgeschrieben. Das düstere Bild verweht. Nach Freiheit verlangte mich. Nach Freiheit dürstet mich, nach Aufleben von qualvollem Alp.«
Eigentlich hat Sophie überhaupt nichts Düsteres an sich. Ein hübsches Mädchen, das gerne lacht und unter dieser schrecklichen Verlobungsgeschichte sehr gelitten hat. Um den Affront aus der Welt zu schaffen, bemüht sich die Familie möglichst schnell um eine andere Partie. Bereits ein Jahr später heiratet sie François von Orléans, den Herzog von Alençon. In der ersten Zeit scheint die Ehe glücklich gewesen zu sein, doch später leidet die junge Frau an Depressionen. Es gelingt ihr zwar, das seelische Gleichgewicht wiederzufinden, doch sie wird weiterhin vom Unglück verfolgt. 1897 findet sie bei dem zu trauriger Berühmtheit gelangten Brand des Pariser Charité-Basars den Tod. Mehrere Zeugen betonen ihren Mut. In der allgemeinen Panik verhilft sie mehreren Müttern mit ihren Kindern zur Flucht und verliert dabei selbst das Leben. Die Wittelsbach-Schwestern in ihrer Originalität, Unbeständigkeit und narzißtischen Veranlagung sind, wenn es darauf ankommt, durchaus zu heroischer Größe fähig.

Eine Wagenkolonne verläßt Gödöllö in Richtung Pest, wo ein Zug zur Abfahrt nach Wien bereitsteht. Es ist zu kalt, um mit dem Schiff die Donau hinaufzufahren, und außerdem steht der Sinn nicht nach einer gemütlichen Bummelfahrt. In die Hofburg zurückzukehren ist immer eine Qual. Es ist besser, den

Verband mit einem kurzen, aber kräftigen Ruck herunterzureißen. Der Schmerz ist zwar groß, aber dann dauert er wenigstens nicht so lange. Ein grauer Schneehimmel drückt auf Gödöllö. Er nimmt den gelben Fassaden ihre leuchtende Kraft und überzieht das sonst leuchtende Grün der Zwiebeltürme mit einem bläßlichen Farbton. Man spricht mit gedämpfter Stimme, denn man ist traurig, daß man reisen muß. Der kalte Winter kommt näher. Bald ist er da. In ein paar Stunden wären wir seine Gefangenen gewesen, denkt Erzsébet mit Bedauern. Dann hätte man ein Telegramm nach Wien geschickt: »Rückkehr unmöglich. Kaiser und Kaiserin sitzen fest. Straßen nicht befahrbar. Hoffen auf Tauwetter.« Die große, marmorne Treppe würde in dem vom Schnee reflektierten Sonnenlicht noch stärker glänzen. Man wäre von einer Stille umgeben gewesen, der das politische und militärische Kreuzfeuer wenig hätte anhaben können. Der Kaiser hätte vergessen, daß er Kaiser ist. Noch um zehn Uhr morgens hätte man ihn im Bett vorgefunden. Die Eilboten seiner Minister hätten die Barrieren aus Eis nicht überwinden können. »Alles halb so schlimm«, hätte er gesagt und den Bauch seiner Frau gestreichelt. Er hätte sogar noch hinzugefügt: »Es lebe das Leben!« Ist das im Verborgenen heranwachsende Kind, ihr Kind, ein Schweigen der Welt nicht wert? Aber leider wird das Herrscherpaar in seiner ungarischen Idylle nicht vom Schnee überrascht. General Winter setzt sie nicht gefangen. Sie müssen reisen. Franz Joseph weiß, wie sehr es Elisabeth vor diesem Augenblick graut. Um es ihr leichter zu machen, überläßt er seinen Platz im kaiserlichen Wagen dem Grafen Andrássy. Er bittet den Grafen, der Königin bis zum Bahnhof in Pest Gesellschaft zu leisten. Er selbst steigt in den ersten Wagen. Natürlich fällt ihm das Opfer nicht leicht, aber die Gerüchte machen ihm das Leben schwer und auf diese Weise will er ihnen Einhalt gebieten: Wenn der Kaiser selbst die Freundschaft zwischen diesem Mann und seiner Frau unterstützt und dabei an nichts Böses denkt, werden der Klatsch und die Verleumdungen vielleicht verstummen.

Kaum hat der Wagen Gödöllö verlassen, empfindet Elisabeth die Kälte. Endlich fällt Schnee. Die Wirklichkeit hinkt offensichtlich den Wünschen immer etwas hinterher. Andrássy sitzt zu ihrer Linken und schweigt. Sie muß das Gespräch eröffnen, so fordert es zumindest die Etikette. Man spricht eine Kaiserin nicht an, auch eine Königin nicht, man antwortet ihr nur. Wenn sie will, kann sie schweigen. Vor der Krönung hatten ihre Unterhaltungen nur ein Thema: Ungarn. Jetzt ist die Schlacht geschlagen. Sie haben gewonnen, und der Sieg gibt ihnen ein Gefühl der Leere. Die vertraulichen Unterredungen, Verschwörungen, Tricks und Geheimsprachen gehören der Vergangenheit an. Ebenso die Lügen gegenüber den anderen und sich selbst. Man spricht nicht mehr von Vaterlandsliebe, wenn man die Zuneigung meint, von Gefühlen statt von der Begierde, von Liebe statt von der Sucht nach Anerkennung und von Leidenschaft statt vom Spiel der Eitelkeiten.

Haben sie nicht vorgegeben, für eine Sache zu kämpfen? Nun gut, Österreich-Ungarn ist geschaffen, und Elisabeth fühlt sich überflüssig. Jetzt ist alles zu einer reinen Männerangelegenheit geworden. Sie weiß, daß die Krönung für Andrássy nur ein Etappenziel war. Ungarn will sich entwickeln und sucht den Anschluß an die moderne Welt, und zwar mit Riesenschritten. Dazu braucht es Andrássys Intelligenz und Tüchtigkeit. Aber sie? Was könnte Ungarn denn noch für ein Interesse an ihr haben? Die Madjaren wollten eine Königin und haben sie bekommen.

Jetzt muß sie ihre Rolle gut weiterspielen! Ist es doch ihre Aufgabe, dem in der Matthiaskirche ein für allemal festgelegten Bild treu zu entsprechen. Sie ist ein von anderen zur Unbeweglichkeit bestimmtes Idol.

»Wir haben gewonnen, nicht wahr?« sagt sie, ohne ihn anzusehen. Die Etikette ist gewahrt, die Königin hat als erste gesprochen. Jetzt liegt es an ihm, der Ball ist in seinem Spielfeld. Nur keine Dankesreden! Und bitte keine übertriebenen Dankbarkeitsbezeugungen! Sie mag das gar nicht. Natürlich

verdankt er ihr seine Macht, doch dafür hat er ihr eine Krone geschenkt. Sie sind also quitt miteinander.
Glücklicherweise geht der Graf nicht in die Falle der Dankbarkeit. Er denkt nicht daran, sich als Vasall aufzuführen oder seinen Huldigungseid zu erneuern, sondern begnügt sich damit, Elisabeth die Reisedecke auf die Füße zu legen. »Wenn die Götter mit uns sind«, sagt er, »haben wir vielleicht das Glück, daß unser Wagen sich im Schneegestöber verirrt.«
Elisabeth hat ihren linken Handschuh abgestreift und ihre Hand in seine gelegt. Durch die Erschütterungen des Reisewagens berühren sich ihre Schultern. In ihrer Kindheit hat sie von einem Reisen ohne Ende geträumt. Für keinen Schatz der Welt hätte sie ihr Tempo gedrosselt. Kein Geheimnis, keine Angst hätte sie aufhalten können. Die Pferde waren ihr nie schnell genug. Als sie zum erstenmal einen Zug vorbeifahren sah, glaubte sie ihren größten Wunsch endlich erfüllt. Es gab sie also, die ewige Bewegung. Man konnte fortgehen, alles verlassen, dem Bahngleis folgen und den Fluchtpunkt wählen. Damals war alles einfach. Sie wußte noch nichts von Bahnhöfen, Fahrplänen, Wartezeiten und schon gar nichts von Rückreisen. Inzwischen hat sie gelernt, daß man immer wieder an seinen Ausgangspunkt zurückkehren muß. Tot oder lebend. Die Kapuzinergruft ist nur wenige Schritte von der Hofburg entfernt.
Durch den Schnee ist es früher dunkel geworden als erwartet. Die Berline an der Spitze mit dem Kaiser und der Gräfin Andrássy ist kaum mehr zu sehen. Das Fell der Pferde ist mit Schneeflocken übersät, nur gedämpft dringen Geräusche ans Ohr, und die Umgebung ist nicht mehr zu erkennen. Trotzdem geht kein Wagen im Schneegestöber verloren. Eine kaiserliche Kolonne darf sich keine Abenteuer erlauben. Die Gardesoldaten reiten von einem Gespann zum anderen und beruhigen die Reisenden. Der Bahnhof von Pest sei nicht mehr weit.
Sie halten einander immer noch die Hand. Die gegenseitige Wärme. Das Gefühl ihrer Körper, die sich nie begegnen werden. Elisabeth denkt an ihre Schwester Marie, die hübsche

Marie, die Heldin von Gaeta. Ihre bewaffneten Kämpfe, ihr Widerstand und ihre Niederlage, nichts schien sie ändern zu können. Dann kam ein Mann, und Marie wurde zu einem Rätsel für ihre Nächsten. Elisabeth ist bald dreißig Jahre alt und fühlt sich alt. Sie hat nichts mehr zu erwarten, es sei denn die Geburt ihres Kindes. Andrássys Augen sagen ihr jedoch, daß sie noch nie so schön war. Sie will diese Sprache nicht hören. Zu oft schon hat er sie gebraucht, von Pest bis London, in Paris und Wien. Verführen und verführt werden. Alle Mittel sind recht, und nie ist man zufrieden. Verführt werden die Männer, die Frauen, die Meinungen, die Massen, das Publikum, die Spiegel und die Fotografen. Sie weiß das. In dieser Hinsicht sind die beiden einander nicht unähnlich, und das macht sie nur noch mißtrauischer.

Sie fahren bereits durch die engen Straßen von Pest. Wegen des Schnees stockt der Verkehr. Man hört die Schreie der Gardesoldaten, sie versuchen, der kaiserlichen Kolonne einen Weg zu bahnen. Vor der Synagoge liefern sich schwarzgekleidete Jungen eine Schneeballschlacht, ihre langen Locken schauen unter den Mützen hervor. Als sie die Berlinen und die auf den Wagentüren aufgemalten Doppeladler sehen, hören sie sofort mit ihrem Spiel auf und schauen den aus einer anderen Welt kommenden Wagen nach. Schneeflocken legen sich auf ihre dunklen Gestalten.

»Wenn Ihr während meiner Abwesenheit nach Gödöllö zurückkehrt«, sagt Elisabeth, »so sagt meinen Pferden, daß ich bald zurückkomme und sie in Wien nicht vergesse. Achtet auch darauf, daß man die Türen der Stallgebäude offenläßt, damit die Zigeuner sich dort ausruhen können.«

Sie hat Andrássys Hand zu ihren Lippen geführt und küßt sie mit einer Zärtlichkeit, als ob es gelte, die Finger eines Kindes aufzuwärmen.

»Und noch etwas, Graf. Es ist bei weitem das Wichtigste.«

Der Wagen ist in den Bahnhof von Pest eingefahren. Ihre Reise ist beendet, eine andere beginnt.

»Versprecht mir«, sagt sie, »nicht vor mir zu sterben.«
»Das liegt nicht in meiner Hand, und ich bin mir auch nicht sicher, ob ich das wirklich will.«
»Versprecht es mir, Graf. Sonst lasse ich Eure Hand nicht los, und wir kompromittieren uns vor allen Leuten.«
»Ich verspreche, Euch zu gehorchen, solange ich kann. Denkt immer an Eure Rückkehr, die Ungarn brauchen ihre Königin.«
»Und Ihr?«
»Ich fühle mich ungarischer als jeder Ungar.«
Die Reise ist beendet. Der Zug wartet, der Kaiser auch.

Ludwig II. von Bayern unternimmt eine andere Reise. Richard Wagner, den er seinen großen Freund nennt, ist zurückgekehrt. An der Münchner Oper sind die *Meistersinger* ein triumphaler Erfolg. Aber die Musik allein genügt dem König nicht mehr. Er sieht sich als Bauherr. Seine Schlösser sind seine Werke. Sie müssen so schnell wie möglich gebaut werden. Ist es Maximilian nicht schon lange vor seiner fatalen mexikanischen Expedition gelungen, in weniger als einem Jahr Miramar erbauen zu lassen? Warum sind die Bayern denn so träge? Warum werfen ihm die Minister vor, daß er die Staatskasse leert? Man muß leben, und damit das Leben erträglich ist, muß man es einkleiden mit dem Stoff, aus dem die Träume sind.
Er zeichnet die Pläne für seine Paläste selbst. Anschließend haben die Architekten die königlichen Hirngespinste zu entschlüsseln und auszuarbeiten. Die Pläne werden immer komplizierter, teurer und verrückter. Er holt sie aus seinem kranken Gehirn wie ein Chirurg einen Tumor. Seine jetzt an den Tag kommenden Verrücktheiten werden zu Stein, zu Türmchen, Donjons, Treppen, labyrinthischen Anlagen und Spiegelgalerien. Er befragt die Spiegel, und diese sagen ihm letzten Endes immer das, was er hören will. Manchmal wählt er den Stil Wagners und fühlt sich als der neue Lohengrin, manchmal bevorzugt er den Stil von Versailles und hält sich für einen verwandelten Ludwig XIV.

Wenn Schnee und Regen seinem nächtlichen Ausritt im Wege stehen, läßt er sich in die königliche Reitanlage fahren. Dort reitet er in Begleitung seines Reitlehrers sieben bis acht Stunden lang ohne Unterbrechung. Der Reitlehrer hat die Aufgabe, die zurückgelegte Strecke zu berechnen und auf der Landkarte abzuschätzen, wo sein Herr gerade gelandet ist. Während der König seine Kreise dreht, fühlt er sich auf der Route nach Salzburg oder nach Tirol. Dort hat er sich mit seiner Kusine Elisabeth verabredet. Dort wird er sich mit ihr treffen. Sie hat endlich begriffen, warum er seine Verlobung mit Sophie gelöst hat. Sie ist selbst unsterblich in die Schönheit verliebt und weiß deshalb, daß eine blasse Kopie das erhabene Original nicht vergessen machen kann. Sie hat nicht nur alles verstanden, sie hat ihm auch verziehen.

Sie haben ihre Pferde angebunden. Die Nacht ist schön. Der Reitlehrer hat ein Picknick im Grünen improvisiert. Sie spricht von Heine, er von Wagner. Bevor sie sich trennen, schwören sie einander ewige Zuneigung. Auf Wiedersehen, meine Kusine, und bis bald. Ludwig steigt wieder auf sein Pferd und dreht von neuem seine Runden. Genauso viele wie vorher, nur in der Gegenrichtung. Der Wahn hat durchaus seine Logik. Um seine imaginäre Reise zu vollenden, reitet er bis zum Morgengrauen. Bei Tagesanbruch ist die Welt wieder an ihrem Platz, das heißt völlig uninteressant. Ludwig plant weitere Rendezvous mit Elisabeth, damit die Träume sich langsam weiterdrehen. Nur während der Nacht kann man die besuchen, die man liebt.

Verrückte Fürsten haben mehr seherische Fähigkeiten als Wahnsinnige ohne Rang und Namen, denn sie haben die Mittel, ihre Verrücktheit auszuleben. Es sind jedoch nicht nur die Aristokraten, die sich gegen Ende des 19. Jahrhunderts dem Wahnsinn hingeben. Überall füllen sich die Irrenanstalten. Elisabeth interessiert sich schon seit langem für die seelisch Kranken. Bei Shakespeare liebt sie die Weisheit der Narren, in der Zigeunermusik das mächtige Aufbrausen und mutlose

Abebben, in der ungarischen Ebene den Ruf der Weite und die Antwort der Luftspiegelungen. Immer wieder hat sich gezeigt, daß auch ihr eigenes Gleichgewicht auf schwachen Füßen steht. Die Familie Wittelsbach ist bekannt für ihre Exzentrizität, die Habsburger stehen ihr jedoch in dieser Hinsicht in nichts nach. Im Hinblick auf ihre Kinder fürchtet Elisabeth dieses gefährliche Erbe, doch ansonsten fühlt sie sich vom Wahnsinn stark angezogen.

Auf allen ihren Reisen fordert sie, daß den auf dem Besichtigungsprogramm stehenden Kranken- und Waisenhäusern auch Irrenanstalten hinzugefügt werden. Oft hat ihr Besuch auch rein privaten Charakter, und sie wird nur von ihrer Vorleserin begleitet. Sie geht nicht hin, um den Ärzten die Hände zu schütteln und den Reden des Direktors zu folgen, sie will vielmehr, daß man ihr die neuen Therapien erklärt und Hypnosesitzungen vorführt. Sie informiert sich über die Symptome und das Persönlichkeitsbild der Kranken. Manchmal bleibt sie über eine Stunde an einem Krankenbett sitzen, hält den Patienten, die keine Ahnung haben, daß sie es mit der Kaiserin zu tun haben, die Hand und hört ihnen zu.

Als Franz Joseph seine Frau einmal nach ihren Geburtstagswünschen fragt, antwortet sie: »Ich wünsche mir entweder einen jungen Königstiger« – im Zoologischen Garten von Berlin sind drei kleine geboren worden – »oder ein Medaillon. Am meisten würde ich mich allerdings über eine vollständig eingerichtete Irrenanstalt freuen. Du hast also eine große Auswahl.«

Für jeden Geschmack etwas. Aber Elisabeth ahnt, wofür sich ihr Mann entscheidet. Auch wenn seine Liebe zu ihr keine Grenzen kennt, ist Franz Joseph in allem maßvoll. Er schenkt ihr ein Medaillon. Doch die Liebe hat ein langes Gedächtnis. Wahrscheinlich erinnert er sich noch genau an den eigenartigen dritten Wunsch der Kaiserin, als er fünfunddreißig Jahre später beschließt, auf den Hügeln über der Stadt Wien die psychiatrische Klinik Steinhof zu bauen. Das Projekt wird Otto

Wagner anvertraut, dem damals größten Architekten. Die besten Künstler arbeiten an diesem herrlichen Gebäude mit. Schriftsteller und Maler versuchen die hysterischen und neurotischen Tiefen des menschlichen Geistes zu ergründen. Mit der goldenen Kuppel vom Steinhof kommt Wien zu neuem Ruhm: Die Stadt mißt den Geisteskrankheiten so viel Bedeutung bei, daß sie ihnen ihr imposantestes Denkmal weiht, und sie beteiligt sich an der Erforschung neuer Länder, auf den Spuren des großen Entdeckungsreisenden Sigmund Freud.

Bereits vor seiner Geburt löst Elisabeths viertes Kind erbitterte Debatten aus. Die Ungarn wünschen sich sehnlichst einen Jungen. In diesem Fall – so hat Elisabeth es versprochen – bekommt das Kind den Namen des ungarischen Schutzpatrons: Stefan. Für die Madjaren ist es selbstverständlich, daß der zweite Sohn auf den ungarischen Thron nachfolgt, während der erste Sohn Rudolf sich mit Österreich begnügen muß. Österreich-Ungarn ist in ihren Köpfen nur eine Zwischenetappe. Mit der Zeit wird sich die Autonomie in eine Unabhängigkeit verwandeln. In ihrem Gedicht mit dem vielsagenden Titel »O könnt ich euch den König geben!« sagt Erzsébet auch nichts anderes. Die Österreicher hingegen sehen darin die Gefahr der Spaltung und flehen deshalb zum Himmel, daß es ein Mädchen wird. Ihre Sorge ist um so größer, als sie hören, daß die Kaiserin das Kind in Ungarn zur Welt bringen will.

Elisabeth hat sich nämlich geschworen, daß dieses Kind nur ihr gehört. Die Erzherzogin ist zwar nicht mehr in der Lage, es ihr streitig zu machen. Der Verlust Maximilians hat ihr die Kraft genommen und ihren Kampfwillen gebrochen. Aber ihre Schwiegertochter ist durch die früheren Kämpfe so sehr geprägt, daß sie trotz allem einen letzten Angriff fürchtet. Nur weit weg von Wien will sie entbinden.

Das Kind kommt am 22. April 1868 in Budapest zur Welt. Es ist ein Mädchen und bekommt den Namen Marie Valerie. Die

Ungarn geben ihre Enttäuschung zu, aber Elisabeth teilt dieses Gefühl nicht mit ihnen. Als die Freude über ihre Krönung sich wieder gelegt hatte, hat sie begriffen, daß sie dieses Kind für sich allein haben möchte. Ungarn einen König zu schenken ist eine gute Sache, aber ein Wesen zum Liebhaben ist noch besser. Spielt eine Tochter nicht immer die Rolle eines Außenseiters? Und erst recht in einer kaiserlichen Familie? Wer könnte sich denn für dieses kleine Mädchen interessieren? Weder Österreich noch Ungarn. Das Kind ist deshalb von Anfang an die leidenschaftliche Liebe der Mutter, ihr Augapfel. Ihm gilt ihre ganze Sorge und Zuwendung. Der kleinste Hustenanfall löst ein Drama aus, die leisesten Anzeichen einer Kolik beschwören eine Tragödie. Gegenüber Marie Valeries Amme ist sie eine strenge, manchmal auch ungerechte Tyrannin. Die Erinnerung an ihre älterste Tochter und an deren plötzlichen Tod treibt sie zu größter Wachsamkeit an.
Einer Hofdame vertraut sie an: »Jetzt weiß ich es, was für eine Glückseligkeit ein Kind bedeutet.« Daß sie Marie Valerie am meisten liebt, ist sicher. Nicht weniger sicher ist, daß man ihr keine Möglichkeit gelassen hatte, Gisela und Rudolf zu lieben. Die Gefühle, die die kleine Marie Valerie bereits bei der Geburt auslöst, zeigen deutlich, wie man in der Bevölkerung über ihre Mutter denkt. Aus übertriebener Liebe zu ihrer Königin und Sorge um die Unabhängigkeit des Landes wünschten sich die Ungarn einen männlichen Erben. Als die erste Enttäuschung jedoch überwunden ist, geht es ihnen nur noch darum, erneut ihre Verehrung zu zeigen und Mutter und Kind in ihrem Land zu behalten. Die ungarische Amme singt dem kleinen Mädchen bereits Csárdás-Lieder vor, und die Zigeuner wiegen seine Träume im Rhythmus ihres Zymbals.
In Österreich gewinnt der Liberalismus an Boden. Viele führen das auf den günstigen Einfluß der Kaiserin zurück. Die Regierung wendet sich immer mehr vom Absolutismus ab und tendiert zu einer konstitutionellen Staatsform. Mit dem Ende des Konkordats erleidet die klerikale Partei um die Erzherzogin und

ihren Beichtvater, den Kardinal Rauscher, eine weitere Niederlage. Das Parlament nimmt der Kirche ihren Einfluß auf das Familien- und Schulwesen und setzt den Staat an ihre Stelle. Die Minderheiten hoffen auf eine Bestätigung ihrer Rechte. Elisabeth hat so viel für die Ungarn getan. Kann sie sich jetzt nicht auch um die anderen kümmern? Marie Valerie ist keine drei Wochen alt, als die jüdischen Frauen von Wien sie zum Ehrenmitglied ihrer Vereinigung machen. Auf dem Umweg über die Tochter richten sich die Bittschriften an die Mutter. Wie sehr sie auf sie zählen können, wissen alle in der jüdischen Gemeinde. Ihre Freundschaft mit Max Falk und ihre Bewunderung für Heinrich Heine, dessen Schriften im Österreich Metternichs verboten waren, sind Beweise genug.

Im Gegensatz dazu fühlte sich die konservative Partei am Wiener Hof von der Kaiserin seit eh und je schlecht behandelt. Jetzt zeigt sie verstärkt ihren Unwillen gegenüber Elisabeth. Warfen diese Kreise ihr noch vor kurzem eine Vernachlässigung ihrer Kinder vor, so machen sie sich jetzt über ihre späte Entdeckung der Mutterfreuden lustig. Marie Valerie wird die »Einzige« genannt oder – noch boshafter – der Königin Ungarnkind. Natürlich geht das Gerücht, daß Andrássy der Vater sei. Erst Jahre später, als die Ähnlichkeit zwischen Franz Joseph und seiner Tochter mit jedem Tag deutlicher wird, verstummen die bösen Mäuler. Franz Joseph ist übrigens ein aufmerksamer Vater, fast so vernarrt in das Kind wie die Mutter. Marie Valerie ist das Kind ihrer Versöhnung.

Nach vierzehn Ehejahren sind sie endlich soweit, einander so anzunehmen, wie sie sind. Die Gewitterstürme legen sich. Hätte Marie Valerie wie in Frankreich zur Zeit der Revolution einen meteorologischen Namen tragen können, hätten die Eltern sie wahrscheinlich Aufheiterung genannt. Denn mit ihrer Ankunft tritt das Kaiserpaar in eine neue Phase seiner Beziehung: die Ruhe nach den Zeiten des Sturms und des Unfriedens. Elisabeth und Franz Joseph wissen ziemlich genau, worin sie sich unterscheiden, und auch, daß dies so bleiben

wird. Sie sind es beide müde, sich gegen unabänderliche Tatsachen zu stemmen. Für Resignation ist es zu früh, die Zeit des Vertrauens und der Zärtlichkeit ist gekommen.
Sie weiß, daß ihr Mann ihr bereitwillig jeden Wunsch von den Augen abliest, sofern sie nicht etwas von ihm verlangt, was seinen Zeitplan durcheinanderbringen oder dem Reich schaden würde. Er ist überaus pflichtbewußt und hält konsequent an seinem gewohnten Tagesablauf fest. Nicht um vier Uhr morgens aufzustehen wäre für ihn ein Verstoß gegen die heilige Regel und der Anfang aller Laster.
Im Herbst 1867 besucht Franz Joseph die Pariser Weltausstellung. Er wohnt im Palais de l'Elysée, von wo aus er jeden Morgen an Elisabeth schreibt. Die sonst so Reisefreudige mag keine offiziellen Reisen und hat dank ihrer Schwangerschaft auch einen guten Grund, zu Hause bleiben zu können. Ihr »Männchen« erzählt ihr in allen Einzelheiten von den großen Feierlichkeiten. Auch die Damen aus der Halbwelt des Bois de Boulogne werden erwähnt. Das Porträt, das er von seinen Gastgebern – von Napoleon III. und der Kaiserin Eugénie – zeichnet, ist freundlich, Frankreich und Österreich kommen sich näher, spät, aber immerhin. Zwischen den beiden Ländern ist reichlich Blut geflossen, das Blut unbekannter Soldaten und das Blut Maximilians. Wenn Erzherzogin Sophie auf Napoleon III. zu sprechen kommt – sie spricht möglichst wenig von ihm –, so nennt sie ihn »Mörder meines Sohnes«.
Auch im Hinblick auf Paris ist für Franz Joseph die Zeit der Versöhnung gekommen. Napoleon III. empfängt ihn herzlich, die Stimmung ist gut. Aber ohne seine Frau langweilt sich der Kaiser. In seinen Briefen betont er wiederholt, daß er im Elysée-Palast besser schlafe als in der Hofburg. Offensichtlich nehmen mit der Entfernung die Sorgen ab. Amüsiert gibt er zu, daß er erst um sechs Uhr morgens die Augen öffne. Das scheint ihm unerhört. Hat ihn das französische Savoir-vivre gepackt, die Leichtigkeit Offenbachs und das für seine Unbeschwertheit berühmte Pariser Leben?

Der Müßiggang hält aber nicht lange an. Kaum zurückgekehrt, wird der Kaiser wieder zum ersten Beamten seines Reiches, unermüdlich fleißig und gewissenhaft. Wenn er von seinen Akten aufblickt, dann nur, um Winterhalters Porträt von seiner Frau zu betrachten. Ihre Grazie, Empfindsamkeit und Poesie gehören zu einer Welt, zu der er keinen Zugang hat und die er deshalb um so mehr bewundert. Er wird die Jagd immer einer Aufführung von Shakespeare vorziehen, einen Militärmarsch einem Gedicht von Heine und ein Feldbett einem weichen Sofa.

Manchmal ist er über die Wünsche seiner Frau verärgert und fühlt sich durch ihre Launenhaftigkeit verletzt. Trotzdem sieht er nur sie und das dunkle Leuchten ihrer Augen, er hört nur sie, ihre gedämpfte Stimme und ihre eigenwilligen Schritte, er denkt nur an sie, selbst dann, wenn er eine Fasanenhenne ins Visier nimmt oder seine Truppen paradieren läßt. Die abwesende Elisabeth – als ob ihre wirkliche Gegenwart störe – übt eine noch größere Anziehungskraft auf ihn aus. Er wartet auf sie, lauert auf ihren Schritt und schreibt ihr mit den Worten aller Verliebten. Der Kaiser hat wenig lyrische Neigungen und ist ein Musterbild bürgerlicher Tugenden, die beständige Intensität seiner Liebe geht jedoch zu Herzen und macht aus ihm fast einen gefühlsbetonten Mann.

Er gewöhnt sich an den Gedanken, daß seine Frau nur zeitweise Kaiserin ist. Die offiziellen Verpflichtungen belasten sie sehr. Den Blick anderer kann sie nicht lange ertragen. Der weibliche Narziß stellt sich nicht gerne zur Schau. Wenn Elisabeth nach einem festlichen Diner die Runde machen und die Gäste um sie herum zu kleinen Gruppen zusammenführen muß, damit sie untereinander die üblichen Banalitäten austauschen, so nennt sie das »Dienst haben«. Sie spricht von der »innerlichen Maskerade«, die sie mitmachen muß.

Weit weg von Wien fühlt sich Elisabeth mit sich selbst im reinen. Sie kann laut lachen und in den langen Gängen von Gödöllö die Mäuse jagen, Refrains aus den Zigeunerliedern singen und dabei in die Hände klatschen, nächtelang mit ihren Schwestern plaudern oder eine Delegation von ungarischen Parlamentsabgeordneten mit einer improvisierten Rede fesseln. Die hohlen Phrasen der Höflinge hingegen lassen sie kalt. In Gesellschaft sind es nur ihre Augen, die lachen. Man wirft ihr vor, mit ihrem schönen Gesicht und ihrer stolzen Haltung nur Hochmut und Verachtung zu zeigen. Manchmal, wenn ihre Widerstandskraft am Ende ist, bricht sie ihr Schweigen und wirft einen kurzen Satz ein, der alles tötet. Es ist nicht unbedingt das, was man am Wiener Hof unter »Konversation machen« versteht.

In vielen Fällen ist das Gesellschaftsleben für Franz Joseph genauso wenig ein Vergnügen wie für seine Frau, aber er beherrscht die Kunst, sich Langeweile nicht anmerken zu lassen. Man lobt allgemein seine Höflichkeit und die Eleganz und Natürlichkeit, mit der er immer die passenden Worte und die richtigen Gesten findet, Gesten, für die die anderen ihm dankbar sind. Einerseits ein einfacher Mensch, andererseits ein Mann von Welt. Er bewegt sich in einer Welt, in der er von Geburt an zu Hause war, nichts in ihr ist ihm fremd. Manchmal jedoch genügt ein Blick von Elisabeth und, wie von seiner in alles eingeweihten Komplizin erleuchtet, wird ihm plötzlich das Lächerliche einer Situation oder einer Person bewußt, und beiden fällt es schwer, ein schallendes Lachen zu unterdrücken. Ein Einverständnis zwischen den beiden hat sich eingestellt, eine Komplizenschaft, die unter Herrscherpaaren selten ist. Höfische Etikette, Paläste voller Menschen und die Geheimnisse der Macht haben keinen günstigen Einfluß auf die Liebe, erst recht nicht auf die Sinnenfreude. Die Bourbonen in Frankreichs großer Zeit entwickelten eine Lebensregel, die ihnen volle Zufriedenheit brachte: Sie teilten das Leben auf. Im Bett der Ehefrau erfüllten sie ihre Pflicht, und für die Sinnenfreuden hatten sie den Alkoven der Geliebten. Ein derartiges Leben steht bei Elisabeth und Franz Joseph nicht zur Debatte. Als sie heirateten, wollten sie glauben, daß auch Könige wie die Schäfer im Lustspiel lieben können. Das Klima der Hofburg und die lästige Aufsicht der Erzherzogin waren bei ihren ersten Umarmungen mehr als hinderlich. Des Kaisers Ungeschicklichkeiten, seine leidenschaftlichen Exzesse und seine Schüchternheit als verliebter Mann erlaubten es ihm nicht, sich von seiner besten Seite zu zeigen. Es ist ihm nicht gelungen, die Sinnlichkeit seiner allzu jungen, allzu schönen und allzu verliebten Frau zu wecken.

Elisabeths Körper mit seinen Rundungen und dem Schimmer ihrer Haut scheint für die Sinnenlust gemacht. Aber sie zieht Träume den Realitäten vor. In ihrem Gefängnis, der Hofburg, besteht das Leben nur aus einer Unzahl von unangenehmen Verpflichtungen, die dem Verlangen keinen Platz lassen. Sie lehnt sich lieber dagegen auf und schafft sich einen Freiraum, als daß sie sich sinnlichen Freuden hingäbe. Sie macht aus ihrem Körper ein Schaustück für die Augen, aber nicht als Verehrungsobjekt für die Massen, wie es ihre Rolle fordert, sondern um ihren Narzißmus zu befriedigen. Ihr Schlankheitskult grenzt an Magersucht. Sie selbst gibt ihre Appetitlosigkeit zu:

> Für mich keine Liebe,
> Für mich keinen Wein;
> die eine macht übel,
> der andre macht spei'n!

Das ist nicht gerade das Geständnis einer Messalina. Elisabeth ist kein männermordender Vamp. Sie gefällt gerne und mag es, wenn man sie liebt. Aber sie ist nicht auf Liebesabenteuer aus. Allmählich läßt bei Franz Joseph die Eifersucht nach. Er begreift, daß Vertrauen den anderen mehr bindet als Verdächtigungen. Im übrigen hat die Kaiserin ihre eigenen Vorstellungen vom Leben und der Liebe. Sie ist viel zu anspruchsvoll, um sich auf irgendwelche Abenteuer einzulassen, und die Treue gegenüber dem Bild, das sie von sich hat, ist ihr wichtiger als die gegenüber ihrem Mann. Wenn man den Verführungskünsten eines Andrássy zu widerstehen wußte, dieser gegenseitigen Anziehung, diesem Taumel, so braucht man keine Gefahr zu fürchten. Die Probe war hart, aber das Paar geht gestählt aus ihr hervor. Jetzt können der Kaiser und die Kaiserin sich viel ungezwungener geben, wenn die Sprache auf ihre Beziehung zu Andrássy kommt.

Den Juli 1869 verbringt Elisabeth in der Residenz ihres Bruders am Starnberger See. Andrássy kündigt seinen Besuch an, seine Reisen haben ihn nach München geführt. Erzsébet hält mit ihrer unbändigen Freude nicht hinter dem Berg. Der über so viel Heftigkeit erstaunten Ida Ferenczy antwortet sie: »Keine Angst, ich werfe mich ihm nicht an den Hals!« Elisabeths damals neun Jahre alte Nichte erzählt in ihren späteren Memoiren, daß sie die Kaiserin nach Andrássys Abreise weinen sah.

Vier Monate später, im Oktober 1869, startet der Kaiser zu einer langen Reise. Sie führt ihn über Konstantinopel, Jaffa und Jericho nach Suez, wo Ferdinand de Lesseps' Kanal eingeweiht werden soll. Bereits seit dem 15. August 1869 (dem hundertsten Geburtstag Napoleons) sind die Wasser des Roten und des Mittelmeeres dank dieses Riesenprojekts miteinander verbunden. Europa läßt seine Soldaten, Ingenieure und Finanziers auf die Welt los wie früher seine großen Seefahrer.

Elisabeth fährt nicht mit. Sie bleibt lieber bei ihrer kleinen Marie Valerie. Die Entdeckung des Orients, von dem ihr Vater so viel erzählt hat, wäre durch die vielen offiziellen Verpflichtungen stark beeinträchtigt. Der kaiserliche Adler mit seinen beiden Köpfen fliegt davon: Franz Joseph und Andrássy.

Elisabeth und ihr Mann schicken einander täglich überaus zärtliche Zeilen. Es sieht so aus, als ob die unermüdlichen Briefeschreiber alles nur für die Freude erleben, es sich gegenseitig erzählen zu können. Die Entfernung lenkt von Mißverständnissen ab und macht die zwischen ihnen bestehenden Unterschiede unbedeutend. Der räumliche und zeitliche Abstand wirkt nicht trennend, sondern gibt ihnen eher Gelegenheit zum Gleichklang. Das Vermissen des anderen, das Bedauern über seine Abwesenheit und die Ängste um ihn verändern sein Bild und idealisieren es. Während der Abwesenheit setzt langsam die Kristallisation wieder ein. Durch Gewohnheiten, die unzähligen anderen Menschen und die unterschiedlichsten Konflikte war sie lange Zeit zurückgedrängt worden.

Nach den prunkvollen Tagen von Konstantinopel sind mehrere Tage dem Besuch der heiligen Stätten gewidmet. Franz Joseph läßt mehrere Flaschen mit Jordanwasser füllen, als Taufwasser für die zukünftigen Kinder des österreichischen Kaiserhauses. Andrássy badet sogar im heiligen Fluß. Sagt man nicht, daß ein Bad im Jordan Wunderkraft verleihe? »Mein Land kann dies gut gebrauchen«, versichert der »beau Pendu« von 1848. Die beiden Reisegefährten begnügen sich nicht mit der Messe am Heiligen Grab, sie möchten sich in der Heiligen Stadt mit den Würdenträgern anderer Religionsgemeinschaften treffen. Franz Joseph versteht sich als Schutzherr aller Konfessionen seines Reiches, und Andrássy treibt mit Erfolg die Emanzipation der ungarischen Juden voran. Sie sprechen mit Rabbinern, besuchen eine jüdische Schule und ein von den Rothschilds finanziertes Krankenhaus. In der Omar-Moschee treffen sie auch mit Vertretern des Islams zusammen.

Im Beduinenzelt wird Franz Joseph wieder zum jungen Leutnant, und Andrássy spielt die Rolle des wilden Kameraden, dem man mit Vergnügen von seinen Jugendstreichen erzählt. Man behauptet, daß Andrássy des Nachts aus dem Zelt geschlichen sei, um die Damen der Stadt zu beehren. Der Kaiser erzählt die Geschichte unverzüglich seiner Frau. Der Ton ist humorvoll, und Elisabeth spielt das Spiel mit. Mit einem Gedicht kommentiert sie den Vorfall auf ihre Weise:

> A propos, ein Wörtchen jetzt über den Grafen Andrássy:
> »Ging spazieren in Jericho abends ganz alleine,
> Kam des Morgens in das Zelt, nackt die beiden Beine.
> Ohne Kalpak und Attila. Sehr laszives Mirakel.
> Wurde beim Fensterln erwischt, grandioser Spektakel.«

In seiner postwendenden Antwort bittet Andrássy Ida Ferenczy, die Vorleserin Ihrer Majestät, der Königin die »offizielle Gegendarstellung« des Geschehens vorlesen zu wollen:

Falsch – falsch berichtet hat der Floh
über Andrássy in Jericho!
Fenster sah er keine, nur Jalousie,
Geschaffen zu erhitzen die Phantasie.
Wie eine Türkin aussieht in nächster Näh',
Davon hat er leider keine Idee.
Doch könnt er sündigen frei
Und wäre gerne gewesen dabei;
Denn er konnte frei schalten und walten,
Hat er doch in Jerusalem für alle Zukunft
Absolution erhalten.

In den nächsten Tagen findet Elisabeth Gelegenheit, ihrem Mann in aller Freundlichkeit eine Eifersuchtsszene zu liefern. Kaiserin Eugénie ist in Suez die Vertreterin Frankreichs. Da Napoleon III. nicht mit von der Partie ist, bilden sie und Franz Joseph das zauberhafteste Paar. Bereits bei ihrer ersten Begegnung hat man aus den beiden Kaiserinnen Rivalinnen machen wollen. Ein indiskreter Beobachter will sogar beobachtet haben, wie die beiden Frauen mit hochgeschlagenen Röcken vor dem Spiegel standen, um die Form ihrer Beine zu vergleichen. Sie sind beide schön, aber für Elisabeth spricht ihre Jugend, ihre große, schlanke Figur, ihre geheimnisvolle Aura und undefinierbare Grazie. Bayern stellt Spanien mühelos in den Schatten, zumindest in diesem Fall. Elisabeth erlaubt sich deshalb, auf humorvolle Art zu schreiben: *Nun bist Du wohl glücklich vereinigt mit Deiner geliebten Kaiserin Eugenie. Ich bin auch sehr eifersüchtig bei dem Gedanken, daß Du ihr jetzt eben den Scharmanten spielst, während ich allein hier sitze und mich nicht einmal rächen kann.* Franz Joseph kann sie getrost beruhigen: Eugénie ist nicht mehr so hübsch wie früher. Außerdem hat sie

stark zugenommen. Er weiß, daß Leibesfülle in den Augen seiner Frau geradezu unverzeihlich ist.
Die späten sechziger Jahre sind für das Reich und das Kaiserpaar eine Phase der Erholung. In der Politik und im Privatleben stellt sich ein Gleichgewicht ein. Und man darf hoffen, daß es eine Zeitlang anhält, auch wenn man weiß, daß nichts für die Ewigkeit ist. Die ungarische Königskrönung war Erzsébets großer Triumph. In der Geburt des Wunschkindes Marie Valerie findet er seine Fortsetzung.
Die Königin lebt ihre Mutterschaft in vollen Zügen. Kein Kind wurde je so gehätschelt, liebkost und gestreichelt wie diese kleine Erzherzogin. Die sonst sehr auf ihre Freiheit bedachte Mutter richtet ihr Leben jetzt ganz nach diesem Kind. Natürlich bleiben Ängste und Sorgen nicht aus. Doch in der süßen, wohligen Atmosphäre einer endlich auf Gegenseitigkeit beruhenden Liebe kann Elisabeth ihre Angst vergessen. Marie Valerie bekommt alles, was ihre Mutter bisher an Zärtlichkeit und Zuwendung zurückgehalten hat. Elisabeth entdeckt die Sanftheit des Körpers, die Empfindsamkeit der Haut und das grenzenlose Verlangen, mit einem anderen Wesen in ständigem Kontakt zu sein. Sollte die Einsamkeit nun endlich ihre zwangsläufige Bestimmung verlieren?
Die Melancholie mit ihrem Heer dunkler Mächte ist auf dem Rückzug. Für den Augenblick stellt sich Elisabeth auf die Seite des Lebens. Sie entscheidet sich für das Licht und gegen die Finsternis, für die Energie und gegen den Fatalismus, für die Zärtlichkeit und gegen den Wahn. Die böse Fee gibt sich zwar nicht geschlagen, aber sie läßt Elisabeth zumindest Atem holen. Bald wird es wieder dunkler werden und Elisabeths federleichter Körper erneut von einem heillosen Tanz erfaßt. Ist der Tod nicht von Kindheit an ihr ständiger Partner? Sie haben schon manchen Tanzschritt miteinander versucht. Der Höllenrhythmus kann jeden Moment wieder losbrechen. Kann man denn nur beten, indem man sich dem barocken Taumel überläßt? In sämtlichen Kirchen Bayerns und des Reiches

erzählt man Elisabeth immer wieder, daß Gott nur den Narren antwortet, die ihm ohne Angst die Hände entgegenstrecken. Ganz gleich also, ob der Partner böse Fee, Tod oder Gott heißt, der Tanz reißt alles mit sich.

Krieg! Schon wieder Krieg! Und wieder die preußischen Truppen! Elisabeth ist am Ende ihrer Kräfte. Als sie im Juni 1870 nach Bad Ischl kommt, spricht man von einem möglichen Konflikt zwischen Frankreich und Preußen. Und es war auch in Ischl, als man sie 1866, also vor knapp vier Jahren, über den Beginn eines anderen schrecklichen Gemetzels unterrichtete. Darauf folgte Königgrätz, die österreichische Niederlage, und für die beiden feindlichen Heereslager die ewig gleiche Litanei von Tod, Verwundung und Epidemie, die im Handumdrehen die armen dem Kampf Entronnenen hinwegrafft. Wird sich das jetzt wiederholen? Wozu dienen Verträge, Botschaften, Anstandsregeln und miteinander verschwägerte Monarchen, wenn die sogenannten zivilisierten Länder Europas nur danach trachten, sich wie blutdürstige Stämme gegenseitig niederzumetzeln?

Und dabei sah einen Monat zuvor alles noch so gut aus. In Frankreich hat Napoleon III. eine Volksbefragung durchführen lassen. Sein Sieg über die Republikaner gilt als gesichert. Franz Joseph freut sich ganz besonders darüber. Die beiden Kaiser stehen in gutem Einvernehmen miteinander. Aber Österreich-Ungarn weiß, daß es Napoleon III. militärisch nicht unterstützen kann. Seine Armee hat sich von Königgrätz noch nicht erholt, und die Verluste haben deutlich gezeigt, was ein Kampf gegen Preußen kostet. Außerdem haben die süddeutschen Staaten, darunter auch das der Kaiserin besonders nahe stehende Bayern, Allianzverträge mit Bismarck geschlossen. Ein Eingreifen auf der Seite Frankreichs würde Österreich-Ungarn in einen Krieg gegen seine ehemaligen deutschen Verbündeten hineinziehen. Um Königgrätz zu rächen, würde man eine noch schwerere Niederlage riskieren.

Bismarck sieht dem Krieg mit Genugtuung entgegen. Ein weiterer Sieg gäbe ihm die Gelegenheit, sein Werk fortzusetzen und Preußen an die Spitze des zweiten Reiches zu stellen (das erste war das Heilige Römische Reich Deutscher Nation, zum dritten erübrigt sich wohl jeder Kommentar). Napoleon III. auf der Gegenseite zweifelt weder an seiner Macht noch an seinen Armeen. In seiner Umgebung wartet man nur darauf, losschlagen zu können.

Am 18. Juli 1870 beruft Franz Joseph den Ministerrat ein, um einen austro-ungarischen Standpunkt festzulegen. Alle Teilnehmer, auch der Kaiser, hoffen auf einen französischen Sieg. Verträge mit Frankreich bestehen jedoch nicht. Allerdings hat Rußland zu verstehen gegeben, daß es Bismarck zu Hilfe kommen werde, sollte Franz Joseph seine Neutralität aufgeben. Diese Drohung stärkt den Standpunkt Andrássys innerhalb des Kronrats. Als Ungar hat er allen Grund, den russischen Nachbarn zu fürchten. Außerdem ist ihm an einem Wiedererstarken des österreichischen Einflusses in Deutschland wenig gelegen, denn dies würde den österreichisch-ungarischen Ausgleich gefährden.

Franz Joseph beschließt, nichts zu tun. Wien wartet ab, wie sich die Dinge entwickeln. Die Kaiserin hält es nicht einmal für notwendig, in die Hauptstadt zurückzukehren. Die Briefe des Kaisers klingen tatsächlich beruhigend. Sollen jetzt doch andere das preußische Feuer löschen! Österreich-Ungarn bleibt bei diesem Drama Zuschauer, es spielt nicht mit. Seine alten Verbündeten, Sachsen und Bayern, ziehen jedoch auf Bitten des preußischen Königs mit in den Kampf. Elisabeth zittert erneut um ihre Brüder, Schwäger und Vettern, die unter unterschiedlichen deutschen Flaggen kämpfen. Ihre politisch weitsichtigere Schwiegermutter beklagt weiterhin den österreichischen Abstieg. Preußen werde alle seine Nachbarn schlucken. In ihrem Tagebuch bedauert sie »den tristen Enthusiasmus der Deutschen (angefacht zum großen Teil durch die Freimaurer) die glauben, für Deutschland zu kämpfen; und doch nur für

Preußen kämpfen, das sie schließlich gänzlich zermalmen wird«. Offensichtlich spielen die Freimaurer die Rolle des Sündenbocks.

Nach anfänglichen französischen Erfolgen fällt das Reich Napoleons III. am 1. September 1870 bei Sedan wie ein Kartenhaus in sich zusammen. Der Weg nach Paris ist offen, und der französische Kaiser wird gefangengenommen. Franz Joseph hat allen Grund zur Klage: Preußen übernimmt die Vormachtstellung in Europa, und Frankreich schwenkt am 4. September auf die Seite der Republikaner über. Er sehe sehr trübe in die Zukunft, schreibt Franz Joseph an seine Mutter. Sie dürfte für ihn noch trauriger werden als die Gegenwart. Und Elisabeth sieht es noch schlimmer als ihr Mann: *Wir werden aber vielleicht doch noch ein paar Jahre vegetieren, bis die Reihe an uns kommt. Was meinst Du?*

Daß mancher Österreicher die preußischen Siege sehr begrüßt, macht die Situation noch schlimmer. Unter dem Druck der Nationalitätsbewegungen der anderen Völker des Reiches schielen die deutschstämmigen Österreicher nach Bismarck. Dieser zeigte sich nach dem Sieg von 1866 sehr gemäßigt. Nie bewies er sein politisches Genie deutlicher als in seiner Rücksicht auf den österreichischen Nationalstolz. Er hätte mit Triumph in Wien einmarschieren oder Franz Joseph zu irgendwelchen Gebietsabtretungen zwingen können. Er hütete sich davor. Gegenüber der französischen Republik hat der preußische Junker wesentlich weniger Skrupel. Die öffentliche Meinung und die Generäle drängen ihn zu einer schonungslosen Politik. Gegenüber Jules Favre, dem Außenminister der neuen französischen Regierung, erklärt er: »Wir haben keinerlei Garantie, weder für Sie noch für die Regierung, die nach Ihnen kommt. Deshalb verlangen wir die Abtretung des Elsaß und eines Teils von Lothringen mit Metz.« Die deutschen Sozialisten sind die einzigen, die vor der Eroberungspolitik warnen. In einem Manifest sieht Karl Marx die deutsch-französischen Beziehungen der kommenden Jahre voraus: Die Annektierung von

Elsaß-Lothringen mache aus den beiden Ländern zwei Todfeinde. Es handele sich lediglich um einen Waffenstillstand, nicht um einen dauerhaften Frieden.
In Deutschland werden die militanten Sozialisten verhaftet, und Bismarck gibt dem Druck des Militärs nach. Aus dem weitsichtigen Politiker wird ein gewöhnlicher Eroberer. Elsaß-Lothringen ist deutsch. Doch damit nicht genug: Am 18. Januar 1871 wird im Spiegelsaal des Versailler Schlosses das Deutsche Reich ausgerufen.
Einige Jahre später schreibt Elisabeth ein Gedicht mit dem Titel: »An Bismarck«. Der Mann aus dem Reich der Heldensagen löst Bewunderung und Schrecken aus.

Prädestiniert und sieggeweiht:
Ziehst du, der größte Geist der Zeit,
Geharnischt über uns're Welt,
Völker mähend, wie dir's gefällt.

Du Eisenstern auf blut'ger Bahn,
Unüberwindlich stets voran! –
Wo endet wohl dein Siegeslauf?
Führt er hinab, führt er hinauf?

Hinab oder hinauf? Faust oder Mephisto? Das ist die Frage. Moralisch gesehen, kostete die deutsche Einheit einen hohen Preis. Allzu viele Tote klagen an – diejenigen von 1866 und diejenigen von 1870. Und weitere Tote werden folgen. Bismarck selbst, der große Initiator dieses Kriegsschauspiels, ist sich darüber durchaus im klaren. Aus Versailles schreibt er an seine Frau: *Die Leute müssen mich für einen Bluthund halten. Wenn die alten Frauen meinen Namen hören, fallen sie auf die Knie und beten um ihr Leben. Attila war ein Lamm im Vergleich zu mir.*

Die Wiener nehmen Elisabeth ihre häufige Abwesenheit nach wie vor übel. Bis zu dreimal im Jahr veröffentlichen die Zei-

tungen die genaue Anzahl der Tage, an denen sie die Hauptstädter mit ihrer Gegenwart beehrt hat. Eine traurige Bilanz. Ihr Mann hat es aufgegeben, sich darüber zu beklagen. Der Briefwechsel und die Eisenbahn spielen eine wichtige Rolle in ihrem Leben. Sie schreiben und besuchen sich gegenseitig. Mal in Schönbrunn, mal in der Hofburg, meistens jedoch in der Kaiservilla in Bad Ischl, in Gödöllö oder in Tirol. Das Protokoll in diesen ländlichen Residenzen ist weniger streng, die Geborgenheit dafür aber um so größer. Die ständige Wiedersehensfreude sagt ihnen mehr zu als ein von der Politik bestimmtes Alltagsleben. Außerdem hat Elisabeth inzwischen für das Fernbleiben von der Hauptstadt einen guten Vorwand: Die Wiener Luft bekommt der zarten Marie Valerie nicht.
Im März 1871 reist Elisabeth aus Gödöllö ab. Ihre Freunde Deák und Andrássy sind an den Pester Bahnhof gekommen, um ihr eine gute Reise zu wünschen. Es ist ein Augenblick des Abschieds von dem, was sie liebt. Eine Gräfin Marie Festetics wird der Königin vorgestellt. In der Aufregung der Abreise schenkt Elisabeth ihr wenig Beachtung. Doch Andrássy läßt nicht locker: Die Königin möge sich während der Reise mit der Gräfin unterhalten. Marie Festetics sei äußerst intelligent und Ungarn treu ergeben, betont er. Also gut, wenn Andrássy meint … Während der fünf Stunden zwischen Pest und Wien kommen die beiden Frauen miteinander ins Gespräch und entdecken ihre gegenseitige Sympathie. Sie kommen auf ihre gemeinsamen Freunde zu sprechen, auf Deák und natürlich auf Andrássy. Sie haben die beiden soeben nur ungern verlassen. Auch für Marie Festetics ist es eine Reise in eine andere Welt. Sie ist dreiunddreißig Jahre alt, ein Jahr älter als die Königin. Elisabeth spürt sofort, daß sie an dieser jungen Frau Gefallen finden kann. In Sachen Freundschaft hat sie einen sicheren Instinkt. Auch bei Ida Ferenczy war ihr sofort klar gewesen, daß sie diesem Mädchen vertrauen konnte. Und sie hat die Wahl auch später nie bereut, im Gegenteil. Die süße Ida war bei ihrer ersten Begegnung ein junges Ding vom Lande, aufge-

regt, sensibel und bescheiden. Bei Marie dagegen ahnt Elisabeth, daß sie von ihr mit nüchternem Intellekt beurteilt werden wird. Der Gedanke, hier als Frau überzeugen zu müssen und nicht zu den Waffen einer Königin greifen zu können, ist ihr nicht unangenehm. Marie Festetics kann zwar ihre innere Erregung gut verbergen und gibt sich nicht auf den ersten Blick geschlagen, doch ihre Begeisterung ist durchaus mit der von Ida zu vergleichen. Sie schreibt ihre Eindrücke sofort in ihr Tagebuch nieder: »Sie ist so schön, wie ich noch keine sah. Hoheitsvoll und wunderlieblich dabei und eine Stimme, so sanft. Ihre Augen sind zu köstlich!«

Drei Tage später stellt die Kaiserin sie mit einer Einladung auf die Probe. Die Erzherzogin gibt ein Diner. Marie Festetics verhält sich ganz im Sinne Elisabeths. Ohne sich betören zu lassen, beobachtet sie das Hofleben – »ein geisttötendes Leben«. Ohne innere Anteilnahme folgen ihre Augen dem Ballett der Eitelkeiten und ihre Ohren den gehässigen Reden über Elisabeth. Andrássy hat sich nicht getäuscht, sie ist intelligent und läßt sich nicht hinters Licht führen. Elisabeth beschließt, sie zu ihrer Freundin zu machen. Kaum ist die Stelle einer Ehrendame frei, bietet die Kaiserin sie Marie Festetics an. Die überraschte Gräfin reagiert zurückhaltend. Wahrscheinlich spürt sie, daß eine solche Position möglicherweise ihr ganzes Leben beansprucht. Die Kaiserin ist anspruchsvoll und besitzergreifend, ihrem Charme kann man nur schwer widerstehen. Die süße Ida erlag ihm schon vor langer Zeit. Mit einem Schlag hat sie ihre Freiheit aufgegeben und jede Form von Kritikfähigkeit verloren. Marie Festetics fürchtet ein ähnliches Schicksal.

Andrássy erfährt von den Bedenken der Gräfin und sucht sie ärgerlich auf: »Ihr solltet die Stelle unverzüglich annehmen. Dieses Opfer schuldet Ihr Eurem Land. Wenn man von Gott so viel Intelligenz bekam, sollte man sich dankbar zeigen; die Königin braucht einen treuen Menschen.«

»Verdient sie ihn?« fragt sie skeptisch.

»Was soll diese Frage?« Dem schönen Grafen verschlägt es die Sprache, doch er fängt sich rasch wieder. Die charakterfeste Gräfin wäre eine ausgezeichnete Verbündete. Es muß ihm gelingen, sie zu überzeugen. Der ungarische Kreis muß sich enger um die unnahbare Erzsébet schließen.
»Sie halten mich für Ihren Freund, nicht wahr?« antwortet er schließlich. »Ich würde Ihnen raten, unbedingt anzunehmen. Die Königin ist klug, gut und rein. Sie schimpfen über sie, weil sie unser Vaterland liebt, und das verzeihen sie ihr nie. Deswegen wird man auch Sie verfolgen, aber das macht nichts. Sie können so der Königin und dem Vaterland dienen, und es ist Ihre Pflicht, anzunehmen. Auch Deák schrieb in diesem Sinne. Dazu kommt noch, daß man einen solchen Antrag gar nicht zurückweisen kann. Das geht nicht.«
Andrássy hat gesprochen, und die Gräfin gehorcht. Durch den Druck, den man auf sie ausübt, fühlt sie sich eher geschmeichelt. Im Grunde reizt sie das Angebot, und zwar in solchem Maße, daß sie sich selbst mißtrauisch nach dem Grund dieser Begeisterung fragt. Sie fürchtet alles Irrationale. Elisabeth weckt um sich herum die leidenschaftlichsten Gefühle. Marie Festetics will nicht in die Falle gehen und zu einer zweiten Ida werden, die sich der Kaiserin vollkommen ergeben hat und sie bis zur Selbstverleugnung bewundert.
Doch das ist es nicht, was Elisabeth von ihr erwartet. Sie hat sofort begriffen, daß die neue Ehrendame anders ist, und will die Rollen auch nicht vermischen. Bei Ida findet sie Offenherzigkeit und Zärtlichkeit. Ihr gegenüber kann sich die Königin geben, wie sie ist, mit all ihren Schwächen und Launen, ihrem Stolz und ihrer stets latent vorhandenen Verzweiflung. Obwohl sie jünger als die Kaiserin ist, übernimmt Ida eine Art Mutterrolle. Sie bietet Trost und Zuspruch, und wenn sich Alpträume einstellen, zittert sie mit Elisabeth und hält ihr die Hand.
Die Gespräche mit Marie Festetics sind durch gegenseitiges Vertrauen und wechselseitige Hochachtung bestimmt. Sie

begegnen sich geistig auf gleicher Ebene. Die Ehrendame weiß ihren Standpunkt darzulegen und von dem Elisabeths abzugrenzen. In ihrem Tagebuch hält sie die Unterhaltungen fest und beschreibt tagtäglich die Gefühle und Gedanken, die die Königin in ihr auslöst:

»Sie ist nie banal«, schreibt sie kurze Zeit nach ihrem Amtsantritt. »Man fühlt ihr betrachtendes Leben aus allem heraus. Schade, daß sie die ganze Zeit eigentlich mit Grübeleien vertändelt und gar nichts tun muß. Sie hat einen Freiheitstrieb, dem jede Beschränkung schrecklich ist.«

Marie Festetics' Berichte sind um so wertvoller, weil die Autorin in keiner Weise schmeichelt. Sie betont Elisabeths Humor, ihre Feinfühligkeit und ihre außergewöhnlichen geistigen Fähigkeiten, bedauert aber die vielen Begabungen, die sie nicht zu nutzen weiß: »Man findet alles in ›Ihr‹, aber es ist wie in einem ungeordneten Museum: Wahre Schätze, die nicht zur Geltung kommen. Auch sie selbst weiß nichts damit anzufangen.«

Wie Ida wird auch Marie Festetics bis zum Ende ihren Part an der Seite der Königin spielen, allerdings in einem ganz anderen Register. Man versucht, zwischen den beiden Frauen Eifersuchtsgefühle zu wecken. Die Voraussetzungen dazu sind durchaus gegeben. Beide sind von ähnlicher Herkunft, und beide teilen sich Elisabeths Vertrauen. Man kann sich gut vorstellen, wie in dieser abgeschlossenen Welt des Hofes Rivalitäten entstehen und wachsen. Auch der ungarische Clan hat sich in ein Lager verschanzt. Selbst vor anonymen Briefen, die die eine vor den angeblichen Machenschaften der anderen warnen wollen, schreckt man nicht zurück. Aber die beiden Favoritinnen bewähren sich heldenhaft in diesem schäbigen, erbärmlichen Krieg der Schützengräben. Natürlich ziemen sich die Liebkosungen, mit denen die rundliche, naive Ida ihre Königin überschüttet, eher für eine Amme als für eine Vorleserin Ihrer Majestät. Für Marie Festetics zweifelsohne ein Stein des Anstoßes. Sie empfindet für die Rivalin, die nur lieben kann, eine gewisse Verachtung. Das Vertrauen und die Zuneigung der Königin sind ihr genauso wichtig wie Ida, aber sie will sie bekommen, ohne sich servil geben zu müssen. Elisabeth vollbringt das Wunder: Die Konflikte werden beigelegt, und die beiden Frauen leben in relativer Harmonie, die Leidenschaft nicht ausschließt.

Bei Marie Festetics hat Elisabeth das Bedürfnis, sich zu erklären, ihr Verhalten vor sich selbst zu rechtfertigen. »Wundern Sie sich nicht«, fragt sie die Ehrendame auf einem Spaziergang, »daß ich so lebe wie ein Einsiedler?«

»Gewiß, Majestät, und Ihr seid noch so jung.«

»Es blieb mir nichts anderes übrig, als dieses Leben zu wählen. In der großen Welt haben Sie mich so verfolgt, mir Übles nachgeredet, mich verleumdet, so stark mich gekränkt und verletzt – und Gott sieht meine Seele, daß ich niemals Böses getan habe. Ich dachte also, ich werde eine Gesellschaft suchen, die meine Ruhe nicht stört und mir Vergnügen bietet. Ich bin in mich selbst zurückgekehrt und habe mich der Natur zugewendet. Der Wald tut mir nicht weh [...] Die Natur ist viel dankbarer als die Menschen.«

In ihrem Tagebuch zeigt Marie Festetics immer mehr Verständnis für Elisabeth. Die Ehrendame und die Königin lernen sich kennen und schätzen. Die Ungarin verliert dennoch nichts von ihrem geschärften Blick, aber sie erteilt ihrer Königin Absolution und läßt ihr viel Bewunderung zuteil werden. Im übrigen sind sie von denselben Gedanken geprägt. Marie Festetics urteilt über das Hofleben genauso streng wie die Königin: »Der Verlust elementarer Werte und die Nichtigkeit zeigen sich nirgendwo deutlicher als an den Höfen; man gewöhnt sich in der höfischen Welt an glänzende Erscheinungen, und jeder, der in sie eintaucht, wird von einer vergoldeten Schale überzogen, die an lackierte Weihnachtsäpfel erinnert. Die mangelnde Zufriedenheit der Kaiserin verstehe ich nur zu gut!«

Mit Marie Festetics schließt sich der ungarische Kreis um die Kaiserin. Stück für Stück wurde das ihr von der Schwiegermutter aufgezwungene Überwachungssystem abgebaut. Die neue Mannschaft ist zwar genauso homogen, aber sonst das genaue Gegenteil der alten. Die von der Erzherzogin eingesetzten Spione waren ältliche Damen; das einzig Interessante an ihnen war ihre einwandfreie adelige Abstammung. Aus jedem ihrer Gedanken sprach eine erzkonservative Weltanschauung, und die peinliche Beachtung der Etikette war ihre ganze Moral. Elisabeth ersetzte sie durch Leute ihres Alters, alles eingeschworene Madjaren und Parteigänger des von Andrássy propagierten Dualismus.
Als Franz Joseph im November 1871 Andrássy zum Außenminister der österreichisch-ungarischen Doppelmonarchie ernennt, scheint ihr Sieg perfekt. Elisabeth hatte sich 1867 vor ihrer Budapester Krönung so unmißverständlich für eine Kandidatur ihres Freundes ausgesprochen, daß die konservative Partei, die einen Ungarn an der Spitze ihrer Diplomatie ablehnt, in dieser Berufung sofort einen Beweis für den wachsenden Einfluß der Kaiserin sieht. Natürlich erfüllt diese Wahl ihren lange gehegten Traum. Ob sie erneut Druck auf ihren Mann ausübte, läßt sich allerdings nicht nachweisen. War das denn überhaupt noch nötig? Franz Joseph weiß schon seit langem, wem die Vorliebe seiner Frau gilt. Auch wenn er sie nicht sofort blindlings übernahm, hat er ihr ja bereits Rechnung getragen.
Als man Andrássy in dieses hohe Amt beruft, befindet sich Elisabeth nicht in Wien. Sie weilt auf Schloß Meran in Tirol. Der Briefwechsel des Kaiserpaares aus dieser Zeit hat sich nicht erhalten. Vielleicht hat Elisabeth ihren Aufenthalt verlängert, um den Eindruck zu vermeiden, sie sei in die Staatsgeschäfte verwickelt. Das wäre dem Aufstieg Andrássys ganz und gar nicht förderlich. Außerdem haben noch andere, weitaus politischere Gründe Franz Joseph dazu gebracht, den früheren Feind und Revolutionär zum Chef der Reichsdiplomatie zu ernennen:

Während des Deutsch-Französischen Krieges war Andrássy ein Befürworter der Neutralität, und Österreich hat sich an seine Empfehlung gehalten. Angesichts der französischen Niederlage und des chaotischen Neubeginns des republikanischen Frankreich galt Andrássy als Mann der Versöhnung zwischen Österreich-Ungarn und dem Deutschen Reich.

Bismarck und Andrássy bringen einander Achtung entgegen. Der Preuße bewundert die feste Hand, mit der der ehemalige Aufständische die nicht-madjarischen Völkerschaften Ungarns im Zaum hält. Außerdem hat Andrássy alles dafür getan, damit den Tschechen nicht die gleichen Privilegien zugesprochen werden wie den Ungarn, und das mit Erfolg. Den Slawenfeind Bismarck kann dies nur freuen. Die Ernennung Andrássys stößt in Berlin auf große Zustimmung, in Sankt Petersburg auf genauso große Ablehnung.

Elisabeth hat keinen Sinn für Politik. Ihre Begeisterung für die ungarische Sache hatte eher emotionale als politische Gründe. In dem sich gegen Wien zur Wehr setzenden Land erkannte sie sich selbst wieder und machte es zu ihrer Wahlheimat. Jetzt ist ihr Doppelziel erreicht: Innerhalb des dualistischen Systems war Ungarn noch nie so stark wie im Augenblick, und der »beau Pendu« von 1848 zählt als Außenminister zu den Nachfolgern Metternichs. Sie kann sich nun zurückziehen. Aus Dankbarkeit und Zuneigung hält Andrássy sie jedoch nach wie vor über seine Pläne auf dem laufenden. Sie sehen sich nicht mehr so häufig, aber Andrássy kann zu jeder Zeit über Ida Ferenczy, Marie Festetics oder Baron Nopcsa mit der Kaiserin korrespondieren. Der ungarische Baron, ein Freund Andrássys, ist vor kurzem zum Obersthofmeister ernannt worden und zeichnet als solcher für das Haus der Kaiserin verantwortlich. Der neue Außenminister erwartet von der Kaiserin eine breite Unterstützung seiner Politik, und sie enttäuscht ihn nie, auch wenn sie nicht immer ganz und gar mit ihm einverstanden ist. So drängt er sie, die Annäherung zwischen Österreich-Ungarn und dem Deutschen Reich zu fördern. Die Kaiserin fühlt zu

Preußen keine besondere Affinität, doch Andrássy zuliebe unterhält sie herzliche Beziehungen zum deutschen Thronfolger und seiner Frau.

Sie befindet sich in Tirol, als ihr Andrássy im März 1872 über Ida Ferenczy mitteilen läßt, daß die Wiener auf ihre langen Abwesenheiten sehr ungehalten reagieren. Bis hierher und nicht weiter! In dieser Frage läßt sich Elisabeth von niemandem etwas vorschreiben, auch die kaum verhüllten Ermahnungen des schönen Grafen bringen sie nicht in die Hauptstadt zurück. Zwei Wochen später reist sie jedoch Hals über Kopf ab. Der Grund für ihre Eile ist aber nicht Andrássy, sondern eine plötzliche Nachricht, die sie stärker trifft, als sie zu beschreiben vermag, und vor allem stärker, als sie je vermutet hätte. Die Erzherzogin ist krank und liegt im Sterben. Eine Art von Panik erfaßt Elisabeth. Sie läßt alles liegen und stehen und fährt nach Wien. Wieviel Zeit bleibt noch? Sie darf einfach nicht zu spät kommen. Ein beklemmendes Gefühl bemächtigt sich ihrer, die Schläfen pochen heftig, der Hals rötet sich vor Angst.

Sie begreift mit einemmal, daß der Tod nie ein Triumph ist, auch dann nicht, wenn es eine Feindin ist, die stirbt. Aber wie oft hat sie mit geschlossenen oder offenen Augen vom Tod ihres Henkers geträumt? Ist er denn nicht der Preis für ihre Freiheit? Solange sich auch nur der kleinste Lebensfunke in ihrer Schwiegermutter regt, wird sich der Vorwurf in ihrem Blick halten. Die Versöhnung ist nicht von dieser Welt, auch nicht das Vergessen.

Jetzt, da der schicksalhafte Augenblick sich nähert, spürt Elisabeth einen starken Schmerz. Der Haß kettet die beiden so stark aneinander, daß es für sie unvorstellbar ist, daß die eine sterben kann, ohne daß die andere vor Leid vergeht und mit in den Tod gerissen wird. Sie denkt an die beiden Hirsche der Kaiservilla in Bad Ischl. Sie hatten ihre Geweihe in einem letzten Kampf ineinander verhakt und starben. Nichts konnte sie trennen, weder die Götter noch der Tierpräparator.

Die Erzherzogin ist erst siebenundsechzig Jahre alt, doch seit der Hinrichtung Maximilians hat sie keinen Lebenswillen mehr. Außerdem sieht sie, wie die Welt zerfällt, deren ewigen Bestand sie sich wünschte, die Welt Metternichs und Schwarzenbergs, das erzkatholische und streng autoritäre Österreich. Sie war abends ins Burgtheater gegangen, im Saal herrschte eine drückende Hitze. Wieder zurück in Schönbrunn, war sie auf ihrem Balkon eingeschlafen und hatte sich in der kühlen Nachtluft erkältet. Wollte sie die Ankunft des Todes beschleunigen? Wollte sie sich dem Tod im Freien stellen? Sie, die früher so unter diesem Leben ohne Liebe in den abgeschlossenen Palästen gelitten hatte?

Zu allem Übel kommt nun noch eine Lungenentzündung. Das Fieber und die Schmerzen quälen die alte Dame, doch sie lehnt sich nicht dagegen auf, sondern gleitet erleichtert in den Todeskampf. Franz Joseph zittert bei dem Gedanken, sie zu verlieren. Auf dem Platz unter dem Fenster seiner Mutter läßt er Stroh ausstreuen, um den Lärm der Pferde und Wagen zu dämpfen.

Am 16. Mai trifft Elisabeth völlig außer Atem am Bett der Frau ein, die ihre Feindin war. Das Lebenslicht der Kranken sendet seine letzten Signale. Auf ihr spätes Eintreffen geht die Erzherzogin nicht ein, aber Elisabeth spürt, wie sehr sie erwartet wurde. Die alte Dame wäre nicht gerne ohne ein Lebewohl an sie von hinnen gegangen, auch wenn sie sich wegen ihrer Schwiegertochter keine Gewissensbisse macht. Hat sie denn nicht immer nur das Beste für ihren Sohn und das Reich gewollt? Und dennoch kann sie nach all den Kämpfen dieser jungen und trotz aller äußeren Zartheit recht zähen Rivalin ihre Anerkennung nicht versagen.

Jetzt hat es keine Eile mehr. Während der folgenden zehn Tage kann die Erzherzogin ihre Lebensgeister noch wachhalten. Ihre Würde beeindruckt alle. Trotz der Schmerzen nimmt sie Abschied von ihren Nächsten. Als die Reihe an Elisabeth kommt, sagt die Sterbende ihrer Schwiegertochter noch einmal, wie sehr ihr Sohn sie braucht: »Vergeßt nie, daß Ihr das Liebste für ihn seid.« Liegt in der Art, wie sie die Hand reicht, nicht ein letzter Vorwurf? Die schwache Stimme hat immer noch ihren autoritären Ton. Elisabeth ist für einen Augenblick wie versteinert. Hätte die Erzherzogin am Ende ihres Lebens nicht großzügiger sein und die für die Schwiegertochter so schmerzhaften Fesseln der Angst und Verantwortung lockern können? Kämpfen die beiden wilden, aufeinander abgerichteten Bestien bis zum Schluß gegeneinander, ihre Geweihe ineinander verhakt? Elisabeth faßt sich wieder und überwindet ihren Stolz. Ihre Liebe zu Franzi sei grenzenlos, versichert sie ihr beruhigend. Sie fügt sogar hinzu, daß sie sie liebe wie eine Mutter, und glaubt es beinahe selbst, als sie die heiße Stirn der alten Dame streichelt. Wie sehr haben sie beide aneinander gelitten! Wahrscheinlich war das alles durch nichts gerechtfertigt.

Am Abend des 26. Mai scheint sich der Zustand der Kranken zu ändern. Elisabeth hat den ganzen Tag an ihrem Bett gesessen. Kurz vor Mitternacht verläßt sie die Erzherzogin, um nach Schönbrunn zu fahren, wo Marie Valerie an einem leichten Fieber leidet. Kaum angekommen, erhält sie ein Telegramm: Ihre kaiserliche Majestät steht auf der Schwelle zum Tod. Franz Joseph ruft mit aller Dringlichkeit nach ihr. Sofort eilt Elisabeth wieder die Treppe hinunter. Marie Festetics begleitet sie. Die beiden Frauen stürzen in den Wagen, lassen ihn wenden und fahren im Galopp zur Hofburg zurück. »Der Kutscher fuhr, was er konnte«, erzählt Marie Festetics in ihrem Tagebuch. »Die Kaiserin war furchtbar aufgeregt, und ich hatte eine Todesangst, die Erzherzogin könnte sterben, und wie die Menschen sind, hätten sie noch gesagt, die Kaiserin hätte es zu Fleiß gethan!«

Die beiden Frauen stürzen aus dem Wagen und eilen zum Sterbezimmer.

»Lebt sie noch?« fragt die atemlose Kaiserin den Diener.

»Ja, Majestät.«

»Gott sei Dank, weil sie sonst gesagt hätten, ich hätte es absichtlich getan, weil ich sie so hasse. So sehr hasse ich sie.« Man hätte es gesagt. Und vielleicht hätte sie es selbst geglaubt. »Der ganze Hof war versammelt, der Minister des kaiserlichen Hauses, der ganze Hofstaat. Es war gräßlich!« Die Nacht schreitet fort, und Marie Festetics berichtet: »Das Warten war peinlich! Dann bekamen alle Hunger, der Tod wollte nicht eintreten. Nein! ich vergesse das nie; bei Hofe ist alles anders wie bei anderen Leuten, das weiß ich, aber das Sterben ist keine Zeremonie – der Tod kein Hofcharge.« Gegen sieben Uhr morgens kommen die höfische Etikette und der Lebensinstinkt wenigstens einmal zusammen und siegen gemeinsam. Eine Stentorstimme stellt die prunkvolle Atmosphäre wieder her: »Die höchsten Herrschaften begeben sich zum Diner.« Mit Ironie beschreibt Marie Festetics: »Es klang fast lächerlich – und dann wurden alle Übrigen freigesprochen und liefen davon.«
Elisabeth hat sich schon immer gerne im Fasten geübt. Außerdem verspürte sie unter diesen Umständen nicht den geringsten Hunger. Sie bleibt allein zurück bei einer Frau, die der Geist bereits verlassen hat. Der Körper schwankt noch zwischen dem Leben und dem Tod. Er sucht über dem schwarzen Loch nach dem vollkommenen Gleichgewicht des Nichts. Jetzt, wo die anderen fort sind, scheint alles viel leichter. Muß ich auch bei so viel Volk langsam dahinsterben? denkt Elisabeth. Es ist schon schwierig genug, wenn man zu Lebzeiten immer ein Spektakel abgeben muß. Aber wie kann man sich denn dazu entschließen, die Welt zu verlassen, wenn der Trubel einen bis zum Schluß verfolgt? Am Hof respektiert man weder das Recht auf Leben noch das auf den Tod. Eigentlich sollte man dahinscheiden können wie jemand, der wütend die Tür hinter sich zuschlägt. Und vor allem dürfte es keinen Diener geben, der einen zurückhält.
Erst am folgenden Tag um halb vier Uhr morgens stirbt die Erzherzogin. Der weinende Kaiser ist vom Schmerz überwältigt. Er hat eine seiner beiden geliebten Frauen verloren, diejenige, die

ihm das Leben und den Thron geschenkt hat und nur sein Glück und seinen Ruhm wollte, die den Leitspruch des österreichischen Kaiserhauses zu dem ihrigen gemacht hatte:

AEIOU
Austriae Est Imperare Orbi Universo
Österreich kommt es zu, über die Welt zu herrschen
Grabinschrift einer verstorbenen Erzherzogin

III

Ich hab in letzter Zeit, doch weshalb weiß ich nicht, allen Frohsinn verloren, alle gewohnten Übungen vernachlässigt; und mein Gemüt ist in der Tat so schwer bedrückt, daß dieser stattliche Bau, die Erde, mir als unfruchtbares Vorgebirg erscheint, dieser treffliche Baldachin, die Luft, seht ihr, dies prächtige, überwölbende Firmament, dies majestätische Dach mit goldenem Feuer ausgelegt, fürwahr, es kommt mir als nichts anderes vor denn eine übelriechende und giftige Ansammlung von Dünsten.

Hamlet, 2. Akt, 2 Szene

Wien macht sich fein. Seit Monaten, seit Jahren bereitet sich die Stadt auf die Weltausstellung von 1873 vor. Franz Joseph war verblüfft gewesen über die Pariser Arbeiten des Barons Haussmann. Aus Sorge um die Hygiene und öffentliche Ordnung, aber auch aus Prestigegründen möchte der Kaiser den Wienern und auswärtigen Besuchern ebenfalls eine renovierte, moderne Hauptstadt bieten. Dazu ist zu sagen, daß in der Stadt Bauarbeiten sowieso dringend erforderlich sind. Die Bevölkerung ist auf das Doppelte angewachsen, und die häufigen Überschwemmungen der Donau haben ganze Stadtviertel schwer in Mitleidenschaft gezogen.
Bereits zehn Jahre zuvor hatte man mit einem Großteil der Arbeiten begonnen. Der Flußlauf wurde reguliert, und auf den alten Wallanlagen baute man den Ring, der mit seinen Stadtvillen, Gärten und Mietshäusern die starke Wirtschaftsmacht der neuen Finanz- und Industriellen-Bourgeoisie bestätigt.
Als Nicht-Wienerin interessierte sich die Kaiserin herzlich wenig für all diese Bauarbeiten. Als im Mai 1867 – knapp einen Monat vor der Krönung – die Wiener Oper eingeweiht wurde, schlug Elisabeths – oder besser: Erzsébets – Herz viel zu sehr für Ungarn, als daß sie österreichischen Wünschen nachgekommen wäre. Sie ließ sich entschuldigen. Daß sie nicht kam, wurde zutiefst bedauert, denn man hatte die Dekoration eines ganzen Salons auf sie abgestimmt. Bilder aus ihrem Universum: an den Wänden die Landschaft Possenhofens und des Starnberger Sees, an der Decke Oberon und Titania in ihrem Feenreich, ein Gruß aus dem *Sommernachtstraum*, den Elisabeth von allen Shakespeare-Stücken am meisten liebte. Als Eröffnungsvorstellung spielte man Mozarts *Don Giovanni*, dessen Rebel-

lenaufruf »Viva la libertà!« von Metternich noch verboten worden war. Hoffnungsvolles Zeichen einer neuen Zeit, doch die schöne, uninteressierte Kaiserin ließ sich nicht blicken.

Kehrt Elisabeth jetzt nach Wien zurück? Der Tod der Erzherzogin – manche nannten sie bis zu ihrem Tod die »wahre Kaiserin« – gibt Anlaß zur Hoffnung. In den folgenden Monaten bekommt diese noch mehr Nahrung. Hat sich die Kaiserin nicht verändert? Hat sie sich nicht vorgenommen, ihren offiziellen Pflichten mit gutem Willen, wenn nicht gar mit Freude nachzukommen?

Franz Joseph in seiner tiefen Trauer braucht seine Frau mehr denn je. An der Seite ihres Mannes, des Gastgebers der Weltausstellung, empfängt sie, was Europa an Kaisern und Zaren, an Königen und Erbprinzen zu bieten hat. Die Augen des Kaisers leuchten. Jedesmal wenn er diese herrliche Frau neben sich sieht, kann er es gar nicht fassen und dankt immer wieder aufs neue für diese himmlische, allzu seltene Erscheinung. Den kaiserlichen, königlichen und fürstlichen Hoheiten, die sich bei ihnen ihr Stelldichein geben und sich als Verehrer vor der hehren Schönheit der Kaiserin gegenseitig zu überbieten versuchen, steht der bescheidene Ehemann an Bewunderung für seine Frau nicht nach.

Der gute Wille hat jedoch seine Grenzen. Bald findet Elisabeth einen Vorwand, Wien und seine Ausstellung zu verlassen. Mal stellt sie ihre Müdigkeit in den Vordergrund – was durchaus plausibel ist, denn die langen und anstrengenden Feierlichkeiten wiederholen sich bei jedem Monarchen –, mal verweist sie auf ihre Monatsregel, über die in der Protokollabteilung ein Kalender geführt wird; man will ja an diesen Tagen ihre Kräfte gerne schonen. Die Gäste lassen sich allerdings auf solche Planungen nicht ein. Doch Elisabeth glaubt, alles im Stich lassen zu können, um in Bad Ischl frische Luft zu schöpfen. Die Wünsche der Fürsten kümmern sie wenig. Gewiß, offiziell sind sie wegen der Ausstellung gekommen. Doch die wahre Attraktion ist die Kaiserin.

Aus verständlichen Gründen ist der Besucher mit der weitesten Anreise der anspruchvollste. Die Rede ist vom persischen Schah, dem »Mittelpunkt des Universums«, Nasr el-Din. Er trifft mit einem Riesengefolge ein. Ein Heer von Würdenträgern, eine Familie, die nicht nur durch ihre Größe, sondern auch durch ihre Lautstärke großen Eindruck macht, eine riesige Herde von Pferden, vierzig Schafe, fünf Hunde und vier prachtvolle Gazellen, die er der Kaiserin persönlich zu schenken beabsichtigt. Er macht aus seiner Enttäuschung kein Hehl, er ist ihretwegen gekommen und wird erst wieder gehen, wenn er sie gesehen hat. In der Zwischenzeit schlägt er sein Lager in Schloß Laxenburg auf und bringt Leben in das traurige Gemäuer, in dem Elisabeth sich während ihrer Flitterwochen so sehr gelangweilt hat. Diese Flitterwochen haben immer noch einen bitteren Nachgeschmack.

Mit beneidenswerter Ungeniertheit bringt der Schah sämtliche Sitten und Gebräuche durcheinander. Um den sich am Spieß drehenden Opferlämmern den entsprechenden Raum zu verschaffen, dehnt sich der Küchenbereich bis in die Salons aus. Auf dem Boden stehen Glutschalen für die Wasserpfeifen. Um die aufgehende Sonne zu begrüßen, dreht der Schah jeden Morgen drei fetten Hähnen den Hals um. Der Mittelpunkt des Universums kneift in die Hintern, befühlt mit vielsagendem Blick die Brüste und wägt sie prüfend und vergleichend ab. Er wird zudringlich gegenüber dem weiblichen Personal, manchmal auch gegenüber den Damen. Da er mit beträchtlichen Geldsummen um sich wirft, schicken ihm die Familienmütter in der Hoffnung auf ein vorteilhaftes Geschäft Fotografien von ihren Töchtern. Die gute Gesellschaft, die Montesquieus *Persische Briefe* nicht gelesen hat und von der Relativität der Sitten auch nichts wissen will, ist über solches Benehmen schockiert. Die Kaiserin muß sofort zurück, sonst richtet sich der lästige Mann noch auf Dauer in Schönbrunn ein. Elisabeth kommt, und die Begegnung kann endlich stattfinden. »Es war sehr amüsant«, berichtet Marie Festetics, »als das erste Mal er ihrer ansichtig wurde. Er blieb ganz paff vor ihr stehen, nahm seine goldenen Augengläser hervor und schaute sie ganz ruhig vom obersten Lockerl bis zum Fußspitzel herunter an – ›Ah, qu'elle est belle!‹ fuhr ihm heraus.«

Die Sitten scheinen sich von einem Kontinent zum anderen mehr zu ändern als die Schönheitskriterien. Sogar in Persien erzählt man sich von Elisabeth, und der Schah wollte sich mit eigenen Augen davon überzeugen. Er mußte sich lange gedulden – eigentlich Grund genug, zutiefst beleidigt zu sein, denn der Mittelpunkt des Universums ist es gewöhnt, daß sich alles um ihn dreht –, doch das lange Warten beeinträchtigt seine Begeisterung in keiner Weise. Die Wirklichkeit übertrifft alle seine Erwartungen. Solange die Kaiserin ihn mit ihrer Gegenwart beehrt, verhält sich der Unruhestifter brav wie ein verträumter Junge. Seine dem Protokoll nur wenig entsprechenden Manieren amüsieren Elisabeth sehr. Unter dem Vorwand, seine Pferde besichtigen zu wollen, besucht sie ihn sogar in Laxenburg. Die Pferdekennerin ist tatsächlich beeindruckt von den prachtvollen Tieren. Und wegen des unglaublichen Durcheinanders im Schloß ist sie ihm alles andere als böse. Es hat etwas vom Zigeunerlager im Park von Gödöllö. Der charmante Nasr el-Din verehrt seiner Besucherin die vier Gazellen. Die gefangenen Tiere haben große, traurige Augen, ganz wie die Kaiserin. Am nächsten Tag reist der Schah mit seiner ganzen Truppe ab, glücklich wie ein Weiser aus dem Morgenland nach der Erscheinung des Herrn.

Die rauschenden Feste zu Ehren des Orients haben alle Welt getäuscht, selbst die wachsamsten Finanzfachleute. Die Kurse an der Wiener Börse sind besorgniserregend. Doch man vertraut darauf, daß die Ausstellung neue Geldquellen erschließt, und spielt und tanzt weiter, immer schneller und schneller. Es kommt zum Knall, zum ersten großen Börsenkrach in der Finanzgeschichte. Seit dem 9. Mai 1873 besitzt das deutsche Wort »Krach« sein trauriges internationales Renommee, denn es war im deutschsprachigen Österreich, wo der Börsenkrach

seinen Anfang nahm. Die Walzer- und Marschmelodien können die Verzweiflungsschreie kaum übertönen. Eine Selbstmordwelle erfaßt Wien, so wie 1929 New York. Aus jedem Fest wird ein Karnevalstreiben, und der Tod mischt sich unerkannt darunter. Gevatter Tod begnügt sich nämlich nicht mit den reichen Spekulanten, die armen Schlucker interessieren ihn genauso. Nach ein paar Cholerafällen in den ärmeren Vorstädten, aber auch in den Villenvierteln kommt Panikstimmung auf. Wien wird einmal mehr daran erinnert, daß nicht nur die Könige sich amüsieren – oder zumindest so tun, als ob sie sich amüsierten –, sondern auch der Tod.
Zwischen zwei Festen mit bestellter Fröhlichkeit ist das Leben in Schönbrunn – oder gar in der Hofburg – auch nicht heiterer als vorher. Seit dem Tod der Erzherzogin ist Franz Joseph still geworden. Er hat bereits das Gesicht, mit dem man ihn für alle Ewigkeiten sehen wird. Die berühmten Koteletten reichen ihm über die Wangen und vereinigen sich mit dem buschigen Schnurrbart. Auf diese Weise ist die Habsburger Lippe verdeckt. Die hängenden Augenlider geben seinem schönen, sorgenvollen Blick eine gewisse Schwere. Er steht außerhalb der Zeit. Das Gesicht ist seinem wirklichen Alter voraus, seine Gestalt dagegen ist immer noch so schlank wie in seiner frühesten Jugend. Er trägt gerne enge Uniformen, in denen seine stattliche Größe und sein wohlproportionierter Körper gut zur Geltung kommen. Er hat einen beeindruckenden Gang, dessen Sicherheit und Eleganz im ganzen Reich nachgeahmt wird. Beim Essen ist er anspruchslos. Die Mahlzeiten in der Hofburg werden schweigend eingenommen, das unangenehme Geklapper der Messer und Gabeln hört man deshalb um so mehr. Aber die Tortur dauert ja glücklicherweise nicht lange. Der Kaiser liebt einfache Gerichte, und die Genügsamkeit der Kaiserin ist bekannt. Eine Diät folgt auf die andere, in ihrer Unsinnigkeit halten sie sich so ziemlich die Waage, und Elisabeth stochert auf ihrem Teller herum wie ein gescholtenes Kind. Sobald Franz Joseph den letzten Bissen hinuntergeschluckt hat, wird

abgeräumt. Es geht alles so schnell, daß die erzherzogliche Familie am anderen Ende des Tisches nicht einmal die Zeit hat, die an ihnen vorbeigereichten Platten auch nur zu berühren. Noch bevor sie bedient werden können, wird wieder abgeräumt. Sobald die Zeremonie zu Ende ist, stürzen sie hungrig nach draußen und nehmen anderswo gleich eine zweite und diesmal richtige Mahlzeit zu sich. Auf diese Art ist das berühmte Hotel Sacher zu seinem Reichtum gekommen: Seine süßen Leckereien munden der erzherzoglichen Familie vom anderen Tischende trefflich.

Elisabeth ist fünfunddreißig Jahre alt, Franz Joseph zweiundvierzig, und schon heiratet ihre Tochter. Elisabeth bedauert diese überstürzte Eile. Warum drängt es einen mit sechzehn Jahre denn so sehr danach, seine Freiheit zu verlieren? Sie versucht es bei Gisela mit Vernunftargumenten. Nicht daß sie irgendeinen Besitzanspruch hätte, Gisela war weit mehr das Kind der Erzherzogin als das ihre, außerdem sind Mutter und Tochter für eine gefühlsmäßige Bindung viel zu verschieden. Elisabeth denkt vielmehr an ihre eigene, viel zu früh abgebrochene Jugend. Sie hat allerdings allen Grund, nicht weiter zu insistieren, denn Gisela sucht anderswo das, was ihre Mutter ihr nie zu geben vermochte. Gegenüber einem Brautwerber von Marie Festetics tritt Elisabeth wesentlich energischer auf. Als ein russischer Fürst sich beharrlich um ihre Ehrendame bemüht, sagt sie warnend: »Ich erlaube Ihnen, sich zu amüsieren, aber nicht sich zu verlieben oder gar zu heiraten. Ich will nicht, daß sie mich eines fremden Mannes wegen verlassen«.

Marie, die skeptische und bedächtige Marie, ist weit davon entfernt, ihr diese Eifersuchtsszene übelzunehmen, und opfert den russischen Fürsten, ohne zu zögern, auf dem Altar ihrer Königin.

Auf Giselas Hochzeit hat man nur Augen für die Brautmutter. Marie Festetics schreibt begeistert: »Wie schön sie war in ihrem silbergestickten Kleid, dem herabwallenden wirklich schimmernden Haar mit dem glitzernden Diadem, ist nicht zu sagen. Das Schönste ist aber nicht das physische Wesen an Ihr – nein, was über diesem schwebt – Es ist etwas wie eine Atmosphäre – Ein Hauch von Anmuth – Hoheit – Lieblichkeit – Mädchenhaftigkeit – Züchtigkeit und doch wieder Großartigkeit über ›Ihr‹, der ergreifend ist.«

Gisela verläßt Wien am Arm ihres Mannes. Ein großer Schmerz für Rudolf. Die Großmutter hat beide Kinder von der Mutter ferngehalten und bei sich aufgezogen. Die Sensibilität ist dem Jungen durch die üblen Methoden seines ersten Erziehers ausgetrieben worden. Die Mutter sorgte zwar energisch für ein Ende, aber das Kind war dennoch bereits geprägt. Ständig überwacht und immer allein, schwankt Rudolf zwischen Gefühls- und Gewaltausbrüchen. Wie seine Mutter liebt er die Tiere, aber er liebt auch Feuerwaffen, und es kann vorkommen, daß er völlig unvermittelt das Gewehr auf seine vertrauten Tiere richtet. Er betet seine Mutter an, aber die kleinste Bemerkung von ihrer Seite lähmt ihn. Sie findet, daß ihr Sohn zu zaghaft aufsitze, und will seine Haltung im Sattel korrigieren. Zunächst sieht es so aus, als ob Rudolf ihre Ratschläge beherzige, doch dann will er wochenlang nichts mehr von den Reitübungen wissen. Er wird seine Mutter, die die besten Reiter der Pußta übertrifft, immer enttäuschen müssen. Auf ihren sagenhaften Ausritten wird er sie nie begleiten können. Er ist gerade gut genug, um mit seinen Händen einen Steigbügel zu bilden und ihr in den Sattel zu helfen. Und selbst da vertraut sie ihm nur mit Zögern ihren hübschen Wildlederstiefel an. Die Amazone ist so nervös, daß sie kaum die Zeit für ein »Danke, mein Sohn!« findet, bevor sie verschwindet.

In der entsetzlichen Palasteinsamkeit war seine Schwester die einzige, die ihm Zärtlichkeit und Nestwärme bot. Jetzt geht sie fort, und Rudolf schluchzt in ihren Armen. Sie sind vierzehn und sechzehn Jahre alt. Diese letzten gemeinsam vergossenen Tränen besiegeln das Ende ihrer Kindheit.

Gisela verliert wirklich keine Zeit, am 8. Januar 1874 wird Elisabeth Großmutter. Zwei Wochen vorher war sie sechsunddreißig Jahre alt geworden. Die junge Großmutter fährt nach München zu Gisela und ihrem Baby. *Das Kind von Gisela ist von seltener Häßlichkeit, aber sehr lebhaft, es schaut Gisela ganz gleich*, schreibt sie an Rudolf. Daß Elisabeth eine besonders zärtliche Mutter oder Großmutter sei, kann man nicht gerade behaupten. Ihre ganze Zuwendung gilt einzig und allein Marie Valerie. Hat Nasr el-Din, der Mittelpunkt des Universums, Elisabeth die Welt der Märchen aus Tausendundeiner Nacht nähergebracht? Man könnte es glauben. Kurze Zeit nach dem Besuch des Schahs stürzt sie sich in ein Abenteuer, das Harun ar-Raschid alle Ehre gemacht hätte.

Februar 1874 in Wien. Der Ehemann der Schönen ist auf Reisen, weit weg. Er muß nach Warschau, anschließend nach Moskau und Sankt Petersburg. Der Zar will ihn auf die Bärenjagd mitnehmen.

In Wien beginnen wie jedes Jahr die fieberhaften Vorbereitungen für den Fasching. Am Hofe plant man einen Ball mit schmucken Witwen und kränkelnden Uniformträgern. Elisabeth muß sich zeigen, und die Orchestermusiker werden die Melodien von Johann Strauß herunterleiern. Basilios Verleumdungsarie aus dem *Barbier von Sevilla* würde zu dem boshaften Gerede und den mißgünstigen Blicken besser passen.

Elisabeth spielt ihre Rolle. Sie läßt sich blicken und quittiert jeden Blick mit einem flüchtigen Lächeln. Sie tut, was sie tun muß. Dann zieht sie sich so schnell wie möglich in ihr Gemach zurück. Entkleidung. Bürsten der Haare. Ballett der Kammerzofen. Ins Bett. Tür zu. Allein. Vereinzeltes Gelächter auf den Gängen. Die Kammerzofen gehen diese Nacht tanzen. Wie von einer Sprungfeder hochgeschnellt, stürzt die Kaiserin wieder aus dem Bett. Ida ist sofort zur Stelle. Sie brechen in Lachen aus.

Das eigentlich Fest des heutigen Abends findet nicht am Hofe statt, sondern wie jeden Fasching im großen Saal des Musikvereins. Die Damen sind maskiert, die Herren nicht. Auch für Elisabeth ist dieser Abend das eigentliche Fest. Schon an ihrem Hochzeitstag war es ihr Wunschtraum, daß eine andere die Braut wäre und sie nicht die Kaiserin, sondern nur eine Unbekannte in der Menge. Heute abend ist sie diese Unbekannte, sie hat kein Gesicht mehr, hinter der Maske wird sie es verbergen. Heute abend ist sie weder Sissi noch Elisabeth, noch Erzsébet. Sie hat den Namen ihrer Kammerjungfer angenommen, sie heißt Gabriele. Heute abend ist sie niemand mehr, nicht einmal mehr die Tochter ihres Vaters. Sie sieht aus wie irgendeine, mit der man es im Pferdestall treibt. Nicht wahr, mein lieber Gyula? Aber seitdem Andrássy Außenminister geworden ist, nimmt er sich selbst wahrscheinlich viel zu ernst, um es mit irgendeiner zu treiben. Er hätte Angst, die Kaiserin könnte es erfahren.

Elisabeth hat alles vorbereitet. Ein Domino aus gelbem Brokat für sie, ein roter Domino für Ida Ferenczy. Die süße Ida ist nicht nur in den Plan eingeweiht, sie wird sie auch begleiten. Marie Festetics dagegen weiß von nichts. Wahrscheinlich hätte sie doch nur den schulmeisterischen Ton angeschlagen, den man an ihr bereits kennt. Es ist besser, wenn sie nicht Bescheid weiß. Die Friseuse Fanny Feifalik hingegen hat man gebeten, sich bereitzuhalten. Sie wird gebraucht. Auf das vereinbarte Zeichen hin schleicht Fanny lautlos in das Schlafgemach der Kaiserin. Bei ihr besteht keine Gefahr; wenn es um ihren Vorteil geht, weiß sie zu schweigen und zu gehorchen. Bittet man sie sonst, das berühmte Haar zur Geltung zu bringen, so geht es heute darum, es zu verstecken. Schon wickelt, bindet und befestigt sie es mit einem Arsenal von Klammern und hat damit alle Hände voll zu tun. Einzelne Strähnen wollen sich nicht fügen und ringeln sich wie die Schlangen des Gorgonenhauptes. Es fällt schwer, sie zu zähmen und die riesige Haarmenge zu bändigen. Doch schließlich gelingt es ihr, alles unter einer blonden Perücke verschwinden zu lassen. Ist die prächtige Haarfülle den Blicken entzogen, verliert die Kaiserin viel von ihrer Identität. Die schwarze Halbmaske mit dem Schleier aus dunkler Spitze und der Domino tun ein übriges. Über eine verborgene Treppe und eine Geheimtür verlassen Elisabeth und Ida den Hof.

Das Fest ist in vollem Gange, als die beiden den Ballsaal betreten. Musik und ein Gewühl von Masken und Kostümen, von Aristokraten und Stallknechten. Österreich hat sich Italien zugeneigt. Wien liebäugelt mit Venedig. Für Elisabeth geht ein Traum in Erfüllung: sehen, ohne gesehen zu werden. Ein kleines Mäuslein, könnte man sagen, nichts als ein kleines Mäuslein. Trotzdem versteckt sie sich noch hinter dem Fächer. Eine reine Gewohnheit, diesmal jedoch gar nicht so unnütz, denn die Hitze ist unerträglich. Doch plötzlich schlägt Elisabeth den Fächer zu. Das schnelle, nervöse Fächeln zählt zu den markantesten Insignien der Kaiserin und könnte sie verraten. Warum eine weitere Maske für die Maske? Eine genügt. Der schwarze Spitzenschleier bedeckt sogar Hals und Nacken. Keinerlei Gefahr.

Es ist zehn Uhr. Die beiden Dominos bahnen sich einen Weg bis zur Galerie auf halber Höhe. Von dort kann man auf die Menge herabblicken.

»Wenn wir uns neben das Geländer setzen, haben wir einen besseren Überblick. Bist du damit einverstanden, Gabriele?«

Zunächst mußte sich der rote Domino zu diesem vertraulichen Umgangston gegenüber seiner Begleiterin zwingen. Doch inzwischen sieht es so aus, als ob er Spaß daran finde.

»Warum sollten wir uns setzen?« protestiert die andere. »Ich fühle mich nicht im geringsten müde.«

Elisabeth lehnt sich mit ihrem Oberkörper über die Brüstung. Unter ihr die Dünung. Die Deutlichkeit, mit der sich jede Rundung abzeichnet, hat etwas Unanständiges. Durch den Kontrast nimmt alles, was nicht maskiert ist, beeindruckende Formen an. Kaum glaubt man sich unerkannt, zeigt man, was Scham und Anstand gewöhnlich verbergen. Der Ball der Leidenschaften. Hände greifen nach Händen, das Lachen scheint Fleisch zu fressen, die Dekolletés sind feucht und die Münder gierig. Aus jedem Blick spricht die Bitte um Nachsicht. Man bringt sich gegenseitig in Erregung, sucht und beobachtet sich.

Die tanzende Menge mit den verbundenen Augen spielt Blindekuh.
Elisabeth erkennt einige Gesichter wieder, die Gesichter von Männern natürlich. Die Frauen sind nicht zu identifizieren, unter ihren Masken können sie unbehelligt agieren. Im allgemeinen wiegt die Sünde bei ihnen ja schwerer als bei den Männern. Die Aristokraten vergessen einen Tanz lang ihre adelige Herkunft und stellen sich in der überfüllten Faschingsvitrine zur Schau.
Seit fast einer Stunde stehen sie da und betrachten das Treiben der tanzenden Paare. Zwischen zwei Walzern spielen die Zigeuner auf ihren Geigen. Bei der Erinnerung an Gödöllö kann Elisabeth nur mit Mühe die Tränen zurückhalten. Diese Musik – die einzige, die sie wirklich berührt – steht im Einklang mit ihrem Atem, ihrem inneren Rhythmus und ihrem organischem Leben. Mal heiter erregt, mal tief verzweifelt. Eine Musik der Zyklothymie.
»Gabriele«, so Ida in ihrem roten Domino, »such dir da unten einen aus, der dir gefällt und nicht am Hofe verkehrt. Ich führe ihn zu dir hin. Auf einem Maskenball muß man mit den Leuten reden und Kontakte knüpfen.«
»Meinst du wirklich?« fragt der gelbe Domino. Er braucht die aufmunternden Worte der Freundin.
Bei einem jungen, eleganten Mann halten Elisabeths Augen an. Er scheint allein herumzulaufen und hat offensichtlich noch nicht getanzt. Ida ist mit ihrer Wahl einverstanden. Das Gesicht kommt ihr unbekannt vor. Natürlich muß man sich noch vergewissern, ob er nicht doch irgend etwas mit der Hofaristokratie zu tun hat. Sofort verläßt Ida, die süße, mütterlich-umsichtige Ida, ihren Schützling und begibt sich zu dem jungen Mann. Als ob sie schon immer Männer auf der Straße angesprochen hätte, hakt sie sich bei ihm ein und beginnt ein Gespräch. Ob er vielleicht zufällig den Grafen X kenne, den, der da drüben tanze, etwas weiter hinten. Und ob er schon mit dem Fürsten Y gesprochen habe, der da so lässig an der Säule

lehne. Nein, der junge Mann kennt sie nicht, weder den einen noch den anderen. Allem Anschein nach verkehrt er also nicht bei Hofe. Die Sache sieht gut aus. Und wie er denn heiße. Friedrich Pacher aus Theinburg, zu Ihren Diensten. Er sei Beamter in einem Ministerium. Ida ist mit den Auskünften zufrieden. Beruhigt fährt sie fort: »Würdest du mir einen Gefallen tun?«

»Mit Vergnügen«, antwortet er ohne Zögern.

»Ich habe eine hübsche Freundin, die sich auf der Galerie langweilt, so ganz allein. Möchtest du sie nicht für einen Augenblick unterhalten?«

»Aber sicher. Gehen wir zu ihr.«

Hübsch scheint sie wirklich zu sein, die Freundin, auch wenn von ihrem Gesicht nichts zu sehen ist. Doch der Domino unterstreicht ihre große Gestalt, ihre schlanke, aber sehnige Figur. Der junge Mann scheint über so viel Eleganz erstaunt: die gelbe Seide, diese Stickereien aus Gold- und Silberfäden und dann diese Schleppe, eigentlich viel zu hinderlich an einem solchen Ort. Wird sie das elegante Gehabe mit der Zeit ablegen?

»Ich bin hier fremd ... «, gibt sie als Entschuldigung für ihre Garderobe und Schüchternheit an.

Ihre sanfte Stimme scheint den jungen Unbekannten zu bezaubern. Der andere Domino nutzt die Gelegenheit, um sich davonzustehlen und die beiden allein zu lassen. Auf das Geländer gestützt und mit den Augen bei den Tanzenden, führen sie eine belanglose Unterhaltung. Nach einer Weile fragt die junge Frau plötzlich: »Kennst du die Kaiserin? Was hältst du von ihr? Was erzählt man sich hier von ihr? Weißt du, ob sie geliebt wird?«

Elisabeth ist selbst erstaunt über ihre Dreistigkeit. Doch wozu das ganze Spiel, wenn sie nicht alles wagt? Außerdem ist Kühnheit ein guter Schutz. Daß sie dieses Thema anschneiden würde, wenn es sie persönlich beträfe, ist nur schwer vorstellbar. Friedrich Pacher zögert etwas mit der Antwort: »Die Kaiserin?

Ich kenne sie freilich nur vom Sehen. Ich habe sie ein paarmal im Prater reiten sehen. Sie ist eine bildhübsche Frau, mehr kann ich über sie nicht sagen. Die Leute werfen ihr vor, daß sie sich zu wenig in der Öffentlichkeit zeigt und sich nur um ihre Hunde und Pferde kümmert. Vielleicht haben sie unrecht.«

Er hält inne, fügt aber dann fast vertraulich hinzu: »Diese Liebe zu ihren Hunden und Pferden hat sie von ihrer Familie. Von ihrem Vater, dem Herzog Max, erzählte man mir, daß er gern sagt: ›Wenn wir nicht Fürsten wären, wären wir alle Zirkusreiter geworden.‹«

Auf diese letzte Bemerkung hin lächelt Elisabeth unter der schwarzen Spitze ihrer Halbmaske. Ihr Vater wäre wahrscheinlich der einzige, den ihr Unternehmen hier amüsieren würde.

»Sag' mal, wie alt schätzt du mich eigentlich?« fragt sie sehr direkt.

»Sechsunddreißig Jahre«, antwortet er mit erstaunlicher Genauigkeit.

Sechsunddreißig Jahre? Tatsächlich, sie ist vor kurzem sechsunddreißig Jahre alt geworden, und seit einem Monat ist sie sogar Großmutter. Hat er sie erkannt und deshalb so genau getroffen? Ist er gar nicht so naiv, wie er aussieht? Oder was noch schlimmer wäre: Sieht sie aus wie sechsunddreißig? Ist sie nicht mehr so schlank und zierlich? Hat sie zugenommen? Sollte sie nicht eine noch strengere Diät befolgen? Sie kann an Fasching noch so sehr die Eitle spielen, das Alter holt sie trotzdem ein. Und wenn all diese Komplimente, mit denen man sie im Laufe der Jahre überschüttet hat, nur Schmeicheleien waren? Finden die Speichellecker nicht den häßlichsten Besen schön, vorausgesetzt, er sitzt auf einem Thron?

»Ich danke dir für deine Unterhaltung. Du kannst jetzt gehen.« Ihre sanfte Stimme hat den autoritären Ton nicht überspielen können.

»Nein, wie liebenswürdig!« ruft der junge Mann aus. »Du läßt mich zu dir hochkommen, fragst mich aus und schickst mich wieder weg. Gut, ich gehe, denn du langweilst dich mit mir. Aber deswegen können wir uns trotzdem wenigstens noch die Hände reichen.«

Die Kaiserin ist diesen Ton nicht gewohnt. Wollte sie heute abend nicht eine Frau sein wie alle anderen? Soll sie doch ruhig diese Erfahrung auch machen.

»Bleib bei mir, und führ mich in den Saal hinunter.« Sie hat sich anders entschieden.

Der gelbe Domino stellt sich als Gabriele vor und nimmt Friedrichs Arm. Das Paar windet sich zwischen den Tanzenden hindurch. Der junge Mann bemüht sich, ihr einen Weg durch das Gedränge zu bahnen, und schützt sie wie ein Gardesoldat. Ihre Furcht vor der Menge spürt er sofort. Jedesmal wenn jemand an sie stößt, reagiert sie mehr als schreckhaft; sie zuckt regelrecht zusammen. Die schöne Dame ist ein solches Gedränge offensichtlich wenig gewohnt. Ihre elegante Erscheinung macht selbstverständlich Eindruck. Man macht ihr Platz, sagt allerlei Freundlichkeiten und verfolgt sie mit neugierigen Augen. Die jungen Aristokraten sind besonders zuvorkommend, als ob sie in der Dame eine der Ihren erkennten. An seinem Arm eine Frau zu führen, die merklich anders ist als die anderen, macht Friedrich Pacher stolz und verlegen zugleich.

Inzwischen spricht sie mit ihm zwanglos über alles mögliche. In Sachen Politik denken sie ähnlich. Der Kaiser habe sicherlich keine leichte Aufgabe, sollte sich aber dennoch mit seinen Reformen etwas mehr beeilen. Sie gehen alles durch, auch die Landschaften, die sie lieben, den Wald und die Berge. »Gabriele« vergißt die Leute um sie herum. Sie beginnt zu schwärmen, beinahe überschwenglich. Doch aus Angst vor einer allzu großen Gefühlstiefe zieht sie plötzlich alles, was sie soeben gesagt hat, mit einer ironischen Bemerkung ins Lächerliche. Ein Peitschenschlag, der sogar sie selbst zu verletzen droht.

Der junge Mann ist inspiriert. Ihre melancholische Stimmung erinnere ihn an Gedichte von Heine. Der gelbe Domino traut seinen Ohren nicht. War es der Geist des toten Dichters, der sie zu diesem Mann geführt hat? Zu dem einzigen unter all den vielen Menschen hier, der Heinrich Heine kennt und liebt. Sie sagen gemeinsam ganze Gedichte auf, und der eine antwortet auf eine Strophe aus dem *Buch der Lieder* mit Versen aus dem *Romanzero*. Dieser Friedrich Pacher ist charmant, besonnen und bescheiden, außerdem hat er weiche und regelmäßige Gesichtszüge. Sein größter Vorzug: Er liebt Heine. Die Unterhaltung mit diesem sechsundzwanzigjährigen Mann würde einen angenehmen Verlauf nehmen, wenn da nicht diese neugierigen Blicke wären. Als der gelbe Domino Nicolas Esterházy entdeckt – seine Freunde nennen ihn Niky –, verstummt er plötzlich. Gabriele kennt ihn nur zu gut. Der junge und hübsche Aristokrat führt in Gödöllö die Reitmannschaften. Er leitet die Fuchsjagden und ist einer der wenigen Reiter, die es mit der Kaiserin aufnehmen können. Elisabeth ist auf allen Jagden dabei, nicht aus Freude am Töten, sondern um zu reiten. Böse Zungen behaupten, er sei ihr Liebhaber, und ganz Gehässige wollen sogar gesehen haben, wie der schöne Niky, als Pfarrer verkleidet, zur Kaiserin eilte. Die Gerüchte machen jeden gutaussehenden Mann ihrer Umgebung zu einem Liebhaber

Niky Esterházy betrachtet sie von oben bis unten. Sein Blick verweilt auf dem reichen Brokatstoff, dem tadellos sitzenden Dominokostüm und dem unvergleichlichen Körper, den er so sehr begehrt, daß er ihn in jeder Verwandlung wiedererkennen würde. Ist sie nicht von allen Frauen die größte? Die zierlichste? Hat sie nicht die schlankeste Taille und den üppigsten Busen? Sein Blick ist so durchdringend, daß Gabriele unwillkürlich zusammenfährt. Sie fängt sich sofort wieder und zieht ihren dienstbaren Kavalier hinter eine Säule. Wahrscheinlich hält sich Nicolas Esterházy für das Opfer seiner eigenen Phantasie. Und selbst wenn er auf seinem Verdacht beharren sollte, die Kaiserin kann sich auf sein Stillschweigen verlassen. Durch ihre Reitleidenschaft und Gödöllö fühlen sie sich eng miteinander verbunden.

»Oft sind die Männer nur Schönredner«, sagt Gabriele. »Du bist nicht so, das spüre ich. Und ich, für wen hältst du mich?«
»Für eine Dame«, antwortet Friedrich ohne Zögern. »Mindestens eine Prinzessin. Alles an dir spricht dafür. Wenn du mir schon nicht sagen willst, wer du bist, tu mir wenigstens den Gefallen und zieh einen Handschuh aus, damit ich deine Hand sehen kann.«
»Nein, nicht jetzt. Ich weiß, daß wir uns wiedersehen werden. Eines Tages wirst du mich kennenlernen. Kämst du auch nach München oder Stuttgart, wenn ich mich dort mit dir verabreden würde? Ich bin nirgendwo zu Hause und verbringe meine Zeit mit Reisen.«
»Natürlich, ich komme überallhin, wohin du willst.«
Es hat bereits ein Uhr geschlagen. Der rote Domino, Gabrieles Freundin, hat sich ihnen schon mehrmals genähert, als ob er sie an die Zeit erinnern wollte. Den gelben Domino schien dies allerdings wenig zu kümmern. Doch jetzt heißt es Abschied nehmen. Friedrich hat Gabriele seine Adresse gegeben. Sie wird ihm schreiben, jedoch nur gegen ein Versprechen:
»Versprich mir eines, nur das eine. Bringe mich zum Wagen und kehre dann aber nicht in den Saal zurück.«
Er schwört es ihr. Was für ein Interesse könnte er auch daran haben, ohne sie noch einmal in den Saal zurückzukehren? Vom roten Domino begleitet, gehen sie die Treppe hinunter und warten gemeinsam auf einen Fiaker. Eine seltsame Situation. Die Kaiserin fühlt sich in diesem Augenblick als einfache Frau, als eine Unbekannte, die im nächtlichen Wien mit zwei Freunden auf dem Bürgersteig steht. Sie denkt an die in der Falle sitzenden Füchse, die an ihren Pfoten nagen und nicht zögern würden, sie mit ihren eigenen Zähnen anzubeißen, wenn dies der Preis der Freiheit wäre.
Als der Fiaker vorfährt, kann Friedrich Pacher seine Neugierde nicht mehr zähmen. »Ich hätte trotzdem gerne gewußt, wer du bist!« ruft er und versucht mit seiner Hand den schwarzen Spitzenschleier der Halbmaske zu heben. Der rote Domino stößt

einen Schrei aus – so laut, daß man mindestens an ein Majestätsverbrechen glauben muß – und stürzt Gabriele zu Hilfe. Der junge Mann kann gerade noch um Entschuldigung bitten, und schon verschwinden die beiden Frauen im Wagen.
»Mein Gott, wenn er wüßte, wer ich bin«, sagt Elisabeth amüsiert und erschrocken zugleich. »Wir können nicht auf direktem Wege zur Hofburg zurückfahren. Es ist durchaus möglich, daß er uns folgt.« Ida dirigiert den Fiaker zunächst einmal in Richtung Vorstadt. In einer ruhigen Straße läßt sie anhalten, steigt aus und vergewissert sich, daß ihnen niemand gefolgt ist. Erst dann gibt sie den Befehl, zur Hofburg zu fahren.

Sechzig Jahre später, im Jahre 1934, gesteht Friedrich Pacher dem Grafen Corti, Elisabeths erstem Biographen, daß er bei dem gelben Domino sehr wohl auch an die Kaiserin gedacht habe … Doch mit der Zeit sei ihm diese Idee so verrückt und die Geschichte so unglaublich erschienen, daß er es aufgegeben habe, in dieser Richtung weiterzuforschen.
In den Tagen nach dem Maskenball schleicht er um die Hofburg herum und durchkämmt den Prater in allen Richtungen. Das Glück ist ihm nicht ganz abhold. Denn drei oder vier Tage später fährt ihr Wagen an ihm vorbei. Er steht so nahe, daß sich ihre Blicke kreuzen. Dieses leuchtende Gesicht mit seinen feinen Zügen, gehört es dem gelben Domino? Er schaut der Kaiserin nach. Sie wendet sich ab und zieht mit einer schnellen Bewegung den Vorhang des Rückfensters zu. Friedrich sieht darin ein zusätzliches Indiz. Wenn sie es wirklich ist – was sehr wahrscheinlich ist –, so geht er jede Wette ein, daß sie sich nicht mehr meldet. Wie könnte eine Kaiserin sich mit einem Friedrich Pacher abgeben?

Die Überraschung ist groß, als eine Woche nach dem Ball ein Brief aus München eintrifft: *Lieber Freund! Sie werden erstaunt sein, meine ersten Zeilen aus München zu erhalten. Ich bin seit wenigen Stunden hier auf der Durchreise und benütze die kurzen*

Augenblicke meines Aufenthaltes, Ihnen das versprochene Lebenszeichen zu geben. Und wie sehnsüchtig haben Sie es erwartet! Leugnen Sie nicht mit Ihrer ehrlichen deutschen Natur. Aber fürchten Sie nicht, ich fordere keine Erklärungen, ich weiß ja so gut wie Sie, was seit jener Nacht in Ihnen vorgeht. Mit tausend Frauen und Mädchen haben Sie schon gesprochen, sich auch zu unterhalten geglaubt, aber Ihr Geist traf nie auf die verwandte Seele. Endlich haben Sie im bunten Traum das gefunden, was Sie jahrelang suchten, um es für ewig vielleicht wieder zu verlieren [...]

Friedrich Pacher antwortet auf der Stelle und schickt sein Schreiben postlagernd nach München. So hat man es ihm angegeben. Vergeblich wartet er auf eine weitere Nachricht. Er hat die Hoffnung auf eine Lösung des Rätsels schon ziemlich aufgegeben, als er einen Monat nach dem Ball einen zweiten Brief bekommt, diesmal aus London: *Man preist London so sehr, ich weiß nur, daß es mir unausstehlich ist. Soll ich Dir Sehenswürdigkeiten beschreiben? Lies Baedeker und Du ersparst mir die Mühe. Du willst von meinem Treiben und Leben wissen. Es ist nicht interessant. Ein paar alte Tanten, ein bissiger Mops, viele Klagen über meine Extravaganz. Zur Erholung jeden Nachmittag eine einsame Fahrt im Hydepark. Abends eine Gesellschaft nach dem Theater und Du hast mein Leben mit all seiner Öde und Geistlosigkeit und verzweiflungsvollen Langeweile. Ja, Fritz selbst Du wärest hier eine Zerstreuung! – Was sagst Du dazu? Bist Du weniger eitel, für einen Tag wenigstens? – Denke Dir nur die Schwäche, ich habe Heimweh, Heimweh nach diesem leichtsinnigen, sonnigen Wien, aber auf Katzenart nach dem Ort, nicht nach den Menschen. – Und nun wünsche ich Dir gute Ruhe, die Uhr vor mir zeigt nach Mitternacht. – Träumst Du in diesem Moment von mir oder sendest Du sehnsuchtsvolle Lieder in die stille Nacht hinaus? Im Interesse Deiner Nachbarschaft wünsche ich das Erste [...]*

Die Lügen und der falsche Name sollen die Spuren verwischen. Trotzdem ist Elisabeth in jeder Zeile von Gabrieles Brief deutlich zu erkennen – von der quälenden Langeweile und Monotonie des Alltags über die Ironie, die wie bei Heine von der

Melancholie ablenken soll, bis zum Bild, das die Schreiberin von Wien hat: Die Stadt ist ja ganz schön, wenn nur die Wiener nicht wären. Hinzu kommt eine gehörige Portion Narzißmus. Gabriele zweifelt nicht im geringsten an der Zuneigung und dem gestörten Seelenfrieden des jungen Mannes. Elisabeth weiß genau, daß der romantische Aspekt ihrer Begegnung dabei sehr viel ausmacht und daß das hinter Gabriele zum Vorschein kommende Bild der Kaiserin wie eine Ikone wirkt, wie ein besonders nachhaltiger Liebestrank.

Sie hat den Brief ihrer Schwester Marie anvertraut. Die Ex-Königin beider Sizilien fährt nach England. Ida hatte bereits einen Monat zuvor den ersten Brief mißbilligt. Die Kaiserin solle keine weiteren Risiken eingehen, es lohne sich nicht. Dank ihrer Schwester braucht sie die Hilfe ihrer Vorleserin diesmal nicht und kann somit vermeiden, sie weiter zu beunruhigen.

Friedrich antwortet sofort. Gabrieles wahre Identität interessiert ihn mehr denn je. Aus London schreibt sie weiterhin: *Du stellst schrecklich viele Fragen und glaubst dabei doch alles am besten zu wissen. Warum soll ich nicht Gabriele heißen? Hast Du eine Aversion gegen diesen schönen Erzengelnamen? […] Nichts weniger verlangst Du als meine Biographie – langweilen würde sie Dich freilich nicht, aber dazu muß ich Dich erst besser kennen […] Ich habe mich eingeflochten in Dein Leben, unbewußt und ungeflissentlich. Sage mir, willst Du die Bande lösen? Jetzt geht es noch, und später, wer weiß!*

Der junge Mann wird ungeduldig. Er hat ein Recht darauf, die Wahrheit zu erfahren. Er stellt sogar eine Hypothese auf. Und wenn Gabriele nun wirklich Elisabeth hieße? Seine Briefpartnerin bestraft ihn für seine kühnen Fragen mit Stillschweigen. Für lange Zeit läßt Gabriele nichts mehr von sich hören. War sie in Friedrich verliebt? Nein, nicht in ihn. Sie war verliebt in die Liebe, in die Freiheit, verliebt in ein anderes Leben. Sie wollte leicht sein, unberechenbar und frei von jeder kaiserlichen Schwere. Sie pflegte einen Traum, und in diesem Traum

konnte sie alle Attribute der Macht ablegen, sie war nur noch eine Unbekannte auf der Durchfahrt, eine heimatlose Reisende, frei für die Liebe nach ihrem Herzen und ihrer Phantasie. Im Traum hatte sie ihren Rang und ihr Alter vergessen, auch ihre Situation als Ehefrau, Mutter und Großmutter. Mit Wollust gab sie sich ihren Visionen hin, wie die Feenkönigin Titania.
Über elf Jahre nach dem Maskenball – sie ist längst zu dieser Reisenden mit der heißersehnten Unbeständigkeit, zu dieser ruhelosen Möwe geworden – macht sie sich jedoch wieder auf die Suche nach Friedrich, nach ihrem lange zurückliegenden, gemeinsamen Abenteuer. Sie schreibt ein Gedicht, das zum Teil von dieser Begegnung inspiriert ist:

Nun folg mir noch zu Maskenscherzen,
Was kümmerts uns, daß draußen kalt!
Wir tragen Sommer in dem Herzen;
Der Saal von tausend Lichtern strahlt.

Wo sich die bunten Masken drängen,
Welch' Summen, Toben, Lärmen, Schrei'n,
Wie sie zu tollen Walzerklängen,
Den Mücken gleich, sich dreh'n und freu'n.

Doch wir zwei wählen uns das Beste;
Wir saßen in den Wagen ein,
Der ward uns bald zum warmen Neste;
Und Dunkelheit hüllt' rings uns ein …

Die letzte Strophe ist seltsam. Die Berichte von Ida Ferenczy und Friedrich Pacher stimmen miteinander überein. Gabriele und ihr dienstbarer Kavalier saßen nie zusammen in einem Wagen. Nach dem Ball stiegen die beiden Dominos allein in den Fiaker und gaben sich alle Mühe, mögliche Verfolger abzuschütteln. Ida wies dem Kutscher zunächst eine falsche Richtung, erst unterwegs schlug man den direkten Weg zur Hofburg ein. Des Nachts mit einem Mann in einem Wagen zu sitzen ist ein wollüstiger Wunschtraum von Elisabeth. Sie hat dieses Vergnügen nur ein einziges Mal erfahren und wird den, der sie damals begleitet hat, wohl kaum vergessen. Gyula Andrássy natürlich, der liebe Andrássy. Es war in Ungarn, es schneite, und im Wagen hielt sie die Hand des Mannes, den sie liebte. Eine unmögliche, hoffnungslose Liebe, aber trotzdem eine Liebe. Wenn Elisabeth von Friedrich Pacher träumt, ist es die Erinnerung an Andrássy, die ihrer Phantasie Nahrung gibt.

Als Pacher nach elfjährigem Schweigen wieder etwas vom gelben Domino hört, fällt er aus allen Wolken. Seine Briefpartnerin bittet ihn, postlagernd zu schreiben und eine Fotografie von sich beizulegen. Er schickt jedoch kein Foto, sondern begnügt sich damit zu schreiben: *Was ist seit diesen elf Jahren alles geschehen? Du prangst wohl noch in alter stolzer Schönheit – ich bin ein kahlköpfiger, ehrsamer, aber glücklicher Ehemann geworden, habe eine Frau, die Dir an Größe und Gestalt ähnelt, und ein herziges kleines Mäderl. Du kannst, wenn Du es für passend findest, ohne Scheu nach diesen langen elf Jahren Deinen Domino ablegen und Klarheit in das rätselhafte Abenteuer bringen, das mich von allen jenen, die ich erlebt, am meisten interessiert hat […]*

Ein paar Monate später, im Oktober 1885, erhält er eine weitere Nachricht. Gabriele hütet sich wohl, ihre wahre Identität preiszugeben. Eine ironische Bemerkung über den »väterlichen Kahlkopf« kann sie sich dagegen nicht verkneifen. Sie hätte so gern ein fotografisches Zeugnis davon. Friedrich Pacher wird ungehalten:

Wien, 22. Oktober 1885

Verehrter rötlichgelber Domino!

[…] Recht leid tut mir's, daß Du nach elf Jahren noch immer nötig findest, mit mir Verstecken zu spielen. Eine Demaskierung nach so

langer Zeit wäre ein hübscher Spaß und ein gutes Ende zu dem Faschingsdienstag 1874 gewesen, eine anonyme Korrespondenz entbehrt nach so langer Zeit des Reizes.
Dein erster Brief hat mich gefreut, der letzte hat mich geärgert [...]

Dabei hätte man es belassen können. Doch ein Jahr später erhält Friedrich Pacher wieder eine Nachricht, diesmal aus Brasilien. Es ist die letzte von der schönen Unbekannten, ein gedrucktes, nicht signiertes Gedicht:

Das Lied des gelben Domino.
»Long, long ago.«

Denkst Du der Nacht noch im leuchtenden Saal?
Lang, lang ist's her, lang ist's her,
Wo sich zwei Seelen getroffen einmal,
Lang, lang ist's her, lang ist's her,
Wo unsere seltsame Freundschaft begann,
Denkst Du, mein Freund, wohl noch manchmal daran?
Denkst Du der Worte, so innig vertraut,
Die wir getauscht bei der Tanzweisen Laut?
Ach! Nur zu schnell schwand die Zeit uns dahin,
Ein Druck der Hand noch, und ich mußte flieh'n.
Mein Antlitz enthüllen durft' ich Dir nicht,
Doch dafür gab ich der Seel ihr Licht.
Freund, das war mehr, das war mehr!
Jahre vergingen und zogen vorbei,
Doch sie vereinten nie wieder uns zwei.

Forschend bei Nacht frägt die Sterne mein Blick,
Auskunft noch Antwort gibt keiner zurück.
Bald wähnt' ich nahe Dich, bald wieder fern.
Weilst Du vielleicht schon auf anderem Stern?
Lebst Du, so gib mir ein Zeichen bei Tag,
Das ich kaum hoffen, erwarten vermag.

So lang ist's her, so lang ist's her!
Laß mich warten nicht mehr,
Warten nicht mehr!

Das postlagernde Antwortschreiben Friedrich Pachers wird von niemandem abgeholt. Über das Abenteuer – eher ein phantastischer Traum als ein wirkliches Erlebnis – legt sich Schweigen. Elisabeths unbefriedigende Situation ist deutlich geworden, ebenso ihr Wunsch, den Gesetzen der Schwerkraft und des Fatalismus zu entkommen. Doch der Ausbruchversuch der leidenschaftlichen, kaiserlichen Bovary ist gescheitert.
Friedrich Pacher erfährt des Rätsels Lösung erst viel später. Graf Corti, Elisabeths erster Biograph, kann Pacher ausfindig machen. Wir schreiben das Jahr 1934, der junge Mann vom Maskenball ist sechsundachtzig Jahre alt. Er erinnert sich an alles und hat die Briefe des gelben Dominos sorgfältig verwahrt. Was Graf Corti dem alten Herrn erzählt, hatte der als junger Mann bereits gewußt.
1874 bekommt Elisabeth einen Eisenbahnwagen geschenkt. Das ist von allen Geschenken, die sich eine Zigeunerin erträumen kann, das schönste. Er kommt aus Böhmen und kann ganz nach Belieben an den kaiserlichen Extrazug oder an die internationalen Schnellzüge angehängt werden. Von außen gesehen ein dunkelgrüner, ziemlich banaler Wagen. Im Inneren jedoch die Luxuswelt einer Nomadin. Ein gepolstertes, gut abgedichtetes Zimmer mit einer Kommode für die Bücher, die die Kaiserin überallhin begleiten, einem Sofa, einem Tisch und einem Bett. Daran schließt sich ein kleiner Nebensalon an; in ihm stehen eine Couch und ein Frisiertisch mit einem großen, von beiden Seiten beleuchteten Spiegel, wie man ihn sonst bei Mannequins findet.
Mit diesem Palast auf Rädern fährt sie Tausende von Kilometern. Ihr Eisenbahnmythos breitet sich in ganz Europa aus, in späteren Jahren selbst bei den Bauern auf Korfu. Baß erstaunt darüber, daß sich die Möwe bei ihnen niederläßt, nennen sie

sie Lokomotiven-Kaiserin, auch wenn sie in ihrem ganzen Leben noch keinen einzigen Zug zu Gesicht bekommen haben. Am 28. Juli weiht sie ihren Eisenbahnwagen ein. Es geht Richtung Westen. Mit von der Partie sind die kleine Marie Valerie, ihre ungarischen Freundinnen und eine ganze Schar von Gesellschaftsdamen, laut Protokoll ist es ihr untersagt, die Gefolgschaft zu verkleinern. Die erste Station ist Straßburg, zu jener Zeit eine deutsche Stadt. Sie will das Münster in aller Ruhe besichtigen und versucht es deshalb mit einer neuen Taktik. Sie steht bereits viel früher als offiziell vorgesehen vor dem Münster, in einem einfachen Reisekostüm und mit einer einzigen Gesellschaftsdame als Begleitung. Die Besichtigung verläuft ganz nach ihren Vorstellungen, und die beiden unbekannten Reisenden werden von niemandem belästigt. In der Zwischenzeit hat Fanny Feifalik, die Friseuse Ihrer Majestät, die Kleider der Kaiserin angezogen und verläßt mit Schleier und Fächer das Hotel zur festgesetzten Stunde, um die Ehrungen der Stadtväter entgegenzunehmen. Dann setzt sich der Zug mit seiner ganzen Besatzung wieder in Bewegung und durchquert Frankreich, ohne anzuhalten. In Le Havre sticht man in See und erreicht am 2. August die Insel Wight.

In einer hübschen Villa unter Magnolien und Zedern richtet man sich ein. Gemietet wurde sie von der Gräfin von Hohenembs, einer der unbekannten der siebenundvierzig Titel Franz Josephs und für Elisabeth eine Art Pseudonym, mit dem sie ihr Inkognito wahren kann.

Eine Insel! Sie glaubt sich auf einem zweiten Korfu oder Madeira. In ihrer verzweifelten Flucht glaubt die Kaiserin, sich – wann immer sie will – von der Welt zurückziehen zu können. Sagt sie doch oft, daß man aus sich immer eine Insel machen könne. Die Insel Wight ist allerdings nicht die von der Menschenfeindin ersehnte Wüste. Im nahen Osborne House weilt Königin Viktoria in der Sommerfrische. Elisabeth kann nicht damit rechnen, daß sich die Königin von dem Hohenembser Grafentitel täuschen läßt. Wahrscheinlich ging die Unvorsich-

tige davon aus, daß ihre Nachbarin ebenfalls auf Ruhe bedacht sei und deshalb nicht versuchen würde, ihren Aufenthalt zu stören. Doch noch am selben Tag stattet die beleibte Nachbarin unverhofft einen Besuch ab. Elisabeth kann sich unmöglich davonstehlen oder der Königin des bedeutendsten Weltreiches eine Doppelgängerin präsentieren. Zumal die Engländerin der Österreicherin einst ihre herrliche Yacht mitsamt der Mannschaft zu Verfügung gestellt hatte. Viktorias Leibesumfang steht in einem direkten Verhältnis zu ihrer Macht. Die Körpermaße der Königin sind enorm. Eine Sylphide begegnet einem dickbäuchigen Buddha, ein beeindruckender Kontrast, die Kaiserin wider Willen und das Musterbild politischer und königlicher Tugend.
Neugierde und ein gegenseitiges Überschütten von Höflichkeiten. Sich an Anstandsregeln festhaltend, betrachtet jede die andere wie ein seltsames Objekt, auf das keine Bezeichnung passen will. Wie eine brave Schülerin berichtet Elisabeth ihrem Mann noch am selben Abend von ihrem mustergültigen Verhalten: *Ich war überhaupt sehr höflich, und alles schien erstaunt darüber. Aber jetzt habe ich auch alles gethan. Sie sehen alles vollkommen ein, daß ich Ruhe haben will und wollen mich nicht genieren.*
Doch Viktoria ist hartnäckig: Wenige Tage später bittet sie Elisabeth zum Diner. Die Kaiserin lehnt höflich ab. Viktoria macht einen zweiten Besuch bei ihrer Nachbarin und wiederholt die Einladung. Wie immer gibt es für Elisabeth nur einen Ausweg: die Flucht. Sie reist weiter nach London. Zurück bleibt eine leicht verwunderte Viktoria.
Die vornehme Gesellschaft hat ihre Sommerresidenzen bezogen, und Elisabeth kann auf ihrem berühmten Schimmel durch den Hyde Park reiten. Das Pferd ist direkt aus Budapest gekommen. Sie geht durch London, und man erkennt sie nicht, genauso wie sie es sich ein paar Monate früher in ihrem Brief an Friedrich Pacher vorgestellt hat. Elisabeth ist nach wie vor auf ihre Diät bedacht. Auf der Insel Wight zeichnet ein her-

vorragender französischer Koch für die Küche verantwortlich, doch die Kaiserin begnügt sich mit Fleischsaft und Früchten. Nach einem Anstandsbesuch bei der Herzogin von Teck schreibt sie an ihren Mann: *Sie ist kolossal dick. Ich habe so etwas noch nie gesehen und dachte die ganze Zeit: Wie muß sie im Bett ausschauen?* Nur bei den abschreckendsten Bildern denkt sie an das nächtliche Austoben ... Im Wachsfigurenkabinett von Madame Tussaud erkennt sie ihren kaiserlichen Gemahl ohne Schwierigkeiten wieder: »Ungeheuer interessant, aber doch teilweise sehr grauslich«, schreit sie auf.

Die Stadtbesichtigung wäre ohne den Besuch einer Irrenanstalt nicht abgeschlossen. Sie läßt sich nach Bedlam fahren, der größten Einrichtung dieser Art. Dreißig Jahre später wird sie vom berühmten Steinhof vor den Toren Wiens überflügelt. Sie streift stundenlang durch den großen Park der Anstalt Bedlam, immer auf der Suche nach geistig verwirrten Menschen. Sie unterhält sich mit einer blumenbekränzten Ophelia und denkt dabei an ihre Schwägerin Charlotte, die irgendwo in Belgien in ihrem Wahnsinn dahindämmert. Sie spricht mit diesem und jenem und stellt sich bei jedem ganz auf seinen Wahn ein. Dem Gespräch mit der Königin Viktoria hatte sie wesentlich weniger Aufmerksamkeit geschenkt. Sie denkt an ihren Vetter Ludwig II., dessen imaginäre Nachtritte durch Bayern kein Ende nehmen. Sie denkt an Otto, Ludwigs jüngeren Bruder, den man in Fürstenried, einem kleinen Schloß zwischen München und dem geliebten Starnberger See, interniert hat. Er schreit ganze Nächte lang, und König Ludwig glaubt im Wutgeheul des Bruders seine eigene Zukunft zu erahnen. Sie denkt an sich selbst und ihre eigenen Ängste, an ihren Sohn Rudolf und das unheilvolle Erbgut der Wittelsbacher.

Elisabeth nimmt auch an einer durch die englische Landschaft führenden Reitjagd teil. Sie will beweisen, daß die Reiter von Gödöllö – wenn auch weniger bekannt – genauso gut sind wie die englischen und daß eine Frau es durchaus mit den allerbesten aufnehmen kann. Dann kehrt sie zurück auf die Insel

Wight, wo sie endlich in Ruhe ihre Villa genießen kann, denn Viktoria ist inzwischen zum Schloß Balmoral in Schottland weitergereist. Elisabeths Täuschungstaktiken werden immer perfekter. Jeden Tag geht sie mit Marie Festetics und einer Gesellschaftsdame zum Baden. Alle drei tragen das gleiche Badekostüm – damals badete man noch in Kleidern – und sind so aus der Ferne nicht zu unterscheiden. Die Voyeure bringt das zum Verzweifeln. An Franz Joseph schreibt Elisabeth: *Ich weiß, wie sehr Du mich liebst, auch ohne Bezeugungen, und wir sind deshalb so glücklich, weil wir es verstehen, uns gegenseitig nicht zu stören.*

Auf der Rückreise geraten die Frauen in stürmische See. Als sie in Boulogne wieder festen Boden unter ihren Füßen haben, unternimmt Elisabeth mit Marie Festetics einen von jenen ausgedehnten Fußmärschen, die sie über alles liebt. Sie sind unvorsichtig genug, sich trotz stärksten Seegangs an den Strand zu wagen. Der Sturm schlägt ihre Regenschirme um und weht sie fort. Um nicht selbst mitgerissen zu werden, legen sich die Frauen auf den Boden. Das stürmische Wüten gefällt Elisabeth. Den Mund voller Sand, träumt sie laut von anderen Reisen. Schon damals, auf der Schiffsreise nach Korfu, formulierte sie gegenüber Maximilian ihren Wunsch, den Ozean zu überqueren, immer weiter zu fliehen:

> Der große Wunsch dem größern weicht,
> Nie zieht ins Herz Genügen ein.
> Und wenn du je dein Glück erreichst,
> So hört es auf, dein Glück zu sein.

In Wien hat Elisabeth den durch den Tod der Erzherzogin Sophie frei gewordenen Platz nicht eingenommen. Seitdem sie für Ungarn erreicht hat, was sie wollte, kümmert sie sich nicht mehr um die Politik. Eine tschechische Gruppe kämpft am Hof für eine Prager Krönung des Herrscherpaares und für die Umwandlung des dualistischen in ein föderalistisches System,

in dem die Rechte der Slawen denen der Madjaren gleichgestellt werden. Der Kaiserin werfen sie vor, daß sie bei ihrem Mann nicht für die tschechischen Interessen eintritt. Daß ihr Herz für Ungarn schlägt und die anderen Völkerschaften ihr viel gleichgültiger sind, ist richtig. Richtig ist aber auch, daß die ungarische Frage die schwierigste und vordringlichste war. Ungarn war immer aufsässig, stark und stolz und hat sich so manches Mal mit Wien geschlagen. Aufgrund dieser Vergangenheit bekamen die Ungarn die gleichen nationalen Rechte wie die deutschstämmigen Österreicher. Besetzung und Tyrannei konnten sie nie völlig unterwerfen. Das wissen die Habsburger seit mehr als drei Jahrhunderten. Und sie wissen auch, daß die Herde sich sehr schnell verkleinern würde, wenn Ungarn einmal verloren ist.
Der Ausgleich war notwendig, aber er allein reicht nicht aus. Die anderen allzu lange vernachlässigten Völkerschaften werden das Reich immer mehr unter Druck setzen und schließlich ganz Europa ins Unglück stürzen.

Während des Sommers 1875 stirbt in Prag der Ex-Kaiser Ferdinand. Franz Josephs Onkel war damals zugunsten seines Neffen zurückgetreten. Und denselben Neffen hat er als Universalerben eingesetzt. »Auf einen Schlag bin ich reich«, so der Kommentar von Franz Joseph. Nichts weiter als ein Scherz, denn der Kaiser hat sich bis jetzt immer sparsam gezeigt und auch stets darauf geachtet, daß seine Frau seinem Beispiel folgte. Für ihr mehr oder weniger einsichtiges Verhalten ist sie belohnt worden. Ihre Jahresrente stieg von hunderttausend auf dreihunderttausend Gulden. Ferdinands Erbe macht auch die Kaiserin steinreich, und sie investiert ihr Vermögen ganz nach ihrem Geschmack. Die spätere Lokomotiven-Kaiserin fördert alle möglichen Transportmittel: die nationalen Eisenbahngesellschaften natürlich, aber auch die Donaudampfschiffahrtsgesellschaft. Einen Teil des Geldes bringt die zarte Frau in der Schweiz auf die Rothschild-Bank. Bereits 1871, nach der französischen Niederlage, hatte die um ihre Zukunft besorgte Kaiserin gesagt: »Wir werden vielleicht doch noch ein paar Jahre vegetieren, bis die Reihe an uns kommt.« Mit ihrem jetzigen Vermögen kann sie machen, was sie will. Pferde und Reisen verschlingen den Löwenanteil ihres Budgets.

Elisabeth erfaßt eine wilde Begeisterung für sportliche Übungen. Die Turngeräte in der Hofburg, wo sich der Zugvogel nie lange aufhält, genügen nicht mehr. Ein Jahr hier eingesperrt, und sie sei eine alte Frau, sagt sie immer wieder. Das vierzigste Lebensjahr ist nicht mehr weit, und Elisabeth hat nicht die geringste Lust, ihren Körper der Trägheit zu überlassen und ihn erschlaffen zu sehen. Sie macht sich zwar keine Illusionen, ist oft enttäuscht, zuweilen auch fatalistisch, doch deswegen ist sie noch lange nicht bereit, den Verfall ihrer Schönheit hinzunehmen. Diese ist mehr als eine Frage der äußeren Erscheinung; die Schönheit ist ihr Sinnbild schlechthin, ihr Schutzpanzer, auf den sie ganz besonders achtet. Sie muß im Freien leben und tagelang galoppieren, nur so hat sie die Gewißheit, daß sie ihren Körper noch völlig beherrscht, und kann dank ihrer Muskelkraft die Gefühle ihrer Kindheit nacherleben.

Für ihre Übungen der Hohen Schule hat sie in Gödöllö eine Reitbahn anlegen lassen. Aber sie arbeitet auch mit Zirkuspferden. Die berühmte Kunstreiterin Elisa Petzold gibt ihr Unterricht. Die junge Frau ist eine gutaussehende, stolze Erscheinung. Elisabeth wählt sie sich zur Freundin. Sofort kommen Gerüchte auf. Man stelle es sich doch einmal vor: Die Kaiserin läßt sich mit einer nach Sägemehl und Stall riechenden Reiterin ein. Ist das nicht etwas sonderbar? Man hat Elisabeth schon so viele Liebhaber angedichtet, aber offensichtlich scheint sie ja keinen zu haben. Liebt sie vielleicht letzten Endes Frauen?

Gödöllö wird zum Inbegriff der Sittenlosigkeit: »In Gödöllö trieb sich allerlei lichtscheues Pack, von Schmutz starrende, in Fetzen gehüllte Männer, Frauen und Kinder herum. Die Kaiserin ließ oft eine ganze Gesellschaft ins Schloß kommen, bewirten und mit Nahrungsmitteln reichlich beschenken«, wie Brigitte Hamann schildert. Schlimmer noch: Die Kaiserin sitzt wie ein Mann zu Pferde, die Beine sind mit Hirschledergamaschen umwickelt und das Haar verschwindet unter einer Filzmütze. Nur ihr langer Zopf streichelt den Pferderücken. Das Auftreten erinnert wirklich an Zirkus, die Kleidung an Travestie. Man verdächtigt Elisa aller Perversionen. Elisabeth muß sogar den Kaiser beruhigen und ihm schreiben, daß Elisa »sehr anständig« ist.

Sommer 1875. Der Arzt empfiehlt für Marie Valerie Seeluft und Bäder. Über eine solche ärztliche Verordnung freut sich die Mutter mindestens genauso wie die Tochter. Die Kaiserin entscheidet sich für die Normandie. »Dort wird dir ein Unglück zustoßen«, protestiert Franz Joseph. Sein Mißtrauen gegenüber der Republik und den Anarchisten ist groß. Elisabeth hat seine Warnung sehr wohl vernommen, reagiert allerdings recht ungewöhnlich darauf. Sie ändert nämlich nicht im geringsten ihre Reisepläne, legt aber großen Wert darauf, ein Testament abzuschließen, bevor sie Wien mit einem Gefolge von sechzig Personen, drei Pferden und dem Reitpersonal verläßt.

Ihr Zug hält im Bahnhof von Fécamp. In Sassetot-le-Mauconduit, mitten im Pays de Caux, hat sie ein Schloß aus dem 18. Jahrhundert anmieten lassen. Mit demselben Zug kommt auch ihr kleines Eisenbett, schmal und hart, verpackt in einer schwarzen, sargähnlichen Kiste. Ist nicht jedes Haus ein Grab? Diese mönchische Strenge findet ihren Gegensatz in der großen und hochqualifizierten Begleitmannschaft. Zwei Erzieherinnen für Marie Valerie, eine Engländerin und eine Französin, zwei Köche aus Wien und einer aus Paris, zwei Konditoren, ebenfalls aus Wien, und ein österreichischer Bäcker, der säckeweise ungarisches Mehl mitgebracht hat, das einzige Mehl, das den berühmten Wiener Semmeln den ihnen eigenen Geschmack geben kann. Die Polarität zeigt sich selbst in den Backwaren. Auch wenn das für die Küche Gutes verspricht,

Elisabeth interessiert sich überhaupt nicht dafür. Während ihr Gefolge schwelgt, begnügt sich die fahrende Kaiserin mit Suppen. Die Köchin, die für die Kreation der Suppen verantwortlich zeichnet – die Zusammensetzung wird jeden Tag von Elisabeth neu bestimmt –, trägt den Beinamen die »Suppenterrine«.
Die Bauern der Umgebung sind einen solchen Prunk nicht gewohnt. Der kaiserliche Zirkus fasziniert und schockiert sie: Als echte Normannen schwanken sie zwischen Beifall und Buhrufen. Sie machen entsetzte, große Augen, lassen sich aber nichts von dem Spektakel entgehen. Sie erleben eine Kaiserin, die wie ein Mann reitet und – Wege und Tore verachtend – mit dem Pferd einfach über die Hecken setzt. Kurz nach dem Krieg von 1870 und dem Verlust von Elsaß-Lothringen haßt man in Frankreich alles, was deutsch ist. Die Kaiserin ist zwar Österreicherin und spricht Ungarisch mit ihrer Begleitung, doch das tut wenig zur Sache, Details interessieren nicht. Außerdem beklagen sich die Bauern über die von den Pferden niedergetrampelten Getreide- und Rübenfelder. Baron Nopcsa verteilt stattliche Entschädigungsgelder, die Bauern stecken sie ein und schreien noch lauter in der Hoffnung auf weitere Gewinne. Die Affäre erregt Aufsehen und wird schließlich von den Zeitungen aufgegriffen. Die Bauern hätten die Kaiserin beleidigt. Elisabeth gibt der österreichischen Botschaft in Paris Anweisung, das Gerücht zu dementieren. Immer wieder ein neues Gerücht. Sie sind der Kaiserin anhänglichste Begleiter.
Sie badet jeden Morgen, bei jedem Wetter. Vom Haus bis zu den ersten Wellen hat sie einen Gang aus Zeltbahnen errichten lassen. Er erinnert an ein Laufgitter, durch das die Raubtiere in die Zirkusmanege geführt werden. Die im Wind knatternden weißen Stoffbahnen markieren einen Pfad der Ruhe.
Sie kann ihren Körper nicht gewähren lassen. Fällt nicht bereits bei der kleinsten Nachlässigkeit, bei den ersten Anzeichen von Disziplinlosigkeit das ganze Gebäude unrettbar zusammen? Der unglückliche Ludwig II. ist ihr ein

abschreckendes Beispiel. Vor zwölf Jahren stand er in der Blüte seiner Schönheit, das Gesicht eines Engels und ein athletischer Körper. Inzwischen sind seine Zähne schwarz, das Gesicht ist aufgedunsen und sein Körper schlaff und unbeholfen. Und doch ist er erst dreißig Jahre alt, sieben Jahre jünger als sie. Natürlich ist seine Schönheit nicht völlig verschwunden, es gibt sogar Augenblicke, in denen sie – Verletzlichkeit und Wahnsinn ausstrahlend – jetzt noch stärker und anziehender ist. Aber Elisabeth denkt nicht daran, ihre Schwächen zu zeigen. Ihre Schönheit ist ihr Schutzpanzer, ihn gilt es, so lange wie möglich zu erhalten.

Aus Großbritannien läßt man einen Reitlehrer kommen, Mr. Allen. Die Kaiserin plant für später wieder eine Reise nach England und möchte deshalb ihren Reitstil vervollkommnen und sich im Hindernisrennen üben. Sie will die Beste werden. Allen ist weit mehr als kühn, er ist verwegen und überfordert seine Schülerin. Marie Festetics warnt Elisabeth. Allens Eifer und Hartnäckigkeit sind gefährlich für sie. Wenn sie seine Weisungen befolgt, kann sie sich die Knochen brechen. Nicht von den Anarchisten – wie Franz Joseph befürchtet hat – geht Gefahr aus, sondern von dem Draufgänger Allen und seinen überzogenen Anforderungen.

Am 11. September probiert Elisabeth ein neues Pferd aus. Allen hat das Tier bereits stark strapaziert, ohne allerdings der Kaiserin etwas davon zu sagen. Sie will mit dem Pferd eine kleine Hecke nehmen, das Tier springt, kommt aber schlecht auf und bricht in den Knien zusammen. Elisabeth wird mit einer solchen Wucht nach vorne geschleudert, daß sich der Sattel löst und sie mit dem Kopf gegen eine junge Eiche schlägt. Bewußtlos bleibt sie liegen. Ein Stallmeister sieht das Pferd allein zurückkehren, die Knie des Tieres bluten. Bis auf Marie Festetics ist das ganze Gefolge baden gegangen. Mit Schreien, die sie schon lange befürchtet hat, wird die Ungarin aus ihrer Lektüre gerissen: »Einen Arzt! Schnell einen Arzt! Ihre Majestät ist halbtot!«

Man setzt Elisabeth in einen Gartenstuhl. Ihr Blick ist abwesend, und auf der Stirn hat sie einen riesigen Bluterguß. Der vom Strand herbeigeholte Arzt scheint in großer Sorge.
»Was ist passiert?« murmelt Elisabeth.
»Eure Majestät ist vom Pferd gefallen.«
»Aber ich bin doch gar nicht geritten.«
Sie scheint keine Erinnerung mehr zu haben.
»Wo ist Marie Valerie und der Kaiser? Wo sind wir?«
»In der Normandie, Majestät.«
»Aber was machen wir denn in Frankreich? Es war dumm von mir, vom Pferd zu fallen. Bitte beunruhigen Sie den Kaiser nicht unnötig.«
Kopfschmerzen, Übelkeit und eine Gehirnerschütterung. Marie und Ida schreien entsetzt auf, als der Arzt ihnen schonungslos erklärt, daß man der Kaiserin die Haare abschneiden müsse, wenn die Schmerzen nicht binnen vierundzwanzig Stunden nachließen. Außerdem verbietet er den Frauen, sich am Bett ihrer Königin aufzuhalten. Die ganze Nacht über sitzen sie auf den Stufen vor ihrer Tür. Über ein Telegramm wird Franz Joseph verständigt. Sofort läßt er alle Geschäfte liegen und will in die Normandie aufbrechen, doch Andrássy rät ihm abzuwarten. Sein überstürztes Kommen würde die Kaiserin nur erschrecken. Am nächsten Tag geht es ihr tatsächlich besser.
Müde und blaß schreibt sie ihrem Mann, daß sie nach Hause kommen wolle, und entschuldigt sich für die Sorgen, die sie ihm bereitet hat.
Abreise mit dem Zug. Im Bahnhof von Vernon möchte der französische Präsident Mac-Mahon, der in der Gegend an einem Manöver teilnimmt, die Kaiserin begrüßen. Doch die Vorhänge ihres Wagens bleiben geschlossen, und der Präsident wagt es nicht, sie wecken zu lassen. Der Zug fährt ohne die Begrüßungsansprache ab.
Auf ihrem Zwischenstop in Paris will sie nicht, wie seinerzeit Franz Joseph, im Palais de l'Elysée wohnen. Sie zieht ein Hotel an der Place Vendôme vor. Um die Sorgen über ihre Gesund-

heit zu zerstreuen, zeigt sie sich mit dem Pferd im Bois de Boulogne. Groß ist ihre Freude über das Wiedersehen mit ihrer jüngeren Schwester Sophie, der ehemaligen Verlobten Ludwigs II. und jetzigen Herzogin von Alençon. Außerdem absolviert Elisabeth rasch die Pariser Sehenswürdigkeiten, immer darum bemüht, ihre Führer abzuschütteln. Allein Ida darf sie begleiten. Gerne würde sie sich wie eine normalsterbliche Touristin im *Bal Mabille* unter das tanzende Volk mischen. Doch ihre Umgebung rät ihr davon ab, der Ort sei zu verrufen. Für Ida und Marie setzt sie allerdings die Erlaubnis durch. Die beiden sollen hingehen und ihr anschließend berichten. Baron Nopsca wird die beiden Frauen auf ihrem Ausflug begleiten. Indigniert und entsetzt berichten sie am nächsten Tag von Zudringlichkeiten und Belästigungen. Anrüchige Enthüllungen. Elisabeth lacht Tränen.

Deák, Ungarns Symbolfigur schlechthin, stirbt am 31. Januar 1876. Die erschütterte Elisabeth kniet weinend an seiner Bahre. Der Politiker war ihr Freund, sein Foto wird für immer neben ihrem Bett stehen. Sie erinnert sich an das Versprechen, das sie Andrássy an jenem berühmten Abend, als sie mit ihm allein im Wagen saß, abgerungen hat. Er mußte sich verpflichten, nicht vor ihr zu sterben. Hoffentlich läßt Gott ihn nicht wortbrüchig werden!

Sie ist zwar immer voller Sorge um ihren Mann und Andrássy, auf sich selbst dagegen achtet sie wenig. Trotz ihres Sturzes vor wenigen Monaten ist ihr die Lust an wilden Reitunternehmen nicht vergangen. Schon im März fährt sie wieder nach England, wo ihre Schwester, die hübsche Marie, für sie eine herrliche Villa gemietet hat. Wieder beginnt die Jagdzeit, und die Engländer, die ihr stürmisches Wesen bereits kennen, geben ihr mit Bay Middleton einen ihrer besten Reiter an die Seite. Er soll auf sie aufpassen. Der Rittmeister ist über diese Ehre wenig begeistert. Er ist fürs Reiten geboren, nicht um Gouvernante zu spielen. Doch zu seiner großen Überraschung fordert Elisabeth keine Rücksichtnahme. Gleich zu Beginn wird deutlich, daß sie nicht nur die schönste, sondern auch die beste und unermüdlichste Reiterin ist. Sie wollte den kleinen Mann mit den scharfen Gesichtszügen und schroffen Manieren auf Anhieb für sich gewinnen, und das gelingt ihr auch. Noch nie hat der Engländer eine Amazone getroffen, die ihr Pferd so sicher beherrscht. Und auf diesem Gebiet kennt er sich nun wirklich aus. Auf allen Treibjagden ist er dabei, und aus jedem Hindernisrennen geht er als Sieger hervor. Hinter der barschen und arroganten Art vermutet Elisabeth einen zerbrechlichen Mann. Bei einem Reitunfall hat Middleton sein Gehör fast vollständig eingebüßt. Elisabeth liebt die Menschen, die sie beschützen, aber sie mag es auch, wenn sie ihrerseits ihre Beschützer schützen kann. Sie lädt ihn für September zur Jagd nach Gödöllö ein.

Vor dem Herbst hat sie genug Zeit, um einen Großteil Europas zu bereisen. Sie kehrt nach Wien zurück, verbringt einige Tage in Ungarn, fährt weiter nach Bayern, dann hinunter nach Triest, wo sie an Bord der *Miramar* Kurs auf Korfu nimmt. Die Insel gefällt ihr so gut wie beim erstenmal. Von dort geht es nach Athen; während eine ihrer Gesellschaftsdamen bei offiziellen Empfängen ihre Doppelgängerin spielt, besucht sie die antiken Stätten. Alles in einem atemberaubenden Tempo. Von unbekannter Macht getrieben, scheint sie sich einem ewigen Wettlauf verschrieben zu haben. Ihr Gefolge ist am Ende der Kräfte. Sie führt ein rollierendes System ein; von jetzt ab begleiten sie die Damen abwechselnd auf ihren Expeditionen.

In Gödöllö ist der Empfang für Bay Middleton nicht gerade freundlich. Wie er aussieht, der neue Schwarm der Königin! Klein und untersetzt, ein Gesicht voller Sommersprossen und ein winziger, lächerlicher Schnurrbart. Die ungarischen Reiter sind eifersüchtig, allen voran Nicky Esterházy, der in seine Königin so vernarrt ist, daß er sie sogar auf dem letztjährigen Faschingsball gesehen zu haben glaubt. Der Kaiser dagegen bleibt ruhig, er weiß die Kaprizen seiner Frau richtig einzuordnen und läßt sich nicht dazu herab, aus dem englischen Rittmeister einen Rivalen zu machen. Sobald nämlich Bay Middleton vom Pferd steigt, läßt sein Stolz sehr schnell nach. Er versteht kein Wort Deutsch, geschweige denn Ungarisch, und selbst wenn der Unglückliche die eine oder andere Sprache verstünde, wäre er nicht in der Lage zu hören, was man ihm sagt. Außerhalb der englischen Jagdreviere ist er verloren. Die Kaiserin behandelt ihn mit aller Zuvorkommenheit. Der Mann ist ihr Freund, und auch wenn man sich noch so sehr über ihn lustig macht, sie läßt ihn nicht fallen. Middleton dagegen findet, daß die Kaiserin verändert ist. Bei den Leuten, die sie zu kennen glauben, gibt sie sich weniger spontan und natürlich als in England, wo sie gerne und viel gelacht hat und mit Freunden, die sie aufgrund ihrer liebenswürdigen Art, nicht ihres Ranges wegen verehren, von einem Fest zum anderen gezogen ist.

Bay Middleton – man nennt ihn auch den roten Fuchs – sucht vor lauter Langeweile das Weite. Einen Tag später trifft in Gödöllö ein Telegramm ein. Der rote Fuchs sei in einem Budapester Bordell betrogen und ausgeplündert worden und warte auf einem Polizeiposten darauf, daß man ihn hole. Seine Rivalen amüsieren sich köstlich, und die Kaiserin ist wütend. Trotzdem begleitet der Engländer sie bis zum Ende seines Aufenthalts auf allen ihren Reitausflügen, sehr zum Verdruß Niky Esterházys und der anderen ungarischen Reiter.

Im Januar 1878 fährt sie erneut nach England. Zum erstenmal befindet sich Rudolf in ihrer Begleitung. Er ist neunzehn Jahre alt und seit kurzem volljährig. Ein bildhübscher, junger Mann mit schneller Auffassungsgabe und einem feinen Gespür. Die Ähnlichkeit mit seiner Mutter zeigt sich nicht in den Gesichtszügen, sondern in seinem Charme, seiner Eleganz und geheimnisvollen Ausstrahlung. Die Zeiten, in denen sich das Kind in den Haaren seiner Mutter wälzte, sind längst vorbei. Ein unbefangenes und liebevolles Gespräch gab es schon lange nicht mehr zwischen ihnen, und oft fühlt Rudolf sich allein gelassen.

Seitdem der Erbprinz seine Eifersucht auf die jüngere Schwester, Marie Valerie, offen zeigt, ist die Situation noch schwieriger. Er terrorisiert das Mädchen so wie einst der Erzieher den kleinen Rudolf. Und dabei verdankt er seiner Mutter die Befreiung von diesem schrecklichen Wüterich. Franz Joseph erkennt sich in seinem einzigen Sohn kaum wieder, aber er ist voller Nachsicht und Liebe: Man solle seinem Sohn nicht die Jugend stehlen, so wie man sie ihm gestohlen habe. Der junge Prinz ist mit Wissen vollgestopft worden, und mit einer unersättlichen Neugierde hat er alles begierig in sich aufgenommen. Im Augenblick hat er eine Ruhepause verdient. Franz Joseph weiß nur zu gut, was für Belastungen auf seinen Sohn zukommen.

Aber auch die Reise nach England dient Studienzwecken. Seiner Mutter mußte er versprechen, daß er sich von den Treibjagden fernhält. Da er weniger gut reitet als sie, fürchtet sie, er könnte sich aus Stolz überfordern und sich so in Gefahr bringen. Rudolf wird einmal mehr im Abseits gehalten und rächt sich, indem er die Vergnügungssucht anprangert: »In England werde ich es wirklich vermeiden, die Parforcejagden mitzureiten, das Publikum bei uns findet darin keine große Heldentat, wenn man sich dabei das Genick bricht, und mir ist meine Popularität auch zu viel wert, um sie für dergleichen Dinge zu verscherzen.«

Während ihres England-Aufenthalts kommen sich Mutter und Sohn nicht näher. Ganz im Gegenteil! Die Gerüchteküche, wie immer in treuer Feindschaft gegenüber der Kaiserin, beschäftigt sich in diesem Jahr mit dem hübschen Gesicht Maries, der Schwester Elisabeths. Sie war es, die die Kaiserin beim erstenmal nach England gelockt, sie in die Jagd eingeführt und für sie die englischen Villen angemietet hatte. Durch ihr heroisches Verhalten in Gaeta war sie sehr bekannt geworden, doch allmählich fühlt sie sich von ihrer älteren Schwester in den Schatten gestellt. Sobald Elisabeth erscheint, spielt Marie nur noch die zweite Geige. Im Sattel oder vor dem Spie-

gel kann sie mit ihrer Schwester nicht konkurrieren. Sie selbst ist hübsch, Elisabeth ist schön. Sie selbst geht immer mit der Mode, Elisabeth hat ihre eigene Lebensweise und Denkart. Sie liebt das Gerede, Elisabeth den Gesang der Poeten.
Marie von Neapel, die geliebte Schwester der Kaiserin, träufelt ihr Gift in Rudolfs Ohr. Sie erzählt ihrem Neffen einige Klatschgeschichten, die auf eine Liaison zwischen seiner Mutter und dem roten Fuchs anspielen. Nichts bringt Rudolf mehr in Rage als das. Schon bei der nächsten Gelegenheit kommt es zu einer gewalttätigen Auseinandersetzung zwischen dem jungen Mann und Bay Middleton. Rudolf wird handgreiflich und unflätig. Marie Festetics versucht den Gefühlsausbrüchen auf den Grund zu gehen, und da der Prinz Vertrauen zu ihr hat, bittet sie ihn um ein Gespräch unter vier Augen. »Wie ein Kind schüttete er sein Herz aus«, schreibt sie in ihr Tagebuch. »Halb zornig, halb betrübt mit Tränen in den Augen sagte er, er bereue, daß er nach England gekommen sei. Er habe seine schönsten Illusionen verloren und fühle sich zu Tode verletzt und unglücklich.« Marie fragt ihn nach dem Grund seiner Traurigkeit: »Er fuhr dann ruhiger fort und erzählte mir – aber schon das Infamste, was ich je gehört. Ich war sprachlos. Aber das Erstaunen und die Indignation über solche Lüge muß so deutlich gesprochen haben, daß er, ehe ich noch den Mund öffnete, wie um sich zu entschuldigen, heraus fuhr: ›Die Tante Marie hat es mir gesagt.‹ Um desto niederträchtiger, sagte ich eisig, obwohl es kochte in mir. ›Ja aber warum hat sie mir's gesagt, wenn's nicht wahr ist – und sie war so lieb – so gut und hat mich wirklich gerne … ist Alles nur Lüge?‹«
Die beiden Schwestern haben sich nach diesem Vorfall nicht mehr miteinander versöhnt. Angeekelt von der englischen Jagd, kehrt Elisabeth nach Wien zurück.

Während die Kaiserin sich als Amazone vergnügt, kommt Europa ebensowenig zur Ruhe. Zwischen Franz Joseph und Elisabeth besteht eine stillschweigende Vereinbarung. Solange

Andrássy Außenminister der k.u.k. Monarchie ist, mischt sich Elisabeth nicht in die Politik.
Die Auflösung des osmanischen Reiches, zum »kranken Mann in Europa« geworden, bestimmt das Ende des 19. Jahrhunderts. Mit dem erwachenden Nationalbewußtsein wehren sich die christlichen Völker des Balkans zusehends gegen die Oberherrschaft des Sultans. Andrássy ist an einem schnellen türkischen Niedergang wenig gelegen, denn dies würde in Europa nur den slawischen Einfluß fördern. In Sankt Petersburg ist man natürlich anderer Meinung. Die Anhänger des Panslawismus haben sich nie damit abgefunden, daß die russischen Slawen durch andere Völkerschaften – etwa die Madjaren – von ihren Anverwandten, den südslawischen Slowenen, Serben und Kroaten, getrennt sind. In kluger Voraussicht sieht Andrássy von Interventionen im Krisengebiet des Balkans ab. Zahlreiche k.u.k. Offiziere kroatischer oder serbischer Herkunft drängen dagegen zu Aktionen. 1875 wollte Franz Joseph zeigen, daß er ihre Ungeduld durchaus verstand, und reiste deshalb just in dem Moment nach Dalmatien, als sich die Nachbarprovinz Bosnien-Herzegowina im Aufstand gegen die Türken befand. Für die Bosnier war es ein aufmunterndes Zeichen. Etwas mehr Vorsicht wäre für sie wahrscheinlich besser gewesen, denn bald darauf erklärt der Kaiser, daß er die Schaffung unabhängiger Staaten nach serbischem oder montenegrinischem Vorbild in Bosnien und der Herzegowina niemals zulasse.
Wie immer auf dem Balkan, entzündet sich das Feuer erst nach und nach. Bosnien-Herzegowina beginnt im Sommer 1875 zu glühen. Im April 1876 greift die Glut auf die Bulgaren über. Im Juli desselben Jahres erklären Serbien und Montenegro den Osmanen den Krieg, und wenig später nimmt Rußland auf serbischer Seite den Kampf auf. Um sich die wohlwollende Neutralität Franz Josephs zu sichern, schließt Rußland mit dem österreichischen Kaiser ein geheimes Abkommen. Ohne kämpfen zu müssen, soll Österreich-Ungarn seinen Teil der türkischen Beute bekommen, also Bosnien-Herzegowina zurück-

erhalten. Außerdem muß sich Rußland verpflichten, keinen von den Serben beherrschten slawischen Großstaat zu errichten.
Die Osmanen halten sich besser, als man allgemein angenommen hat. Sechs Monate lang treten die Russen auf der Stelle, erst dann gelingt es ihnen, die Donau zu überqueren und die Türken zu besiegen. Im Siegesrausch vergessen sie den mit Österreich-Ungarn geschlossenen Pakt, und von einer Abtretung Bosnien-Herzegowinas ist keine Rede mehr. Als Reaktion darauf fordern Andrássy und Franz Joseph die Einberufung einer europäischen Konferenz. Bismarck unterstützt sie. Auf der in Berlin tagenden Konferenz muß Rußland seine Ansprüche zurückschrauben: Es annektiert Bessarabien, aber Serbien und Montenegro werden unabhängige Königreiche. Die Verwaltung von Bosnien-Herzegowina wird Österreich-Ungarn übertragen; es darf die Provinz besetzen, aber nicht annektieren.
In bezug auf Bosnien-Herzegowina begeht Andrássy einen schweren Fehler. Hört bei den mörderischen Völkerschaften auf dem Balkan nicht jede Form von Sicherheit auf? Noch viele andere werden deren Potential an Widerstand und Gewalt unterschätzen. Andrássy glaubt, die Besetzung Bosniens sei ein Spaziergang. Er irrt sich gewaltig. Drei Jahre früher hätte er recht behalten, und die Österreicher wären als Befreier empfangen worden. 1878 sind die Türken geschlagen, und die Bosnier haben wenig Interesse an einer neuen Besatzungsmacht.
Das österreichische Expeditionskorps wird als Feind betrachtet, und zwar nicht nur von den bosnischen Moslems. Auf beiden Seiten gibt es zahlreiche Tote, und die Österreicher müssen Verstärkung schicken. Ein weiteres Mal werden Notkrankenhäuser eröffnet. Auch in Schönbrunn werden Verwundete einquartiert, und Elisabeth nimmt ihren Dienst wieder auf. Sie begreift, daß Andrássy an dieser Affäre Schaden nimmt, und ahnt bereits – ist es der Einfluß ihres ungarischen Freundes? –, daß das Reich mit seinem Engagement auf dem Balkan letzten Endes mehr verliert als gewinnt.

1908 wird Österreich-Ungarn den entscheidenden Schritt wagen und Bosnien-Herzegowina annektieren. In einem Reich, in dem man die Rechte der Slawen mit Füßen tritt, werden aus zwei Millionen Südslawen zwei Millionen unzufriedener Bürger. Bosnien-Herzegowina spielt im österreichisch-ungarischen Reich dieselbe Rolle wie Elsaß-Lothringen im deutschen: Provinzen, denen man die Assimilierung verweigert. Sie spielen für das europäische Geschick eine fatale Rolle. Am Ende des 20. Jahrhunderts hat man sich in Straßburg versöhnt, doch in Sarajevo geht das Töten weiter.

Sobald sie in den Krankenhäusern nicht mehr zur Versorgung der Verletzten gebraucht wird, packt Elisabeth wieder das Reisefieber. Zu den englischen Treibjagden zieht es sie allerdings nicht mehr. Der von ihrer Schwester weitergetragene Tratsch hat Rudolf allzu sehr verletzt. Mutter und Sohn haben sich zwar inzwischen wieder versöhnt, aber die Verlegenheit zwischen den beiden ist nur noch größer geworden. Jeder fürchtet die heftigen Gefühlsausbrüche des anderen. Seit langem schon hat Rudolf Geschmack am Tod gefunden. Während sein Vater als ausgezeichneter Jäger sein Vergnügen im Ansitzen und in der Pirsch findet und lange Waldmärsche den leichten Treibjagden vorzieht, schießt der Sohn auf alles, was sich bewegt: in Gödöllö auf die Adler und in den Alpen auf die Gemsen. Er soll sogar einen herrlichen Hirsch erlegt haben, einen weißen Zehnender. Der Legende nach sühnt der Jäger dieses Verbrechen mit dem Tod. In seiner Gefühlsverwirrung sucht er das zu töten, was er am meisten liebt. Im Dezember 1878 verletzt er sich mit einem Karabiner die linke Hand. Marie Festetics beklagt das Verhalten dieses zur Selbstzerstörung verurteilten Hamlets: Sie hätten ihm keine anderen Spiele beigebracht, nur dieses verrückte Schießen. Jedes Tier, das ihm über den Weg laufe, sei dem Tod geweiht. Diese Männer würden nur um des Tötens willen töten. Bereits als Kind – und wie hübsch sei er doch gewesen – habe er in seinem Zimmer auf die Vögel im

Käfig geschossen, und die herzensgute Erzherzogin Marie Valerie habe bittere Tränen geweint.
In den letzten Januartagen des Jahres 1879 geht Elisabeth – sie ist kurz zuvor einundvierzig Jahre alt geworden – wieder auf Reisen, diesesmal nach Irland. In der Wiener Presse macht man sich Gedanken darüber, was denn die Reisen und Pferdekäufe der Kaiserin wohl kosten. Außerdem könnte Königin Viktoria wegen der schlechten britisch-irischen Beziehungen Elisabeths Reise als Affront empfinden. Die Kaiserin ist nicht die Frau, die sich durch solche Überlegungen von einer Reise abhalten läßt. »Der große Vorteil von Irland ist, daß es keine Fürsten hat«, entgegnet sie.
Der treue Bay Middleton ist bereits vor Ort. Er hat für sie die besten Pferde erstanden und diese einem harten Training unterzogen, denn für Elisabeth ist jeder Walkürenritt nur ein harmloser Probelauf. Wie ihr Sohn sucht sie immer nach neuen Herausforderungen, gewissenlos und draufgängerisch ist sie jedoch nie. Sie kann die Gefahren für sich und vor allem für ihr Pferd richtig einschätzen. Sich selbst die Knochen zu brechen würde sie noch hinnehmen, doch die Pferde liebt sie viel zu sehr, um sie irgendwelchen Gefahren auszusetzen. Die irische Heide ist weitaus gefährlicher als die englische Wiesenlandschaft, hinderlich sind nicht nur die Hecken, sondern auch niedrige Mauern aus getrockneten Lehmziegeln und breite Senken. Elisabeth treibt ihr Pferd ohne ersichtliche Mühen an, ihre Haltung ist perfekt. Man hat den Eindruck, als steuere sie das Tier telepathisch; ihre Hände und den kleinen Sporn am linken Stiefel nimmt sie kaum zu Hilfe.
Ihre englischen Reiterfreunde sind ebenfalls zugegen, aber das Gelände ist so schwierig, daß selbst die bewährtesten unter ihnen stürzen. Auch Bay Middleton wird mehrmals aus dem Sattel geworfen. Marie Festetics vergeht fast vor Angst, kann aber nur tatenlos zusehen. In ihr Tagebuch schreibt sie: »Noch nie wurde so viel von Knochenbrüchen gesprochen, und jeden Tag wird jemand auf der Tragbahre angebracht.«

Eines Morgens setzt Elisabeth in Begleitung von Bay über eine relativ hohe Mauer und landet in einem Klostergarten. Die Mönche staunen nicht schlecht über diese plötzliche Erscheinung. Das Wesen mit dem Frauenkopf und dem Pferdekörper scheint direkt aus einer angelsächsischen Ballade entsprungen zu sein. Doch sie haben sich schnell wieder gefaßt, bitten die Amazone und ihren Begleiter in ihr Refektorium und laden sie zum Essen. Elisabeth sucht sie noch mehrmals auf und macht ihnen eine Stiftung. Daß die freundlichen Mönche bei den Engländern als Agitatoren der Unabhängigkeitsbewegung gelten, ahnt sie nicht. Hätte sie sich anders verhalten, wenn sie es gewußt hätte? Das ist wenig wahrscheinlich. Eine Kaiserin, die ihrem Lieblingspferd den Namen »Nihilist« gibt, fegt solche Überlegungen ohne weiteres vom Tisch.
Die Iren sehen in ihr eine wunderbare Frau, die Vertreterin eines großen katholischen Landes. Beides macht sie zu einer Kultfigur. Die übermäßige Verehrung durch die einheimische Bevölkerung schüchtert Elisabeth ein. Sie antwortet freundlich, wie immer gegenüber gutgläubigen Menschen, will den Eifer ihrer Anhänger aber bremsen. Königin Viktoria sieht es sicherlich weniger gern, daß eine katholische Landesmutter in ihrem Reich für Aufruhr sorgt und den Nationalismus beflügelt. Man kniet bereits vor der schönen Ikone nieder, und die kleinen Taschentücher aus Spitze, die die Kaiserin den Leuten im Vorbeireiten zuwirft, werden von den irischen Fetischisten wie Reliquien verehrt.
Elisabeth muß ihre wilden Geländeritte abbrechen, Ungarn braucht wieder einmal ihre Hilfe. Überschwemmungen haben das Land heimgesucht und viele Opfer gefordert. Sie fährt in das Krisengebiet und überwacht die Rettungsaktionen. Einen Monat später, im April 1879, feiert Wien die silberne Hochzeit des Kaiserpaares. Vertreter der alten Handwerkerzünfte und der modernen Industriezweige formieren sich zu einem Umzug mit zehntausend Teilnehmern. Hinter vorgehaltener Hand wird gescherzt: »Anderswo feiert man die fünfundzwanzig Jahre

einer Menage, bei uns die fünfundzwanzig Jahre einer Manege!« Das französische Wortspiel kommt auch Elisabeth zu Ohren, die darüber herzlich lachen kann. Die offiziellen Ehrungen machen sie weniger glücklich. Die österreichische Presse nennt sie wiederholt die schönste Großmutter der Welt, eine Bezeichnung, die sie sicherlich nicht gerne hört.
Am 8. Oktober 1879 reicht Andrássy seinen Abschied ein. Er kommt damit Franz Joseph entgegen. Der Minister hat zwar alle seine Ziele erreicht – er konnte den russischen Vormarsch auf dem Balkan stoppen, die Stellungen des Reiches im europäischen Kräftespiel wieder festigen und mit Deutschland ein Bündnis schließen –, aber die acht Jahre im Kabinett und das Vertrauen, das er beim Kaiserpaar genießt, haben ihm auch viel Feindschaft eingebracht. Man wirft ihm seine feindselige Haltung gegenüber Rußland vor – ein echter Madjar! –, ebenso die Art, wie er bei der Besetzung von Bosnien-Herzegowina vorgegangen ist. Elisabeth hat keine große Lust mehr, für ihn zu den Waffen zu greifen. Ihre Zuneigung zu ihm ist davon jedoch unberührt. »Er gehört für immer zu uns«, sagt sie. Doch eine große Enttäuschung macht sich in ihr breit. Denn sie weiß jetzt, daß die Liebe für sie verboten ist. Zur Not kann sie mit einem Friedrich Pacher Versteck spielen, aber was kann sie von einem Gyula Andrássy erwarten? Den Glauben an die Politik hat sie verloren. Das Bündnis mit Deutschland, dem Sieger von Königgrätz und Sedan, hat ihr die letzten Illusionen genommen. Dies ist es, was ihr Rudolf vorwirft. Ihr Sohn hat die Königskrönung in Budapest miterlebt. Der fremdländische Ritus, die begeisterte Menge und seine in Schönheit erstrahlende Mutter füllen die schönsten Seiten seines Stundenbuches. Seit dieser Zeit bewundert er Andrássy, den Politiker und den Menschen, und kann seiner Mutter das Nachlassen ihrer Begeisterung für Ungarn nicht verzeihen: »Es hat eine Zeit gegeben«, äußert er sich, »wo die Kaiserin oft, ob mit Glück, das will ich dahingestellt sein lassen, sich um die Politik gekümmert hat und mit dem Kaiser über ernste Dinge, geleitet

von Ansichten, die den seinen diametral entgegengesetzt waren, gesprochen hat. Diese Zeiten sind vorüber. Die hohe Frau kümmert sich nur mehr um den Sport; so ist jetzt auch dieser Einlaß fremder und im großen Ganzen eher liberal angehauchter Meinungen verschlossen.«

In den folgenden drei Jahren verbringt Elisabeth den Februar und den halben März in Großbritannien. 1880 noch einmal in Irland, 1881 und 1882 jedoch wieder in England, um einen Konflikt mit Königin Viktoria zu vermeiden.

Am Morgen des 10. März 1880 erreicht sie im Londoner Hotel Claridge ein Telegramm. Sie hat gerade Irland verlassen und ist auf der Rückreise nach Wien. Beim Lesen der Nachricht wird sie blaß, und ein nervöses Zittern verrät ihre Erregung.

»Was ist passiert?« fragt Marie Festetics sofort.

»Rudolf hat sich mit der belgischen Prinzessin Stephanie verlobt.«

»Gott sei Dank«, ruft die Freundin, »daß es kein Unglück ist.«

Die Kaiserin scheint bedrückt: »Wolle Gott, daß es keines ist!«

Warum solche Eile? Rudolf ist erst zweiundzwanzig Jahre alt, die Braut gerade fünfzehn, sie soll noch nicht einmal geschlechtsreif sein. Elisabeth hätte ihrem Sohn eine Liebesheirat gegönnt. Diese Verbindung sieht jedenfalls ganz und gar nicht danach aus. Auf der Rückreise macht die Kaiserin in Brüssel Station, um ihre zukünftige Schwiegertochter kennenzulernen. Auf keinen Fall will sie es ihrer eigenen Schwiegermutter gleichtun, unter der sie während ihrer ersten Ehejahre so sehr gelitten hat. Sie rechnet jedoch mit dem Schlimmsten und findet dafür die Bestätigung. Stephanie ist ein großes Mädchen, ohne Charme und Umgangsformen und ohne jegliche Eleganz. Als Rudolf seine Mutter im Brüsseler Bahnhof aus dem Zug steigen sieht, scheint die frühere Befangenheit zwischen ihnen wie verflogen. Mit einer Leidenschaft, die sie schon seit langem verschwunden glaubte, stürzt er sich in ihre Arme. Vor der Braut, deren Eltern und sämtlichen staatlichen Würdenträgern Belgiens wird die Umarmungsszene noch ein-

mal wiederholt. Elisabeth fühlt sich sofort an Rudolfs ungestümes Verhalten von früher erinnert. Damals wagte er es auch nicht, ihr von den schrecklichen Erziehungsmethoden zu erzählen, und wickelte sich statt dessen in ihren Haaren ein, so als wollte er sich in einen seidenen Faden einspinnen. Ob es heute auch wieder ein versteckter Hilferuf ist?
Zurück in Wien, versucht sie den günstigen Augenblick der Wiedersehensfreude zu nützen und den Kaiser umzustimmen.
»Der Heiratsplan gefällt mir ganz und gar nicht. Es wäre nicht das erstemal, daß Belgien den Habsburgern Unglück bringt.«
»Nun sei doch nicht gleich so argwöhnisch«, versucht der Kaiser sie zu beschwichtigen.
Er hat die Verbindung zustande gebracht. Gut katholische, heiratsfähige Prinzessinnen rennen nicht gerade die Türen der Wiener Hofburg ein. Außerdem besucht Rudolf gerne Adressen von zweifelhaftem Ruf und verkehrt in wenig exquisiten Kreisen. Der Kaiser will den Fortbestand der Dynastie sichern. Die romantischen Argumente seiner Frau können ihn nicht überzeugen. Er behauptet sogar, keinen Druck auf Rudolf ausgeübt zu haben. Sein Sohn habe wenigstens diesesmal pflichtbewußt gehandelt und übrigens könne sich Stephanie durchaus sehen lassen. Elisabeth wundert sich, wie der einst in Bad Ischl so verliebte Franzi seine Jugend so schnell vergessen konnte. Sie erreicht lediglich, daß die Heirat aufgeschoben wird, wenigstens so lange, bis die Braut ihre Pubertät hinter sich hat.
Während des England-Aufenthaltes des folgenden Jahres scheint Elisabeth nervöser als sonst. Mit ihren dreiundvierzig Jahren reitet sie täglich sechs bis acht Stunden ununterbrochen. Sie braucht pro Tag drei Pferde. Sie achtet zwar darauf, daß ihre Pferde nicht überstrapaziert werden, ihre eigenen Kräfte dagegen schont sie in keiner Weise. Meistens läßt sie das Essen ausfallen und begnügt sich mit einem Glas Milch. Ihr Körper behält die Schlankheit und Festigkeit der Jugend, ihr Gesicht dagegen hat seine Frische verloren. Auch wenn sie ihre Haut pflegt und in der Nacht auf Stirn und Wangen eine

Gesichtsmaske aus gehacktem Rindfleisch oder Fruchtstücken auflegt, die Magerkeit, die ständige frische Luft und die großen körperlichen Anstrengungen sorgen für die ersten Falten.

Alle Augenzeugenberichte loben jedoch einstimmig ihre offensichtlich unveränderliche Schönheit. Sie ist jetzt in einem Alter, in dem die Frauen ihrer Zeit vor dem Alter resignieren. Die »schönste Großmutter der Welt« hat mit sich selbst jedoch am wenigsten Nachsicht. Seit den späten sechziger Jahren läßt sie sich nicht mehr fotografieren. Seitdem sie ihr eigenes Bild zähmen konnte, hat das Spiel mit dem Spiegel für sie wahrscheinlich an Reiz verloren. Noch wahrscheinlicher ist jedoch, daß die Pionierin der Fotografie sofort begriffen hat, daß ihre Schönheit durch die Aufnahmen unsterblich wird. Lange vor Greta Garbo und Louise Brooks achtet sie darauf, daß die Bilder sie auf ihrem Höhepunkt festhalten. Ab 1870 also keine Fotos mehr von ihr, es sei denn irgendwelche unerlaubten Aufnahmen von ihrer unvergleichlichen Figur. Das Gesicht ist immer versteckt, entweder unter einem Schleier oder meistens hinter ihrem berühmten Fächer. Geheimnisvolle, zeitlose Bilder wie aus einem Prunkgemälde Watteaus.

Auf einen Widerspruch mehr oder weniger kommt es bei Elisabeth nicht an, das gilt auch für den ästhetischen Bereich. Sie trägt beim Reiten nicht gerne Handschuhe und kehrt am Abend mit blutenden Händen zurück. Andererseits fordert sie, daß man ihre hautenge Reitkleidung jeden Morgen neu näht. An ihrer Taille, die kaum mehr als fünfzig Zentimeter mißt, darf keine Falte entstehen. Sie scheut weder Sonne noch Wind oder Kälte, obwohl all das auf der Haut seine Spuren hinterläßt, pflegt ihren Körper aber mit stundenlangen Olivenölbädern. Ihre Schönheit ist ihre wichtigste Waffe, auch wenn sie sie nicht gerne in der Öffentlichkeit präsentiert. Sie weiß um die Nichtigkeit der Dinge, und trotzdem ist sie manchmal untröstlich.

Die Hochzeit von Rudolf und Stephanie findet am 10. Mai 1881 statt. Es sieht so aus, als wolle der Erbprinz um jeden Preis seinen Gehorsam gegenüber dem Vater beweisen. Während der Trauung werden bei Elisabeth natürlich so manche Erinnerungen wach. Auch sie ist damals so jung gewesen, und möglicherweise waren Franz Joseph und sie auch kein Idealpaar. Aber sie hatten wenigstens Feuer, Leidenschaft und Träume. Alles Illusionen, würde die neue Titania heute zugeben. Aber war das nicht besser als dieses Verbrechen an der Liebe, das man jetzt in der Augustinerkirche verübt? Diese Stephanie – so weiblich wie ein Dragoner von einem Meter sechsundsiebzig – ist jedenfalls nicht die Richtige, um die sinnlichen Bedürfnisse des charmantesten, liberalsten und orientierungslosesten Prinzen Europas zu befriedigen. Aber die Wiener freuen sich über die Hochzeit, ohne zu ahnen, daß sich damit bereits das Ende ihrer Welt ankündigt.

Im Dezember desselben Jahres bricht eine weitere Katastrophe über die Stadt herein. Ein Brand zerstört das Ringtheater, eines der schönsten Theaterhäuser Wiens. Kurz vor Beginn der zweiten Vorstellung von Offenbachs postum veröffentlichten Werk *Hoffmanns Erzählungen* greift ein Feuer von der Bühne auf den Theatersaal über. Der Vorhang hat sich noch nicht einmal gehoben. Besonders tragisch und Gipfel des Leichtsinns: Die Türen öffnen sich nur nach innen. Mehr als vierhundert Zuschauer verbrennen oder ersticken. Die ganze Stadt ist bestürzt.

Als Zeichen der Buße läßt Franz Joseph an der Stelle des ehemaligen Theaters Mietshäuser errichten. Der Erlös aus den Wohnungsmieten ist für die Hinterbliebenen der Katastrophenopfer bestimmt. Aber offensichtlich ist die Gegend immer noch vom Tod gezeichnet, man reißt sich jedenfalls nicht um die Wohnungen. Außerdem sind die Mietpreise an der Ringstraße hoch, denn zur Hofburg sind es nur zwei Schritte.

Zu den ersten Bewohnern der neuen Mietshäuser zählen Sigmund Freud und seine Frau Martha, das junge Paar ist frisch vermählt. Ihr ältester Sohn, Jean Martin – sein Name ist eine

Huldigung an den Pariser Neurologen Jean Martin Charcot – wird hier 1889 geboren. Es ist das erste Kind, das in diesen Sühnehäusern das Licht der Welt erblickt. Aus diesem Anlaß erhält Freud ein Schreiben des Kaisers. Er beglückwünscht das junge Paar, weil sie an diesem Ort des Todes neues Leben hervorgebracht haben. Dieser Brief ist der einzige Berührungspunkt zwischen dem Kaiserhaus und dem Wiener Arzt.

Wer macht sich nicht Gedanken darüber, was geschehen wäre, wenn Elisabeth eines Tages an die Tür ihres unmittelbaren Nachbarn Dr. Freud geklopft hätte? Hegen sie nicht die gleiche Leidenschaft für alles, was mit Geistesverwirrungen zusammenhängt? Beide verehren Heinrich Heine als Lieblingsautor, und auch der Haß auf Wien ist ihnen gemeinsam. In Freuds Briefen wird deutlich, wie sehr er Wien haßt und sofort neue Kräfte spürt, wenn er seinen Fuß vor die Tore der Stadt setzt.

Leider begegnen sie sich nie. Die Zeit trennt sie voneinander. Der Arzt kommt für die Kaiserin zu spät. Freuds Stern ist am Wiener Himmel noch nicht aufgegangen, während Elisabeths Flugbahn bereits an Höhe verliert.

Im Februar 1882 nimmt Elisabeth wieder an den großen englischen Treibjagden teil, allerdings nur noch mit halbem Herzen; ihr Körper ist auch weniger ausdauernd als sonst. Zum erstenmal ist Bay Middleton nicht mehr dabei, und Elisabeth vermißt ihn sehr. Seit langem schon ist der britische Spitzenreiter verlobt, und der Hochzeitstermin kann nicht ewig hinausgeschoben werden. Natürlich ist der rote Fuchs viel zu sehr von der schönen Kaiserin fasziniert, um mit Freuden den Hafen der Ehe anzulaufen. Aber die Geduld hat ihre Grenzen, und die Versprochene droht mit der Auflösung der Verlobung. Wer auf die Jagd geht, verliert seinen Platz. Bay Middleton weiß sehr wohl, daß er, wenn er von der einen läßt, das Herz der anderen noch lange nicht erobert hat, und ist deshalb bereit, einen Tag festzulegen. Die Hochzeit wird auf Ende 1882 festgesetzt.
Elisabeth verliert einen Freund, mit dem der Umgang recht unkompliziert war; er war auf die Welt der Pferde beschränkt. Bays Schwerhörigkeit störte Elisabeth überhaupt nicht. Sie wechselten nur wenige Worte miteinander. Was sie einander mitzuteilen hatten, mußte nicht laut ausgesprochen werden. Daß zwischen ihnen keine Bemerkungen fielen, war sogar eine Erleichterung. Sie, er und die Pferde, daraus entstand kein Gespräch, sondern eine Kameradschaft; der Umgang war herzlich und rauh zugleich.
Nach Bays Heirat bleiben sie weiterhin in Briefkontakt. Wenn die gemeinsamen Erlebnisse ausbleiben, kommen die Worte. In den Zeiten des Galopps und des Windes, der Kälte, der wunderbaren Sprünge und Gefahren haben sie es beide vorgezogen zu schweigen. 1888 kommt der rote Fuchs noch einmal nach Gödöllö, vier Jahre später bricht er sich auf einer Treibjagd das

Genick. Seine Witwe vernichtet sämtliche Briefe der Kaiserin. Das Jahr 1882 setzt den wilden Geländeritten ein Ende. Bay Middleton steht nicht mehr zur Verfügung, und bei Elisabeth machen sich die ersten Anzeichen von Rheuma bemerkbar. Ihr Körper ist zehn Jahre lang strapaziert worden, jetzt beginnt er, sich zu beklagen. Elisabeth hört sich die Klagen an, ohne sie jedoch allzusehr zu beachten. Es wird Zeit, die Pferde abzusatteln, nicht aber zu resignieren. Sie reitet zwar weiterhin, allerdings nicht mehr so besessen. Sie fängt an zu fechten, ein bis zwei Stunden Training jeden Tag. Die meiste Zeit verbringt sie jedoch mit Laufen.

Elisabeth ist keine gemächliche Spaziergängerin, die mit ihren Kräften haushält. Ihr Tempo ist wenig kaiserlich. Sie läuft unermüdlich, so wie sie vor kurzem noch galoppierte. Bei ihren neuen Gesellschaftsdamen ist nicht mehr die adelige Abstammung gefragt, sondern deren sportliches Leistungsvermögen. Die süße Ida kann ihrer Königin natürlich nicht mehr folgen, sie wartet zu Hause auf sie. Marie dagegen kann noch Schritt halten, aber sie muß sich sputen und bleibt oft genug hinter ihr zurück.

In ihrem Tagebuch erzählt Marie Festetics, wie sie eines Abends nach einem langen Gang nach Schönbrunn zurückkehren. Sie verfügen noch über genug Kräfte, um ihren Ausflug mit einem kleinen Dauerlauf abzuschließen. Ein Polizist, der die beiden Frauen vorbeirennen sieht, vermutet einen Verfolger hinter ihnen und will zu Hilfe kommen. »Da erkannte er, daß es die Kaiserin sei und unterließ die Intervention, folgte uns aber keuchend bis ins Schloß.« Ohne die Sportart zu kennen, »joggte« Elisabeth bereits vor hundert Jahren.

Märsche von fünf bis acht Stunden sind bei ihr keine Seltenheit. Manchmal läßt sie für ihre erschöpften Begleiterinnen Sänften nachkommen; sie selbst macht von ihnen nie Gebrauch. In Bayern sind ihre Wanderungen am längsten. Sie kennt und liebt das Land und will es mit ihren Füßen und Beinen besitzen. Nur über diese körperliche Verbindung existiert es und kann sich ihr nicht verweigern. Einmal beschließt sie einen Fußmarsch von München nach Feldafing, ein Weg von fünfunddreißig Kilometern in Richtung Starnberger See. Nach vier anstrengenden Stunden muß sie erschöpft aufgeben. Das Gefühl, gescheitert zu sein, läßt ihr keine Ruhe, und ein Jahr später versucht sie es noch einmal, diesmal mit Erfolg. Sieben Wegstunden – das sind fünf Kilometer pro Stunde – in drückender Junihitze.

In diesem Fall war die Route festgelegt. In der Regel geht sie jedoch ohne festes Ziel los, begleitet von einer einzigen Dame des Gefolges, die jung und zäh genug ist, um mithalten zu können. Die Polizei steht kopf. Die Angst vor einem Attentat ist nicht nur ein ständiges Problem für den kaiserlichen Geheimdienst, ganz Europa zittert, seitdem Zar Alexander II. von einer Bombe zerfetzt worden ist. Es war der fünfte Anschlag auf ihn. Fünfmal mußte das Gefolge daran glauben, bevor es den Herrscher selbst erwischte. Elisabeth ist in größter Sorge wegen ihres Mannes, und oft wirft sie dem Ministerpräsidenten vor, den Kaiser allzu vielen Risiken auszusetzen. Für sich selbst hat sie keine Angst. Ihre Überlegung ist einfach: Als Kaiserin spielt sie eine politisch unbedeutende Rolle, und als Frau hat sie sich nicht das geringste vorzuwerfen. Wer könnte ihr übelwollen und sich an ihrer Person zu vergreifen suchen?

Wahrscheinlich war sie nicht ganz so naiv, wie sie sich geben wollte. Um ihre Freiheit und Einsamkeit behaupten zu können, nimmt sie einige Risiken in Kauf. Sie dirigiert ihr Leben wie ihre Pferde, die kein Hindernis verweigern sollten. Nur dann, wenn sie – die Zügel straff in der Hand – mit dem Pferd davonstürmt, fühlt sie Leben in sich. Beim Sprung über die Hecke, auf dem Gipfelpunkt der Gefahr, gibt es für sie einen kurzen Augenblick von äußerster Sinnlichkeit. Am Ende ihrer ausgedehnten Fußmärsche überkommt sie manchmal ein ähnliches Trunkenheitsgefühl. Die Anstrengung hat ihre Muskeln verhärtet, das Blut dröhnt in ihren Ohren und bringt die Schläfen und den Nacken zum Glühen. Es könnte genausogut der Beginn einer

Migräne oder von Selbstekel sein. Doch dann zieht sich der Schmerz zurück, und ein seltsames Schwindelgefühl entreißt sie für einen Augenblick ihrer Traurigkeit. Für dieses Empfinden opfert sie gerne einen Teil ihrer Sicherheit. Und außerdem: Ist der Tod denn so schrecklich, daß man einen Großteil seines Lebens damit zubringt, vor ihm zu fliehen? Soll er doch kommen, so plötzlich und unvermittelt wie ein tiefer Zweig, der dem galoppierenden Reiter mitten ins Gesicht schlägt.
1884 leidet sie schwer an Ischias. Um sich nicht geschlagen geben zu müssen, versucht sie den Schmerz zu ignorieren und ihre täglichen Übungen fortzusetzen. Die Knie schwellen an, wie damals in Venedig, und sie muß langsam machen. Sie gerät in Panikstimmung. Was wird aus ihr, wenn sie nicht mehr fliehen kann? Gibt es etwas Absurderes als eine Kaiserin ohne Beine? Man sollte sie notschlachten wie ein verletztes Pferd. Sie muß so schnell wie möglich den besten Spezialisten aufsuchen. Man hat ihr von einem Dr. Metzger erzählt. Seine Arztpraxis ist in Amsterdam, seinen Namen kennt jedoch die ganze Welt. Der kaiserliche Zug setzt sich unverzüglich in Bewegung und nimmt Kurs auf die Niederlande.
Dr. Metzger hat nicht die Absicht, der illustren Patientin etwas vorzumachen. Er erklärt ihr ohne Umschweife, daß ihr Zustand ernst ist. Wenn sie sich nicht behandeln lasse, bestehe die Gefahr einer Lähmung. Für den Erfolg der Behandlung könne er aber auch nicht garantieren. Sechs Wochen lang soll sich die Kaiserin langen und schmerzhaften Streckungen unterziehen. Der Arzt ist wenig diplomatisch. Er eröffnet ihr unverblümt, daß sie in kurzer Zeit alt und faltig aussehen werde, wenn sie ihre völlig falschen Diät- und Fastenkuren nicht absetze. Zynisch merkt er an, daß vielleicht schon alles zu spät sei. Trotz der schockierenden Diagnose möchte Elisabeth auch während der Behandlung weiterhin gehen und reiten. Dr. Metzger, der nicht weiß, in welchem Umfang die Kaiserin beides betreibt, erlaubt es ihr. Als er später merkt, daß seine Patientin kein Maß kennt, kommt er darauf zurück.

Die schonungslose Offenheit dieses Mannes macht Elisabeth noch nervöser. Sie hört ihm zwar zu, gehorcht ihm aber nicht immer und marschiert und galoppiert weiterhin. Immerhin stellt sie jedoch auf eine fast normale Ernährung um. Alt und faltig, sind das wirklich die Worte dieses schrecklichen Dr. Metzger? Eigentlich braucht er dazu nicht einmal ausgesprochen seherische Gaben. Genügt das, was offensichtlich ist, denn nicht? Verbirgt sich hinter dem blauen Schleier, dem Sonnenschirm und dem berühmten Fächer nicht bereits eine alte, faltige Frau? Der Tod wäre halb so schlimm, müßte man vorher nicht durch diesen ewig langen Tunnel. Wie damals in der Normandie bräuchte sie einen mit weißem Tuch ausgeschlagenen Gang, um ihren Verfall den Blicken zu entziehen. Noch nie hat sie sich so allein gefühlt. Ihre Tochter Marie Valerie fehlt ihr mehr als alles andere. Sie schaut auf die Nordsee und kann sich nur mit Mühe beruhigen. Stundenlang beobachtet sie den Flug der Möwen. Die Nordsee hat wenig gemein mit der lieblichen Adria, wo sich über alles eine sanfte Milde legt. Unaufhörlich liest sie Heines Gedichte und stürzt sich mit Leidenschaft auf die Werke Homers.
In der Zwischenzeit findet Marie Valerie in Wien Zugang zu ihrem Vater. Sie ist jetzt fünfzehn Jahre alt. Die Mutter war so besitzergreifend, daß Franz Joseph es nie gewagt hatte, die Intimität der beiden zu stören. Die Heranwachsende entdeckt ihren Vater, einen sich mit Förmlichkeiten und Autorität schützenden, verletzlichen Mann. In ihrem Realitätssinn, ihrer Bescheidenheit und Gehemmtheit sind sich Vater und Tochter sehr ähnlich. Beide sind von der Abwesenden, von ihrem Übermaß an Schönheit und Pathos leidenschaftlich fasziniert. Erstes Zeichen der Ablösung: Marie Valerie bittet ihren Vater, ihn auf deutsch ansprechen zu dürfen. Ihre Mutter hatte ihr von Kindheit an das Ungarische aufgedrängt. Franz Joseph lächelt, denn seine Tochter hat die Bitte auf ungarisch formuliert. Er antwortet auf deutsch. So kommt alles wieder zu sei-

nem Recht. Hatte Elisabeth einst aus Protest gegen ihre Schwiegermutter ein ungarisches Schutzsystem in der Hofburg aufgebaut, so kehrt jetzt die deutsche Sprache zurück und wird ihrerseits zu einer Art Geheimsprache zwischen Vater und Tochter.

Auch nach der Behandlung hat Elisabeth immer noch Schmerzen. Aber sie ernährt sich jetzt vernünftiger, und ihr Gesicht ist nicht mehr so schmal. Die Tochter hat Elisabeths Abwesenheit genutzt, um sich von deren erdrückender Bevormundung zu befreien, und eine vorzeitige Reife entwickelt. Zwischen Tochter und Mutter entwickelt sich ein regelrechter Dialog mit all seinen Schwierigkeiten, Auseinandersetzungen und Konflikten. Es ist erstaunlich, daß ein Kind, das seine Mutter innig liebt und von ihr auch innig geliebt wird, sich mit fünfzehn Jahren bereits so unmißverständlich äußern kann. Aufgewachsen in der heuchlerischen Atmosphäre des Hofes und dazu noch als Lieblingstochter der Kaiserin, war sie für ein solch klarsichtiges Denken nicht gerade prädestiniert. Über ihr Verhältnis zur Mutter schreibt sie in ihrem Tagebuch: »Zwischen uns gibt es Barrieren, die nicht wären, wenn wir nicht den gleichen schwierigen und unbeständigen Charakter hätten, die gleiche Art zu urteilen, vernichtend, leidenschaftlich und intolerant, die gleiche Begeisterungsfähigkeit, wenn auch für grundverschiedene Dinge.« Das Mädchen ist erwachsen geworden. Trotz ihrer Liebe und Bewunderung sieht sie auch die Fehler: »Oh diese Menschenfeindlichkeit! Wie liebenswürdig könnte Mama sein, wenn sie nur wollte.«

Sobald ihre Mutter sie jedoch an ihrer inneren Welt teilhaben läßt, glaubt die begeisterte Jugendliche, endlich ihren früheren Beinamen verdient zu haben: die Einzige. Das Zauberschloß öffnet sich nur ihr allein. »Mama hat mit mir über ihre Poesie gesprochen, über ihr intellektuelles Leben, das keiner ahnt und niemand versteht.« Marie Valerie überredet die Mutter, ihr Gedichte vorzulesen, die sie geschrieben hat, als sie kaum älter

war als ihre Tochter jetzt. Der Einfluß Marie Valeries bringt Elisabeth dazu, nach und nach wieder an ihre frühere Inspiration anzuknüpfen.
Ihre Rückbesinnung auf die Poesie geht zeitlich einher mit der Begegnung mit einer Frau, die ihr an Originalität in nichts nachsteht. Im November 1884 empfängt das Kaiserpaar in Gödöllö den König und die Königin von Rumänien. Die beiden Frauen haben Gemeinsamkeiten, mit denen niemand gerechnet hat, und sind einander von Anfang an sehr zugetan. Elisabeth von Rumänien – wie die Kaiserin deutscher Abstammung – führt ein für eine verheiratete Frau außergewöhnlich unabhängiges Leben. Für eine mit einem König verheiratete Frau ist dieses Ausmaß an Unabhängigkeit doppelt ungewöhnlich. Die von der Literatur begeisterte Königin schreibt selbst Gedichte und Romane, die sie unter dem Pseudonym Carmen Sylva veröffentlicht. Die Dichterin scheut sich nicht, sich als Republikanerin auszugeben, und schreibt in ihrem Tagebuch mit einer Ironie, die die andere Elisabeth sehr zu schätzen weiß: »Die republikanische Staatsform ist die einzig rationelle; ich begreife immer die törichten Völker nicht, daß sie uns noch dulden.« Die Kaiserin denkt nicht viel anders. Außerdem fühlt sich Carmen Sylva zu ihrem eigenen Geschlecht hingezogen, und Elisabeth findet Frauen auch nicht abstoßend.
Die beiden beginnen einen Briefwechsel miteinander. Nach Marie Valerie tut nun der Einfluß von Carmen Sylva ein übriges: Elisabeth beschäftigt sich wieder mit der Poesie: *O Carmen, wenn Du in den Herzen lesen kannst*, schreibt sie ihr nach der ersten Begegnung, *dann mußt Du wissen, daß die unsrigen von jener Stunde an Dein waren – Dein ohne Rückhalt*. Die republikanische Königin ist nicht weniger begeistert von der aufsässigen Kaiserin. Sie schreibt über sie: »Da wollten die Menschen ein Feenkind einspannen in die Qual der Etikette und der steifen, toten Formen, aber Feenkind läßt sich nicht einspannen, bändigen und knechten. Feenkind hat heimliche

Flügel, die es immer ausbreitet, und fliegt davon, wenn es die Welt unerträglich findet.«
Fliehen? Dazu braucht man Flügel oder wenigstens Beine. Statt dessen aber melden sich wieder stechende Ischiasschmerzen. Im März 1885 fährt Elisabeth erneut zu dem schrecklichen Dr. Metzger nach Amsterdam. Sie faßt den Entschluß, statt dem Gehen, Fechten und Reiten sich mehr den Musen zu widmen. Angesichts des stürmischen Schauspiels der Nordsee spürt sie erneut ihre poetische Ader. Von Bayern über Österreich bis Ungarn an die Binnenländer Mitteleuropas gebunden, gilt ihre große Liebe den Meeresfluten:

Oh, hätt ich so viel Lieder
Als Wellen du, mein Meer,
Ich schriebe sie dir nieder
Und brächte sie dir her.
Mein ganzes Fühlen, Denken,
Ja, all mein irres Sein,
Ich wollt's in dich versenken …
Du mein kristall'ner Schrein,
Du meiner Augen Weide,
Du meines Hierseins Glück,
Früh meine erste Freude
Und nachts mein letzter Blick.

Oft kommt es vor, daß sie die Gedichte – kaum hat sie sie geschrieben – wieder zerreißt und die Schnipsel den Wellen überläßt, um »die Scholle und den Kabeljau« zu ehren. Wie alle Perfektionisten ist sie nie zufrieden. So wie die Reiterei für sie kein Zeitvertreib war, sondern zehn Jahre lang ihr Lebensinhalt, sieht sie in ihren Gedichten keinen Trost für ihre Einsamkeit, sondern wünscht sie sich ihres Meisters Heinrich Heine würdig. Ihre Gedichte sollten Ausdruck ihrer großen Verehrung sein, und daß ihr dies nicht gelingt, macht sie wütend. In ihrem alleinstehenden Haus direkt an der See schreibt sie unermüdlich. Ihre Augen folgen den Möwen, den rastlosen Reisenden. In einem Gedicht fühlt sie sich als eine von ihnen und widmet es einem anderen einsamen Wesen: König Ludwig II. von Bayern.

Du Adler dort hoch auf den Bergen,
Dir schickt die Möwe der See
Einen Gruß von schäumenden Wogen
Hinauf zum ewigen Schnee.

Ein paar Monate später läßt sie dieses Gedicht zusammen mit einem Jasminzweig im kleinen Königsschloß auf der Roseninsel zurück, mitten im Starnberger See, ihrem geliebten See. Ludwig II. ist nicht da, aber trotzdem hat sich seine Kusine ihm noch nie so nahe gefühlt. Folgen sie nicht beide ihren Träumen? Die Roseninsel ist für Elisabeth eine bedeutsame Pilgerstätte. In diesem See ruhen alle ihre Kindheitserinnerungen.

Ärztliche Therapie und Poesie haben eine Linderung ihrer Schmerzen bewirkt. Sie ist wieder zu Kräften gekommen und munter, als Dr. Metzger sie aus seiner Behandlung entläßt. Der strenge Arzt und die rauhe Landschaft haben ihre Widerstandskraft gestärkt. Bevor sie geht, beschreibt die Reisende ihren Abschiedsschmerz:

Noch einen letzten langen Blick
Auf Dich, geliebtes Meer,
Dann »Lebe wohl!«, so schwer's auch fällt,
Gott geb, auf Wiederkehr.

Zum Abschiedsgruße wählte ich
Die stille Mondennacht. –
Du liegst vor mir, ein schimmernd Bild
In deiner Silberpracht.

Wenn morgen überm Dünenland
Der Sonne Strahl Dich streift,
Bin ich mit raschem Flügelschlag
Schon weit von hier geschweift.

Umkreisen wird Dich wie zuvor
der Möwen weiße Schar,
Daß unter ihnen eine fehlt,
Wirst Du es wohl gewahr?

Ihrem Mitteilungsbedürfnis folgend, nimmt sie nach elfjährigem Schweigen wieder Verbindung mit Friedrich Pacher auf. Es ist die Zeit, in der die Lieder des gelben Dominos den inzwischen kahlköpfigen Familienvater erreichen. Die Möwe scheint in alle Richtungen zu fliegen und auf gut Glück ihre Nachrichten abzuwerfen. Doch die erwartete Antwort bleibt aus. Die Einsamkeit schließt sich um sie. Von ihren Zeitgenossen enttäuscht, wendet sie sich den kommenden Generationen zu und schreibt folgendes Gedicht. Es trägt den Titel »An die Zukunftsseelen«:

Ich wandle einsam hin auf dieser Erde,
Der Lust, dem Leben längst schon abgewandt;
Es theilt mein Seelenbeben kein Gefährte.
Die Seele gab es nie, die mich verstand.
[…]
Ich fliehe vor der Welt sammt ihren Freuden,
Und ihre Menschen stehen mir heut' fern;
Es sind ihr Glück mir fremd und ihre Leiden;
Ich wandle einsam, wie auf anderm Stern.
[…]
Und voll ist meine Seele zum zerspringen,
Das stumme Sinnen ist ihr nicht genug,
Was sie bewegt, muß sie in Lieder bringen
Und diese senke ich nun in mein Buch.

Dies wird sie treu durch Menschenalter wahren
vor Seelen, die sie heute nicht versteh'n;
Bis einst, nach langen wechselvollen Jahren,
Die Lieder blühend aufersteh'n.
[…]
Ihr teuern Seelen jener fernen Zeiten,
Zu denen meine Seele heute spricht,
Gar oft wird sie die eueren begleiten,
Ihr laßt ins Leben sie aus dem Gedicht.

Mit der Lektüre von Heine gewinnt die Kaiserin Geschmack an Legenden. Ihr Lieblingsdichter hat zum Teil direkt aus den alten germanischen Sagen geschöpft, zum Teil knüpfte er an Vorgänger an. Mit zauberhaft leichten und musikalischen Versen verewigte er große Mythen aus vergangenen Zeiten. So etwa seine *Loreley*. Clemens Brentano lieferte das Thema, und Heine machte daraus die berühmteste deutsche Ballade. So berühmt und so deutsch, daß die Nazis, als sie die Werke des Juden Heinrich Heine verbrannten, die unentbehrliche *Loreley* bewahrten und zur Schöpfung eines unbekannten Meisters erklärten. Mit der Ächtung des großen Heine waren sie nur konsequent, denn sein Werk – so deutsch es ist – ist auch in höchstem Maße europäisch. Frankreich, wo er die letzten sechsundzwanzig Jahre seines Lebens verbrachte, liebte er sehr. »Europa, mein Vaterland!«, wiederholte er immer wieder. Und noch schlimmer: Seine Gesänge verspotten Grenzen. In seiner Universalität schaut der Poet bereits weit voraus.

Heine eignet sich die Legenden an und macht daraus ein Fest der Worte und Rhythmen, auch des Atems, dann gibt er sie weiter an andere, die ebenfalls mit ihnen arbeiten. Richard Wagner stößt bei Heine, den er 1839 in Paris kennengelernt hat, auf die Geschichte des *Fliegenden Holländers*, eines zu ewiger Irrfahrt über die Meere verdammten Seefahrers. Auch das *Tannhäuser*-Motiv hat er bei Heine gefunden.

Im täglichen Umgang mit Heine hat Elisabeth ihre eigene Mythologie entwickelt. Die Hauptfiguren sind Shakespeares Titania und Homers Achilles und Odysseus. Weitaus erstaunlicher und bezeichnender zugleich ist jedoch, daß ihre Lieblings-

legende aus Ägypten kommt. Es geht um eine Königin, deren Namen die Geschichte nicht überliefert hat. Diese ägyptische Königin hat die Gabe, nicht zu altern, solange sie sich weigert, einen Mann zu lieben. Eine Vorliebe, die tief blicken läßt. Denn hier handelt es sich gewissermaßen um eine Umkehrung von Perraults *Dornröschen* oder vom *Schneewittchen* der Gebrüder Grimm. Der Kuß des reizenden Prinzen weckt nicht zum Leben, sondern zieht den Verfall des Fleisches und den Tod nach sich. Interessant ist auch, daß die ägyptische Königin nicht im Halbschlaf auf den Prinzen wartet. Sie muß voll bewußt zwischen zwei Übeln wählen: die Einsamkeit oder das Alter; das Leben, ohne zu leben, oder den Tod.
In zahlreichen Gedichten spricht Elisabeth von ihrer Liebesverweigerung. Handelt es sich dabei um die Treue zu ihrem Mann oder besser noch zu sich selbst? Glaubt sie sich für alle Zeiten frigid? Ist ihr Fatalismus nichts als Gefühlskälte? Alles mischt sich in ihrem Kopf und hemmt ihren Körper. Ein wahres Hindernis.

Besitzest du den Mut,
Mich jemals zu erreichen?
Doch tödtet meine kalte Glut,
Ich tanze gern auf Leichen.

Oder eine Strophe aus ihrem Gedicht *Titanias Spinnlied*:

Du willst ein Spiel der Minne,
Verrückter Erdensohn?
Mit goldnen Fäden spinne
Dein Leichentuch ich schon.

Die zauberhafte Frau scheint für die Liebe wie geschaffen, erliegt ihr aber nie. Sie zieht die Männer an, und man erzählt sich die wildesten Geschichten über sie. Unter ihrem allzu glatten Deckmantel der Tugend vermutet man alle möglichen

Liebhaber – und Liebhaberinnen – und verdächtigt sie sämtlicher Laster einer Messalina. Es wird sogar behauptet, daß ihr Reitunfall in der Normandie nur eine Legende sei, in Wahrheit sei die Kaiserin wegen der heimlichen Entbindung von einem Bastard nach Frankreich gefahren. Die Geschichte steht auf schwachen Füßen, denn ihre Urheberin, Maria Larisch, eine Nichte Elisabeths, hat nicht einmal darauf geachtet, daß wenigstens die Daten übereinstimmen; sie irrte sich in bezug auf die Normandie-Reise um sieben Jahre. Der Rest ist dementsprechend. Aber Gerüchte, der Kaiserin treue Feinde, verfolgen sie ständig. In den dreißiger Jahren gibt sich die Hollywood-Schauspielerin Elissa Landi als Abkömmling Elisabeths aus.

Der einzige Mann, den sie wirklich geliebt hat, scheint Andrássy gewesen zu sein. Zu Marie Festetics sagt sie in aller Vertraulichkeit: »Ja, das war eine treue Freundschaft, sie war nicht durch die Liebe vergiftet.« In ihrer Sprache bedeutet das: durch körperliche Liebe. Die stolze Kaiserin hätte es als Schmach empfunden, wenn man sie zu den vielen Eroberungen gezählt hätte, die man Andrássy zuschrieb. Die kleinen Abenteuer, die sie seiner wachsamen Umgebung hätte abluchsen können, hätten den nach dem Absoluten dürstenden weiblichen Narziß nie befriedigt. Sie wußte, daß Andrássys Herz ihr sicher war, solange sie sich unnahbar, d.h. anders als die anderen Frauen, gab. Wenn sie auch nie seine Geliebte war, so blieb sie doch immer die Frau, die er am meisten begehrte. 1889 schreibt er an seinen Freund Baron Nopcsa: *Du weißt, daß ich immer eine hohe Meinung von ihrer Seele und ihrem Geist hatte. Aber seitdem ich ein paar ihrer Gedichte gelesen habe, wurde aus dieser hohen Meinung glühende Verehrung. Die bedeutendsten Männer würden sich glücklich schätzen, wenn sie ihre Intelligenz besäßen. Hinzukommt ein außerordentliches Feingefühl. Ich bin geneigt zu sagen, daß eine solche Frau nicht ihresgleichen auf Erden hat. Eines bedauere ich allerdings sehr: Daß nur so wenige Leute wissen, wer sie wirklich ist. Ich wünschte mir, daß die ganze Welt es weiß und sie so verehrt, wie es eine solch außergewöhnliche Persönlichkeit verdient.*

Nach Andrássy verlassen Elisabeths Liebesträume immer mehr den Boden der Wirklichkeit. Friedrich Pacher ist nichts weiter als ein unschuldiger Statist für das Blindekuh-Spiel, und Bay Middleton wacht als Zentaur über die Amazonenkönigin. So wie ein Metall bei jeder alchimistischen Verwandlung an Gewicht verliert, was es an Reinheit gewinnt, befreit sich Elisabeths Liebe mit jedem neuen Mann immer mehr von jeglicher Realität. In ihren Gedichten wendet sie sich bereits an die Seelen der Zukunft. Warum sollte sich ihre Begeisterung auch an zeitliche Grenzen halten? Ihr mythischer Geliebter, der Mann, mit dem sie sich innig verbunden fühlt, ist seit fünfundzwanzig Jahren tot. Er heißt Heinrich Heine und ist lebendiger als alle Lebenden. Die Reisende durchstreift die Welt und die Dichterin die Zeit. Besser noch: Sie will die Zeit abschaffen. Heine hätte sie verstanden. Die zukünftigen Generationen verstehen sie vielleicht auch. Sich auf die Vergangenheit zu berufen und an die Zukunft zu appellieren ist die letzte Hoffnung melancholischer Seelen. Eine Sichtweise, die weiter verbreitet ist, als man gemeinhin annimmt. Paul Morand schreibt 1961 über die Kaiserin: »Mit all ihren Vorzügen und Fehlern ist sie eine Frau von heute; sie betritt das 19. Jahrhundert wie jemand, der sich in der Türe geirrt hat.«

1883 wird Katharina Schratt am Burgtheater engagiert. Das illustre Ensemble – die Nummer eins in Österreich-Ungarn – setzt sich aus berühmten Schauspielern zusammen und hat außerdem das Privileg, direkt dem kaiserlich-königlichen Herrscherhaus zu unterstehen. Es wird von der habsburgischen Familie unterhalten. Wie in allen Theatern des Reiches ist auch im Burgtheater eine Loge immer für den Kaiser reserviert, doch im Gegensatz zu den anderen Häusern sind Franz Josephs Besuche die eines guten Nachbarn. Wenn er allein ist, kommt er abends auf einen Sprung vorbei. Mal früher, mal später. Ganz

gleich, welches Stück gerade gespielt wird. So unauffällig, wie er seine Loge betritt, verläßt er sie auch wieder.
Es ist Tradition, daß jeder neue Schauspieler dem Kaiser vorgestellt wird und sich für seine Berufung ans Burgtheater bedankt. Als die Reihe an Katharina Schratt ist, wird aus dieser lästigen Pflicht eine fröhliche Begegnung. Was der traurige Staatsmann und die verschüchterte Schauspielerin einander gesagt haben, ist nicht bekannt, aber das schallende Lachen des Kaisers war weithin zu hören. Das hatte es schon lange nicht mehr gegeben.
Katharina Schratt, geboren 1853, ist gerade dreißig Jahre alt geworden. Sie ist die Tochter eines Bäckers aus Baden, eines Kurorts nicht weit von Wien. Bereits in jungen Jahren hatte sie auf der Bühne viel Erfolg. Ihre Heirat mit dem ungarischen Adligen Nikolaus Kiss von Ittebe unterbrach ihre Karriere. Zeit genug, um einem Sohn das Leben zu schenken und sich mit dessen Vater zu überwerfen. Das Paar entscheidet sich, weiterhin getrennt zu leben. Katharina übernimmt das Kind und die Schulden ihres Mannes. Ihr Trost: die Bühne. Dort feiert sie wahre Triumphe.
Die Wiener sind begeistert von ihr, denn sie besitzt all das, was sie lieben. Sie ist blond und sprüht vor Lebendigkeit, hat ein ansprechendes Äußeres und ist wie geschaffen für die Rolle der verliebten, nicht zu einfältigen Frau. Trotz der guten Manieren und der tadellosen Aussprache hat sie sich etwas von der spöttischen Art der Vorstädter bewahrt. Bei ihrem Anblick finden die Männer das Leben schöner, und die Frauen fühlen sich trotzdem nicht bedroht. Das bürgerliche Drama bietet hier einen Leckerbissen feinster Art.
Kurz nach ihrer Aufnahme ans Burgtheater bittet die hübsche Blonde in ihrer Not um eine Audienz beim Kaiser. Die Schulden ihres Mannes sind gestiegen. Mit Charme kommt sie auf eine delikate Angelegenheit zu sprechen. Die ungarischen Besitzungen ihres Mannes waren 1848 eingezogen und erst 1867 rückerstattet worden. Die Familie ihres Mannes bittet um

eine Entschädigung für die während dieser zwanzig Jahre verlorengegangenen Einkünfte. Der Kaiser hört den Klagen der Schauspielerin aufmerksam zu, lehnt ihre Forderung jedoch kategorisch ab. Wenig später kommt er darauf zurück und bezahlt das Hundertfache.

Im August 1885 findet im mährischen Kremsier ein wichtiges Treffen statt. Zar Alexander III. und Franz Joseph suchen gemeinsam nach einer Lösung für die gespannte Lage auf dem Balkan. Am Abend ist es die Aufgabe der Schauspieler des Burgtheaters, die beiden Kaiser und ihre Gattinnen zu unterhalten. Man gibt den *Sommernachtstraum*, Elisabeths Lieblingsstück. Shakespeare und seine Atmosphäre begleiten Elisabeth überallhin, selbst in ihren Schlaf. In der Hermesvilla, die der Kaiser vor kurzem im Lainzer Tiergarten erbauen ließ, sind die Wälder des kaiserlichen Schlafzimmers mit Szenen aus dem *Sommernachtstraum* bemalt. Man sieht Titania den Eselskopf streicheln, das Sinnbild ihrer Illusionen. Die Fresken wurden von dem jungen Gustav Klimt gemalt, einem damals noch unbekannten Künstler. Als Vorlage benutzte er die Zeichnungen seines im akademischen Stil malenden älteren Kollegen Hans Makart. Elisabeth identifiziert sich in zahlreichen Gedichten mit Titania.

Katharina Schratt spielt in Kremsier nicht die Titania, die Rolle ist nicht ihr Fach. Sie gibt eine entzückende Hermia. Um das Märchenhafte nach dem Freilichtspiel in der lauen Sommernacht fortzusetzen, lädt Elisabeth die Schauspieler ein, am Essen der Staatsgäste teilzunehmen. Es ist eine herrliche Nacht ganz in Sinne Shakespeares; der Traum geht weiter. Die Kaiserin findet Katharina reizend, und der Zar geht noch einen ganzen Schritt weiter und macht der hübschen Schauspielerin regelrecht den Hof, eher in der Art eines Kosaken als im Sinne des Protokolls. Elisabeth bemerkt sehr wohl, wie irritiert ihr Mann ist, und kurz darauf gesteht er ihr auch, wie sehr ihm das Verhalten Alexanders III. mißfallen habe. Elisabeth spürt, daß sich hinter dem Zorn des für die Gäste verantwortlichen Hausherrn auch etwas verbirgt, was sich der Kaiser nicht gerne eingestehen will, aber trotz allem auf Eifersucht hinausläuft. Die hübsche Katharina Schratt ist ihrem Mann nicht gleichgültig. Früher hätte diese Entdeckung Elisabeth tief gekränkt, jetzt rührt es sie. Sie ist nicht mehr jene junge, betrogene Frau, die die Lust am Leben verloren hat. Damals hatte man ihr alles genommen, ihre Kinder, ihre Liebe, ihre Freiheit, und ihr Mann suchte die Freude, die er ihr nicht zu geben verstand, in den Armen einer anderen. Doch die Zeit bereitete allen Mißverständnissen, Fehlschlägen und Machtkämpfen ein Ende. Die Reisende fühlt sich für die Einsamkeit ihres Mannes verantwortlich. Er liebt sie immer noch mit der gleichen Leidenschaft. Er hat sich mit ihrer ständigen Abwesenheit abgefunden, aber er leidet sehr darunter. Von Jahr zu Jahr wird er schweigsamer. Am Tisch spricht er kein Wort mehr, und seine Bewegungen sind mechanisch. Zum Glück dauern die Mahlzeiten keine halbe Stunde, und oft genug begnügt sich Elisabeth mit einem Glas Milch, das sie sich auf ihr Zimmer bringen läßt.

Sobald die beiden fern voneinander sind, finden sie in ihrem Briefwechsel die Worte, die sie sich von Angesicht zu Angesicht nicht sagen können oder nicht zu sagen wagen. Alle Schwierigkeiten und Auseinandersetzungen sind vergessen. Sie fassen Vertrauen zueinander, haben Verständnis und machen sich Sorgen umeinander, so wie viele andere Paare auch. Als Elisabeth nach ihrem Reitunfall in der Normandie wieder zu sich kommt, war ihre erste Frage: »Wo ist Marie Valerie? Wo ist der Kaiser?« Damit zeigt sie deutlich, welche beiden Menschen ihr am wichtigsten sind.

In ihrem Tagebuch versucht Marie Festetics mit Vorliebe, die Gefühle der Kaiserin einzuordnen. Sie besitzt ihr Vertrauen und hat lange Jahre mit dem Paar gelebt. Zur Vollständigkeit ihrer Analyse fehlen ihr nur die ersten Ehejahre. Hier ihre Diagnose: »Die Kaiserin hat ihren Gatten geschätzt und war ihm innig anhänglich. Nein, er hat sie nicht gelangweilt, das ist nicht das richtige Wort. Aber sie empfand es natürlich, daß er an ihrem geistigen Leben keinen Anteil nahm und ihrer Erhebung zu höheren Dingen als ›Wolkenkraxeleien‹, wie er sich ausdrückt, nicht zu folgen vermochte. Im ganzen muß ich sagen, daß sie ihn achtete und gerne hatte, aber geliebt hat sie ihn wohl nicht.«

In Kremsier beklagt sich Franz Joseph fortlaufend über den Zaren. Alexander III. soll gleich am anderen Morgen Katharina einen Strauß mit hundert Rosen und eine sündhaft teure Brosche geschickt haben. Aus Franz Josephs Reaktion schließt Elisabeth mit Recht, daß ihr Mann verliebt ist, und sie fährt mit ruhigem Gewissen in den östlichen Mittelmeerraum.

Sie hat beschlossen, an Bord der *Miramar* den Spuren der antiken Helden zu folgen. Ithaka, Mykene und die Ruinen von Troja. Überall besichtigt sie die von Schliemann geleiteten Ausgrabungen. Dann fährt sie weiter nach Rhodos, Zypern und Port Said. Fanny Feifalik, ihre Friseuse, übernimmt wieder ihr Amt als Doppelgängerin und widmet sich den Konsuln und Schaulustigen.

Als Elisabeth im November 1885 wieder nach Wien zurückkehrt, findet sie Franz Joseph beschäftigter denn je. Seit dreißig Jahren lebt er in der Angst, daß der Balkan Europa in Brand setzen könnte. Rußland und Österreich-Ungarn streiten sich über ihren jeweiligen Einflußbereich auf der Halbinsel. In Kremsier, wo der Zar und der Kaiser miteinander um die Gunst der Katharina Schratt stritten, hatte man versucht, einen Konflikt auf dem Balkan zu verhindern, denn dieser Streit wäre deutlich weniger romantisch und entschieden mörderischer als der um die Schauspielerin. Zwei Monate später – Elisabeth passiert gerade mit der *Miramar* die gefährlichen Dardanellen – kommt es zum Krieg zwischen Serbien und Bulgarien. Ganz in Sinne des Treffens von Kremsier bezieht Franz Joseph eine gemäßigte Position und stellt sich damit gegen seinen Sohn Rudolf und manchen anderen Ratgeber. Er unternimmt nichts, was die Beziehung zwischen Rußland und seinem Reich belasten könnte.

Serbien und sein König Milan werden von den Bulgaren geschlagen. Der durch sein brutales Auftreten und skandalöses Privatleben bereits schwer in Mißkredit geratene Milan fordert von Österreich-Ungarn Beistand für Serbien. Die k.u.k. Monarchie soll ihren Schutzbereich auf Serbien ausdehnen. Franz Joseph traut dem zweischneidigen Angebot nicht. Er weiß, daß die Serben wenig Neigung spüren, sich einer fremden und dazu noch nicht-slawischen Macht zu unterwerfen. Auch hierin zeigt er sich gemäßigt und zwingt die Russen, seinem Beispiel zu folgen.

Sein mutiges Auftreten läßt Königgrätz vergessen. Österreich-Ungarn gilt offensichtlich wieder etwas in Europa. Doch der Kaiser ist weit davon entfernt, sich deshalb zu beglückwünschen. Er hat gelernt, Vorsicht und Mäßigung walten zu lassen. Überall lauert Gefahr. Ein kleiner Funken genügt, um den balkanischen Wassertopf zum Brodeln zu bringen. Für Franz Joseph gibt es nur ein Mittel, sich gegen all diese Gefahren zu schützen: verstärkte Aufmerksamkeit. Mit einer peinlichen Akribie arbeitet er von frühmorgens bis spätabends. Sein Pflichtbewußtsein ist über jeden Zweifel erhaben. Niemand hat jemals die kaiserlichen Aufgaben gewissenhafter wahrgenommen als er. Die Zeiten sind schwierig, der kleinste Fehler könnte fatale Folgen haben.

Elisabeth würde den sechsundfünfzigjährigen Mann gern wieder lachen sehen. Die Sorgen seines Amtes fressen ihn auf. Für die Zeiten ihrer Abwesenheit bräuchte er eine Gefährtin, die ihn ablenkt und wieder etwas Leichtigkeit und Unbekümmertheit in sein Leben bringt. Er hat es bitter nötig. Sie sucht nach einer Art Vertreterin. Diesmal jedoch nicht, um sich selbst neugierige Blicke und lästige Empfänge zu ersparen, sondern um ihrem Mann wieder Jugend und Fröhlichkeit zu geben. Eine Adelige wäre als Rivalin zu gefährlich, denn man müßte ihren politischen Einfluß fürchten. Und irgendeine Abenteurerin würde schlecht zum Stil des Hauses passen. Also wen? Eigentlich hat sie die Antwort bereits gefunden. Sie heißt

Katharina Schratt. Seit die Schauspielerin im Rampenlicht des Burgtheaters steht, ist der Kaiser ein begeisterter Theatergänger. Er, der früher während der Vorstellung regelmäßig einschlief, schöpft dort neuerdings frische Kräfte. Elisabeth weiß, daß ihr Mann sich ihr sehr verbunden fühlt und deshalb niemals sein Glück bei dem reizenden Theaterstar versuchen würde. Die Kaiserin muß also selbst die Initiative ergreifen und die Rolle des kleinen, göttlichen Amors übernehmen, ganz wie die Putti in der venezianischen Malerei.
In Ermangelung eines Italieners sucht Elisabeth einen österreichischen Maler auf. Bei Heinrich von Angeli bestellt sie ein Porträt von Katharina Schratt. Es soll ein Geschenk für den Kaiser werden. Sie organisiert ein Treffen im Atelier des Malers, und zwar geschickterweise zu einem Zeitpunkt, als Katharina für das Porträt Modell steht. Die Anwesenheit der Kaiserin soll der Situation jede Zweideutigkeit nehmen. Ist Elisabeth nicht selbst voller Bewunderung für weibliche Schönheiten? Sie umgibt sich doch gerne mit hübschen Gesichtern, und in Venedig, wo die Schönheit der Welt besonders gegenwärtig ist, hat sie sogar eine Sammlung von Fotografien angefangen. Im Atelier kommt es zu einem angenehmen Gespräch. Der Kaiser wird Katharina sicherlich noch entzückender finden, wenn er erfährt, daß Elisabeth sich gerne mit ihr unterhalten hat. Die Schauspielerin hätte es nie gewagt, der Kaiserin in die Quere zu kommen. Elisabeth hat das geahnt, und mit ihrem Besuch bei dem Maler macht sie sich zur Anstifterin des Komplotts und steht nicht als Betrogene da. Jetzt ist der Weg frei. Den Rest müssen der Kaiser und die Aktrice unter sich ausmachen.
Franz Joseph läßt nicht lange auf sich warten. Bereits zwei Tage später schickt er Katharina einen Smaragdring. Die Schöne scheint Smaragde anzuziehen, zunächst die des Zaren, jetzt die des Kaisers. In einem beiliegenden Brief dankt er ihr, daß sie so freundlich war, Modell zu stehen: *Nochmals muß ich wiederholen, daß ich mir nicht erlaubt hätte, dieses Opfer von Ihnen zu erbit-*

ten, und daß daher meine Freude über das theure Geschenk nur umso größer ist. Ihr ergebener Bewunderer.

Elisabeth kann zufrieden sein, auf ihre Initiative hin verspürt der Kaiser wieder etwas Freude. Sie selbst ist nicht so unbeschwert, wie man es aufgrund des geschickten Arrangements mit Katharina Schratt vermuten könnte. Der Ischias macht sich wieder bemerkbar, und die Schmerzen sind dabei noch das geringste. Schlimmer ist, daß sie in jedem Gebrechen ein Vorzeichen des Alters sieht. Manchmal kann sie ihre Klagen nicht mehr zurückhalten, und sie gesteht ihrem Mann, daß sie zuweilen ihrem Leben gerne ein Ende setzen würde. »Dann kommst du in die Hölle«, entgegnet Franz Joseph mit Ironie, aber auch mit Sorge. »Die Höll' hat man ja schon auf Erden«, antwortet Elisabeth. Von diesem düsteren, fast schwarzen Hintergrund sieht das von ihr angestiftete Komplott nicht mehr so heiter aus. Elisabeth bemüht sich sehr, Katharina Schratt als Double beim Kaiser einzuführen. Hat die Schauspielerin letztendlich die Aufgabe, die Möwe zu ersetzen, wenn diese ihre letzte Reise antritt?

Elisabeth fühlt sich verlassen. Ihre Jugend ist entschwunden, und bald wird auch ihre Tochter eigene Wege gehen. An Bewerbern fehlt es ihr nicht, und Marie Valerie scheint sich auch bereits entschieden zu haben: Franz Salvator heißt der Glückliche, ein Habsburger der toskanischen Linie. Aber was kann man diesem jungen Mann schon vorwerfen, außer daß er ihr das nimmt, was sie am meisten liebt auf dieser Welt?

Der Umgang mit Rudolf hat konventionellere Formen angenommen. Mutter und Sohn vermeiden allzu große Vertraulichkeiten. Beide möchten die durchaus leidenschaftlichen Gefühle, die sie füreinander haben, lieber verdrängen, und Rudolf kann das Schweigen der Mutter in Sachen Politik nicht verstehen. Auch er denkt liberal und hat bereits mit zweiundzwanzig Jahren einen ersten politischen Essay geschrieben, in dem er aus seiner Bewunderung für Andrássy keinen Hehl macht. Auch hierin folgt er dem Vorbild seiner Mutter. Warum um alles in der Welt will sie jetzt auf die kaiserliche Politik kei-

nen Einfluß mehr nehmen? Er hatte immer Angst, die vielgeliebte Mutter zu enttäuschen, und glaubt jetzt, daß sie sich seinetwegen keinen großen Illusionen mehr hingibt. Deshalb sind seine Vorwürfe ihr gegenüber um so heftiger.
Rudolfs Ehe ist nicht nur gescheitert. Sie ist katastrophal. Auch die Geburt einer Tochter kann daran nichts ändern. Natürlich bekommt die Kleine den Namen Elisabeth, und um die Identifizierung mit ihrer Großmutter noch mehr zu beschwören, nennt man sie allgemein nur Erzsi, eine ungarische Kurzform von Erzsébet. Erzsis Vater macht sich wenig aus gesellschaftlicher Darstellung, seine Frau dagegen gefällt sich um so mehr in ihren Repräsentationspflichten. Die Siebzehnjährige verkehrt nur in den borniertesten Kreisen der Aristokratie. Ihr Rang dient ihr als Philosophie, die Etikette als Moral. Elisabeth vermeidet es zwar, sich in irgendeiner Form in das Verhältnis des Paares einzumischen, bringt aber in ihren Gedichten die ganze Verachtung, die sie für ihre Schwiegertochter empfindet, zum Ausdruck:

Un den Stolz in seinen Zügen
Trägt es selbst als Trampeltier;
Volksgejohl ist sein Vergnügen,
Vivat! Slawa! Sein Plaisir.

Darum zieht's in allen Städten,
Märkten feierlich herum;
Voraus muß der Tambour treten;
Aufgepaßt! Nun kommt's, bum bum!

Rudolf flüchtet sich wie seine Mutter in die Poesie. Auch sein Vorbild heißt Heinrich Heine. Er schreibt *Reisebilder*, ohne zu wissen, daß auch die Kaiserin wieder zur Feder gegriffen hat und *Nordsee Lieder* verfaßt.
Mit dem Schreiben allein gibt sich Rudolf allerdings nicht zufrieden. Um sich abzulenken, hat er wenig prinzliche Vorlie-

ben entwickelt. Ohne daß seine Umgebung etwas ahnt, sucht er Zuflucht in einem künstlichen Paradies. Die Ärzte haben seine schmerzhaften Neuralgien mit Morphium behandelt, und der Thronerbe taucht mit größtem Vergnügen in diesen Fluß des Vergessens. Wenn die Angst an seinen Nerven zehrt, kehrt er gerne dorthin zurück. Sein Heilmittel ist zu seiner Droge geworden.

In der Heimat, nicht weit vom Geburtshaus entfernt, verwandelt ein schummriges Licht das liebliche Bayern in eine gespenstische Landschaft. Wo ist der schöne Ludwig II., der von seinen Untertanen verehrte strahlende Lohengrin? Er hat sich in seine Schlösser zurückgezogen. Der Trug des Spiegels wirkt nicht mehr. Die Flucht in Träume, Gespensterfahrten und nächtliche Ausritte hat an den Rand des Abgrunds geführt. Er ist kaum vierzig Jahre alt, dieser König, der sich selbst fremd ist, von seinem einstigen Glanz ist ihm nichts geblieben. Das Gesicht ist aufgedunsen, der Mund zahnlos, und um die Augen haben sich dunkle Ringe gelegt. Die wenigen Besucher werden nur mit einer Maske vorgelassen; Ludwig kann den Anblick eines menschlichen Gesichts nicht mehr ertragen.
Stechende Kopfschmerzen plagen ihn. Seine eigenen Hilferufe kann er nur noch mit dem Geschrei anderer ersticken. Er peinigt seine Dienerschaft nach Strich und Faden und läßt sie nackt auspeitschen. Ein Kutscher soll es nicht überlebt haben. Seitdem er spürt, daß das Leben und der Geist entschwinden, ist der sanfte Träumer gewalttätig geworden. Wenn er könnte, würde er seine Minister genauso züchtigen wie seine Diener und mit der Zeit ganz Bayern über die Klinge springen lassen. Wenn der charmante Fürst plötzlich seine Anwandlungen bekommt und sich wie ein Menschenfresser aufführt, weiß man nie, ob sein Wahnsinn sich auf Worte beschränkt oder ob es ihn auch zur Tat drängt. Man muß es ja schließlich glauben, wenn er gesteht, daß es ihm am liebsten wäre, wenn das bayeri-

sche Volk nur einen Kopf hätte, um ihn abschlagen zu können. Der 13. Februar 1883 beschleunigt seinen Verfall. An jenem Unglückstag rüstet sich Ludwig gerade für eine Schlittenfahrt durch den verschneiten Park, als ein Reiter mit einem Eiltelegramm für den König dahergaloppiert: »Richard Wagner ist heute, den 13. Februar, am späteren Vormittag in Venedig gestorben.« In ganz Bayern werden die Fahnen auf Halbmast gesetzt und alle Tasteninstrumente mit schwarzem Krepp zugehängt.

Des Königs Körper und Geist werden sich von der Trauer nicht mehr erholen. In Bauvorhaben äußert sich sein letzter Versuch, sich am Leben und an der Wirklichkeit festzuhalten. Er plant weitere Schlösser, immer extravaganter, immer teurer, und baut sie mit der gleichen Geschwindigkeit, wie er selbst zerfällt, dem System der kommunizierenden Röhren vergleichbar. Zur Verwirklichung seiner Träume braucht er freilich Geld. Seine privaten Ressourcen und die des Staates sind bereits erschöpft. Sogar bei den Rothschilds und beim persischen Schah läßt er anfragen, allerdings vergeblich.

Lange Zeit hat die Regierung die Extravaganzen des Königs ignoriert. Aber was zuviel ist, ist zuviel. Ein in Auftrag gegebenes psychologisches Gutachten gibt als Befund Paranoia an: »Die Krankheit hat bei Seiner Majestät eine freie Willensausübung völlig unmöglich gemacht. Es ist davon auszugehen, daß er nicht mehr in der Lage ist, die Macht zu bewahren, und zwar nicht nur während eines Jahres, sondern für den Rest seines Lebens.«

Der König hat nur noch zwei Stützen: Bismarck und Elisabeth. Die Motive der beiden sind natürlich grundverschieden. Bismarck weiß sich Ludwig II. für dessen Wohlwollen gegenüber Preußen zu Dank verpflichtet. Für die kritischen Stimmen aus dem bayerischen Volk hat der deutsche Kanzler nur Verachtung übrig. Elisabeth hat ihrem Vetter die Zuneigung nie entzogen. Sie sieht in ihm ein entstelltes Spiegelbild ihrer selbst. Aber weder der eine noch die andere können helfen. Bismarck würde sich den Vorwurf einhandeln, sich in Bayerns innere Angelegenheiten einmischen zu wollen, und die Hofburg kann Ludwig II. nicht verzeihen, daß er Bayerns traditionelles Bündnis mit Österreich aufgegeben hat, und würde eine Intervention der Kaiserin zu seinen Gunsten nicht unterstützen.

Im Juni 1886 kehrt Elisabeth an den Starnberger See zurück. Dort erfährt sie von Andrássys Krankheit. Über Baron Nopcsa beschwört sie ihren Freund, die Behandlung so ernst wie möglich zu nehmen. Überall zeichnen sich Gefahren ab. Am 11. Juni wird Ludwig II. auf Schloß Berg interniert, am Ufer jenes Sees, in dem alle ihre Kindheitserinnerungen ruhen. Elisabeth bittet um eine Besuchserlaubnis für ihren Vetter, doch das Gesuch wird abgelehnt. Später behauptet ganz Bayern in stolzer Bewunderung, sie habe einen Wagen für die Flucht des Königs bereithalten lassen. Daß sie es vorhatte, ist mehr als wahrscheinlich, doch beweisen läßt es sich nicht. Sicherlich blieb ihr nicht genug Zeit, denn wie sehr die Situation drängte, konnte sie nicht ahnen.

Es ist Pfingstsonntag, der 13. Juni. Am Starnberger See regnet es. Nach dem Mittagessen hellt es sich auf, und der König bittet um einen Spaziergang. In Begleitung von Dr. von Gudden darf er ein wenig im Park umhergehen, zwei Krankenschwestern gehen hinter den beiden. Wieder zurück, liest er die *Essays* von Montaigne. Vielleicht ist sein Augenmerk auf die Stelle gefallen: »Der Tod aus völlig freien Stücken ist der schönste. Das Leben ist vom Willen eines anderen abhängig, der Tod von unserem eigenen Willen.« Um vier Uhr nachmittags nimmt er ein zweites Essen zu sich und spricht ordentlich dem Wein und Kognak zu. Zwei Stunden später möchte er noch einmal – bevor das Gewitter losbricht – spazierengehen. Dr. von Gudden geht allein mit dem König an die frische Luft. Die beiden Schwestern wollten zwar wieder die Wache übernehmen, doch der Arzt hält sie zurück: »Ich versichere Ihnen doch, der König ist ein Kind. Er ist nicht im geringsten aggressiv.« Die Schwestern sehen die beiden in Richtung See verschwinden. Man wird sie nicht mehr wiedersehen. Das Gewitter bricht los, und im Schloß ist man voller Sorge. Auch um acht Uhr sind die beiden noch nicht von ihrem Gang zurück. Man macht sich auf die Suche nach ihnen. Im niedergetretenen Gras des Seeufers findet man des Königs Mantel und Hut, etwas weiter entfernt die Jacke des Arztes. Die Spuren deuten auf einen Kampf hin. Während des nächtlichen Wetterleuchtens fährt ein Boot nach den Vermißten aus. Das Ruder trifft ziemlich bald auf den Körper des Arztes, wenige Meter weiter auf den des Königs. Man hievt beide an Bord, doch Wiederbelebungsversuche sind zwecklos. Die Zahl der Indizien ist gering: Der Hals des Arztes weist Strangulationsspuren auf, und die Uhr des Königs ist um 6 Uhr 54 stehengeblieben.

Wahrscheinlich wollte Ludwig dem Arzt entfliehen. Er stürzte sich ins Wasser und von Gudden hinterher. In den Fluten kämpften sie auf Leben und Tod. Der König versuchte seinen Aufpasser zu erwürgen, und der Arzt zog seinen durch Essen und Alkoholika schwer gewordenen Gefangenen in die Tiefe. Viele sind der Meinung, daß der Verlust der Freiheit dem König die Freude am Leben genommen habe. Der Selbstmord sei der krönende Abschluß dieses Lebens zwischen Legende und Wirklichkeit, eines Lebens, das sozusagen zum Inbegriff der Romantik wurde. Von Werther bis Ludwig II., über Schumann, Kleist und Henriette Vogel, sie alle stehen für eine deutsche Poesie, die die Faszination durch den Tod in sich trägt. Von der anderen Art des Selbstmords – nämlich zu leben und sich selbst zu zerstören – ganz zu schweigen: dem Wahnsinn. Hölderlin und Lenau bleiben auf halbem Wege stehen, und Nietzsche verliert sich ebenfalls.

Auf der anderen Seite wartet Elisabeth auf Nachrichten von ihrem Vetter. Wegen des nächtlichen Gewitters konnte sie nicht schlafen. Tochter Gisela überbringt ihr zum Frühstück die schreckliche Nachricht. Ludwig ist ertrunken. Elisabeth ist wie vom Blitz getroffen. Der königliche Leichnam scheint den Todesschrecken in Wellen auf die lebende Elisabeth zu übertragen. In ihren Nervenschock mischen sich Tränen und Schreikrämpfe. Als die Mutter Ludovika sie zu beruhigen versucht und ihr klarmachen will, daß Ludwig wahnsinnig war, kommt es zu einem heftigen Streit zwischen den beiden Frauen.

Der See, ihr See – in der Morgenstimmung manchmal so freundlich, dann wieder so schwarz – hat ihr in früheren Jahren bereits den liebenswürdigen János Majláth genommen. Er war der Mann, der ihr die Liebe zu Ungarn vermittelt hat. Jetzt schließt sich der See über anderen Opfern, und an seinen Ufern spürt sie nichts mehr von ihrer Kindheit. Kein Boot fährt mehr zur Roseninsel hinüber, sie findet nirgendwo mehr Zuflucht auf dieser Welt. Vor Bayern graut ihr jetzt. Den Adler gibt es nicht mehr, die Möwe muß sich einen anderen Schlupfwinkel suchen. Am Abend legt sich Elisabeth wie eine Novizin, die ihr Gelübde ablegt, flach auf den Boden ihres Zimmers und betet zu Gott: »Jehova, du bist groß, Jehova! Du bist der Gott der Rache, der Gnade, der Weisheit!«

Auch nach dem Tod gehen die Rituale weiter. Elisabeth bittet, daß man für sie dem König einen Jasminzweig auf die Brust legt. Von einem Besuch an der Totenbahre sieht sie ab. Rudolf wird seine Eltern bei der Begräbnisfeier vertreten. Er liebte Ludwig sehr, denn er fand in ihm all das, was er an der Kaiserin so schätzte. Die Trauer legt sich schwer auf Elisabeth, der Prinz macht sich Sorgen um seine Mutter. Mal wirft sie sich vor Gott nieder, den sie Jehova oder Schicksal nennt, mal macht sie sich Vorwürfe, daß sie ihren Vetter nicht gerettet hat, ihren Vetter, den sie – obwohl er ihr Ebenbild war – so wenig kannte. Jahre später fährt sie in Erinnerung an ihn nach Bayreuth, wo sie eine Aufführung des *Parsifal* stark berührt. Cosima Wagner fühlt sich durch die Kaiserin stark an Ludwig II. erinnert und ist von der zwillingshaften Ähnlichkeit der beiden außerordentlich bewegt. Elisabeth schreibt zu Ehren ihres Vetters ein Gedicht:

Ja ich war ein Märchenkönig,
Saß auf hohem Felsenthrone,
Schlanke Lilie war mein Scepter,
Funkelnd' Sterne meine Krone.

Aus den frommen tiefen Thälern
Aus den reichen weiten Gauen
Pflegt das Volk zu seinem König
Ehrfurchtsvoll stets aufzuschauen.

Doch das feige Hofgesinde
Und die Blutsverwandten spannen
Tückisch, heimlich ihre Netze,
Und auf meinen Sturz sie sannen.

Schergen sandten sie und Ärzte,
den »Verrückten« einzufangen,
Wie den Edelhirsch der Wilddieb
Meuchlings fällt in Strick und Stangen.

Freiheit wollten sie mir rauben,
Freiheit fand ich in den Fluten;
Besser hier im Herz erstarren
Als in Kerkerhaft verbluten!

Elisabeth löst sich immer mehr von ihrem bisherigen Leben. Ludwig II. ist tot. Auch Marie Valerie wird sie in Kürze verlassen und zu Erzherzog Franz Salvator ziehen. Elisabeth unterstützt diese Liebe, und trotzdem seufzt sie: »Verliebt, verliebt und folglich dumm.« Ihr letztes für Friedrich Pacher bestimmtes Gedicht stammt aus diesen Tagen: *Long, long ago*. Es ist tatsächlich schon lange her, viel zu lange. Sie läßt nicht einmal nach einer postlagernden Antwort nachfragen, der junge Mann ist inzwischen Familienvater geworden. Ihre Pferde hat sie fast alle verkauft, in ihren Ställen – früher die schönsten Europas – stehen nur noch ihre Lieblingsrösser.

Für Franz Joseph empfindet sie nach wie vor zärtliche Gefühle, aber wie immer halten sie sich in Grenzen. Gewissensbisse plagen sie. Sie hat diesem Mann nicht die Liebe gegeben, die er verdient und sich bis heute immer noch von ihr wünscht, von ihr allein.

Nachts träumt sie vom Tod ihres Mannes, und am Tage glaubt sie das nahe Ende des Reiches zu spüren: »Der alte vermoderte Stamm stirbt«, deklamiert sie, und man ist nicht sicher, ob sie es bedauert oder nicht. Das bunte Völkergemisch ist zu komplex, eines Tages wird es auseinanderbrechen. Sie beruft sich dabei auf eine uralte Weissagung: Ein Rudolf stand am Anfang des Habsburgerreiches, ein anderer Rudolf steht an seinem Ende. Was kann der sorgengeplagte Franz Joseph also noch tun? Wie kann man ihm zu seinem Glück verhelfen? Marie Valerie und Elisabeth hänseln ihn mit dem nicht gerade für das Protokoll bestimmten Spitznamen »Pulyka«; das Wort stammt aus dem Ungarischen und bedeutet auf deutsch »Truthahn«. Der Ausdruck stammt übrigens von ihm selbst, er verglich sei-

ne Situation im Reich mit der eines Truthahns auf einem Geflügelhof. Man muß Pulyka ablenken, und dafür gibt es nur eine Lösung: Katharina Schratt.
Wenigstens in dieser Hinsicht ist das Schicksal ihnen gnädig. Die hübsche Blondine wohnt den Sommer über in ihrem Haus in Frauenstein. Bad Ischl, wo das Kaiserpaar alljährlich den August verbringt, liegt direkt nebenan. Das Schicksal meint es wirklich gut mit dem verliebten Paar, denn es hat die Kulisse in wunderbarer Weise auf die Schauspielerin abgestimmt. Ihr Haus liegt auf der Höhe über dem Wolfgangsee. Gibt es etwas Lieblicheres und Freundlicheres als diese saftig-grünen Wiesen und den See in seinem zarten Blau?
Dort besucht Franz Joseph sie zum erstenmal. Acht Tage später schauen Elisabeth und ihre Tochter ohne jegliche Begleitung bei Katharina vorbei. In ihrem Tagebuch äußert sich Marie Valerie sehr zufrieden über diese Begegnung. Später gefällt ihr die Allgegenwart der Schauspielerin deutlich weniger, und sie zeigt wesentlich mehr Eifersucht als ihre Mutter. Doch für den Augenblick erzählt sie noch mit sichtlichem Vergnügen, wie Katharina ihnen für die Rückfahrt mit dem Dampfzug Geld leihen mußte. Normalerweise kümmern sich die Gesellschaftsdamen um solche Angelegenheiten. Der Kaiser wird es mit einer Summe zurückerstatten, die alle ihre Erwartungen übertrifft.
Mit ihren Besuchen inthronisiert Elisabeth ihre Rivalin. Sie gilt bei allen als »Freundin der Kaiserin«. Dieser Titel räumt sämtliche Zweifel beiseite. Der gesellschaftliche Umgang mit dem Kaiserpaar setzt einen hohen Lebensstandard und eine entsprechende Garderobe voraus. Um die Eigenliebe der jungen Frau nicht zu verletzen, geht Franz Joseph diese Angelegenheit mit sehr viel Feingefühl an. Die Kaiserin und seine Tochter beschenkt er mit Veilchen, Katharina dagegen erhält aus den Händen ihres Verehrers kostbaren Schmuck. Er geht sogar noch einen Schritt weiter und schenkt ihr schwere, klingende Münzen: »Ich kann Ihnen zu Ihrer Beruhigung sagen,

daß ich meinen Kindern ihre Geburts- und Namenstagsgeschenke in Geld gebe.« Der Altersunterschied – der Kaiser ist dreiundzwanzig Jahre älter als die Schauspielerin – macht seine Worte sogar glaubhaft, und Katharina läßt sich gerne verführen. So großzügig Franz Joseph gegenüber anderen auch ist, bei sich selbst ist er relativ sparsam. Er verschenkt gerne Havannas, begnügt sich selbst aber mit einer gewöhnlichen Virginia.

Trotz ihrer Herkunft ist Katharina Schratt keine gewöhnliche Frau, auch keine von jenen leicht zugänglichen, süßen Vorstadtmädels, die den Männern das geben, was ihnen die besseren Bürgerstöchter versagen. Katharina ist der Star am Burgtheater, und das zählt in Wien. Kurz vor seinem Selbstmord beschreibt der im Exil lebende Stefan Zweig in seinen Erinnerungen *Die Welt von gestern* die gesegnete Zeit von früher, vor dem Ersten Weltkrieg und vor dem Nationalsozialismus: »Die Bühne [der Hofburg] war statt bloß einer Stätte der Unterhaltung ein gesprochener und plastischer Leitfaden des guten Benehmens, der richtigen Aussprache, und ein Nimbus des Respekts umwölkte wie ein Heiligenschein alles, was mit dem Hoftheater auch nur in entferntester Beziehung stand. Der Ministerpräsident, der reichste Magnat konnte in Wien durch die Straßen gehen, ohne daß jemand sich umwandte; aber einen Hofschauspieler, eine Opernsängerin erkannte jede Verkäuferin und jeder Fiaker; stolz erzählten wir Knaben es uns einander, wenn wir einen von ihnen (deren Bilder und Autographen jeder sammelte) im Vorübergehen gesehen, und dieser fast religiöse Personenkult ging so weit, daß er sich sogar auf seine Umwelt übertrug [...] Im Burgtheater gespielt zu werden, war der höchste Traum jedes Wiener Schriftstellers, weil es eine Art lebenslangen Adels bedeutete und eine Reihe von Ehrungen in sich schloß.«

Katharina ist eine perfekte Gastgeberin. Sie weiß sehr wohl, wie man Gäste empfängt, und beherrscht den in Wien sehr geschätzten leichten Unterhaltungston. Aufgrund ihrer Stel-

lung am Burgtheater glaubt sie, sich immer nach der neuesten Mode richten zu müssen. In einer abgeschlossenen und scheinheiligen Welt ist es nur renommierten Schauspielerinnen gestattet, ihr Leben und ihre Liebhaber zu wählen. Diese Freiheit, anziehend und erschreckend zugleich, wirkt in einer Welt, in der Lustgefühle unterdrückt, verurteilt und verteufelt werden, herrlich verrucht.
Die in ihrer Auflehnung unverbesserliche Elisabeth hat wohl begriffen, daß Katharina zwar keineswegs ihr Gegenstück, aber durchaus ihre Ergänzung sein könnte. Die eine ist Schauspielerin auf der Bühne, die andere in der Hofburg. Die eine verdankt ihre Berühmtheit ihrem Talent, die andere ihrer Geburt und der Monarchie. Alle beide leben in einer exponierten Stellung. Gut möglich, daß Elisabeth Katharina um ihre Freiheit beneidet. Im Kampf gegen die Schwiegermutter, den Hof und seine Etikette, gegen die konservativen Kreise und deren scheinheilige Frömmelei ist der Kaiserin nicht die Kraft geblieben, ihren eigenen Körper zu befreien. Mit ihren sportlichen Übungen hat sie ihn geschwächt und in ihrer narzißtischen Eigenliebe verherrlicht, Freiraum zu seiner Entfaltung oder gar zu seiner Befriedigung ihm jedoch nicht gegeben.
Begegnungen zwischen einem Kaiser, der alle Blicke auf sich zieht, und einer in ganz Wien bekannten Katharina Schratt sind nicht leicht zu arrangieren. In der Öffentlichkeit ist eine gewisse Zurückhaltung angebracht, denn neugierige Menschen lassen sich auch von einer *Freundin der Kaiserin* nicht allzu lange hinters Licht führen. 1887 schreibt Franz Joseph an Katharina: *Ich hatte nicht die Courage, Sie am Balle anzusprechen. Allein ich hätte müssen die Sie umringenden Leute durchbrechen, während man von allen Seiten mit und ohne Operngucker beobachtet wird und überall Pressehyänen stehen, die jedes Wort aufschnappen, das man spricht. Ich habe mich halt nicht getraut, so sehr es mich auch zu Ihnen hinzog.*
Elisabeth ermöglicht es den beiden, sich bei Ida Ferenczy zu treffen, und löst damit ein weiteres Mal die Probleme für das

verliebte Paar. Die süße Ida wohnt zwar in der Hofburg, doch ihre Räume besitzen am Ballhausplatz Nr. 6 einen separaten Eingang, der nicht von Lakaien bewacht wird. Katharina kann also auf diskrete Weise ins Allerheiligste vordringen. Und außerdem: Was ist schon dabei, wenn die Freundin der Kaiserin deren Vorleserin besucht? Franz Joseph findet sich über das Labyrinth der Hofburg ein, ohne deswegen ausfahren zu müssen.

Aber Elisabeth geht entschieden weiter. Von Anfang an bekundet sie ihre Sympathie für die Schauspielerin, die ihrerseits nicht nur darauf achtet, die Kaiserin nicht vor den Kopf zu stoßen, sondern sie darüber hinaus sogar bewundert und in vielen Bereichen zu imitieren versucht. Sie interessiert sich jetzt für Diätkuren, und da ihr die Wespentaille, um die sie Elisabeth so sehr beneidet, versagt ist, versucht sie zumindest, mit einem enger geschnürten Korsett zu kaschieren. Bald lernt sie reiten und würde gerne reisen wie ihr Vorbild. Der Kaiser schätzt das gute Einvernehmen der beiden Frauen sehr, doch Katharinas Nachahmungseifer, der wahrscheinlich auf ihre Schauspielernatur zurückzuführen ist, stößt bei ihm sicherlich auf wenig Gegenliebe.

In ihren geheimen Schriften ändert sich Elisabeths Ton allerdings, und sie gibt sich beinahe als schlechte Verliererin. In mehreren Gedichten kommt sie auf Katharina Schratt zu sprechen und läßt dabei ihrer Ironie jedesmal freien Lauf:

Sie schnürt den Bauch sich ins Korsett,
Daß alle Fugen krachen.
Hält sich gerade wie ein Brett
und »äfft« noch andere Sachen.

Im Häuschen der Geranien,
Wo alles so fein und glatt,
Dünkt sie sich gleich Titanien,
Die arme, dicke Schratt.

Ihr geliebter Heine flößt ihr noch ganz andere Bosheiten ein. In seinem *Buch der Lieder* kommt er auf ein indisches Märchen zu sprechen. Es ist die Geschichte vom König Wiswamitra, der sich in eine Kuh verliebt. Elisabeth greift die Geschichte auf:

Da weckt sie lautes Rasseln
Im Thal aus ihrer Ruh';
Der König Wiswamitra
Kehrt heim von seiner Kuh.
O König Wiswamitra,
O welch' ein Ochs bist du.

Im Alltagsleben schlägt Elisabeth jedoch einen solchen Ton nicht an. Ihrer Schwägerin schreibt sie: *Ich muß fort. Aber Franz allein lassen – ausgeschlossen. Doch – er hat die Schratt – die sorgt für ihn wie sonst niemand und gibt auf ihn acht.* Bei Marie Valerie hingegen hat die anfängliche Begeisterung deutlich nachgelassen. Sie kann es nicht mehr ertragen, bei jedem Schritt auf die Schauspielerin zu stoßen. Neuerdings lädt man sie sogar offiziell nach Schönbrunn ein. Die Diva hat sich neben dem Schloß eingemietet und taucht selbst am Familientisch auf. »O, warum hat Mama die Sache selbst so weit getrieben! [...] aber ändern kann und darf man jetzt natürlich nichts daran«, klagt die Kaisertochter. Katharina Schratt ist übrigens immer noch verheiratet, was in den Augen frommer Seelen die Angelegenheit noch schlimmer macht.

Während König Wiswamitra immer häufiger bei seiner Kuh weilt, versucht Elisabeth sich ihrem mythischen Geliebten zu nähern: Heinrich Heine. In Wien lernt sie einen Neffen des Poeten kennen. Er zeigt ihr Porträts und einige Erinnerungsstücke von seinem Onkel und erzählt ihr von der alten Frau von Embden, Heines Schwester, die ihren Lebensabend in Hamburg dem Kult ihres geliebten und verehrten Bruders wid-

met. Der Entschluß ist schnell gefaßt: Elisabeth wird in Hamburg Charlotte von Embden aufsuchen.
Auch wenn Elisabeth ihre eigenen Gedichte unter Verschluß hält, gilt sie allgemein als Kennerin von Heines Werken. Um die Authentizität unveröffentlichter Schriften des Dichters zu klären, fragen Berliner Literaturwissenschaftler sie um ihren Rat.
Gegen Ende der achtziger Jahre bringt sie ihr Zug nach Hamburg. Sie wird von der kleinen Frau von Embden erwartet. Elisabeth hatte der fast Neunzigjährigen geschrieben, und so konnte sich die alte Dame auf den langfristig angekündigten Besuch vorbereiten. Das unmerkliche Zittern ihres Körpers und ihrer Stimme ist auf das Alter zurückzuführen, nicht auf Scheu oder Schüchternheit. Natürlich hat sie selbst in ihren kühnsten Träumen nie daran gedacht, daß die Kaiserin von Österreich-Ungarn eines Tages eine Reise von tausend Kilometern machen würde, um sie zu besuchen. Für Heine waren die Habsburger nämlich die Feinde des Fortschritts in Europa. Und daß ihr schelmisch-verträumter älterer Bruder Heinrich, ihr einstiger Spielkamerad, einmal zu den größten deutschsprachigen Dichtern zählen würde, konnte auch niemand ahnen.
Zu Beginn des Jahrhunderts lebte die Familie in Düsseldorf, sie waren damals Kinder gewesen. Doch die Familienerinnerungen reichen noch viel weiter zurück. Die alte Dame erzählt der Kaiserin, wie gerne sie ihren Bruder zu Onkel Simeon begleitete. Er war der Doktor Faust der Familie, eine verkrachte, aber geniale Existenz, verrückt und weise. Er lebte völlig zurückgezogen in seiner Studierstube, die er nie verließ, und war doch durch die ganze Welt und durch alle Zeiten gereist. Nur seine Angorakatze und seine lateinischen, griechischen und hebräischen Zauberbücher leisteten ihm Gesellschaft. Wie alle Menschen, die das Tageslicht nur in seinem von den Buchseiten ausgehenden fahlen Reflex sehen, hatte er eine weiße, durchscheinende Haut. Seine langen grauen Haare hatte er zu einem Zopf zusammengeflochten, der sich bei der kleinsten Kopfbe-

wegung wie ein Uhrenpendel hin und her bewegte. Bei jedem Besuch bettelte der Schlingel Heinrich, am Zopf seines Onkels ziehen zu dürfen. Simeon zeigte sich zunächst immer unwillig, aber schließlich erlaubte er es doch. Dann widmete man sich ernsteren Dingen. Heinrich setzte sich neben seinen Onkel in die Arche Noah – so nannte die Familie die Höhle Simeons –, und der Alte las seinem Neffen stundenlang vor, in der einen Hand hielt er das Buch und mit der anderen streichelte er die Angorakatze.

Die alte Dame erzählt aus ihrer Kindheit. Das Jahrhundert stand noch ganz an seinem Anfang, Napoleon herrschte über Europa. Wie immer sind es die am weitesten zurückreichenden Erinnerungen, die zuerst an die Oberfläche kommen. Elisabeth sitzt regungslos da, die sonst so unruhige Kaiserin spürt in sich eine wohltuende Ruhe, sie wagt kaum, mit den Augen auch nur zu blinzeln. Beim Betreten der aufgeräumten, auf Hochglanz polierten, kleinen Wohnung sind ihr sofort Gegenstände aufgefallen, die entweder dem Kult Jehovas oder der Verehrung des Dichters dienen. Alles ist still und sauber. Nicht das leiseste Geräusch stört das Gemurmel der Charlotte von Embden, der Lotte – wie ihr Bruder sie nannte. Auch für Elisabeth, die die Erinnerungen miterlebt, als wären es ihre eigenen, ist sie die Lotte. Bevor sie das jüdische Haus betrat, hatte sie die alte Dame geküßt. Der Wagen für die Reise durch die Zeit kommt in Fahrt, sie führt ihn von Erinnerung zu Erinnerung, bis zu den Anfängen. Charlottes Welt ist der Kaiserin nicht ganz fremd. Nicht nur ihr Sohn Rudolf, auch sie selbst hat jüdische Freunde, und über das Werk des hebräischen Dichters Juda ben Halévy, von dem Lottes Bruder in seinem *Romanzero* schreibt, hat sie sich schon mit manchem Hochschullehrer unterhalten. Doch die beiden Frauen fachsimpeln nicht miteinander. Der Kaiserin genügt es, wenn sie von dem Mann, den sie liebt, bei der alten Dame einen schwachen Abglanz spürt. Sie lauscht ihr wie einem Orakel, das ihr bestätigen soll, was sie bereits weiß. Lotte erzählt von dem entsetzlichen Brand, der vor einem halben Jahrhundert ganze Stadtteile von Hamburg vernichtet hat. Die zerstörten Kaiserstatuen fielen mitten auf die Straße, nicht einmal der Turm von St. Peter hielt der Hitze stand, er stürzte in sich selbst zusammen. Die Flammen hatten bereits die Häuser der gegenüber liegenden Straßenseite erreicht, die Flucht war die einzige Rettung. Lotte dachte in diesem Augenblick nicht an ihr Vermögen, ihren Schmuck und die Goldstücke, nur die Manuskripte ihres Bruders wollte sie retten, die Gedichte und Aufzeichnungen seiner Jugend, die Briefe, die er ihr aus Frankreich geschickt hatte. Ihre Mutter flehte sie an, alles liegenzulassen und endlich mitzukommen. Eine Minute länger, und aus den beiden Frauen wären lebende Fackeln geworden.

Ihre Mutter stürzte bereits die Treppen hinunter, während sie immer noch in ihrem Sekretär wertvolle Dokumente zusammensuchte. Es war mitten in der Nacht, doch die Flammen der gegenüber liegenden Häuser leuchteten so hell wie die sommerliche Mittagssonne. Die alte Dame zeigte Elisabeth durch das Fenster die wiederaufgebauten Häuser. In letzter Minute stürzte sie schließlich auf die Straße, beide Arme voller Papierstöße. Uberall helle Aufregung, Rauch und Angstgeschrei. In ihrem Kopf drehte sich alles, mitten auf dem Gehsteig verlor sie das Bewußtsein. Als sie wieder zu sich kam, war das Haus zwar noch heil, aber den Schatz hatte man ihr gestohlen. Die Dokumente waren verschwunden. Verschollen die kostbaren Spuren des Genies. Heute noch macht sie sich bittere Vorwürfe, weil ihr wegen ihres Übereifers nicht wiederzubeschaffende Manuskripte verlorengegangen sind. Heinrich selbst war überglücklich, weil er die Mutter und sie noch am Leben wußte. Für seine Jugendwerke fand er nicht ein Wort des Bedauerns.

Die alte Dame spricht von ihres Bruders letzten Lebensjahren. Es war eine körperliche Qual. Acht Jahre war er an das Bett gefesselt, doch sein Geist blieb wendig und seine Feder leicht. Er versuchte seine Traurigkeit gegenüber den Angehörigen zu verbergen, doch aus jedem seiner Verse sprach der Schmerz.

Lottes Blick wird traurig, und sie wischt sich eine Träne aus dem faltigen Gesicht. In der Stille der Erinnerung hört man jetzt die Stimme Elisabeths, sie spricht Strophen von Heine, die ihr besonders nahegehen:

Zuweilen dünkt es mich, als trübe
Geheime Sehnsucht deinen Blick
Ich kenn es wohl, dein Mißgeschick;
Verfehltes Leben, verfehlte Liebe!

Du nickst so traurig! Wiedergeben
kann ich dir nicht die Jugendzeit –
Unheilbar ist dein Herzeleid:
Verfehlte Liebe, verfehltes Leben!

Trotzdem verzweifelte Heinrich nie, erklärt Lotte, auch wenn alles – auch die Anerkennung – viel zu spät kam. Nach der gescheiterten Revolution von 1848 sangen die Arbeiter weiterhin seine Gedichte auf geheimen Versammlungen. Gustav, der in Wien wohnende Bruder, berichtete Heinrich, daß er der Lieblingsdichter der blutjungen österreichischen Kaiserin sei.
»Ist das wahr? fragt Elisabeth. Sie ist mindestens genauso bewegt wie die alte Dame. »Sagt Ihr das nicht nur mir zu Gefallen?«
»Vor seinem Tod hat er erfahren, daß sein Werk dank Eurer Majestät bei den Habsburgern Einlaß gefunden hatte. Es war für ihn sicherlich ein Trost.«
Für diese Worte würde Elisabeth die alte Dame am liebsten umarmen. Doch damit hätte sie das zarte Wesen wahrscheinlich erdrückt. Die Kaiserin beschränkt sich also darauf, ihre Handschuhe auszuziehen und der alten Dame die kleine zitternde Hand zu halten. Sie läßt sie bis zum Abschied nicht mehr los.
Ein paar Wochen später plant ihre Schwiegertochter Stephanie eine Reise nach Paris. Elisabeth bittet sie, an Heines Grab auf dem Friedhof Montmartre für sie Blumen niederzulegen.
Ein Jahr vor seinem Tod hat Heine einen Traum, den er kurz

darauf einem Freund, dem französischen Schriftsteller Gérard de Nerval, erzählt. Nerval wird in jener Zeit von dem Pariser Nervenarzt Dr. Blanche behandelt. Während seines Besuchs bei Heine wird er von einem Krankenpfleger bewacht. Der Bettlägerige beschreibt dem Verrückten, wie er im Traum den Montmartre-Friedhof gesehen hat: »Die Gräber glänzten in der Sonne, und vor jedem Grabstein standen ein Paar tadellos gewichste Schuhe, wie vor den Zimmertüren eines Hotels.«

Gegen Ende der achtziger Jahre beruft Heinrich Heines Geburtsstadt Düsseldorf einen Ausschuß ein, der sich mit der Errichtung eines Heine-Denkmals befassen soll. Um die Spendenbereitschaft zu fördern, schickt Elisabeth eine beträchtliche Summe und mehrere selbstverfaßte Gedichte. Sie zweifelt keinen Augenblick daran, daß ihre Initiative ein großes Geschrei auslösen wird. Die deutschen Monarchisten und Nationalisten erinnern sich sehr wohl daran, daß es der Poet in Hinsicht auf die deutschen Fürsten nicht an Kritik und Spott hat fehlen lassen. Schlimmer noch: Der Antisemitismus – bis jetzt eher diffus und wenig greifbar – wird zu einer Realität und findet seine Fürsprecher. In Wien wettert Georg von Schönerer, von dem später Adolf Hitler seine antisemitische Rassentheorie übernimmt, gegen alle – einschließlich Kaiserin und Erbprinz –, »die diesem Juden, dem Autor schändlicher und verwerflicher Schriften, ein Denkmal errichten wollen«.

Die großdeutsche Presse wütet: »Hier seht ihr, wie der Jude denkt, wie das ganze Judenthum für ihn eintritt, wie die Lärmtrommel für ihn gerührt wird und wie leider auch Deutsche dem Klange dieser jüdischen Trommel nachlaufen.«

Auch in Frankreich sorgt die Tatsache, daß man in Düsseldorf mit Hilfe der Kaiserin ein Heine-Denkmal errichten will, für Polemik. Was den Antisemitismus angeht, darf man den Deutschen doch das Feld nicht völlig allein überlassen. Auch für Edouard Drumont zählt Elisabeth zu den »Knechten der Juden«: »Staatsmänner und hohe Herrschaften sind voller Liebe für den Juden ... Sie haben den geheimnisvollen Liebestrank getrunken; sie lieben die, die sie verspotten, diffamieren und verraten, und empfinden für die, die sie dagegen verteidigen, nur Gleichgültigkeit.«

Auch Bismarck schaltet sich ein. In einem Schreiben an das österreichische Außenministerium erklärt er, daß die persönliche Unterstützung, die ein antideutscher Poet durch die Kaiserin erfahre, für das preußische Kaiserhaus beleidigenden Charakter habe. Die Angelegenheit droht zu einem diplomatischen Zwischenfall zu werden. Die Stadt Düsseldorf und Elisabeth geben ihr Projekt auf. Das für die Geburtsstadt Heines bestimmte Denkmal wird statt dessen von Deutschamerikanern in New York aufgestellt.

Was Bismarck und die Großdeutschen verboten haben, wird Elisabeth ein paar Jahre später auf eigene Faust verwirklichen. Auf ihrem Grundstück in Korfu hoch über der Meeresbucht von Benizze läßt sie zwischen wohlriechenden Eukalyptusbäumen, Magnolien und Zypressen einen dem Heine-Kult geweihten antik-barocken Tempel errichten. Der mit der Dichterstatue beauftragte dänische Bildhauer hat sich nach ihren Anweisungen zu richten und muß sich von Porträts aus ihrer Sammlung inspirieren lassen. Der äußere Rahmen ist intim und pompös zugleich (nur über zahlreiche Stufen gelangt man in das Allerheiligste). Der Dichter trägt ein einfaches Hemd, sein Kopf ist leicht geneigt und der Gesichtsausdruck abgespannt. Man hat den Eindruck, als habe man ihn in seinen Gedanken überrascht. In seiner Hand hält er ein Gedicht, das in seiner Melancholie der Stimmung der Kaiserin entspricht:

> Was will die einsame Träne?
> sie trübt mir ja den Blick –
> Sie blieb aus alten Zeiten
> in meinem Auge zurück.
> Du alte einsame Träne,
> Zerfließe
> jetzunder auch …

Traurig ist es in Bayern seit dem Tod König Ludwigs II., langweilig in Gödöllö, denn die Amazonenkönigin wird älter, und leer ist es in den kaiserlichen Schlössern, wo Katharina Schratt die Vertretung sehr ernst nimmt. Im Herbst 1888 fliegt die Möwe nach Korfu. In Gasturi bewohnt sie ein hübsches Häuschen mit einer Terrasse aus leuchtendem Kobaltblau. In diesem Paradies für Götter beschäftigt sich Elisabeth mit Alt- und Neugriechisch. Vor lauter Begeisterung läßt sie sich einen blauen Anker auf die Schulter tätowieren. Von jetzt an kann ihr Körper bezeugen, daß sie zu den Insulanern und Seefahrern gehört. Bei jedem Wetter sticht sie in See, und ihre im Hafen zurückbleibenden Damen sterben vor Angst. Titania sucht immer noch die Herausforderung.
Am 12. November trifft ein Telegramm ein. Ihr Vater hat einen Schlaganfall erlitten. Schon will die Kaiserin nach Bayern aufbrechen, als Franz Joseph ihr, ebenfalls über den Telegrafen, mitteilt, daß es bereits zu spät sei. Herzog Max hat im Alter von achtzig Jahren das Zeitliche gesegnet. Im bunten Herbst von Korfu legt Elisabeth ihre Trauerkleidung an. Daß sie sie für immer anbehalten wird, ahnt sie noch nicht.

Die kaiserliche Familie ist in zwei politische Lager gespalten. Rudolf ist wie seine Mutter liberal. Marie Valerie, das Lieblingskind, »die Einzige«, hat sich für die Gegenseite entschieden. Nach der Budapester Krönung gezeugt, schien sie bereits vor der Geburt für Ungarn bestimmt. Alles um sie herum ist madjarisch: die Ammen und Kinderschwestern, die Ponys, die Märchen, die Sprache, die Musik, ihre Mutter und deren Freunde.

Man nennt sie »das ungarische Kind der Königin« und erzählt sich sogar, daß sie die Tochter Andrássys sei. Die Ungarn geben diesem für sie schmeichelhaften Gerücht gerne Nahrung, und es hält sich hartnäckig. Es stirbt erst, als überdeutlich wird, daß Marie Valerie dem Kaiser gleicht wie kaum eine Tochter ihrem Vater: Sie ist besonnen, ordnungsbewußt und fromm. Während Rudolf Andrássy zu seinem politischen Vorbild macht, haßt seine Schwester den »beau Pendu« – das Gerücht über seine Vaterschaft hat sicherlich auch dazu beigetragen. Bald dehnt Marie Valerie ihre Aversion auf alles aus, was nicht deutsch ist, zunächst auf die Madjaren, dann auf die Slawen. Elisabeths Tochter wendet sich dem deutschen Nationalismus zu. Sie träumt sogar von einem Zusammenschluß aller deutschstämmigen Völker unter der Führung Berlins. Eine Vorstellung, die sie übrigens mit vielen Deutschösterreichern teilt. Aus dem Munde der Erzherzogin Marie Valerie sind solche Worte allerdings besonders erschreckend: »Vor allem sind wir Deutsche, dann Österreicher und erst in dritter Linie Habsburger. Das Wohl des deutschen Vaterlandes muß uns vor allem am Herzen liegen – wenn es gedeiht, ists einerlei, ob unter Habsburg oder Hohenzollern.«
Elisabeth liebt ihre Tochter sehr und geht deshalb einer Konfrontation aus dem Weg. Sie will die Gegensätze zwischen ihr und Marie Valerie lieber ignorieren. Die Politik soll die beiden nicht auseinanderbringen. Außerdem droht Gefahr von einer ganz anderen Seite. Sie ist verliebt und deshalb blind, stellt die Mutter mit Bitterkeit fest. Trotzdem nimmt sie das verliebte Paar in Schutz und schafft es wie immer, den Kaiser zu überreden. Marie Valerie ist glücklich, doch für Elisabeth ist es der Beginn neuer Trauer. Ihre Mutterliebe ist tierisch, primitiv und wild. »Mama sagte, wenn ich je heirate, werde sie sich nie mehr freuen, mich zu sehen, sie sei wie manche Tiere, die ihre Jungen verlassen, sobald jemand sie angerührt hat.« So Marie Valerie.
Es ist Weihnachten, und jeder versucht, seine Ressentiments zu unterdrücken. Es kommt ja so selten vor, daß die Familie ver-

eint ist. Außerdem hat Elisabeth am Heiligen Abend Geburtstag, sie wird einundfünfzig Jahre alt. Die Zeit und ihre Toten lasten schwer auf ihr. In ihrem schwarzen Kleid wirkt die Kaiserin besonders dünn und blaß. Trotzdem lächelt sie, denn es geht ja alles soweit gut. Einen Augenblick lang fürchtete sie, daß Rudolf in seiner feindseligen Haltung gegenüber seiner Schwester sich gegen ihre Heirat stellen könnte. Aber wie sich herausstellt, ohne Grund. Bruder und Schwester liegen sich in den Armen. Ist es der himmlische Frieden oder die Ruhe vor dem Sturm?

Rudolf schenkt seiner Mutter elf autographische Texte von Heine, ein aufwendiges Geschenk von unschätzbarem Wert, letztes Bindeglied zwischen den Lebenden und dem Toten. Der Prinz ist im Gesicht stark abgemagert, und als die Mutter darauf zu sprechen kommt, wirft er sich schluchzend in ihre Arme. Doch Elisabeth ist viel zu sehr mit sich selbst beschäftigt – der nahe Abschied ihrer Tochter nimmt sie stark mit – und sieht deshalb nicht, wie sehr ihr Sohn bereits den Boden unter den Füßen verloren hat. Um seine Frau zu schonen, verheimlicht ihr der Kaiser, was er von Rudolf weiß. Außerdem sagen seine Polizei und Spione ihm auch nicht alles, und gewisse Wahrheiten will Franz Joseph auch einfach nicht hören. Er begnügt sich damit, Rudolf von Entscheidungen fernzuhalten.

Sämtliche Freunde Rudolfs arbeiten als Journalisten bei der regierungsfeindlichen Presse. Sie machen sich ein Vergnügen daraus, die Artikel des Erzherzogs unter dem Pseudonym Julius Felix zu veröffentlichen. Weder der Kaiser noch seine Politik werden darin geschont. Julius Felix fordert mehr Demokratie und größere Freiheiten für die einzelnen Völkerschaften. Außerdem ist ihm die Allianz mit dem Deutschen Reich ein Dorn im Auge. In all diesen Punkten stimmt er mit seiner Mutter überein, mit seiner Schwester dagegen kommt er auf keinen gemeinsamen Nenner. Nur unter zwei Bedingungen könnte es zu einem Meinungsaustausch zwischen dem Kaiser und dem Erbprinzen kommen: Der Vater müßte seine tauben Ohren öff-

nen und der Sohn Offenheit zeigen. Diese Bedingungen werden sich nie erfüllen.
Rudolfs Ehe ist sowohl in privater als auch in dynastischer Hinsicht gescheitert. Zwischen den beiden fehlt nicht nur jede Spur von Liebe, sondern auch jegliches Vertrauen und Mitgefühl. Die Geburt der kleinen Erzsi war schwierig, und Stephanie kann keine weiteren Kinder bekommen. Bei Rudolf sieht es auch nicht besser aus. Seit dem Frühjahr 1887 leidet er an starken nervösen Störungen, an Gelenk- und Augenschmerzen. Wahrscheinlich Symptome einer Syphiliserkrankung. Der Erbprinz bekämpft sie mit immer stärkeren Morphiumdosen. Gegenüber den Saufkumpanen spricht er in seiner Verzweiflung von seinem nahen Ende. Die Frauen fordert er auf, ihn in die Liebe und in den Tod zu begleiten. Mitzi Kaspar, eine seiner Geliebten, läuft in ihrer Panik zur Polizei. Rudolf habe ihr soeben einen gemeinsamen Selbstmord vorgeschlagen, auf den Stufen des Husarentempels, südlich von Wien. Laut ihrer Aussage war geplant, einen Brief an den Kaiser zu schicken. Niemand wagt es, in dieser Angelegenheit etwas zu unternehmen.
Am Neujahrstag fährt Elisabeth nach München. Zum erstenmal seit dem Tod ihres Vaters sieht sie ihre Mutter wieder. Während ihrer Abwesenheit verschlechtert sich das Verhältnis zwischen Franz Joseph und Rudolf noch mehr. Der Erbprinz hatte den Papst um die Annullierung seiner Ehe gebeten. Der Bescheid aus Rom war abschlägig. Der Kaiser geht davon aus, daß Rudolfs neue Geliebte ihn zu diesem Schritt gedrängt hat. In der Hofburg hört man die beiden Männer miteinander streiten.
Rudolfs neuester Schwarm heißt Mary Vetsera. Sie ist siebzehn Jahre alt. Man erzählt sich, daß bereits die Mutter der Kleinen eine Geliebte Rudolfs war und ihrer Tochter deshalb durchaus ein ähnliches Schicksal vorzubereiten wußte. Die Mutter ist durchtrieben und opportunistisch, der Tochter blieb nicht die Zeit, es zu werden. Sie ist bis über beide Ohren in den auf Abwege geratenen, charmanten Prinzen verliebt.

Ihre blauen Kinderaugen, ihr weiblicher Körper und ihre unersättliche Leidenschaft haben es dem Prinzen angetan. Für den von der Liebe nicht verwöhnten, enttäuschten, kranken Mann, den in eine unnahbare Mutter verliebten Sohn, kommt sie genau im richtigen Augenblick, nämlich im fatalsten. Sie ist fast so alt wie Julia, und obwohl unser Romeo nicht mehr so ganz die reine Unschuld ist, schafft er es dennoch, das Kind für diese romantische Geschichte zu begeistern. Sie will ihn gerne bis zum bitteren Ende begleiten, sich im Tod mit ihm vermählen und in der Erinnerung der Nachwelt als seine Braut überleben. Sie fühlt sich vom Schicksal für dieses Liebesopfer auserwählt. Das Märchen von den Feen begreift sie in seiner Umkehrung. Der Kuß des reizenden Prinzen verwandelt die wache Schöne in ein Dornröschen. Selbstverständlich fühlt sich die Kleine innig geliebt. Man wird ihr den Tod ja nicht gerade bei der ersten Begegnung vorschlagen, oder?

Die Nacht zum 28. Januar, die letzte vor der Tragödie, verbringt Rudolf allerdings in den Armen der leichtlebigen Mitzi Kaspar. Wahrscheinlich nimmt er bei ihr vom Leben Abschied. Die Rollenverteilung ist klar. Mitzi hat den Selbstmord abgelehnt, sie steht für das Leben, Mary Vetsera für den Tod. Die Siebzehnjährige ist überzeugt, daß Rudolf sterben will, weil er sie liebt, denn ihre Liebe ist unmöglich. Rudolf ist verheiratet, und Papst Leo XIII. hat wenige Tage zuvor die Annullierung dieser Ehe abgelehnt. Und außerdem: Ein Erbprinz heiratet keine Mary Vetsera.

Elisabeth ist aus Bayern zurückgekehrt. Am 29. Januar findet ein Familienessen statt. Rudolf läßt sich im letzten Moment entschuldigen. Er übernachtet lieber in Mayerling, um am nächsten Morgen an der großen Treibjagd teilnehmen zu können.

Es ist Mittwoch, der 30. Januar 1889. In der Hofburg liest Elisabeth mit ihrem Griechischlehrer Homer. Das entsetzte Gesicht von Ida Ferenczy erscheint in der Tür. Baron Nopcsa wolle die Kaiserin sprechen. »Später«, antwortet Elisabeth. Die

zitternde Ida wird immer blasser: »Seiner Kaiserlichen Hoheit, dem Prinzen, ist ein Unglück zugestoßen.«
Baron Nopcsa ist allein mit Elisabeth. Er hat die sanfte Stimme eines Boten mit schlechter Nachricht. Die Kaiserin begreift nichts von alledem, was er sagt. Unfall? Vergiftung? Sie muß an Ludwig II. denken. Bevor der Baron es ausgesprochen hat, weiß sie, daß Rudolf tot ist. Wie das geschehen ist? Eigentlich ist das gleichgültig. Er ist tot. Das Schlimmste ist eingetroffen. Sie hat es schon immer erwartet und sich ein Leben lang darauf vorbereitet. Jetzt erfüllt sich ihr Schicksal. Sie bleibt ruhig. Keine Gesten der Verzweiflung oder Tränen, keine Schmerzensschreie oder Verwünschungen. Sie braucht ihr Leid nicht zu zeigen. Sie ist das Leid in seiner ganzen Schwere, ohne Worte.
Der Sohn, der einzige Sohn, wird ihr nie gehören. Das erstemal ist er ihr durch Erzherzogin Sophie, ihre Schwiegermutter, entrissen worden, das zweitemal durch den Tod. Schon breitet sich über alles das Nichts. Die Streitigkeiten von damals, die Unstimmigkeiten des Augenblicks, nichts ist mehr von Bedeutung. Elisabeth legt sich auf ihr kleines Eisenbett, es ist schmal wie ein Sarg. Die Zeit erstarrt in der Stille.
Im Salon nebenan plötzlich die Schritte des Kaisers. Er solle nicht eintreten, ruft die Kaiserin. Sie will ihrem Mann noch eine Minute des Friedens und der Unschuld geben.
Sie richtet sich auf, ihr Kleid ist schwarz wegen einer anderen Trauer. Jetzt nicht die Beherrschung verlieren. Sie ordnet ihre Frisur und fährt sich über das Gesicht. Franz Joseph tritt ein. Seine Haare und der Backenbart sind weiß, doch in seinen Augen brennt ein Feuer, und seine Haltung und sein Gang verraten Temperament. Elisabeth weiß, daß er ein anderer Mann sein wird, wenn er sie verläßt. Sein Sohn und Nachfolger, sein Nachfolger und Sohn ist tot. Warum überhaupt noch leben? Wozu noch das Reich? Elisabeth leidet, sie leidet nicht nur um ihrer selbst willen. Poká wird doppelt leiden. Von Gewissensbissen wegen des letzten Streits zwischen Vater und Sohn ganz

abgesehen. Reue oder Versöhnung sind nicht mehr möglich. Der Mann weint in den Armen seiner Frau. Alt, gebrochen und am Boden zerstört geht er fort. Sein Sohn ist tot, und er muß weiterhin seine Pflichten erfüllen, ohne zu wissen, wofür und für wen.

Kaum ist er fort, stürzt Elisabeth zu Ida Ferenczy, wo Katharina Schratt auf den Kaiser wartet. Sie unterrichtet sie von Rudolfs Tod, nimmt sie bei der Hand und führt sie über die Gänge der Hofburg zum Arbeitszimmer ihres Mannes. Katharina soll ihn in seinem Schmerz trösten. Die Kaiserin kehrt sofort in ihre eigenen Räume zurück und läßt ihre Tochter zu sich rufen. Als Marie Valerie kommt, bricht Elisabeth endlich in Tränen aus, lange genug hat sie sie zurückgehalten. Von den vier Kindern, die sie geboren hat, hat ihr der Tod bereits zwei wieder genommen. Möge der böse Fluch hiermit ein Ende haben. Mein Gott, nimm mir nicht meine kleine Tochter. Meinetwegen soll sie tun, was sie will. Soll sie fortgehen und sich an den Arm irgendeines Taugenichts hängen. Wenn sie nur lebt! Ich verlange nicht einmal, sie wiedersehen zu dürfen.

Elisabeth weint, und ihre große kleine Tochter drängt sich zu ihr auf den Schoß. Und jetzt auch das noch: Sie muß dem Kind die Nachricht vom Tode des Bruders beibringen. »Rudolf ist sehr, sehr krank«, sagt sie. »Es gibt keine Hoffnung mehr. Das Schlimmste ist eingetreten.« »Hat er sich umgebracht?« fragt Marie Valerie, als ob sie es der Mutter ersparen wollte, die unfaßbaren Worte auszusprechen.

Elisabeth zittert. Es ist ihr noch nicht in den Sinn gekommen, daß es sich um Selbstmord handeln könnte: »Nein, nein, das will ich ja nicht glauben, es scheint so wahrscheinlich, so sicher, daß ihm das Mädchen Gift gegeben hat.«

So zumindest glaubt sie die gewundenen Erklärungen des Baron Nopcsa verstanden zu haben. Der Baron wiederum hatte seine Informationen vom Grafen Hoyos, einem Freund des Erbprinzen. Hoyos war in Mayerling gewesen und, nachdem er die beiden Leichen im Jagdhaus entdeckt hatte, schnurstracks zum Bahnhof geeilt, um den nächsten Expreßzug in Richtung Wien anzuhalten und die traurige Nachricht persönlich zur Hofburg zu bringen.

Erneut Schritte im Salon nebenan. Elisabeth springt auf. »Das ist Papa«, sagt sie zu Marie Valerie, »ich bitte dich, sei gefaßt wie ich.« Doch beim Anblick des schmerzerfüllten Mannes vergessen die beiden Frauen ihren Vorsatz und werfen sich an seinen Hals. Die drei sonst so schamhaften, großen Menschen mischen ihre Tränen. Der Schmerz ist so groß, daß kein Wort zwischen ihnen fällt. Niemand sucht nach einer Erklärung für das Drama. Das Schicksal hat zugeschlagen, bestimmt und unbarmherzig. Die Tragödie kennt nur das Gesetz schicksalhafter Vorbestimmung.

Franz Joseph fängt sich als erster. Schließlich soll sich ein Kaiser ja in allen Lebenssituationen wie ein Kaiser verhalten. »Laß Stephanie rufen«, sagt er zu seiner Tochter. Die Prinzessin kommt. Sie hat bereits erfahren, daß sie Witwe ist. Ihr Tagebuch hat die Szene festgehalten: »Der Kaiser saß in der Mitte des Raumes, die Kaiserin, dunkel gekleidet, schneeweiß und starr im Gesicht, war bei ihm. In meinem fassungslosen, erschütterten Zustand glaubte ich, daß man mich wie eine Verbrecherin ansah. Ein Kreuzfeuer von Fragen, auf die ich einesteils nicht antworten konnte, andernteils nicht antworten durfte, ging auf mich nieder.«

An jenem unglückseligen Morgen des 30. Januar 1889 haben die versammelten Habsburger beinahe vergessen, daß man in Mayerling zwei Leichen gefunden hat. Von der hübschen kleinen Mary Vetsera will man offensichtlich nichts wissen. Man sieht in ihr bestenfalls die Giftmischerin. Doch über ihre Mutter ruft sich die kleine Tote plötzlich in Erinnerung. Die unglückliche Helene Vetsera hat jedoch keine Ahnung von der Tragödie in Mayerling. Sie weiß lediglich, daß ihre Tochter verschwunden ist, und kommt nun in die Hofburg, um Rechenschaft über deren Verbleib zu fordern. Ein großer Skandal ist letzten Endes für sie nur vorteilhaft. Wenn Rudolf ihr die

Tochter entführt hat, ist das ein guter Moment, um eine Entschädigung zu fordern.
Helene Vetsera ist es gelungen, in Ida Ferenczys Wohnung einzudringen. Sie verlangt nach ihrer Tochter oder zumindest nach einer Erklärung, vorher werde sie sich nicht zurückziehen. Unter Tränen fordert die Mutter, die Kaiserin sprechen zu dürfen. Ohne die Tragödie in ihrer Tragweite zu kennen, findet sie die dazu passenden Worte: »Ich habe mein Kind verloren, allein die Kaiserin kann es mir wiedergeben.« Gerührt von den Tränen der armen Mutter, die nicht weiß, was auf sie wartet, verständigt Ida die Kaiserin.
Elisabeth wußte nichts von dem Verhältnis zwischen ihrem Sohn und Mary Vetsera. Um die Nerven seiner Frau nicht zusätzlich zu belasten, hatte Franz Joseph es ihr verschwiegen. Die beiden Mütter sind sich jedoch nicht unbekannt. Zur Glanzzeit der Kaiserin war Helene Vetsera auf den großen Jagden in Ungarn und England mit dabei. Damals hatte man Elisabeth berichtet, daß diese Frau auf den noch jugendlichen Rudolf ein Auge geworfen habe. Heute hat dies keinerlei Bedeutung mehr. Beide haben sie ihre Kinder verloren. Unter diesen Umständen kann man die Baronin Vetsera nicht einfach wortlos hinausbringen lassen.
Elisabeth entschließt sich, ein zweitesmal in Idas Wohnung zu gehen, um der unglücklichen Mutter persönlich die Nachricht zu übermitteln. Marie Valerie hat die Szene in ihrem Tagebuch festgehalten. Da sie selbst nicht dabei war, stützt sich ihr Bericht auf den einzigen Zeugen, Ida Ferenczy: »Ihre Majestät steht voll Hoheit vor der erregten Frau, die ihr Kind fordert, spricht mit sanfter Stimme zu ihr. Sie sagt ihr, daß das Mädchen tot sei. Da bricht Vetsera in lauten Jammer aus: Mein Kind, mein schönes Kind! Aber wissen Sie, sagt Ihre Majestät mit lauterer Stimme, daß auch Rudolf tot ist? Vetsera taumelt, fällt vor Ihrer Majestät nieder und umfängt ihre Knie. Mein unglückliches Kind, was hat sie getan? Das hat sie getan! Also auch sie faßte es so auf und glaubte, wie Ihre Majestät, das

Mädchen habe ihn vergiftet. Noch einige Worte, dann verläßt Ihre Majestät die Vetsera mit den Worten: ›Und jetzt merken Sie sich, daß Rudolf an Herzschlag gestorben ist‹«.

In der Zwischenzeit fährt eine vom kaiserlichen Leibarzt Widerhofer geleitete Untersuchungskommission nach Mayerling, einem mitten im Wald gelegenen, kleinen, friedlichen Tal mit einem Kirchturm und ein paar Häusern, zweiunddreißig Kilometer vor Wien. Eines dieser Häuser hatte der Erbprinz ein paar Jahre zuvor als Jagdhaus einrichten lassen. Hier, im Schlafzimmer des Jagdhauses, ist er mit seiner Gefährtin gestorben und hat dem Reich einen fatalen Schlag versetzt. Sein Diener Loschek hatte die Toten entdeckt, anschließend sein Freund, Graf Hoyos. Von diesen beiden abgesehen, ist Dr. Widerhofer der erste, der das Schlafzimmer betritt, zumindest nach der offiziellen Version. Es kursieren noch zahlreiche andere Darstellungen, und selbst heute, über hundert Jahre später, ist die Liste immer noch nicht abgeschlossen.
Man öffnet die Fensterläden des Sterbezimmers. Bei Tageslicht sieht es so aus, als ob die Schauspieler eines Dramas in ihrer theatralischen Pose verharren, und man könnte glauben, daß sie am Schluß der Vorstellung aus den Kulissen treten und sich verbeugen. Das Mädchen liegt auf dem Bett, ruhig und blaß wie eine Skulptur, ihre langen, dunklen Haare liegen glatt zu beiden Seiten ihres Gesichts. Rudolf sitzt auf dem Bettrand. Seinen Händen – leicht verkrampft wie bei einer Wachsfigur – ist ein Revolver entglitten, er ist vor seine Füße gefallen. Auf dem Nachttisch steht ein Glas, halb voll, halb leer, mit einem Rest Kognak. Der letzte Schluck des Todgeweihten. Der Schädel des Prinzen und der seiner Gefährtin sind von einer Schläfe zur anderen durchbohrt. Es sind die gleichen Schußwunden, und auch die beiden im Raum gefundenen Kugeln sind vom gleichen Kaliber.
Als der Kaiser die ersten Meldungen aufgibt, sind ihm diese Todesumstände noch nicht bekannt. Die Rede ist von Herzin-

farkt und Embolie. Man mußte eine Erklärung abgeben, auch wenn keine bekannt war. Mit dem Hinweis auf Krankheit und Herzstillstand glaubt der vom Schicksal geschlagene Mann den unerbittlichen göttlichen Willen zu unterstreichen. Außerdem kann er so Rudolfs Bild für die Nachwelt retten und die Anwesenheit von Mary Vetsera verschweigen. Kein Ehebruch, kein Verbrechen und schon ja kein Selbstmord.

Gegen zwei Uhr morgens wird Rudolfs Leichnam in die Hofburg überführt. Franz Joseph hat seine Frau gebeten, sich bei der Ankunft des Leichenzuges nicht zu zeigen. Sie gehorcht ihm. In seinem Schmerz kann der Kaiser sich nicht auch noch um seine Frau kümmern. Als ob sie schlafen könnte in dieser Nacht! Marie Valerie ist gekommen, um ihrer Mutter beizustehen. Sie sitzen beide auf dem kleinen Eisenbett und hören in der Ferne die Trommelschläge der Nachtwache. Ein Mann von einunddreißig Jahren ist gestorben. In direkter Linie der einzige Erbe des tausendjährigen habsburgischen Thrones.

Elisabeth ist nicht mehr die Kaiserin. Sie ist eine Mutter, die um ihren Sohn weint. Sie denkt nicht mehr an die alte Weissagung, daß das Reich mit einem Rudolf begonnen habe und mit einem Rudolf enden werde. Erfüllt von ihrem Schmerz und von der Sorge um ihren Mann, spürt sie nicht, wie das Reich in seinen Grundfesten schwankt. Im Augenblick von Rudolfs Überführung ist sie nichts weiter als eine Pieta, eine Schmerzensmutter. Das ist sie ihrem Sohn schuldig. Wenn ich nur ein Spiegel wäre, sagte einst der charmante Prinz, dann würdest du mich öfters anschauen. Man wird die Spiegel zuhängen müssen, und sie wird nur noch Schwarz tragen und dem Leben und ihren Gewohnheiten entsagen. Sie muß nur noch die Garderobe auflösen und ihren Schmuck unter Marie Valerie, Gisela, Ida und Marie verteilen, dann wird sie endlich wieder zu einer Insel werden und sich erneut dem Meer zuwenden.

Der Kaiser hat in dieser Nacht nicht geschlafen. Sobald es dämmerte, ließ er Dr. Widerhofer rufen. Was hat er in Mayerling gesehen? Wie ist sein Sohn gestorben? Mit der Versiche-

rung, daß der Prinz nicht gelitten habe, glaubt der Arzt, ihn zu beruhigen. Die Kugel habe ihn sofort getötet. »Was für eine Kugel?« schreit der Kaiser in einer für ihn ungewöhnlich barschen Art. Widerhofer muß ihm erklären, daß man im selben Raum die Kugel gefunden, daß sich der Prinz erschossen hat. Der Kaiser ist weit davon entfernt, diese Wahrheit zu akzeptieren, und würde dem Arzt am liebsten den Mund verbieten. Unmöglich! Rudolf hat sich nicht umgebracht. Darüber gibt es nichts zu diskutieren. Absurd! Er wurde vergiftet, und Mary Vetsera ist die Schuldige. Der Arzt fährt mit seinen Erklärungen fort: die Stellung der Toten, die beiden Kugeln und dann der Spiegel, den der Prinz abgehängt und auf den Nachttisch gestellt hat, um mit dem Revolver besser auf seine Schläfe zielen zu können. Der Kaiser begreift schließlich, daß seine erste Version nicht mehr aufrechtzuerhalten ist. Die Vorstellung von Selbstmord setzt sich durch, und im Geiste des Vaters wird Rudolf ein zweitesmal vernichtet. Der Kaiser bricht in Tränen aus, der Vater dagegen fragt:
»Hat er einen Brief hinterlassen?«
»Mehrere, aber keinen für Eure Majestät.«
Kein Zeichen der Versöhnung also, auch nicht im Tod. Franz Joseph kann nicht verstehen, warum sich Gottes geballter Zorn gegen ihn entlädt. Womit hat er eine solche Strafe verdient? Welchen Fehler hat er begangen? Vielleicht war er hochmütig. Wahrscheinlich hat er gegen die Liebe gesündigt. Aber wollte er denn nicht aus seinem Sohn von klein auf einen Weltbeherrscher machen, wie Napoleon aus seinem? Für wen denn, wenn nicht für den kleinen Prinzen, stand er täglich in aller Herrgottsfrühe auf und setzte sich bereits um fünf Uhr morgens an seinen Schreibtisch voller Akten? Die Staatsmechanik mußte immer wieder neu aufgezogen werden, und er arbeitete bis in den Abend hinein, um das Reich, das sein Sohn einmal erben sollte, instand zu halten. Wie soll er nun ohne ihn weitermachen? Wie soll er vollenden, was mit dem Tod Rudolfs sinnlos geworden ist?

Drei Briefe hat man in Mayerling gefunden. Zwei von ihnen scheinen bereits vor der fatalen Nacht abgefaßt worden zu sein, was einmal mehr gegen einen improvisierten Selbstmord spricht. Der eine ist an Prinzessin Stephanie, Rudolfs Frau, der andere an seine Schwester Marie Valerie gerichtet. Allein der dritte wurde offensichtlich im Schlafzimmer des Jagdhauses geschrieben, vielleicht zu einem Zeitpunkt, als Mary Vetsera bereits tot war: Rudolf richtet seine letzten Worte an seine Mutter. Den genauen Wortlaut der drei Briefe wird man nie erfahren, denn sie wurden vernichtet. Nur Bruchstücke haben sich erhalten. Man weiß lediglich, daß er Marie Valerie rät, nach dem Tode des Kaisers mit ihrem Mann zu emigrieren. Dank Franz Joseph könne sich das Reich noch einigermaßen halten, doch mit seinem Abgang sei zu befürchten, daß es wie ein Kartenhaus zusammenfalle: *Wenn Papa einmal die Augen schließt, wird es in Österreich sehr ungemütlich. Ich kenne, was dann folgt, nur zu genau und gebe Euch den Rat, dann auszuwandern.* Die Gedanken der letzten Stunde zeigen deutlich, daß Rudolf genau wie seine Mutter den Glauben an die Zukunft verloren hatte.

Der Ton seines dritten Briefes ist völlig anders. Vielleicht fühlte er, daß er hier zum ersten- und letztenmal der Mutter sein Herz öffnet. Er beteuert ihr seine Liebe und Dankbarkeit. Während er sich zum Sterben bereit macht, gesteht er ihr, daß er es nicht gewagt hat, sich an seinen Vater, den Kaiser, zu wenden: *Ich weiß sehr wohl, daß ich nicht würdig bin, meinem Vater zu schreiben.* Ergreifende Worte. In seiner Jugend hat der von Schußwaffen faszinierte Mann oft die Lieblingstiere seiner Verzweiflung geopfert. Bevor er jetzt die Revolvermündung an seine eigene Schläfe legt, richtet er sie auf seine Schicksalsgefährtin, die kleine Mary. Er bittet seine Mutter, daß man den »reinen Engel« mit ihm zusammen auf dem Zisterzienser-Friedhof Heiligenkreuz bei Mayerling bestattet. Ohne sie hätte er dem Tod nicht ins Auge sehen können.

Als der Brief Elisabeth erreicht, ist es zu spät, dem Sohn seinen letzten Wunsch zu erfüllen. Die beiden Liebenden sind bereits getrennt worden. Der eine Leichnam gehört zu den Habsburgern, der andere zu niemandem. Mary Vetsera wird wohl in Heiligenkreuz bestattet, aber allein. Der »reine Engel« wird noch einmal zum Opfer eines schändlichen und schaurigen Betrugs. Da der Leichnam so schnell wie möglich verschwinden muß, begräbt man ihn bei Nacht und Nebel. Nur zwei ihrer Onkel werden benachrichtigt, sie eilen sofort nach Mayerling. Man kleidet die Tote, als ob sie noch lebe – Kleid, Mantel und ein schwarzer Filzhut mit Feder –, und setzt sie in den Wagen zwischen ihre beiden Onkel. Um nicht bei irgendwelchen Schaulustigen Verdacht zu erregen, muß man der Toten den Anschein von Leben geben, und man schiebt deshalb zwischen Kleid und Mantel einen Stock, damit ihr Rücken bei den Erschütterungen des Wagens gerade bleibt. Sie schwankt allerdings sehr vom einen Onkel zum anderen. Es regnet in Strömen, und der Wagen sinkt tief in den Boden. Endlich erreicht die Leichenkutsche die Abtei. Der Prior macht kurzen Prozeß, in wenigen Minuten hat er die Gebete und den Segen gesprochen. Bei dem aufgeweichten Boden haben die Totengräber größte Schwierigkeiten, ein Grab zu schaufeln, und die beiden Verwandten müssen helfen.

Nach dem Gespräch mit Dr. Widerhofer will Franz Joseph seinen toten Sohn sehen. Kann er die Worte, die Rudolf ihm nicht sagen konnte, von den Lippen des Toten ablesen? Der Kaiser wandelt wie schlaftrunken. »Wo ist der Prinz?« murmelt er. »Ist er sehr entstellt? Deckt ihn gut zu. Die Kaiserin will ihn sehen.« Selbst in diesem Moment ist sie es, an die er denkt. Man zieht eine Flanelldecke über den Körper mit den gefalteten Händen. König Lear hat sich den Degen umgehängt. Er steht allein im Zimmer seines Kindes und schweigt.

Wenig später kommt die Kaiserin, Marie Valerie und ihr Bräutigam begleiten sie. Die Fenster sind verhängt. Am Fußende des Bettes liegt ein Kreuz, links und rechts sind zwei Kerzen aufgestellt. Elisabeth küßt den schweigenden Mund ihres Sohnes. Er sieht so aus, als ob er endlich Frieden habe. Marie Valerie beschreibt den Toten in ihrem Tagebuch: »Er war so schön und lag so friedlich, das weiße Leintuch bis zur Brust heraufgezogen und rings mit Blumen bedeckt. Der leichte Verband an seinem Kopf entstellte ihn nicht – noch waren seine Wangen und Ohren gerötet mit dem gesunden Rot der Jugend – der unstete, oft bittere höhnische Ausdruck, der ihm im Leben oft eigen, war einem friedlichen Lächeln gewichen – so schön war er mir noch nie vorgekommen – er schien zu schlafen und ruhig, glücklich zu sein.«

In Wien und bald im ganzen Reich ist die Bestürzung groß. Überall herrscht aufrichtige Trauer. In seinen Memoiren, *Die Welt von gestern*, beschreibt Stefan Zweig das allgemeine Gefühl von Verlust und Auflösung: »Noch von meiner frühesten Kindheit erinnere ich mich an jenen Tag, als Kronprinz Rudolf, der einzige Sohn des Kaisers, in Mayerling erschossen aufgefunden wurde. Damals war die ganze Stadt in einem Aufruhr ergriffener Erregung gewesen, ungeheure Massen hatten sich gedrängt, um die Aufbahrung zu sehen, überwältigend sich das Mitgefühl für den Kaiser und der Schrecken geäußert, daß sein einziger Sohn und Erbe, dem man als einem fortschrittlichen und menschlich ungemein sympathischen Habsburger die größen Erwartungen entgegengebracht hatte, im besten Mannesalter dahingegangen war.«

Im ganzen Reich gefällt man sich in kriminologischen Studien und wagt eine eigene Beurteilung des Falles. Mal ist es ein Jagdunfall gewesen, mal ein von Ungarn oder Frankreich inszeniertes politisches Komplott oder beides zusammen. Für die einen soll Rudolf während eines Saufgelages mit einer Flasche erschlagen worden sein, andere wiederum vermuten, daß Mary Vetsera schwanger war und der Schwangerschaftsabbruch ein dramatisches Ende nahm. Romantische Seelen dagegen halten an der Liebesgeschichte fest und sind überzeugt, daß die beiden Liebenden den Tod der Trennung vorzogen.

Den offiziellen Meldungen kann man nicht trauen, denn sie sind in sich widersprüchlich. Nach der Emboliethese ist man trotz aller Bedenken des Kaisers nun doch gezwungen, den Selbstmord einzuräumen. Immer wieder werden jedoch die psychischen Störungen des Prinzen betont, als ob man ihn damit aus der Verantwortung entlassen wollte. Ein medizinisches Gutachten wird veröffentlicht: »Die Untersuchung hat pathologische Befunde ergeben, welche erfahrungsgemäß mit abnormen Geisteszuständen einherzugehen pflegen und daher zur Annahme berechtigen, daß die Tat in einem Zustand von Geistesverwirrung geschehen ist.« Man fragt sich, um was für eine Art von Autopsie es sich hier handelt und wie man bei den damaligen Kenntnissen der physiologischen und chemischen Gehirnvorgänge zu solchen Schlußfolgerungen kommen konnte. Aber diese Interpretation ist notwendig, um vom Vatikan die Erlaubnis für eine kirchliche Bestattung Rudolfs zu bekommen. Die Voraussetzungen hierfür sind nicht gut. Selbstmörder sind vom kirchlichen Ritual ausgeschlossen. Außerdem hat Papst Leo XIII. erst vor wenigen Wochen eine Annullierung der prinzlichen Ehe abgelehnt. Das Verhältnis zu Rom ist gespannt, denn seit der Kündigung des Konkordats will Österreich-Ungarn bei jeder Gelegenheit seine Unabhängigkeit vom Papsttum unter Beweis stellen. Doch Leo XIII. gibt trotz allem seine Zustimmung und erlöst damit Franz Joseph und Elisabeth von ihrem bangen Warten. Wahrscheinlich hat er sich auf den im Gutachten beschriebenen Geisteszustand gestützt. Zudem ist die Allianz zwischen dem Vatikan und dem gut katholischen Haus Habsburg sicherlich eine Totenmesse wert.

Der angebliche Wahnsinn ihres Sohnes trifft Elisabeth sehr. Wie könnte sie sich auch nicht verantwortlich fühlen? Die Unvernunft, Extravaganz, Melancholie und Schwermut, das ist sie selbst, das ist das vergiftete Blut der Wittelsbacher. Sie hat den uralten Fluch an ihren Sohn weitergegeben. In jedem verwirrten Geist hat sie sich wiedererkannt, und der Besuch in den Irrenanstalten war ihr immer ein makabres Vergnügen gewesen. Seltsame Mächte haben ihre Poesie genährt. Und trotzdem ist ihr der Wahnsinn Rudolfs entgangen, die Verzweiflung des Menschen, der ihr am nächsten stand, ihres Kindes, ihres Sohnes und Abbildes? Sie hat ihn zwar infiziert, dann aber nicht verstanden, ihn zu pflegen, zu begreifen und zu schützen. Sie kann nur Leid in die Welt bringen. Warum bloß mußte sie damals Helene nach Bad Ischl begleiten? Warum hat Franz Joseph sie geliebt? Warum hat er nicht sofort gesehen, daß er durch sie sich mit dem Unglück vermählen würde? Der Sohn des großen Jägers hat nun seinen Meisterschuß abgegeben. Er hat auf seine Schläfe gezielt und dabei den Doppelkopfadler tödlich getroffen.

Trotz seines Schmerzes begegnet der Kaiser seiner Frau nach wie vor mit größter Aufmerksamkeit. Während des Kondolenzbesuchs einer Abordnung des Parlaments nutzt er die Gelegenheit, die Kaiserin zu würdigen, und gibt auf ihre unablässigen Fragen eine Antwort: »Wieviel ich in diesen schweren Tagen Meiner innigstgeliebten Frau, der Kaiserin, zu danken habe, welch' große Stütze Sie Mir gewesen, kann ich nicht beschreiben, nicht warm genug aussprechen. Ich kann dem Himmel nicht genug danken, daß er Mir eine solche Lebensgefährtin gegeben hat. Sagen Sie dies nur weiter. Je mehr Sie es verbreiten, umsomehr werde Ich Ihnen danken.«

Sie hat tatsächlich außerordentlichen Mut bewiesen. Sie versucht, sich ihre Nervenanspannung ihrem Mann gegenüber nicht anmerken zu lassen. Sie weint nur heimlich in ihrem Zimmer und sucht allenfalls den Zuspruch ihrer Tochter. In der Nacht zum 3. Februar – ein heftiger Sturm tobt um die alten Mauern der Hofburg – steht sie auf und sucht Marie Valerie auf: »Es ist nicht wahr,« sagt sie verwirrt, »Rudolf liegt nicht tot da oben. Ich gehe zu ihm.« Ihre Tochter muß sie beruhigen und wieder zum Einschlafen bringen.

Andrássy, der gute Andrássy, macht sich sofort auf den Weg nach Wien, als ihn die Nachricht von Rudolfs Tod erreicht. Seit seinem Rücktritt als Außenminister hat er Franz Joseph nur selten gesehen. Über die Vermittlung von Baron Nopcsa, seinem Freund, ist er mit Elisabeth weiterhin in Kontakt. Rudolf verehrte Andrássy, den Menschen und den Politiker. In seiner frühen Jugend, einer Zeit voller Begeisterung, fand der Prinz in dem Ungarn ein geistiges Vorbild. Andrássy seinerseits ist zutiefst bestürzt über den plötzlichen Tod, denn auch er empfand eine starke Zuneigung für Rudolf. Das Herz des jungen Prinzen schlug wie das der Mutter für die Madjaren, und Ungarn setzte große Hoffnungen in ihn. In Budapest dachten einige sogar daran, ihm die Krone vor dem Hinscheiden des Kaisers anzubieten. Das war einer der Streitpunkte zwischen Vater und Sohn, dem Konservativen und dem Liberalen.

Elisabeth und Andrássy kommen bei Ida zusammen. Sie wollen Franz Joseph nicht behelligen. Auch die Trauerfeierlichkeiten sollen nicht gestört werden. Die Wohnung der Vorleserin ist wohl innerhalb der Hofburg der einzige Ort, wo alle Helden der Tragödie frei sprechen können. Andrássy hat sich sehr verändert. Natürlich ist es nicht gerade der richtige Augenblick, darüber zu reden, denn Elisabeth hat in ihrer Trauer wenig Sinn für mütterliche Fürsorge. Dennoch kann ihr nicht entgehen, wie sehr der Mann, den sie so geliebt hat und den sie immer noch liebt, vom Tod gezeichnet ist. Wie könnte sie ihn heute an sein früheres Versprechen mahnen? Wie könnte sie – während Rudolf tot in seinem Zimmer liegt – den Grafen an jenen Winterabend erinnern, als sie im verschneiten Gödöllö allein im Wagen saßen? Habt Ihr den Schwur vergessen, den ich Euch im Bahnhof von Pest abgenommen habe? Ihr habt mir versprochen, nicht vor mir zu sterben. Werdet Ihr wortbrüchig? Warum habt Ihr Euch – und damit auch mich – nicht gepflegt? Habt Ihr schon einmal darüber nachgedacht, daß mir nichts bleibt, wenn Ihr geht? Ihr seid Zeuge einer vergangenen Zeit, Graf. Ihr allein könnt sagen, wer wir waren. Wir waren so jung, so schön und so verliebt. Laßt mir wenigstens den Glauben daran, und sagt mir zumindest einmal noch, daß wir nicht am Leben vorbeigelebt haben und nicht von der Geschichte betrogen wurden.

Franz Joseph hat seine Frau gebeten, Rudolf nicht bis in die Kapuzinergruft zu begleiten, wo bereits ihre kleine Sophie liegt. In der Kapelle der Hofburg werden für den toten Prinzen die Vigilien gesungen. Ein schwarzer Schleier bedeckt das Gesicht der Kaiserin, von jetzt ab ist das Fenster geschlossen. Die Neugierigen können ihre von Leid, Trauer und schlaflosen Nächten gezeichnete Miene nicht mehr sehen. Sie zeigt nur noch einen Körper ohne Kopf, und dieser Körper hat sich niemals etwas anmerken lassen, weder Freude noch Leid. Er ist unverändert schlank, die Figur ist tadellos.

Wohin jetzt fliehen? Selbst am Ende der Welt würde der Tod sie einholen und ihr nehmen, was sie am meisten liebt. Am 18. Februar, ein Jahr nach Rudolf, stirbt Andrássy an Blasenkrebs. Ein paar Monate vorher hat er an Baron Nopcsa geschrieben: *Mein einziger Trost ist es, einer der wenigen Auserlesenen gewesen zu sein, die Gelegenheit hatten, eine Frau zu kennen und zu bewundern, von der ihre Millionen Untertanen nicht die leiseste Ahnung haben.* Elisabeth besucht die Witwe. Wieder zurück aus Budapest, gesteht sie Marie Valerie, daß »sie erst jetzt wisse, was sie an Andrássy gehabt. Zum ersten Mal fühle sie sich ganz verlassen, ohne jeden Ratgeber und Freund.«

Ein paar Wochen später in Regensburg stirbt die Schwester Helene in ihren Armen. Sie hatte einen schier endlosen Todeskampf.

Innerhalb von achtzehn Monaten hat Elisabeth den Vater, den Sohn, den Mann, den sie liebte, und ihre Lieblingsschwester verloren.

Wie ihr Vetter Ludwig II. weiß Elisabeth ihre Landschaften zu wählen. Mit Korfu entschied sie sich für eine Traumlandschaft. Die Insel ist noch völlig unberührt, nur wenige Schiffe werfen vor ihrer Küste Anker. Auf dieser ionischen Insel soll Nausikaa dem Helden Odysseus die Kraft zur Rückbesinnung und zur Heimreise in das nahe Ithaka verliehen haben. Auch Shakespeare, der Korfu nur durch Reiseberichte kannte, soll für sein letztes Stück, *Der Sturm*, diese Insel vor Augen gehabt haben. Ist Sycorax, der Name von Prosperos Insel, eine etwas weiter gefaßte Umkehrung von Keskyra, dem ursprünglichen Namen Korfus?

Vor dreißig Jahren – dreißig Jahre schon – hat Elisabeth im Licht und in der Wärme dieser prachtvollen Insel ihre lange depressive Phase überwunden. Sie weiß wohl, daß sie dort ihre Jugend und das Feuer ihrer früheren Auflehnung nicht wiederfindet, aber sie hofft, in diesem Niemandsland zwischen Himmel und Meer mit ihrer Verzweiflung leben zu können. Auf einer Anhöhe über dem Dorf Gasturi, wo sie schon öfters zu Gast war, hat sie sich ein Haus errichten lassen. Dort hatte sie vor zwei Jahren vom Tod ihres Vaters erfahren. Dort hatte die Zeit der Totenmessen begonnen. Es ist ein Haus in pompejanischen Stil mit Säulen und Portiken, umgeben von Zypressen, Magnolien und Lorbeerbäumen. Der Wald mit seinen Eichen und Olivenbäumen zieht sich von Hügel zu Hügel bis hin zum Meer. Von dieser Anhöhe aus sieht man in der Ferne die Stadt und den Hafen von Korfu, und am Horizont zittert wie eine Erscheinung im leuchtenden Azurblau, die Kammlinie der albanischen Berge.

Ihr Haus nennt sich Achilleion, in Anspielung auf eine Skulptur des sterbenden Achill, die die Terrassengärten beherrscht.

Bei Constantin Christomanos, einem jungen Studenten, lernt Elisabeth Alt- und Neugriechisch. In seinen späteren Memoiren erzählt der Grieche, wie die Kaiserin ihn im Park der Hermesvilla bei Wien zum erstenmal empfangen hatte: »Ihr Kopf hob sich vom Hintergrund eines weißen Schirmes ab, durch den Sonnenstrahlen drangen und der gleichsam einen lichten Nimbus um ihr Haupt ausbreitete. In der Linken hielt sie einen schwarzen Fächer leicht an die Wange geneigt. Ihre Augen fixierten mich goldhell, den Linien meines Gesichtes folgend, wie belebt von dem Wunsch, etwas darin zu entdecken [...] Und ich fühlte, daß diese Kaiserin nicht nur Kaiserin war: daß ich einer der idealsten und trauervollsten Erscheinungen des Menschentums gegenüberstand. Was sagte ich denn da? [...] Einige verwirrte Phrasen [...] Aber sie half mir über die erste Verlegenheit hinweg, indem sie mit jenem anmutsvollen Strahlen aus den Augen sagte:
›Wenn die Griechen griechisch sprechen, so ist es wie Musik.‹«
Der seltsame Student wird ihr hörig, gibt Wien und seine Philosophiestudien auf und folgt der Kaiserin. Aus seinem Munde lernt sie die Sprache der alten Götter und heißt ihn dafür im Achilleion willkommen: »Es ist der sterbende Achilles, dem ich meinen Palast geweiht habe, weil er für mich die griechische Seele personifiziert und die Schönheit der Landschaft und der Menschen. Ich liebe ihn auch, weil er so schnellfüßig war. Er war stark und trotzig und hat alle Könige und Traditionen verachtet [...] Er hat nur seinen eigenen Willen heilig gehalten und nur seinen Träumen gelebt, und seine Trauer war ihm wertvoller als das ganze Leben.«
Jetzt lauscht sie nur noch dem Gesang der griechischen Sprache und dem des Meeres. Sie steht in aller Frühe auf und verbietet es ihrer Umgebung, ihrem Beispiel zu folgen. Um fünf Uhr morgens möchte sie allein in den hängenden Gärten spazierengehen. Im Erdgeschoß des Hauses befindet sich eine kleine, der Gottesmutter geweihte Kapelle – die Kaiserin hatte aus Marseille, wo die heilige Maria als Patronin der Seefahrer ver-

ehrt wird, eine kleine Marienstatue mitgebracht –, aber sie zieht es vor, in der lebenden Stille des frühen Morgens wie in einem Selbstgespräch zu Gott zu beten. Zu dieser Stunde hat das weiße Licht die Landschaft noch nicht verschlungen und die Formen noch nicht ausgelöscht. Von der nach Osten ausgerichteten Esplanade aus sieht sie die ersten Lichtstrahlen hinter den albanischen Bergen hervorbrechen und ist immer wieder verwundert, wenn sich der Zauber jeden Tag von neuem einstellt. Die Sonne geht immer da auf, wo man sie erwartet, das Schicksal verfehlt sein Ziel nie. In der Hofburg gibt es allerdings eine Uhr, deren Zeiger in der Gegenrichtung laufen. Es ist die Uhr Maria Theresias. Freilich nur eine Täuschung, denn in ihrem Spiegel sah die große Kaiserin die Uhrzeiger sich in der gewohnten Richtung bewegen.

Auf Korfu ist die Natur so präsent, man spürt, wie unmöglich es ist, sich ihr zu widersetzen. Elisabeth läßt sich vom Unausweichlichen tragen. Nichts kann das Aufbrechen der riesigen Magnolienblüten verhindern, und nichts kann das gefräßige Licht, das die Welt im Handumdrehen entkleidet, ausschalten. Wenn die Sonne bereits hoch am Himmel steht, startet Elisabeth zu ausgedehnten Spaziergängen oder Reittouren. Sie durchstreift Olivenwälder, zahllose Bäume mit starken, gedrungenen Ästen. Die meisten dieser Olivenhaine sind bereits fünfhundert Jahre alt und erzählen die Geschichte des Landes. In den ersten Jahren ihrer Besatzung boten die Venezianer jedem, der einen neuen Wald von hundert Olivenbäumen anpflanzte, zehn Goldstücke. So wurde die ganze Insel zu einem riesigen Wald, der schon bei der kleinsten Brise zittert und schillert wie ein zweites Meer, nur noch dunkler und heftiger. Die Olivenbäume sind nie beschnitten worden, sie wachsen höher als anderswo und sind von einer erstaunlichen Kraft. Elisabeth liebt es, durch das Unterholz zu wandern; es riecht nach Öl, nach glänzenden Athletenkörpern.

Sie steigt vom Pferd und geht zu Fuß weiter, im Schatten alter Olivenhaine, wo unzählige freundliche, junge Esel weiden.

Alles ist still. Nicht der kleinste Lufthauch ist zu spüren. Die Sonne geht unter, und man müßte Tausende von Iphigenien opfern, damit Wind aufkommt. Plötzlich fährt ein Schrei durch die bedrückende Stille, ein Schrei wie eine Erlösung, hell und klar. Spitz wie ein Messer. Er bricht jäh wieder ab, nur sein Echo zittert noch nach. Doch nach einem Augenblick des Vergessens setzt er wieder ein, noch schriller als zuvor. Er dehnt sich aus, verstärkt sich und verändert seine Klage. Sein Entsetzen wird größer. Bald kommen andere Schreie hinzu und orchestrieren das Klagelied. Aber die erste Stimme – eine Frauenstimme – hebt sich deutlich ab, ihr Klageruf ist voller Schreck und Tragik.

»Es ist jemand gestorben«, erklärt Constantin Christomanos der Kaiserin, »das ist die Totenklage der Griechen«. Um Elisabeth herum werden die Gespräche wieder aufgenommen, ein Versuch, das Unheil zu bannen. Eine offensichtlich alte Frau geht vorbei. Elisabeth bittet die anderen zu schweigen. Ihre Aufmerksamkeit gilt immer noch der ersten Stimme, die sie klar von den anderen Begleitstimmen unterscheiden kann. Der grelle Schreckensruf prägt sich ihr deutlich ein. Sie weiß es, spürt es und hat es begriffen. Die Frau hat ihren Sohn verloren, dessen ist sie sich ganz sicher. Doch wenigstens dieser Schrei bleibt ihr, und sie stößt ihn aus mit aller Kraft, und groß ist seine befreiende Wirkung. In der Hütte, auf dem Boden aus gestoßener Erde, sieht man tatsächlich einen Kreis wehklagender Frauen, in der Mitte sitzt eine völlig gebrochene Alte vor dem Leichnam ihres Kindes, sie zerkratzt sich mit ihren Nägeln das Gesicht und schreit aus Leibeskräften.

Elisabeth erinnert sich an die Kapuzinergruft. Es war wohl der 9. Februar 1889, vier Tage nach der Beisetzung Rudolfs. Sie hatte sich gegen Abend in ihre Räume zurückgezogen. Ida und die Kammerzofen hatten ihr wie gewöhnlich in das Nachtgewand geholfen und sie dann allein gelassen. Sie zog sich in aller Eile wieder an und verließ die Hofburg über eine Geheimtür. Diesmal lief die schwarze Gestalt mit ihrem Trauerschleier nicht zum Maskenball, auch wenn es bis zum Fasching nicht mehr weit war. Feiert man in Wien in diesem Jahr überhaupt Fasching? Eigentlich war ihr alles egal. Außerdem wurden die Bälle nie so häufig besucht wie zur Zeit der großen Pest. Gott und der Teufel führen mit Vorliebe auf den wilden Bällen den Tanz an.

Elisabeth schlich in der Dunkelheit an den Mauern entlang, ihr Schritt war jedoch nicht zögernd. Der Weg war nur kurz, und es drängte sie zum Ziel. Sie brauchte nur dem Faden zu folgen, den ihr Sohn ihr gelegt hatte. Er war bei den uralten Toten der Krypta und lebte noch. Sie stemmte sich mit ihrem ganzen Gewicht gegen die eisenbeschlagene Holztür der Kapuziner und begann zu hämmern. Sie hämmerte sich die Fäuste wund. Endlich klappte ein Mönch das Türfenster auf. Sie murmelte ihren Vornamen, und da ihr Gegenüber sie nicht verstand, erklärte sie, daß sie die Kaiserin sei. Zum Beweis schlug sie sogar ihren Schleier zurück und zeigte ihr Gesicht, es war ihr, als zöge sie sich nackt aus. Die Tür öffnete sich einen Spalt. »Majestät, Majestät«, sagte der Mönch mehrere Male. Mit einem Ruck stieß sie die Tür auf und bedeckte ihr Gesicht wieder mit dem Schleier. »Schnell eine Fackel«, befahl sie, »ich will meinen Sohn besuchen.« Sie bat ihn, niemanden aufzuwecken. Es genüge, wenn er sie bis zum Grab ihres Sohnes begleite und sie dann allein lasse.

Der Kapuziner nahm sich nur die Zeit, um mit seiner Fackel eine zweite anzustecken, dann ging er ihr voran, beide Hände mit Lichtern bewaffnet. Auf der engen und steilen Treppe mußte er allerdings die Fackeln tiefer halten und aufpassen, daß er seine Kutte nicht in Brand setzte. Ihre Schatten huschten über die gekalkten Wände. Elisabeth wollte nicht mehr alle aufzählen, die sie in die Tiefe der Krypta begleitet hatte. Von der Leere fühlte sie sich angezogen.

Sie durchquerten den ersten Raum, ohne stehenzubleiben. Hier ruht Habsburg. Uralte Vorfahren, Kaiser großer Schlachten gegen die Türken und die Pest, kostbare Körper, versteinert

und in mit Totenköpfen verzierten Metalltruhen verwahrt. Elisabeth beachtete sie mit keinem Blick. Ihr verschwundener Sohn rief nach ihr. Sie mußte noch um das Riesenschiff der Maria Theresia herum, es steuerte direkt auf das Licht zu, ein Ruhmestempel für die Ewigkeit. Sie schwiegen alle, die Habsburger, die Jahrhunderte, die Sieger. Sie hörte nur die Klage ihres Sohnes. Der Kapuziner hatte seine Aufgabe erfüllt. Nachdem er die beiden Fackeln aufgestellt hatte, blieb ihm nichts weiter, als sie allein zu lassen.
Sie wartete, bis sich das Eisengitter hinter ihr schloß und der Kapuziner in der Dunkelheit seinen Rückweg gefunden hatte. Dann kniete sie vor dem Sarg ihres Sohnes nieder, tauchte Gesicht und Arme in die Fülle der halb verwelkten Blumen. Sie stöhnte und schrie schließlich wie jene alte Frau von Korfu. Ihre kleine, sanfte Stimme, sonst leise und zart, hatte sich endlich befreit. Sie rief ihren Sohn und flehte ihn an zurückzukommen. Im Grunde ihres Herzens mußte sie ihm jedoch recht geben und seine Flucht gutheißen. Und eigentlich beneidete sie ihn um sein Schicksal. Sie selbst hatte das Leben nicht genug geliebt und konnte ihm deshalb auch nicht die Freude daran vermitteln. Wenn sie so laut, so stark und ausdauernd geschrien hätte wie die Frau von Korfu, hätte sie ihn vielleicht wieder zum Leben erweckt. Wuchs sein Bart unter dem Bleideckel nicht noch weiter? Sicherlich sind die bleichen Habsburger Wangen dadurch dunkler geworden. Sein Fleisch war ja noch nicht zerfallen oder gar verfault. Die Zersetzung konnte noch nicht begonnen haben. Im Anfangsstadium vermittelt die Arbeit des Todes den Eindruck einer starken, inneren Aktivität. Die Gärung läßt die Haut rosig erscheinen und die gierigen, rotvioletten Lippen zu einem kindlichen Schmollmund anschwellen.
Einst hatte sie ihn dem Schrecken entreißen können. Früher mußte sie ihn gegen den Erzieher, die Erzherzogin und den Kaiser verteidigen, doch das war nicht genug. Blind und taub war sie gewesen. Sie hatte es nicht verstanden, ihn zu lieben, als es

noch Zeit war, und von diesem Fehler – dem schlimmsten von allen – kann sie niemand freisprechen. Es blieb ihr nichts, als sich tief unten in der Kapuzinergruft dem Schrei der Verzweiflung zu überlassen.

Die österreichische Presse läßt sich über den Gemütszustand der Kaiserin nicht aus. Einmal wenigstens ist die Gerüchteküche machtlos und schweigt. Was könnte sie denn noch hinzufügen? Die Verzweiflung der Kaiserin kann ja gar nicht größer sein. Die ausländische Presse gibt sich allerdings weniger zurückhaltend. In Deutschland und in Frankreich bauscht man das Unglück noch auf. Man berichtet, Elisabeth sei dem Wahnsinn verfallen und verrückt geworden, und erfindet für sie Wahnbilder im Stile Shakespeares. Die Zeitungen *Le Gaulois* und *Le Matin* behaupten, sie wiegen in ihren Armen ein Kissen und fragen, ob der junge Erbprinz denn auch schön sei … Man zeichnet sie als eine vom Schmerz erschöpfte Ophelia.

In Wahrheit ist sie gegenüber ihren Familienangehörigen durchaus in der Lage, sich zu beherrschen. Nur wenn sie allein ist, überläßt sie sich ihren Tränen. Wie Rudolf glaubt sie nicht mehr an die Zukunft von Österreich-Ungarn und unterstützt den Rat, den er seiner Schwester in seinem letzten Brief gegeben hat. Nur Franz Joseph hält das Reich noch zusammen, Marie Valerie wird nach dem Tod ihres Vaters emigrieren müssen.

Elisabeth bemüht sich, ihr poetisches Werk in Sicherheit zu bringen. Originale und Abschriften verschließt sie in einer Kassette in der Hofburg. Nach ihrem Tod soll der jüngere Bruder, Karl Theodor, sie dem Präsidenten des schweizerischen Bundesrates übergeben. Die Kaiserin und Königin vertraut nur der Republik. Dank der Schweiz wird ihr Werk in Sicherheit sein. Ein Begleitschreiben bestimmt, daß die Kassette erst in sechzig Jahren geöffnet werden darf, also im Jahr 1951. Weiterhin legt Elisabeth fest: »Der Ertrag soll ausschließlich verwendet werden für hilflose Kinder von politisch Verurteilten der österreichisch-ungarischen Monarchie.«

Die internationale Presse spricht zwar von Ophelia, das Bild der Kassandra wäre jedoch angebrachter. Das Reich Österreich-Ungarn fällt tatsächlich auseinander und reißt ganz Europa mit sich. Zu den aus politischen Gründen Verurteilten kommen die Opfer der Völkermorde hinzu. Wie Shakespeares Narren sieht Elisabeth weiter als ihre Zeitgenossen. Sie hat bereits die Vorstellung von einer Politik der Menschenrechte, so wie sie heute von der demokratischen Ländern propagiert wird. Mit der Öffnung der Kassette werden ihre Gedichte veröffentlicht. Die Autorenrechte bekommt das Flüchtlingskommissariat. In der versiegelten Kassette findet man einen von Heinrich Heine – die Kaiserin nannte ihn ihren »Meister« – inspirierten Brief:

Liebe Zukunfts-Seele!

Dir übergebe ich diese Schriften. Der Meister hat sie mir diktiert, und auch er hat ihren Zweck bestimmt, nämlich vom Jahre 1890 an in 60 Jahren sollen sie veröffentlicht werden zum besten politisch Verurteilter und deren hilfebedürftigen Angehörigen. Denn in 60 Jahren so wenig wie heute werden Glück und Friede, das heißt Freiheit auf unserem kleinen Sterne heimisch sein. Vielleicht auf einem Andern? Heute vermag ich Dir dies nicht zu sagen, vielleicht wenn Du diese Zeilen liest – Mit herzlichem Gruß, denn ich fühle Du bist mir gut,

Titania

Geschrieben im Hochsommer des Jahres 1890, und zwar im eilig dahinsausenden Extrazug

Die Möwe fliegt weiter, doch ihre Flüge werden immer einsamer. Durch Heirat hat sie nun auch ihre Tochter verloren. Doch wenigstens Marie Valerie ist glücklich. Die Hochzeit fand in Ischl im allerengsten Kreise statt, aber immerhin spielte Anton Bruckner die Orgel, und – was noch schöner war – Marie Valerie heiratete den Mann ihres Lebens. Elisabeth hat viel zu sehr unter der Allgegenwart ihrer Schwiegermutter gelitten, um jetzt den beiden Verliebten ihre eigene aufdrängen zu wollen: »Die Seemöwe paßt nicht ins Schwalbennest, ein ruhig glückliches Familienleben ist mir nicht bestimmt.« Die Erinnerungen an ihre leidenschaftlichen Muttergefühle bewahrt sie sich lieber ungetrübt. In der Beziehung zwischen Mutter und Tochter würde eine dritte Person – und sei sie auch noch so liebenswürdig – nur stören. Mit Marie Valerie wird es nie mehr so sein wie früher. Als am späten Abend der mit Vergißmeinnicht und Azaleen geschmückte Wagen vorbeifährt, um ihre Tochter und den jungen Bräutigam abzuholen, fühlt sich die allzu besitzergreifende Mutter erneut von Trauer erfüllt. Jetzt hat sie alle ihre Kinder verloren.
Nach Rudolfs Tod hat Elisabeth monatelang von Reisen Abstand genommen. Mit ihrer Gegenwart wollte sie den Ehemann in seinem Schmerz trösten. Doch dem Kaiser gelingt es wesentlich besser, seine innere Krise zu überwinden. Die Automatismen der Macht und die Dringlichkeit der politischen Probleme lenken ihn ab. Zumindest nach außen hin muß er sich ruhig geben, auch wenn die Wunde weiterhin blutet. Doch wer ihn gut kennt, läßt sich nicht täuschen. Der alte Graf von Hübner – er diente unter Metternich, Schwarzenberg und Franz Joseph – berichtet in seinen Memoiren, wie sehr Franz

Josephs innere Kraft trotz des äußeren Anscheins der Ruhe gebrochen war: Er sei nicht mehr derselbe wie vor der Katastrophe von Mayerling, sondern wesentlich schwächer und habe nicht mehr das gleiche Interesse an den politischen Geschäften. Vor dem Tod des Kronprinzen habe er für die Monarchie gearbeitet, beseelt von dem Wunsch, seinem Sohn den Weg zu ebnen. Mit dem Verschwinden des Sohnes sei das Leben des Vaters öde geworden. Jetzt widme er sich aus Pflichtgefühl den Geschäften, aber mit dem Herzen sei er nicht mehr dabei.

Wenn das Herz nicht mehr beteiligt ist, wird der Wille um so zäher und verbissener. Selbst im größten Schmerz hat der Kaiser nie eine Abdankung in Erwägung gezogen. Dies käme der Fahnenflucht Rudolfs gleich. So etwas ist völlig undenkbar. Zwischen dem Menschen Franz Joseph und seiner kaiserlichen Macht kann man nicht trennen. Die Verbindung dieser beiden Elemente ist schon so alt und so eng, daß man sie nicht auflösen kann, ohne sowohl das Individuum als auch das Reich zu zerstören.

Aus der unumstrittenen Würde seines Amtes schöpft er weder Stolz noch Genuß. Franz Joseph sucht in der kaiserlichen Autorität keine Bestätigung seiner eigenen Persönlichkeit, sondern ist eher darum bemüht, seine Identität zu verbergen und ausschließlich eine Macht zu verkörpern, die über seine eigene Person weit hinausgeht. Gegenüber seinen nächsten Angehörigen zeigt er sich dagegen äußerst mißtrauisch, zumindest soweit sie ihm seine Macht streitig machen könnten. Sein Bruder Maximilian und sein Sohn Rudolf haben das deutlich zu spüren bekommen. Und bei seinem neuen Thronerben wird er sich bestimmt nicht flexibler verhalten. Seit der Tragödie von Mayerling gilt Franz Ferdinand, der älteste Sohn von des Kaisers jüngstem Bruder Karl Ludwig, als Nachfolger. Franz Joseph empfindet nicht die geringste Spur von Zuneigung oder Sympathie für seinen Neffen. Aber selbst wenn die beiden gemeinsame Ansichten oder freundschaftliche Gefühle füreinander hätten, würde das an der Stellung des Kaisers keinen Deut ändern. Solange er lebt, hat er die Macht, die ganze Macht.

Marie Valerie ist kaum verheiratet, schon packt Elisabeth wieder das Fernweh. Ihre Tochter braucht sie nicht mehr. Und was Franz Joseph angeht, so kann sie ihm die Freude und Leichtigkeit nicht geben, die er braucht. In den schweren Schicksalsstunden fühlten sie sich einander verbunden, gemeinsam trugen sie das Leid, und jeder spürte den Schmerz des anderen stärker als den eigenen. Doch jetzt hat sie nicht mehr das Recht, Franz Joseph mit dem Schleier einer Mater dolorosa zu quälen. Solange der Kaiser ihre Hilfe forderte, versuchte sie sich zusammenzunehmen. Jetzt kann sie ihren eigenen Schmerz voll ausleben und ihrem Ehemann neue Lebensfreude gönnen. Katharina Schratt, von beiden in ihren Briefen liebevoll »die Freundin« genannt, verwöhnt Franz Joseph mit Zärtlichkeiten, deren Geheimnis sich nur ihr erschließen.

Der Kaiser macht aus seiner Beziehung zu der Schauspielerin immer weniger ein Geheimnis. Natürlich versäumt er keine Gelegenheit, den rein freundschaftlichen Charakter dieser inzwischen nahezu offiziellen Beziehung zu betonen. Die Tragödie von Mayerling erinnerte ihn an die Unsicherheiten des menschlichen Lebens. Zur Zukunftssicherung der »Freundin« fügt er deshalb zwei Monate später seinem Testament einen Nachtrag hinzu. Aus seinem Privatvermögen reserviert er fünfhunderttausend Gulden für die Hofschauspielerin Katharina Kiss von Itebbe (geborene Schratt), der er in tiefster und reinster Freundschaft verbunden und die in den schmerzlichsten Momenten des Lebens ihm und der Kaiserin immer in treuer und loyaler Weise zur Seite gestanden habe.

Die Beziehung zwischen den beiden hat sich eingespielt. In den ersten Jahren konnten sie sich nur in Ida Ferenczys Wohnung innerhalb der Hofburg treffen. Den August verbringt der Kaiser nach wie vor in Ischl. Von seiner Residenz aus, der Kaiservilla, kann er Katharina hin und wieder einen nachbarschaftlichen Besuch abstatten, denn die Schauspielerin bezieht ihr Sommerquartier in ihrem reizenden Haus am Wolfgangssee. Doch für den wenig abenteuerlustigen Franz Joseph ist all das viel zu sehr dem Zufall überlassen, außerdem erlaubt ihm sein Amt wenig Bewegungsfreiheit. Die »Freundin« hat deshalb einen Ausweg gefunden. Dank der Großzügigkeit ihres Verehrers konnte sie ein herrliches Barockhaus kaufen, typisch für die Zeit Maria Theresias, mit gelber Fassade und grünen Fensterläden. Es grenzt an den Schloßpark von Schönbrunn. Im Winter, wenn der Kaiser in der Hofburg residiert, steht Idas Wohnung ihnen nach wie vor für ihre Verabredungen zur Verfügung. Doch sobald die schönen Tage kommen, zieht der Hof nach Schönbrunn um. Als eingefleischter Frühaufsteher ist Franz Joseph schon in der Morgendämmerung munter. Nachdem er seine Akten studiert und die Briefe des Tages eingesehen hat, ist es ihm ein Vergnügen, seine Arbeit zu unterbrechen und in der Gloriettegasse Nr. 9, dem Haus der »Freundin«, ein Frühstück einzunehmen. Katharina Schratts Köchin zaubert tatsächlich eine gehaltvolle Schokolade auf den Tisch, die selbst in Wien, wo man auf diesem Gebiet ja einiges zu bieten hat, ihresgleichen sucht. Diese Kostbarkeit ist einem Festessen durchaus angemessen. Auch die leichten und herzlichen Plaudereien mit der Schauspielerin sind etwas Besonderes. Katharina ist eine fröhliche Natur. Sie versteht den Kaiser zu unterhalten, sei es mit Cancans aus dem Burgtheater oder mit dem ganzen Tratsch der Wiener Salons. Bei ihr fühlt er sich fast als ein Mann wie jeder andere. Mit leichtem Schritt kehrt er in sein Büro zurück.

Manchmal begleiten sie sich gegenseitig wie zwei Schulkinder. Sie bringt ihn bis in den Schloßgarten von Schönbrunn. Er bleibt ihr jedoch nicht gerne etwas schuldig – seine Höflichkeit ist legendär –, kehrt also wieder mit ihr um und verläßt sie erst wieder am Treppenabsatz ihres schönen Hauses. Selbstverständlich beeilt er sich, ihr zu schreiben, daß sie sich am anderen Tag bitte nicht zu früh erheben solle, denn nichts erfreue ihn mehr, als auf ihrer Bettkante zu sitzen. Die Aristokratie schätzt es weniger, daß ein Kaiser aus dem Haus Habsburg mit einer Nichtadeligen einen so überaus vertrauten Umgang pflegt; zu allem Überfluß ist die Dame auch noch verheiratet und Schauspielerin. Aber offensichtlich sind die Wiener letzten Endes doch froh, daß ihr Kaiser nicht mehr so traurig wirkt.

Elisabeth ist weder verärgert, noch fühlt sie sich gekränkt. Sie ist sogar der Ansicht, daß ihr Tod den Ehemann noch mehr befreien würde. Bereits jetzt ist sie nur noch ein Schatten ihrer selbst, ein Gespenst in schwarzen Schleiern. Durch die Trauer hat sie die Möglichkeit, sich den Blicken zu entziehen. Natürlich verwandelt sie sich nicht in ein antikes Klageweib, über Traditionen dieser Art hatte sie schon immer gespottet. Ihre Verzweiflung sitzt wesentlich tiefer und zeigt sich nicht in Äußerlichkeiten. Nicht aus Konvention ist ihre Entscheidung gefallen, für immer Trauer zu tragen. Sie flüchtet sich in ihre Schleier wie der Einsiedler Bernhard in eine leere Jakobsmuschel. Bereits bevor sie wußte, daß sie alle, die sie liebt, beweinen muß, hatte sie sich auf einen anderen Verlust vorbereitet: auf den Verlust ihrer Schönheit. Sie trennte sich von ihren schönen Kleidern und verteilte ihren Schmuck, doch damit nicht genug: Sie mußte sich darauf einstellen, daß ihr Körper – früher bezaubernd und von strahlender Schönheit – vergehen würde. Ihr Gesicht war allzu sehr dem Wind und der Sonne ausgesetzt und bekommt jetzt Falten wie eine überreife Frucht. Der Schmerz hat ihre Wangen einfallen lassen, und die Gesichtsknochen bilden bereits die Konturen ihrer Totenmaske: »Sobald ich mich altern fühle, ziehe ich mich ganz von der Welt zurück. Es gibt nichts Grauslicheres, als so nach und nach zur Mumie zu werden und nicht Abschied nehmen zu wollen vom Jungsein. Wenn man dann als geschminkte Larve herumlaufen muß – Pfui! Vielleicht werde ich später immer verschleiert gehen, und nicht einmal meine nächste Umgebung soll mein Gesicht mehr erblicken.«

Und doch bleiben ihr viele Trümpfe. Andere Frauen wären überglücklich, wenn sie sie besäßen: ihre Haltung, die schlanke Taille, die Festigkeit ihres Körpers, ihr unverändert goldener Blick und die wundervollen Haare, in die sich noch keine weiße Strähne mischt. Für den weiblichen Narziß, der unvergleichlich sein will, zählt das jedoch wenig. Sie ist es einmal gewesen; jetzt ist sie es nicht mehr. Der Vorhang fällt. Seit über zwanzig Jahren bereits läßt sie sich nicht mehr fotografieren. Jetzt läßt sie nicht einmal mehr Blicke auf sich ruhen.

Fällt Schönheit nicht wie Flitter, wie eine zu enge und zu glänzende Haut vom Körper ab, wenn jene nicht mehr sind, denen man gefallen wollte? Wenn Rudolf am Essen teilnahm, sei es in der Hofburg oder in Schönbrunn, achtete Elisabeth besonders auf ihr Äußeres, sie ließ ihr Haar mit besonderer Sorgfalt pflegen und wählte ein Kleid, dessen Farbe ihrem Sohn gefiel. Sie machte sich für ihn schön, und er spürte es wohl. Die Worte kamen ihnen nicht mehr über die Lippen, also blieb ihnen nur dieser Weg, um sich ihre Zuneigung einzugestehen. Heute ist Rudolfs Mund stumm, sein Blick, einst so eifersüchtig und zärtlich, streichelt sie nicht mehr. Wozu also noch dieser ganze Schmuck? Diese Hirschlederstiefel? Rudolf hat sie jedesmal geküßt, wenn er seiner Mutter in den Sattel geholfen hatte. Das war ein früheres Leben. Nur ihre Erinnerungen und die Falten im Gesicht zeugen noch davon.

Und Ihr, Graf Andrássy, hattet Ihr mir nicht versprochen, nicht vor mir zu gehen? Ihr habt Euren Schwur gebrochen. Ihr fehlt mir noch mehr, als ich es befürchtet habe. Wir sahen uns selten, aber ich habe gelernt, mich zu bescheiden. Solange Ihr lebtet, kündete alles von Euch, die lieben ungarischen Freunde, die Pferde und alle Birken von Gödöllö. Seitdem Ihr mich verlassen habt, ist mir selbst das Schicksal Ungarns gleichgültig. Man erzählte mir, daß sich Kossuths Partisanen wieder bemerkbar machen, und Eure Landsleute sehen uns immer weniger gern. Sie haben wie ich Rudolf und Andrássy verloren und fürchten sich deshalb vor der Zukunft. Ihr habt uns der

Einsamkeit überlassen. Ohne Euch wage ich nicht mehr, nach Gödöllö zurückzukehren. Aber alles in allem ist es besser, daß Ihr mich nicht mehr sehen könnt, alt und häßlich, wie ich bin. Wenn ich Euch früher erwartete, überließ ich mein Haar geduldig der Friseuse. Die langen Vorbereitungen machten mir wenig aus. Ich hätte die Qual sicherlich noch länger ertragen, wenn ich Euch dadurch noch besser hätte lieben können. Für Euch fühlte ich mich nie schön genug, kein Schmuck und keine Frisur schien mir gut genug. Warum habe ich nicht begriffen, wie sinnlos das alles war? Warum habt Ihr nicht über all diese Künsteleien gelacht? Warum habt Ihr mir meine ganzen Verteidigungsmittel nicht einfach umgestoßen? Ich war keine Königin, wenn ich Euch sah. Aber auch ich habe es ja nicht rechtzeitig begriffen. Wir wollten groß sein. In Wirklichkeit waren wir lächerlich, und heute seid Ihr tot und ich alt. Ich habe ein falsches Leben geführt. Und Ihr?

Sie hatte nie viel Appetit, und jetzt hat sie ihn ganz verloren. Um sich rechtfertigen zu können, klagt sie ihre Waage an. Sie wird jeden Tag befragt, und wenn sie es wagt, ihr zu antworten, daß sie um hundert Gramm zugenommen hat, reduziert Elisabeth ihre Tagesration noch mehr. Sie ist von Diäten besessen und hat nicht die geringste Lust, sich an einen Tisch zu setzen. In der Hofburg haben sich die Tischgäste nicht viel zu sagen, und auf Reisen läßt sie ihre Gesellschaftsdamen lieber mit dem Festmahl allein. Ihr ekelt vor Braten- oder Soßengeruch. Schmatz- und Kaugeräusche, Schluckbemühungen, eifriges Sich-den-Magen-Vollschlagen, Fettspuren auf der Serviette oder am Glasrand, Krümel, Speisereste und Flecken, all das widert sie an. Wozu soll man ein Feuer unterhalten, das nicht mehr lodern will?

Wenn der Hunger stirbt, wird Gott angerufen, zumindest in den verzweifelten Fällen. Aber selbst der letzte Hunger ist erloschen, und Elisabeth gesteht der frommen Marie Valerie, daß die Hofburg sie erdrücke und sie jeden Tag an die Katastrophe erinnere. Es gelinge ihr nicht, sich davon freizumachen;

manchmal denke sie sogar, Rudolf habe ihren Glauben totgeschossen.
Trotzdem kommt es vor, daß sie inbrünstig zu Gott fleht, kniend mit der Stirn am Boden oder lang ausgestreckt vor ihrem Bett. Sie ruft Gott mit dem Namen Jehova an, so weit entfernt und so schrecklich erscheint er ihr. Er schont niemanden und zeigt sich nur durch das schwere Los, das er seinen Kreaturen aufbürdet. Das Elend der Menschen und die Klagerufe der Königinnen lassen ihn kalt. Jehova löscht alles aus, selbst die Erinnerung an die Habsburger. Elisabeth glaubt weder an eine göttliche noch an eine menschliche Regierung. Die Republik wird die alte Dynastie bald hinwegfegen:

Ihr lieben Völker im weiten Reich,
So ganz im geheimen bewundre ich euch:
Da nährt ihr mit eurem Schweisse und Blut
Gutmütig diese verkommene Brut!

Welche Regierungsform auch immer kommen wird, sie sieht keine goldenen Zeiten voraus. Die Macht der Menschen scheint ihr viel zu beschränkt, um auf den Lauf der Dinge Einfluß nehmen zu können: »Die Politiker glauben, die Ereignisse zu führen und werden immer davon überrascht. Jedes Ministerium hat seinen Fall in sich, gleich vom ersten Augenblick an. Die Diplomatie ist nur dazu da, um von den Nachbarn irgend eine Beute zu ergattern. Aber alles, was auch geschieht, geschieht von selbst aus innerer Notwendigkeit und Reife, und die Diplomaten constatieren nur die Thatsachen.«
Elisabeth macht sich nicht einmal mehr die Mühe, ihre Reisen vorauszuplanen. Die Briefe des Kaisers erreichen sie nur mit Mühe in den Konsulaten der verschiedensten europäischen Länder. Wenn die Expeditionen zu strapaziös und zu gefährlich werden, treten jüngere Gesellschaftdamen an die Stelle der älteren. Gegen die Kaiserin ist der »Fliegende Holländer« der reinste Waisenknabe, denn er sehnt sich nach Ruhe und war-

tet auf den Tag, an dem er von seinen Irrfahrten erlöst wird. Elisabeth wünscht sich nur die Erlösung durch den Tod, ein Hafen des Friedens ist für sie nichts als eine Illusion.
Ein letztesmal in Korfu, wo sie sich vom Zauber der Landschaft tragen ließ. Für eine Weile herrschte sie über ein Volk von gen Himmel blickenden Statuen, über Erinnerungsstücke aus der Antike. In ihrer Begeisterung übersetzte sie mehrere Shakespeare-Dramen ins Altgriechische, als ob die Reisen im Raum ihr nicht genügten und sie sich auch noch innerhalb der Zeit bewegen müßte. Selbst Korfu und der Heine-Tempel, den sie an einem schönen Berghang errichten ließ, können sie nicht halten. Sie sucht für ihr Haus einen finanzkräftigen Käufer. Ihrem jungen Griechischlehrer Christomanos, einem kleinen, buckligen Mann, der von ihrer außergewöhnlichen Art fasziniert ist und sie über alles liebt, gesteht sie: »Das Leben auf dem Schiff ist viel schöner als jedes Ufer. Die Reiseziele sind nur deswegen begehrenswert, weil die Reise dazwischen liegt. Wenn ich irgendwo angekommen wäre und wüßte, daß ich nie mehr mich davon entfernen könnte, würde mir der Aufenthalt selbst in einem Paradies zur Hölle. Der Gedanke, einen Ort bald verlassen zu müssen, rührt mich und läßt mich ihn lieben. Und so begrabe ich jedesmal einen Traum, der zu rasch vergeht, um nach einem neuen zu seufzen.«
Nur in Bewegung bleiben! Die Reise geht immer weiter, mal zu Wasser, mal zu Land, und das Gefolge stöhnt. Der Kaiser fühlt sich verlassen und allein. Nach wie vor liebt er Elisabeth, trotz aller Zuwendung, die er von Katharina zum Ausgleich bekommt. Die unglückliche Marie Festetics ist nicht gerade seefest. Alles in allem zieht sie das Leben am Hofe doch den Piratenfahrten vor. »Daß wir den Hafen erreicht haben, grenzt an ein Wunder«, schreibt sie in ihrem Tagebuch. »Davon kann sich niemand eine Vorstellung machen [...] Was ich in den ersten achtzehn Stunden mitgemacht habe, läßt sich nicht beschreiben. Bei dem Gedanken, wieder das Schiff besteigen zu müssen, graust es mir.«
An einer anderen Stelle macht sich die Gesellschaftsdame Sor-

gen um die Kaiserin: »Mich schauderts, wenn ich die sc
Seele im Egoismus und Widerspruch versinken sehe.«
Weder die Kaiserin noch ihr Gefolge scheren sich um
Kosten, die ihre Reisen verursachen. Ein ganzes Reich arbeit
schwer, damit die Herrscherin ihre Verzweiflung auf den Mee
ren spazierenfahren kann. Nicht nur in Wien versäumt Elisa-
beth ihre Repräsentationspflichten, überall lehnt sie seit
Rudolfs Tod Empfänge zu ihrem Namens- oder Geburtstag
strikt ab. Sie will nicht, daß eine offizielle Delegation aus Wien
ihr in dem Hafen, in dem sie gerade an Land gegangen ist, gra-
tuliert. Im Grand Hôtel de Noailles von Marseille, im Hôtel du
Palais von Biarritz und im Cap Martin Hotel von Menton gibt
sie sich als Mrs. Nicolson aus. Fast überall sieht man sie mit
ihrem schwarzen Schleier auftauchen: In Porto, Lissabon, auf
Gibraltar, in Oran, Algier, Tunis, Ajaccio, Neapel, Pompeji,
Florenz, Korinth, Athen, Kairo, Valencia, Granada und wieder
Algier ... In jeder Stadt stöhnen die Polizisten. Sie läuft zu
schnell, man braucht einen Wagen, um ihr zu folgen.
Ist das Schiff der Kaiserin einmal auf See, hält es nur noch an,
damit sie ihr Bad nehmen kann. Sie badet in Meerwasser, das
mit einer Schaluppe an Bord gebracht und dann in ihre Wan-
ne gegossen wird. Während des Bades steht die Jacht still.
Dann wiederum muß sich die Mannschaft dem Sturm stellen.
Je unruhiger das Meer, desto wohler fühlt sich Elisabeth. Wenn
das Gefolge schon fast den Geist aufgibt, geht Elisabeth allein
an Deck, läßt ihren Stuhl an den Mast binden und sich selbst
an den Stuhl. Sie hat keine Angst, von den Wellen mitgerissen
zu werden, im Gegenteil, sie trotzt ihrem Verlangen nach
Selbstzerstörung: »Ich tue dies wie Odysseus, weil mich die
Wellen locken.« Es ist nicht mehr Narziß, der sich über einen
Bergsee beugt, um sein Spiegelbild zu betrachten. Es ist die Kai-
serin, die ungeduldig darauf wartet, daß der Tod sie ereilt. An
den Mast gekettet, ist sie bereits eins mit dem Sturm. Von den
Wellen hin und her geworfen, überläßt sie sich der Macht, die
sie in ihrem Meerestaumel Schicksal oder Jehova nennt.

Sie atmet gern im Rhythmus der Wellen und liebt es, wenn der Sturmwind ihr voll ins Gesicht bläst oder sie von den Brechern getroffen wird. Mit all ihrer Willenskraft beschwört sie den Sturm. Wenn sie ertrinkt, bleibt ihr das Gefängnis der Habsburger erspart. Mit einem Schlag entginge sie der Hofburg und dem schlimmsten aller Kerker, der Kapuzinergruft.
Auch Rudolf hatte es genauso wie sie abgelehnt, dort beigesetzt zu werden. Er wünschte sich ein einfaches Grab neben dem von Mary auf dem kleinen Friedhof bei Mayerling. Statt dessen setzte man sich über seinen Letzten Willen hinweg und schloß seinen Leichnam in der finsteren Krypta ein. Selbst als Toter wurde er noch einmal der Krone geopfert.
Auf See entfaltet sich die Phantasie ohne Zwang. Sämtliche Orientierungspunkte verschwinden. Der Raum wird unendlich, und die Zeit entschwindet dem menschlichen Bewußtsein. In ihrer krankhaften Übersteigerung sieht die Kaiserin um sich herum nur noch Zeichen des Unheils. Wenn sie ihre Augen zum Himmel hebt, entdeckt sie auch da nächtliche Trauerwolken: »Die Sterne sind auch lauter schimmernde und ferne Leichen.« Die Lichtjahre werden zu Totenjahren.
Wenn das Meer sich beruhigt, entgeht auch der Flug der Möwen – sie fühlt sich ihnen verwandt – nicht dem allgemeinen Fluch: »Bei jeder Reise fliegen die Möwen hinter meinem Schiffe«, sagt sie zu Christomanos, »und jedesmal gibt es eine dunkle, fast schwarze darunter, wie diese hier [...] Einigemale hat mich meine schwarze Möwe während einer ganzen Woche begleitet, von einem Kontinent zum andern. Ich glaube, sie ist mein Schicksal.«
Der Tod ist überall präsent, auf dem Wasser wie auf dem Land. Christomanos, dem wertvollen Zeugen für die Jahre 1891 und 1892, erzählt die Kaiserin in Schönbrunn, wie sehr es sie danach drängt, sich von der Welt der Lebenden loszulösen. Der Student und die Kaiserin spazieren miteinander im Park. Lange Zeit schweigen sie, dann wechseln sie einige Worte. Sie folgen dem Weg, der sanft zur Gloriette von Maria Theresia

ansteigt, und gehen auf der anderen Seite wieder herunter. Stundenlang gehen sie so spazieren und beschreiben immer denselben Kreis. Sie eine große schwarze Gestalt, er ein verkrüppelter, junger Mann mit scharfem Verstand: »Graue, müde Stunden«, schreibt Christomanos, »der Himmel wie von Asche [...] Die Luft war unbeweglich und schwer wie stehendes Gewässer.« Auf diesem Gang macht ihm die Kaiserin ein Geständnis, das – den Farben des Wetters entsprechend – wie ein letztes Glaubensbekenntnis klingt: »Der Todesgedanke reinigt wie ein Gärtner, der das Unkraut jätet, wenn er in seinem Garten ist. Aber dieser Gärtner will immer allein sein und ärgert sich, wenn Neugierige in seinen Garten schauen. Deswegen halte ich den Schirm und den Fächer vor meinem Gesicht, damit er ungestört arbeiten kann.«
Für Cioran waren diese Worte eine wahre Enthüllung: »An diesen wenigen Sätzen – ich las sie im Jahre 1935 im Alter von achtzig Jahren – entzündete sich das leidenschaftliche Interesse, das ich für die Kaiserin Elisabeth empfinde.«

Als Elisabeth nach Wien zurückkehrt, schließt sie sich in den weiten Park der vor den Stadttoren gelegenen Hermesvilla ein. In der Stadt sieht man sie nirgends, noch weniger in der Hofburg. Sie könnte in Wien einen leeren Wagen mit zugezogenen Vorhängen herumfahren lassen, damit die Wiener sie wenigstens zu sehen glauben. Denn das Bild, das sie sich inzwischen von ihr machen, hat mit der Wirklichkeit nichts mehr zu tun. Franz Joseph zieht zu ihr in das große Haus, das er für sie unter Tannen und Zedern errichten ließ und in ausgesprochen bürgerlicher Manier »Mon repos« nannte. Ruhe ist ihr hier genausowenig wie anderswo beschieden.
Während des Sommers finden sie sich in der Ischler Kaiservilla ein, wo jeder seinen Bereich abgesteckt hat. Der Kaiser liebt die Jagd, seine Trophäen bedecken ganze Wände. Der akkurate, prosaische Mann, von dem Stefan Zweig behauptete, er habe nie etwas anderes als militärische Berichte gelesen,

umgibt sich mit Uhren, Temperaturmessern und Barometern. Elisabeth hat ihren Raum für die Gymnastik reserviert. Zwischen zwei ovalen Spiegeln macht sie täglich ihre Übungen. Auf der Anhöhe des Parks hat sie sich einen Pavillon aus rosa Marmor bauen lassen. Es ist ihr Privatbereich, in den sie sich zurückzieht, um Briefe zu beantworten, Gedichte zu schreiben und allein zu sein.

Eine Veränderung: Die beiden Eheleute treffen sich zuweilen im Ausland. Franz Joseph wagt es, dem Reich den Rücken zuzukehren und seine Frau in Genf oder im Cap Martin Hotel von Menton zu besuchen. Seine Abwesenheiten sind kurz und arbeitsreich, denn die Akten und seine engsten Mitarbeiter folgen ihm nach. Doch so hat er mehr Zeit für die Frau, die trotz der Jahre und leidgeprüften Erfahrungen seine große Liebe geblieben ist. Er ist ihr gegenüber nach wie vor voller Zärtlichkeit, Nachsicht und Sorge. »Mit ihrem Charme«, schreibt Marie Festetics, »steckt die Kaiserin ihren Mann völlig in die Tasche.«

Die Würfel sind gefallen. Sie wissen jetzt sehr wohl, daß sie ihre unterschiedlichen Wesensarten akzeptieren müssen. Keiner von beiden wird sich je ändern. Doch Franz Joseph liebt seine Frau viel zu sehr, um ihre absurden Diäten einfach hinzunehmen. Während ihr Körper extrem mager ist, sind ihre Beine geschwollen; die Unterernährung hat zu Ödemen geführt. Was der Kaiser allerdings am meisten fürchtet, sind Attentate. 1881 hat Zar Alexander II. bei einem Bombenanschlag sein Leben verloren, und 1894 ist in Lyon der französische Staatspräsident Sadi Carnot ermordet worden. Trotz dieser Gefahren fordert Elisabeth für ihre Person weniger strenge Sicherheitsmaßnahmen. »Wer will schon eine alte Frau wie mich angreifen?« sagt sie. Der Kaiser gibt schweren Herzens nach. Seine Frau hält sich auf ihren Reisen ja nicht einmal an einen Zeitplan oder an eine im voraus festgelegte Route. Kaum hat er erfahren, in welchem Hafen sie zuletzt angekommen ist, ist sie bereits wieder abgereist. Die beiden schreiben sich viel, aber immer mit einem erheblichen Zeitverzug. Der Kaiser lebt in einer ständigen Angst.

Die beiden Eheleute nehmen gemeinsam an mehreren Familienfesten teil. Elisabeth versucht, nach außen hin Haltung zu bewahren. Marie Valeries erstes Kind ist ein Mädchen. Natürlich gibt man ihr den Namen Elisabeth. Um sie von Rudolfs Tochter Erzsi, der anderen kleinen Elisabeth, unterscheiden zu können, wird sie Ella genannt. Die Kaiserin – völlig auf dem Tiefpunkt – gesteht Marie Festetics: »Die Geburt eines neuen Menschen erscheint mir ein Unheil.« Gegenüber der jungen Mutter hat sie sich ihren übersteigerten Pessimismus sicherlich nicht anmerken lassen. Marie Valerie hat später eine große Familie, die sie voll zu befriedigen scheint. Was sie im Augenblick am meisten beunruhigt, sind die unfrommen Redensarten ihrer Mutter: »Ich frug sie – nach ihren Äußerungen, daß mit dem Tod alles aus sei – ob sie denn auch nicht mehr an Gott glaube? ›Oh ja, an Gott glaube ich, so viel Unglück und Leiden kann nicht durch bloßen Zufall entstehen. Es ist mächtig, erschreckend mächtig und grausam – aber ich klage nicht mehr.‹«

Das fromme Kind kann eine solche Gotteslästerung nicht ertragen. Geht es hier nicht um das Überleben einer ihr überaus teuren Seele? Damit Gott die Sünderin freisprechen kann, muß man ihr mildernde Umstände zubilligen. Angesichts der maßlosen Verzweiflung ihrer Mutter liegt für Marie Valerie der Gedanke an Wahnsinn nahe. Nur noch geistige Unzurechnungsfähigkeit könnte ihr Seelenheil garantieren. Bereits bei Rudolf hat man Geistesschwäche vorgeschoben, um ihn kirchlich bestatten zu können.

Am Neujahrstag des Jahres 1896 läuten die ungarischen Glocken wie noch nie. Sie antworten einander über die ganze weite Ebene hinweg, von einem Ende zum anderen. Man feiert den tausendjährigen Jahrestag der Eroberung. Und in der Tat sind um 895 sieben Mongolenstämme aus den Steppen Asiens aufgetaucht, die sich als »Magyaren« bezeichnen. Sie fallen in Europa ein – bis nach Frankreich und Italien führen sie ihre Schreckenszüge –, werden aber schließlich besiegt, ziehen sich zurück und lassen sich in den Donauniederungen nieder. Das ungarische Staatsgebilde teilt die slawischen Stämme in Nord- und Südslawen, zur größten Zufriedenheit der Germanen. So weit zurück reicht der unerfüllbare Traum von der slawischen Vereinigung. Das Bündnis der Madjaren und Deutschen gegen die Slawen ist so alt wie Ungarn selbst und setzt sich fort bis ins 20. Jahrhundert.
Mal Unterdrücker, mal Unterdrückte, erlebten die Nachkommen der Hunnen die unterschiedlichsten Schicksalsschläge, und auch ihre Beschützer – Türken, Österreicher und schließlich die Sowjets – waren nicht gerade ungefährlich. Mit der Krönung von 1867, Elisabeths Werk und Triumph, zieht Frieden ein. Es ist der Beginn einer ungeheuren wirtschaftlichen Expansion. Nie waren die Ungarn wohlhabender als zu dieser Zeit.
In den siebziger Jahren des 19. Jahrhunderts erlebt die ungarische Landwirtschaft einen enormen Aufschwung. Budapest wird zum Weltzentrum der Mühlenindustrie. In wenigen Jahrzehnten verdreifacht sich das Volkseinkommen. Die Eisenbahn erobert das Land und verwandelt das noch vor kurzem rückständige Gebiet in eine mächtige Hochburg der Industrie und

des Bankwesens. Trotzdem zählt Ungarn nicht nur glückliche Bürger. Vorwiegend auf ihre Unabhängigkeit bedacht, kümmern sich die Ungarn wenig um die Forderungen ihrer Minderheiten. In ihrem Siegestaumel madjarisieren sie das Schulwesen und machen Ungarisch zur obligatorischen Unterrichtssprache. Die sechs wichtigsten nationalen Minderheiten des ungarischen Königreichs – Slowaken, Deutsche, Rumänen, Ukrainer, Serben und Kroaten – fühlen sich durch die Beschränkung ihrer Rechte empfindlich getroffen. Die maßlose Modernisierung hat die Lebensbedingungen der Ärmsten nicht verbessert. Das einfache Volk der Pußta lebt in völliger Verarmung, sie wohnen dichtgedrängt in Gesindehäusern; oft müssen sich mehrere Familien einen Wohnraum teilen. Nach den Jubiläumsfeierlichkeiten beginnen die ersten Streiks der Erntearbeiter, und nicht wenige Agrarsozialisten wandern ins Gefängnis. Andere flüchten, um anderswo ihr Glück zu versuchen. Es ist der Beginn der ungarischen Auswanderungen.

Aber die Ungarn feiern gerne Feste. Im Augenblick liegt ihnen sehr daran, die Tausendjahrfeier nicht zu versäumen. Sie wurde schon lange im voraus geplant und zieht sich fast über das ganze Jahr 1896 hin. Seit zehn Jahrhunderten schon leben sie in dieser von den Karpaten eingeschlossenen Ebene, und schließlich führte ein dreißigjähriger erbitterter Kampf zu jenem Königreich, von dem schon der Renaissancekönig Matthias geträumt hatte. Grund genug für Ausgelassenheit und Freude.

Aber was wäre für die Ungarn schon ein Fest ohne ihre vielgeliebte Königin? Ihnen zuliebe tut sie, was sie den Österreichern immer verweigert hat. Sie nimmt nicht nur die weite Anreise aus Korfu in Kauf, sondern erklärt sich auch bereit, am Festakt teilzunehmen. Sie läßt wissen, daß dies ihr letzter offizieller Auftritt sei. Ihn Ungarn zu widmen scheint ihr völlig normal, denn nach ihrer Vorstellung und ihrem Gefühl hat dort alles begonnen. Sie werde Urgroßmutter und glaube also, sich von der Welt zurückziehen zu dürfen, sagt sie. 1895 ist ihre ältere

Tochter Gisela Großmutter geworden, und die siebenundfünfzigjährige Elisabeth ist somit Urgroßmutter.
Am 30. April 1896 trifft sie mit Franz Joseph in Budapest ein. Am Abend betrachtet sie von der Terrasse des königlichen Schlosses aus die Stadt. Ihr Blick reicht von den Hügeln der Barockstadt Buda bis zum Donauufer und dem unendlich großen Pest, das sich inzwischen weit in die Ebene hinein erstreckt. Die Jahre sind vergangen – neunundzwanzig sind es seit der Krönung –, und nichts ist mehr wie früher. Nur der Sonnenuntergang, offensichtlich ein ewiges Wahrzeichen der Stadt, erinnert sie noch an die alten Tage. Damals war alles jung, denn sie selbst fühlte sich voller Leben.
Die Sonne hat sich im Westen hinter die Hügel zurückgezogen. Ihre letzten Strahlen versilbern den Fluß und bringen die neuen Steine des erst kürzlich vollendeten Parlamentsgebäudes zum Leuchten. Ein unendliches Glühen in der Ferne. Früher glaubte sie das Wunder von *Délibáb* zu sehen. Auch sie erkannte in der heißen Luft das zitternde Bild der alten Amme, die in ihren ausgestreckten Händen das Traumhaus hält. Heute weiß sie, daß es Wunder genausowenig gibt wie paradiesische Orte, und sie, Erzsébet, die Königin von Ungarn, wird bis an ihr Lebensende eine Nomadin bleiben.
Die Jugend ist entschwunden, auch die Schönheit. Andrássy wird die Jahrtausendfeier nicht mehr erleben, die Krönung der Krönung, den Triumph seiner Politik. Die Arbeiten, die von ihm in Auftrag gegeben worden waren, kommen ohne ihn zum Abschluß. In Pest ziehen sich jetzt große Prachtstraßen durch das Gewirr der kleinen Straßen, eine neue Brücke verbindet die beiden Donauufer, und demnächst wird die erste Metrolinie des europäischen Festlandes eröffnet. Die hohen Herren der Industrie und Finanzwelt ließen sich Villen mit exotischen Gärten bauen. Der Stein liegt im erbitterten Wettstreit mit dem Grün. Elisabeth spürt die Kraft, mit der er in den Himmel schießt. Daran wird sie sich nie gewöhnen können.

Am 2. Mai eröffnet das Königspaar im Park des Stadtwaldes mit großen Pomp die Ausstellung zur Tausendjahrfeier. Elisabeth trägt einen Schleier. Ihr schwarzes Kleid mit den Puffärmeln betont ihre schlanke Taille mehr denn je. Auf dem neuen Heldenplatz weihen sie das Jubiläumsdenkmal ein: eine Riesensäule. Auf dem Sockel sind in Bronze die sieben Stammesführer festgehalten, die im ausgehenden neunten Jahrhundert mit ihren Völkern in Europa eingefallen sind. Im Hintergrund stehen, halbkreisförmig angeordnet, die vierzehn Statuen der Helden und Herrscher, die im Laufe der Jahrhunderte Ungarn aufgebaut haben. Stein, Metall und Wort vereinigen sich zu einem triumphierenden Patriotismus. Elisabeth erkennt das ehemals verwundete Land, das János Majláth sie lieben gelehrt hat, kaum wieder. Durch die Erinnerung wird ihr Blick milde. Wer erinnert sich denn noch an diesen alten Mann, der wie Ludwig II. in den dunklen Wassern des Starnberger Sees verschwand? Heute tragen die lieben Ungarn ihre Prunkkleidung zur Schau. In ihren Pelzmützen strahlen sie die kalte Schönheit der Sieger aus.
In der Matthiaskirche schlägt die Königin endlich ihren Schleier zurück. Der Ort ist von Erinnerungen schwer belastet, eine harte Prüfung wartet auf sie. Hat es vor neunundzwanzig Jahren nicht ebenso angefangen? Ist das nicht die Musik von Liszt? Die berühmte *Krönungsmesse*, die er für sein Volk und das neue Herrscherpaar geschrieben hatte? Es ist sehr wohl seine Musik, doch der Komponist ist tot. Ist es nicht dieselbe Matthiaskirche, die von ihrer Anhöhe in Buda aus über die ganze ungarische Ebene wacht? Ach, all der Goldschmuck und die Fahnen, die Magnaten und Heiligen! Es ist wie die Wiederaufnahme eines ehemals grandiosen, heute aber bedrückenden Schauspiels. Die Schauspieler sind erschöpft, und die begabtesten von ihnen sind verschwunden, kein Ersatzspieler könnte sie ersetzen. Es war Andrássy, der damals die Krone des heiligen Stefan in seinen Händen hielt. Und er war es auch, der sie auf das Haupt des Königs und anschließend auf die Schulter der

Königin setzte. In der ersten Reihe saß Rudolf, damals ein kleiner Junge von neun Jahren, der glückselig seine drei Liebsten bestaunte, die mit einer unvergleichlichen Anmut das große Werk vollendeten: seinen Vater, seine Mutter und Andrássy. Hat er nicht bei dieser Gelegenheit einen so hohen Anspruch entwickelt, daß das ganze weitere Leben ihm bedeutungslos erschien?

Am 8. Juni, anläßlich einer feierlichen Empfangs des ungarischen Parlaments, zeigt sich Elisabeth zum letztenmal in der Öffentlichkeit. Die bedeutendste Budapester Tageszeitung *Pesti Hirlap* berichtet von dem Festakt:

»Dort sitzt sie im Thronsaal der königlichen Burg in ihrem schwarzen, mit Spitzen durchwirkten ungarischen Gewand. Alles, alles an ihr ist düster. Von dem dunklen Haar wallt ein schwarzer Schleier herab. Haarnadeln schwarz, Perlen schwarz, alles schwarz, nur das Antlitz marmorweiß und unsagbar traurig … eine Mater dolorosa. Es ist noch dasselbe Antlitz von einst, das man von den bezaubernden Bildern her kennt: die freien, edlen Züge mit dem vorne kurz geschnittenen Haar, das seidenen Fransen gleich ihre Stirn umweht, und darüber das üppige Haargeflecht, die schönste aller Kronen. Sie ist es noch, doch der Kummer hat seine Spuren in dieses Antlitz eingegraben. Es ist noch dasselbe Bild, aber wie in einen Nebel gehüllt. Die Wimpern verdecken ihre lebhaften, lieben Augen. Still und unempfindlich sitzt sie da, als sähe und höre sie nichts. Nur die Seele scheint weit in die Ferne zu schweifen. Keine einzige Bewegung, kein einziger Blick verrät Interesse. Einer marmorglatten Statue gleicht sie. Da beginnt der Präsident des Reichstages, Desider Szilágyi, zu sprechen. Langsam, bedächtig, voll Ehrfurcht angesichts des Thrones. Der König horcht auf. Ein Wort, ein Gedanke fesselt ihn, und seine Blicke heften sich an die Lippen des großen Redners der ungarischen Nation. Im Antlitz Elisabeths aber ist immer noch nichts zu lesen. Es bleibt blaß und unbeweglich. Da lenkt der Redner auf den Namen der Königin. Sie zuckt mit keiner Wimper, doch mit einemmal

braust ein Éljen auf, wie es die Ofener Königsburg noch nie gehört. Als bräche ein Gefühlssturm aus aller Herzen hervor. Ein wunderbar hehrer Klang liegt darinnen, den man weder beschreiben noch erklären kann. In diesem Éljen liegt Gebet, Glockengeläute, Meeresrauschen, Zärtlichkeit, Gefühl, vielleicht auch Blumenduft. Und da bewegt sich das bisher unempfindliche majestätische Haut. Leise, kaum sichtbar, nickt es Dank. Eine wunderbare Anmut liegt darin. Noch stärker erdröhnt das Éljen und will minutenlang nicht aufhören. Es tost immer wieder empor, daß die Gewölbe erzittern.
Die Großen des Reiches schwingen den Kalpak. Das Éljen will nicht verstummen, der Redner muß innehalten, die Königin beugt das Haupt. Das schneeweiße Antlitz beginnt sich zu färben. Leicht rosa wird das Weiß von der Farbe der frischen Milch mit rosigem Schimmer darüber, dann wird es rot, über und über rot, rot wie das Leben. Wie zauberhaft! An der Seite des Königs sitzt nun eine Königin in der Farbe des Lebens. Ihre Augen öffnen sich weit, der alte Glanz schimmert hervor. Sie, die einst so berückend zu lächeln wußten, daß sie ein trauriges Land trösteten, füllen sich mit Tränen. Die Fühlung ist hergestellt. Ein glückliches Land hat die Königin zu trösten verstanden, aber es dauert bloß einen Augenblick. Die hohe Frau führt das Spitzentuch an die Augen, trocknet die Tränen, und der Redner spricht weiter. Aus dem Antlitz weicht langsam die Röte des Lebens, und bald sitzt an der Seite des Königs wieder die in Trauer gehüllte Frau, die Mater dolorosa.«

Kurz nach der Jahrtausendfeier ändert die Kaiserin ihr Testament. Ursprünglich hatte sie mit ihrem ganzen Vermögen Marie Valerie bedacht. Jetzt nimmt sie eine gerechtere Verteilung vor. Sie teilt ihr Erbe in fünf Teile. Zwei Fünftel sind für Marie Valerie bestimmt, zwei für Gisela, die ältere Tochter, und ein Fünftel geht an die kleine Erzsi, die Tochter Rudolfs. Auch an ihre allernächste Umgebung hat sie gedacht. An erster Stelle an die süße Ida: Sie erhält eine Jahresrente von viertausend

Gulden, außerdem ein herzförmiges Schmuckstück mit eingelegten Edelsteinen in den Farben Grün, Weiß und Rot, den ungarischen Farben. Marie Festetics erhält eine Rente von dreitausend Gulden und ein wunderbares Armband. Auch Katharina Schratt wird mit einer Brosche bedacht. Letztes Zeichen des Einverständnisses zwischen Kaiserin und der »Freundin«. Sie sind keine Rivalinnen, sind es nie gewesen. Gegenüber Marie Valerie betont Elisabeth mehrmals, wie gut es wäre, wenn Poká im Falle ihres Todes Katharina Schratt heiraten würde. Die Eifersucht der Tochter ist größer als die der Mutter. Auf dem Siegel des Testaments keine Krone, aber eine Möwe. Elisabeth ernährt sich nur noch von Eiern und Milch. Sie wiegt sechsundvierzig Kilo, zu wenig für eine Frau von einem Meter zweiundsiebzig. Trotzdem kontrolliert sie nach wie vor dreimal täglich ihr Körpergewicht, so groß ist ihre Angst vor einer Gewichtszunahme. Wenn ihr Mann und die Ärzte mit ihr schimpfen, gibt sie sich einsichtig. Mit Nachdruck empfiehlt man ihr etwas Fleisch. Deshalb macht sie es sich im Hôtel du Palais von Biarritz zur Gewohnheit, sich statt einer Suppe den Bratensaft eines Beefsteaks auf das Zimmer servieren zu lassen. Sobald das Gespräch auf die Ernährung kommt, wird sie unruhig.

Bei starken Gerüchen aus der Küche sucht sie am liebsten das Weite. Wiederholt nützt sie die Zeit des Abendessens, um das Hotel zu verlassen und allein am nächtlichen Strand von Biaritz entlangzulaufen, immer voll gegen den Wind. »Das Meer ist gewaltig hier«, sagt sie. Sie liebt den Atlantik. Seit jeher träumt sie davon, ihn zu überqueren. Wird auch dieser Traum sich schließlich in Luft auflösen?

Wenn Elisabeth sich im Spiegel betrachtet, glaubt sie, ein Gorgonenhaupt zu sehen. Sicherlich hat sie ihr Spiegelbild allzu oft betrachtet. Selbst Rudolf hat ihr das vorgeworfen. Wie alles andere, so muß auch eine übertriebene Pflege des eigenen Bildes schließlich scheitern. Das Bild schneidet Grimassen, der Wahnsinn lauert, und das Fleisch verfällt. Ihre langen Haare, früher eine Zierde, ringeln sich jetzt wie Nattern. Die Gestalt der Gorgo verfolgt sie schon seit langem. Auf einem Rubens-Bild in Wien hat sie sie zum erstenmal entdeckt. Der Maler des Lebens stellt mit dieser Figur Schrecken und Wahnsinn dar. Auch auf Korfu wird sie von Gorgo eingeholt. Mit starren Augen blickt sie von der Stirnseite des Artemis-Tempels herab und lacht wie eine Irrsinnige. Auch Gustav Klimt malt in seinem *Beethoven-Fries* für sie Gorgonen. Bei ihm haben sie den sinnlich-gequälten Ausdruck der vor dem Untergang stehenden Wiener Gesellschaft.

Luigi Lucheni ist fünfundzwanzig Jahre alt. Seine Mutter war Italienerin und arbeitete als Tagelöhnerin in den bäuerlichen Kleinbetrieben Liguriens. Mit achtzehn Jahren wird sie schwanger und macht sich zu Fuß auf in Richtung Paris. Dort kennt niemand sie, und sie entbindet in einem städtischen Krankenhaus. Sobald sie wieder auf den Beinen ist, flieht sie und läßt das Kind allein zurück. Es gelingt ihr, sich nach Amerika einzuschiffen. Dort verliert sich ihre Spur.
Der kleine Luigi verbringt sein erstes Lebensjahr bei den Findelkindern des Hôpital Saint-Antoine, anschließend bringt man ihn in sein Heimatland, in eine Pflegefamilie nach Parma. Im Alter von neun Jahren arbeitet er bereits als Bahnangestellter auf der Strecke Parma–La Spezia. Der junge Bursche erweist sich als intelligent und fleißig. Mit achtzehn Jahren sucht der Wurzellose jedoch das Abenteuer. Mal hier und mal da nimmt er Gelegenheitsarbeiten an und verdient gerade so viel, um sich – meistens zu Fuß – von Parma ins Tessin und anschließend von Genf nach Triest durchschlagen zu können. Die Polizei bringt ihn nach Italien zurück, wo er seinen Militärdienst ableisten muß. Mit seinem Hauptmann, dem Prinzen von Aragona, nimmt er am Abessinienfeldzug teil. Er bewährt sich als ausgezeichneter Reiter, und der Prinz stellt ihn unter seine Protektion. Nach dem Militärdienst tritt er als Kammerdiener in die Dienste des Prinzen von Aragona. Der ehrgeizige und freiheitsliebende junge Mann eignet sich wenig für eine solche Stelle, was dem Prinzen auch recht bald klar wird. Er lehnt Luchenis Forderung nach einer Gehaltserhöhung ab. Für den Kammerdiener ist das der Anlaß, seinen Dienst zu kündigen. Wenige Tage später bereut er es und bittet um seine Wie-

dereinstellung. Der Prinz ist jedoch überzeugt, daß Lucheni für Besseres bestimmt ist, und läßt sich nicht erweichen, betont aber erneut die Hochachtung, die er vor ihm hat.
Es beginnt erneut eine Zeit des Herumirrens. Er geht in die Schweiz. Wohin sollte er sonst auch gehen? In dieser Zeit treffen sich dort die Aufständischen aus ganz Europa. Lucheni verkehrt in anarchistischen Kreisen, ohne sich jedoch einer dieser Gruppierungen fest anzuschließen. Mehr als je empfindet er sich als einsamer Jäger, der alles, was sich in den Nachbarländern bewegt, wachen Auges verfolgt. Einen Großteil seines Tages opfert er der Zeitungslektüre, er verschlingt geradezu die Pressenachrichten. Gegen Ende dieses Jahrhunderts gibt es genügend Stoff, um einen Rebellen in Rage zu bringen.
Nach einer erschreckend antisemitischen Wahlkampagne erringt die Christlichsoziale Partei unter der Führung von Karl Lueger die Mehrheit im Wiener Gemeinderat. Der Wahlsieg stützt sich vor allem auf die Unzufriedenheit des Kleinbürgertums. Der »schöne Karl« zählt zu den Vorbildern Adolf Hitlers. Franz Joseph hat zweimal hintereinander gegen diese Wahl interventiert. Der Mann und seine Ideen sind ihm verhaßt. Doch im April 1897, nach Luegers drittem großem Erfolg, ist er gezwungen, die Wahl zu bestätigen. In Wien und vor allem in Böhmen sorgt der wachsende Einfluß der deutschnationalen Parteien für Spannungen zwischen den Tschechen und Deutschen. Frankreich steckt mitten in der Dreyfus-Affäre. Am 13. Januar erscheint im *l'Aurore* Emil Zolas berühmtes »J'accuse«. Der Schriftsteller wird vom Pariser Schwurgericht verurteilt.
Lucheni versäumt nicht einen Artikel über die Affäre. Jede Zeile stärkt seine innere Auflehnung. Wie ein Blitz sollte man diese Welt der Ungerechtigkeiten treffen und aus den Angeln heben. Lucheni wird sich an ihr rächen. Er, der verachtete Bastard, wird sich einen großen Namen machen, und niemand wird ihn mehr ignorieren können. Durch ein Verbrechen kann er erreichen, was ihm Geburt und Gesellschaft versagt haben. Seinem Freund Jacques Sartori gesteht er: »Ich würde gerne

jemanden töten, aber es muß eine bekannte Persönlichkeit sein, damit die Zeitungen davon berichten.«
Der moderne Herostratos braucht eine Waffe, hat aber kein Geld, sie sich zu kaufen. Also baut er sie selbst. Auf dem Markt ergattert er eine Ahle, einen spitzen Metallstift, mit dem man Löcher in Leder bohrt. Um die Ahle besser manövrieren zu können, steckt er sie in einen Holzschaft. Bleibt nur noch die Suche nach einem geeigneten Opfer, das seinen Ambitionen entspricht. Henri d'Orléans, der Anwärter auf den französischen Thron, weilt oft in Genf. Er wäre geradezu ideal. Daß er Anfang September wieder nach Genf kommen soll, trifft sich gut. Lucheni ist bereit. Sein großer Tag rückt näher.

Elisabeth trifft am 30. August in der Schweiz ein. In Territet bei Montreux mietet sie sich ein. Sie liebt die Alpen sehr und freut sich über das Wiedersehen mit einem See, der sie wegen seiner Größe doch eher an das Meer erinnert als der heimatliche Starnberger See. Sie geht viel, trotz Müdigkeit und starken Herzklopfens, fährt mit der Seilbahn und klettert einige Hänge hinauf. Das Wetter ist herrlich. Mit Bedauern denkt sie an Franz Joseph, den sie in Bad Ischl zurückgelassen hat. Er wird wohl nach Wien zurückgefahren sein. Sie kennen sich jetzt seit fünfundvierzig Jahren. Mit einemmal wird ihr bewußt, wie sehr er ihr fehlt. Wenn er sich ihr nur anschließen könnte. Weit weg vom Reich, wären sie ein Paar wie viele andere. Sie schreibt es ihm in einem Brief voller Zärtlichkeit. Er kreuzt sich mit einem Schreiben ihres Mannes. Der Kaiser empfindet die gleiche Sehnsucht: *[...] bin ich in die Villa Hermes gefahren, um etwas Luft zu schöpfen [...] Viel und mit recht wehmütigem Gefühle, habe ich zu Deinen Fenstern hinauf geblickt und mich dabei in Gedanken in die Tage zurückversetzt, welche wir zusammen in der lieben Villa zubrachten. Abends nahm ich saure und süße Milch aus Deiner Meierei [...] innigste Umarmung von Deinem Kleinen.*
Es ist wirklich kein günstiger Augenblick, Wien zu verlassen. Die innenpolitischen Spannungen zwischen den einzelnen

Nationalitäten haben sich verschärft. Außerdem soll im September Franz Josephs fünfzigjähriges Regierungsjubiläum gefeiert werden. Gegen Ende des Jahrhunderts sichert seine Person mehr denn je den Zusammenhalt des mächtigen, aber wenig homogenen Reiches.

Elisabeth hat sich entschlossen, die mehrmals ausgesprochene Einladung der Baronin von Rothschild anzunehmen. Am 9. September wird sie sie besuchen. Die ungarische Gräfin Irma Sztáray wird sie als einzige Ehrendame begleiten. Alles wird sich in diskreter, intimer Atmosphäre abspielen. Elisabeth kennt die Baronin kaum, aber sie weiß sie sehr verbunden mit ihrer Schwester Marie, der Ex-Königin von Neapel. Julie von Rothschild läßt es gegenüber der Ex-Königin nicht an finanzieller Unterstützung fehlen. Marie hat zwar ihr Königtum verloren, nicht aber die Freude am Geldausgeben. Julie schenkt ihr die notwendigen Jagden und Schlösser. Mit ihrem Besuch will Elisabeth zum Ausdruck bringen, wie sehr sie der Baronin für das, was sie für ihre Schwester getan hat, dankbar ist. Die zärtliche Zuneigung von früher empfindet Elisabeth sicherlich nicht mehr für Marie. Sie hat nicht vergessen, wie sehr Rudolfs seelisches Gleichgewicht durch die boshafte Zunge der Schwester durcheinandergebracht worden war. Aber sie hat ihr verziehen. Gehören sie doch beide zu den Überlebenden.

Der muntere Rotfuchs Bay Middleton ist tot. Ihr einziger Sohn Rudolf – tot. Die Reihen der Wittelsbachschen Schwestern sind stark gelichtet. Helene, ihre liebe Nene, starb unter fürchterlichen Schmerzen. Sophie, die Herzogin von Alençon und ehemalige Verlobte von König Ludwig II., fand beim Brand des Pariser Charité-Basars in der Rue Jean-Goujon einen heldenhaften Tod. Die Reihe der Toten reicht weiter zurück als das Gedächtnis; alle Streitereien müssen endlich aufhören. Da der Antisemitismus in Wien seine ersten Triumphe feiert und man in Frankreich wegen Dreyfus aneinandergerät, hat Elisabeth eigentlich schon Grund genug, der Baronin zu bekunden, wie

sehr sie sich ihr und ihrer Familie in dieser schwierigen Zeit verbunden fühlt.
Die Privatyacht der Rothschilds lehnt sie für die Überfahrt von Montreux nach Genf allerdings ab. Sie nimmt lieber wie jedermann die offizielle Dampfschiffahrtslinie des Genfer Sees. Während sie mit der Gräfin Sztáray in das nahe Pregny weiterfährt, wo ein Wagen der Baronin auf die beiden Damen wartet, um sie nach Genf zu bringen, bleibt das zehnköpfige Gefolge im Hotel Beau-Rivage am Quai du Mont-Blanc zurück.
Das Landgut bietet einen herrlichen Blick auf die Alpen und den See. Julie von Rothschild hat auf dem Dach ihres Hauses die kaiserliche Fahne hissen lassen. Elisabeth schätzt diesen übertriebenen Eifer wenig, aber ihre Gastgeberin, eine Frau von achtundfünfzig Jahren, ist eine Person mit Geist und Witz, und auch die Horde der mit Gold gesprenkelten Lakaien schafft es nicht, den Charme dieses Frauenessens zu stören. Diesmal zumindest stochert Elisabeth nicht lustlos in ihrem Essen herum. Das Essen ist üppig und schmeckt köstlich. Regen Zuspruch findet bei der Kaiserin eine ungarische Eiscreme. Besonders bemerkenswert: Der vornehme Gast leert einen Kelch Champagner. Um das Ereignis zu würdigen, nimmt sich Elisabeth vor, dem Kaiser die Speisekarte zu schicken. An ihr könnte Franz Joseph sowohl den feinen Geschmack der Gastgeberin als auch den Appetit der Geladenen ablesen.
Nach dem Essen hat Elisabeth noch genug Kraft für einen Rundgang durch die private Gemäldesammlung. Anschließend verbringt sie einen Großteil des Nachmittags bei den ausgedehnten Vogelvolieren und den wunderbaren Gewächshäusern. Die Baronin besitzt eine einmalige Sammlung von Blumen aus aller Welt. Ihre Orchideen bieten eine unendliche Vielfalt an Formen, Farben und Gerüchen. Der schwere Duft der Tropenpflanzen und die Schwüle in den Gewächshäusern berauschen Elisabeth noch mehr als der Champagner. In ihrer

Begeisterung bittet sie die Gräfin Sztáray, sich die Namen der Pflanzenarten zu notieren, die auch im Park der Hermesvilla gedeihen könnten.

Wieder in Genf, begeben sich die Kaiserin und ihre Begleitdame nicht sofort ins Hotel, sondern setzen sich auf eine Bank am Square Brunswick. Zur Erfrischung essen sie Pfirsiche, und Elisabeth ist fröhlich. Trotzdem kommt sie auf ihr Lieblingsthema zu sprechen: den Tod.

»Die Unsicherheit des Übergangs macht mir angst«, sagt sie.

»Im Jenseits«, antwortet die Gräfin, »ist Frieden und Heil.«

»Was wißt Ihr davon? Es kam noch keiner von dort zurück.«

Ein Rabe nähert sich den beiden Frauen, er streift sie fast mit seinem Flügelschlag. Elisabeth läßt vor Schreck ihren Pfirsich fallen. In plötzlicher Nüchternheit murmelt sie: »Der Rabe ist kein gutes Zeichen. Er sagt in unserem Haus immer Unglück voraus ...«

Elisabeth bewohnt die Ecksuite Nr. 34 bis 36. Sie befindet sich im ersten Stock des Hotels. Dort legt sie eine Ruhestunde ein. Anschließend bricht sie mit ihrer Begleitdame zu einem Rundgang durch die Stadt auf. Bei einem Antiquitätenhändler kauft sie für die Tochter Marie Valerie einen Tisch. Kurz vor zehn Uhr abends sind die beiden Damen wieder im Hotel. Elisabeth zieht sich in ihre Zimmer zurück.

Es ist eine wunderbare Nacht. Elisabeth atmet sie in vollen Zügen ein, teilweise an den Fenstern zum See hin, teilweise an denen, die auf den Jardin Brunswick hinausgehen. Trotz des hellen Mondlichtes und des Verkehrslärms des Quai du Mont-Blanc schließt sie weder die Vorhänge noch die Fenster. Die einsame Möwe fühlt lieber ihre neue Bindung an das Leben. Sie schläft sowieso immer weniger, ihre Gedanken und Erinnerungen halten sie manchmal bis in die frühen Morgenstunden wach.

Das offene Fenster ist eine Gewohnheit aus der Kindheit. Sie liebte die sommerliche Mittagsruhe in ihrem Elternhaus, den Geruch des warmen Grases und die Geräusche des Sees. Ihre

Nerven entspannten sich, und sie leistete keinen Widerstand mehr. Die heiße Luft zirkulierte in völliger Freiheit. Es gab keine Wünsche und keine Zwänge mehr. Nichts trennte sie mehr von den anderen. Keine Kammlinie. Das Licht konnte sich überall ungehindert ausbreiten, und sie badete endlos darin. Er war mild, leicht süß und fest, der Mittagsschlaf ihrer Kindheit.

Luigi Lucheni hat vergeblich auf den französischen Thronanwärter gewartet. Keine Spur von Henri d'Orléans in Genf. Die Stadtzeitungen vom Samstag, dem 10. September, kündigen dagegen Kaiserin Elisabeth von Österreich an. Im Hotel Beau-Rivage werde sie absteigen. Als Alternative für den Orléans hätte Lucheni seinen Unmut zwar lieber an Umberto von Italien ausgelassen, denn der italienische König hätte zumindest einen Bezug zu seiner familiären Herkunft gehabt, doch zur Ausführung dieses Großprojekts fehlen dem Anarchisten Zeit und Geld.

Alles spricht also für die Kaiserin. Er hat es gelernt, sich mit dem zufriedenzugeben, was ihm das Schicksal bietet. Eine Kaiserin ist ja auch kein kleiner Fisch, schon gar nicht diese. Ihr Ruf als schöne und geheimnisvolle Frau wird den finsteren Lucheni nur noch berühmter machen. Gehört sie denn nicht zu den Glücklichen, den Unterdrückern, zu denen, die auf Kosten aller Luchenis dieser Erde ein luxuriöses Leben führen? Sie sind beide vom Schicksal erwählt, er als Rächer, sie als Opfer. Lucheni schiebt seine lange Ahle in den rechten Ärmel seiner Jacke und bezieht Posten vor dem Hotel Beau-Rivage.

Erst in den letzten Stunden der Nacht hat Elisabeth Schlaf gefunden. Es ist bereits neun Uhr, als sie ihre Ehrendame zu sich ruft. Sie teilt ihr mit, daß sie gemeinsam gegen elf Uhr ein Musikgeschäft in der Rue Bonnivard aufsuchen würden. Sie wolle sich einige Drehorgeln anhören. Mit dem Linienschiff um ein Uhr vierzig werde man dann nach Montreux und Territet fahren.

Lucheni geht nervös auf und ab. Um keine Aufmerksamkeit zu erregen, setzt sich der kleine, noch unbekannte Mann auf eine Bank. Ein schmaler Schnurrbart über geschlossenen Lippen. Ein hartes Kinn mit einem Grübchen, der einzigen Spur einer Jugend, die er nie gehabt hat. Er spürt, wie seine Waffe gegen den Arm drückt, die Waffe, die er als guter Arbeiter mit seinen eigenen Händen angefertigt hat. Sein Ruhm hängt von der Genauigkeit seiner Bewegung ab. Das Herz muß er treffen. Um wirklich sicherzugehen, hat er mehrere Anatomiebücher studiert. In Gedanken geht er sein anatomisches Wissen noch einmal durch. Er stellt sich die Szene vor, als sei er selbst nur Zuschauer. Es ist sicher schwierig, bei all den Spitzen und dem Flitterkram das Herz anzuvisieren. Wenn solche Leute überhaupt ein Herz haben.

Kurz vor elf Uhr bekommt er Hunger. Wahrscheinlich Nervosität. Er verläßt seinen Posten, um sich in der Stadt etwas zu stärken. Diese Vornehmtuer liegen ja gewöhnlich bis Mittag auf der faulen Haut. Der Kaiserin wird nichts erspart bleiben, denn der Athlet Lucheni sammelt seine Kräfte.

Punkt elf Uhr treten die Kaiserin und die Gräfin Sztáray aus dem Hotel Beau-Rivage. Es ist immer noch schönstes Wetter, und der Sonnenschirm schützt Elisabeth an diesem Tag nicht nur vor neugierigen Blicken, sondern auch vor dem starken Sonnenlicht. Trotz des wenigen Schlafs in der vergangenen Nacht fühlt sie sich gut. Ein Tag ohne Schmerzen, ist das nicht wie ein Wunder?

Mit großen Schritten marschiert sie durch das herrliche Herbstwetter.

Sie erinnert sich an weit zurückliegende Tage in Madeira. Poká hatte ihr eine Drehorgel schicken lassen. Sie saß auf der mit Blumen übersäten Terrasse und drehte unaufhörlich an der kleinen Kurbel. Immer wieder lauschte sie dem Credo der Violetta am Ende des ersten Aktes der *Traviata*:

Vogelfrei, muß ich
von Genuß zu Genuß mich berauschen.
Mein Leben soll verrinnen
auf der Lust breitem Pfad.
Torheiten!
Auf zum Vergnügen!

Sie war damals so jung, so schön auch. Sie erinnert sich an die russischen Matrosen, die mit ihrer Korvette auf Madeira Station machten, an deren Ausrufe und Pfiffe der Bewunderung. Auch wenn sie keine Kaiserin gewesen wäre, hätte sie bei ihnen Furore gemacht. Schon damals mochte sie die einfachen Straßenjungen und deren glühende Verehrung lieber als die albernen und scheinheiligen Fürsten.

Beim Musikalienhändler wählt Elisabeth ein Orchestrion und vierundzwanzig Rollen mit ihren Lieblingsweisen aus *Lohengrin* und *Tannhäuser, Troubadour* und *Carmen*. Der Geschäftsinhaber präsentiert ihr sein Goldenes Buch, und Elisabeth trägt sich ein: Erzsébet Királyné. Die ungarische Übersetzung für »Königin Elisabeth«. Ganz spontan hat sie ihre Identität festgelegt. Zum letztenmal.

Um dreizehn Uhr kehren die beiden Frauen unbehelligt ins Hotel zurück. Die anderen aus dem kaiserlichen Gefolge haben bereits um zwölf Uhr mittags mit dem Gepäck den Zug bestiegen. Da die Kaiserin sich mit einem Glas Milch auf dem Zimmer zufriedengibt, geht die Gräfin allein in den Speisesaal. Elisabeth öffnet die Fensterläden, die das Zimmermädchen wegen der Sonne geschlossen hatte. Die Alpen in der Ferne sind weiß wie die Milch, die in ihrer Kindheit Teil der täglichen Nahrung gewesen ist. Den Verkehrslärm vom Quai unter ihr nimmt sie wohl wahr, doch ihr Blick läßt sich davon nicht ablenken. Er gilt den verschneiten Bergen.

Um dreizehn Uhr dreißig erlaubt sich die ungarische Gräfin, mit Nachdruck an die Tür zu klopfen. Die Kaiserin, deren Pünktlichkeit genauso sprichwörtlich ist wie die ihres Mannes,

hat nicht mehr viel Zeit bis zur Abfahrt des Schiffes. Die Gräfin wird unruhig:
»Majestät, das Dampfschiff fährt in wenigen Minuten ab.«
Die sonst so ungeduldige Elisabeth gibt keine Antwort. Sie lehnt am Fenster und ist in ihre Betrachtung versunken. Irma Sztáray bittet einen Lakaien, zur Schiffsanlegestelle zu laufen und die Ankunft von weiteren Passagieren zu melden.
»Majestät«, sagt Irma beschwörend, »wenn wir das Schiff verpassen, sind wir völlig allein in Genf. Das wäre nicht auszudenken!«
Elisabeth lacht laut auf. Vor dem Spiegel setzt sie sich wieder in aller Seelenruhe ihren schwarzen Hut auf und zieht ihre weißen Handschuhe an. Bevor sie der Ehrendame folgt, nimmt sie ihren Sonnenschirm und ihren Fächer, zwei ohne Zweifel zur Verteidigung taugliche Waffen, die sie jedoch zu einer unverwechselbaren Erscheinung machen.
Die im Zenit stehende Sonne gibt dem ockerfarbenen Hotelinnenhof einen italienischen Anstrich. Alles leuchtet. Selbst die Kastanienbäume am Quai, die in diesem September völlig unerwartet zum zweitenmal blühen.
»Ja«, sagt Elisabeth auf ungarisch, »der König hat mir geschrieben, daß auch die Kastanien im Prater und in Schönbrunn Blüten treiben.«
Die Schiffsglocke läutet, aber die beiden Frauen sind beruhigt, denn noch sind nicht alle Passagiere an Bord gegangen.

Lucheni sieht den Lakaien mit dem Handgepäck in Richtung Schiff laufen. Die Kaiserin kann also nicht mehr weit sein; bis zur Abfahrt des Schiffes bleiben nur noch ein oder zwei Minuten. Hinter einem Kastanienbaum versteckt, liegt Lucheni auf der Lauer. Er hat sich sicher nicht die Zeit genommen, die Septemberblüte zu bewundern. Da kommen die beiden Frauen. Mit eiligen Schritten überqueren sie den Quai und laufen am Geländer entlang. Es ist die Größere mit dem Sonnenschirm, für die sich Lucheni interessiert. Jetzt gilt es, schnell zu handeln. Denn wenn es das Unglück will und sie ihn kommen sieht, könnte sie ihm ausweichen, und er würde das Herz verfehlen. Der Augenblick ist gekommen. Lucheni schießt wie ein Pfeil nach vorn. Die beiden überraschten Frauen bleiben wie angewurzelt stehen, um ihn vorbeizulassen. Vor der Gräfin Sztáray macht Lucheni halt. Zunächst sieht es so aus, als habe er einen falschen Schritt gemacht, doch dann stürzt er sich mit der erhobenen rechten Hand auf die Kaiserin und schlägt ihr gegen die Brust. Sie fällt nach hinten. Die Fülle ihrer Haare mildert den Aufprall des Kopfes. Die Gräfin schreit auf vor Schreck, und der Mann flieht.

Ein Kutscher eilt herbei und hilft Elisabeth wieder hoch. Ihr bleiches Gesicht trägt auf der Höhe der Backenknochen zwei rötliche Flecken. Sie versucht, mit der Hand ihre Frisur zu ordnen.

Der Hotelportier, ein Wiener, kommt hinzu. Auch ein englischer Passant bleibt stehen und versucht, sich nützlich zu machen. Die Gräfin Sztáray ist der Meinung, daß der Mensch, der sie bedrängte, der Kaiserin nur einen Fausthieb versetzt hat.

»Was ist passiert? Hat Eure Majestät Schmerzen?«

»Aber nein, es ist mir doch gar nichts geschehen«, entgegnet Elisabeth und bedankt sich eifrig bei all denen, die ihr zu Hilfe gekommen sind, auf französisch, deutsch und englisch.

Lucheni rennt wie der Blitz in Richtung der Rue des Alpes davon. Trotzdem kann er es sich nicht verkneifen, sich umzudrehen. Seine Überraschung ist groß, als er die, die eigentlich tot sein sollte, zum Schiff gehen sieht. Hat sein Stich nicht getroffen? War womöglich alles umsonst? Er wird von mehreren Verfolgern eingeholt. Wirklich, die Luchenis sind immer auf der Seite der Verlierer.

Die Rötung auf Elisabeths Wangen ist verschwunden. Leichenblaß fragt sie die Gräfin: »Was wollte denn dieser Mann?«

»Wer? Der Portier?«

»Nein, der andere, dieser schreckliche Mann!«

»Ich weiß es nicht, Majestät, aber es ist mit Sicherheit ein niederträchtiger Mensch.«

»Vielleicht wollte er mir meine Uhr stehlen.« Plötzlich wendet sich Elisabeth zur Gräfin hin: »Gebt mir Euren Arm, schnell!« Die Gräfin faßt sie um die Taille, kann aber nicht verhindern, daß Elisabeth zusammensackt. Man macht das Schiff klar. Der Hotelportier am Quai ruft den beiden Damen zu: »Der Übeltäter ist verhaftet!« Elisabeth verliert das Bewußtsein. »Wasser, Wasser!« ruft die Gräfin. Sie kniet bei der Kaiserin nieder, um ihr den Kopf und den Oberkörper zu halten. »Einen Arzt!« An Bord gibt es keinen. Der Kapitän bringt eine Krankenschwester herbei. Er hat keine Ahnung, wer die Kranke ist. Drei Männer transportieren sie auf das Oberdeck, wo ein schwacher Luftzug geht. Man geht davon aus, daß sie vor Schreck in Ohnmacht gefallen ist.
Die Gräfin öffnet das schwarze Kleid und löst das obere Ende des Mieders. Die Krankenschwester versucht, die Atembewegung zu unterstützen. Man schiebt einen in Alkohol getränkten Zucker zwischen ihre Lippen. Elisabeth öffnet die Augen und will sich aufsetzen. Sie lächelt, als sei sie mitten in einem Traum überrascht worden:
»Was ist denn passiert?«
»Majestät fühlten sich etwas unwohl. Aber jetzt geht es schon besser, nicht wahr?«
Elisabeth schließt erneut die Augen und sinkt zurück. Die Gräfin öffnet nun auch den unteren Teil des Mieders, damit die Krankenschwester das Herz massieren kann. Bei dieser Gelegenheit entdeckt sie unter der malvenfarbigen Leinenbluse einen braunen Fleck, in der Mitte davon ein kleines Loch, die mit der Ahle gezeichnete Signatur Luchenis. Ein einziger Blutstropfen perlt darin. »Man hat sie ermordet«, schreit die Gräfin. Sie ist bleicher als die Sterbende: »Um Gottes willen, landen Sie schnell! Diese Dame hier ist die Kaiserin von Österreich. Landen Sie in Bellevue. Ich werde sie nach Pregny zur Baronin von Rothschild bringen.« Aber Elisabeth wird nicht in die hängenden Gärten von Pregny zurückkehren.
Der Kapitän begreift mit einem Schlag die ganze Situation. Den Status der Reisenden und den Ernst ihrer Lage. Er gibt den

Befehl, zur Anlegestelle vor dem Hotel Beau-Rivage zurückzufahren.
In der Zwischenzeit ist Lucheni ohne Schwierigkeiten von einem Passanten und einem Polizisten überwältigt worden. Er wehrt sich kaum. Man führt ihn ins Hotel zurück, wo der Besitzer Mayer ihm einen kräftigen Kinnhaken versetzt. Nur mit Mühe kann man einen Hotelgast daran hindern, seine Wut an Lucheni auszulassen. Es ist ein österreichischer Baron, der liebend gern mit Lucheni für dessen Attacke auf die Kaiserin abgerechnet hätte. Was wirklich passiert ist, weiß freilich noch niemand. Lucheni hat seine Waffe auf der Flucht weggeworfen, erst viel später findet man sie. Im Augenblick geht man im Hotel davon aus, daß Lucheni der Kaiserin nur einen tüchtigen Faustschlag versetzt hat. Zwei Polizisten führen ihn auf das Kommissariat. Er steht fest zu seinem Plan und unternimmt nicht den geringsten Versuch, seine Unschuld zu beteuern. In seiner Engstirnigkeit und Blauäugigkeit erklärt er völlig ruhig: »Ich bereue nur, daß ich sie nicht getötet habe.« Der Polizist weiß nicht, daß er die Wahrheit ausspricht, und will nur durch die falsche Anschuldigung die Wahrheit herausholen.
»Sie *haben* sie getötet.«
»Um so besser«, ruft Lucheni, »ich habe es mir ja gedacht, daß man krepiert, wenn man von so einem Instrument getroffen wird.«
Auf dem Schiff hat man aus zwei Rudern und einem Segeltuch eine Tragbahre improvisiert. Sechs Leute tragen die Bahre über den Landungssteg und den Quai du Mont-Blanc. Das blasse Gesicht der Kaiserin glänzt von Schweiß. Sie wirft den Kopf von einer Seite auf die andere. Die Augen bleiben geschlossen. Tief in ihrem Hals hört man ein leichtes Röcheln, es kommt nicht mehr bis über die Lippen. Jemand hat den Sonnenschirm geöffnet und hält ihn über ihr Gesicht, um es vor den letzten Strahlen zu schützen. Schatten fällt auf die geschlossenen Augenlider. Und über allem die späte Kastanienblüte, genau wie im Prater oder in Schönbrunn, wenn man Poká glauben

darf. Die Passagiere sind von Bord gegangen und folgen automatisch der Tragbahre, wie einem improvisierten Leichenzug. Im Hotel Beau-Rivage bringt man die Kaiserin in ihr Zimmer und legt sie auf das Bett. Der Arzt trifft ein und untersucht die Wunde.
»Ist noch Hoffnung?« fragt die Gräfin.
»Nein, Madame, keine.«
»Versuchen Sie alles! Versuchen Sie, sie ins Leben zurückzurufen.«
Ein Priester erteilt ihr die Absolution, und ein zweiter Arzt macht einen Schnitt in die Schlagader der Armbeuge. Es fließt kein Blut mehr.

Elisabeth ist tot

In Schönbrunn ist das Wetter genauso schön wie in Genf. Franz Joseph fühlt sich beruhigt. Ihrem Brief nach zu urteilen, ist seine liebe Sissi ausnahmsweise einmal zufrieden mit ihrem Aufenthalt und ihrem Besuch bei der Baronin von Rothschild, kurz: mit dem Leben. Er antwortet ihr mit Freuden: *Sehr erfreut hat mich die bessere Stimmung, die Deinen Brief durchweht.* Nach einigen Einzelheiten aus seinem Tagesablauf schließt er den Brief mit: *Gott sei mit Dir, mein geliebter Engel. Dich von ganzem Herzen umarmend, Dein Kleiner.*
Am späteren Nachmittag soll der Kaiser zu einem Manöverbesuch in die Slowakei aufbrechen. Um halb fünf Uhr nachmittags trifft der Generaladjutant Graf Paar aus der Hofburg ein. Er hat soeben ein Telegramm aus Genf enthalten. *Ihre Majestät die Kaiserin gefährlich verletzt. Bitte Seiner Majestät schonend melden.*
Graf Paar tritt in das Arbeitszimmer des Kaisers.
»Was ist denn, mein lieber Paar?«
»Majestät werden heute abend nicht abreisen können. Ich habe leider eine sehr schlechte Nachricht erhalten.«
»Aus Genf«, ruft der Kaiser sofort. Er springt auf und reißt dem Generaladjutanten die Depesche aus der Hand.

Er liest sie, scheint zu taumeln, fängt sich jedoch wieder: »Telegraphieren, telephonieren Sie! Trachten Sie Näheres zu hören!«

Kaum hat er es ausgesprochen, als ihm eine zweite Depesche überbracht wird. In seiner Hast, sie zu öffnen, reißt sie der Kaiser entzwei: *Ihre Majestät die Kaiserin soeben verschieden.* Er sinkt auf seinen Schreibtischsessel und legt weinend seinen Kopf auf die Arme. »Mir bleibt doch gar nichts erspart auf dieser Welt«, hört man ihn mehrmals sagen.

Kurz darauf trifft eine dritte Depesche ein. Sie besagt, daß die Kaiserin ermordet wurde. Außerdem läßt man den Kaiser fragen, ob die nach dem Schweizer Gesetz vorgeschriebene Obduktion vorgenommen werden kann. Franz Joseph läßt antworten, daß man nach den Gesetzen des Landes verfahren soll. Für ihn existiert die Welt nicht mehr.

In Genf teilt man dem Kommissar telefonisch mit, daß die Kaiserin soeben gestorben ist. Lucheni erklärt sofort: »Es lag auch in meiner Absicht, sie zu töten. Ich habe direkt auf ihr Herz gezielt und freue mich über diese Nachricht.« Ein paar Stunden später wird er in einem Wagen ins Gefängnis Saint-Antoine überführt. Auf der Fahrt dorthin gesteht der immer mehr aus der Reserve heraustretende Verbrecher dem neben ihm sitzenden Polizisten: »Ich bedaure, daß es in Genf keine Todesstrafe gibt. Ich habe meine Pflicht getan, meine Kameraden werden die ihre tun. All die Großen müssen daran glauben.« Bei den folgenden Verhören betont Lucheni jedoch, daß er allein gehandelt hat. Er will den Ruhm seiner Tat mit niemandem teilen.

»Warum haben Sie dann eigentlich nach der Tat zu fliehen versucht?« fragt ihn der Untersuchungsrichter.

»Ich habe mich nicht retten wollen. Ich bin nur zum Polizeikommissariat gelaufen.«

»Warum haben Sie die Kaiserin getötet, die Ihnen nie etwas getan hat?«

»Es ist der Kampf gegen die Großen und Reichen. Ein Lucheni tötet eine Kaiserin, niemals eine Wäscherin.«
Um seiner Tat noch mehr Ruhm zu verschaffen, will er sie mit seinem eigenen Tod besiegeln. In einem Schreiben an den Schweizer Bundespräsidenten bittet er darum, nach dem Gesetzbuch des Kantons Luzern, wo es noch die Todesstrafe gibt, abgeurteilt zu werden. Auch an die Prinzessin von Aragona, die Frau seines ehemaligen Hauptmanns und Protektors, wendet er sich: »Wenn ich das Glück hätte, so wie ich es erbeten habe, nach dem Strafgesetzbuch des Kantons Luzern abgeurteilt zu werden, dann würde ich die Stufen der geliebten Guillotine mit Freude hinaufeilen. Niemand bräuchte mir dabei zu helfen.« In einem anderen Brief an die Prinzessin von Aragona verkündet er hochmütig: »Mein Fall ist mit der Dreyfus-Affäre vergleichbar.«

Elisabeth starb an einem Samstag, dem 10. September. Sie wäre einundsechzig Jahre alt geworden. Der Kreis des Sonntagskindes endet – wie es sein muß – an einem Samstag. Es war ihr Wunsch, auf See zu sterben. Er wurde ihr so gut wie erfüllt. Der Genfer See erinnerte sie eher an ein Meer als an einen See. Aber vor allen Dingen wollte sie allein sterben, ohne ihre Nächsten damit zu belasten. Mit Schrecken erinnerte sie sich an die Erzherzogin Sophie und deren langen Todeskampf in all dem höfischen Durcheinander. Die mit ihr befreundete Dichterin Carmen Sylva, die Königin von Rumänien, schreibt über Elisabeth: »Sie wollte gar nichts sein für die Welt, auch im Sterben nicht. Sie wollte einsam sein und auch ebenso unbemerkt die Welt verlassen, durch die sie so oft dahingeschritten war, Ruhe suchend, in ihrem rastlosen Drängen nach Höherem und Vollkommenerem.«
Wenn das Sonntagskind allerdings eine Kaiserin ist, kann es sich nicht einfach davonstehlen, auch wenn Lucheni bereitwillig die Rolle des Henkers oder des Opferpriesters spielte.
Am Sonntag, dem 11. September, nehmen drei Gerichtsmedi-

ziner die Obduktion vor. Der wunderbare, vielbewunderte Körper der Kaiserin hat all die Jahre – scheinbar selbst Luchenis Ahle – unbeschadet überstanden. Jetzt liegt er wie ein Stück Fleisch auf dem Ladentisch und wird obduziert. Einen Meter zweiundsiebzig, messen die Mediziner. Ihre große Gestalt hat mit dem zunehmenden Alter nicht einen Millimeter eingebüßt. Die Ahle wurde ihr vier Zentimeter oberhalb der linken Brustspitze in den Körper gestoßen. Sie drang fünfundachtzig Millimeter tief ein und durchbohrte die Lunge und die linke Herzkammer. Das Blut gelangte tropfenweise in den Herzbeutel. Elisabeth schrieb selbst, daß sie eines Tages wie Rauch davonfliegen und ihre Seele durch eine kleine Öffnung im Herzen fliehen werde.

Nach der Obduktion wird der Körper einbalsamiert. Zu ihren Lebzeiten konnte sie allzu starkes Duftwasser nicht ertragen. Ihrem Vetter Ludwig II. warf sie seinen übermäßigen Parfumverbrauch vor. Glücklicherweise hat die Baronin von Rothschild die schönsten Orchideen aus ihren Gewächshäusern schicken lassen. Es sind dieselben, die Elisabeth noch zwei Tage zuvor so bewundert hat. Ihre persönlichen Gegenstände werden beigelegt: ihr Ehering, den sie immer an einer Kette unter dem Kleid trug, der Fächer aus schwarzem Leder, ihre Uhr, auf der sie den Namen Achilleus eingravieren ließ, ihr Armband mit dem Totenkopf, einer Marienmedaille und der goldenen Hand mit dem ausgestreckten Zeigefinger, und schließlich zwei Medaillons, das eine enthält Haare von Rudolf, das andere den 90. Psalm:

> Du läßt die Sterblichen wiederkehren zum Staub;
> Du sprichst: »Ihr Menschenkinder kehret zurück!«
> Denn tausend Jahre sind vor dir wie der gestrige Tag,
> der verging, nur einer Nachtwache gleich.

Die Lokomotiven-Kaiserin macht ihre letzte Reise mit dem Zug. Es war ihr Wunsch, daß man ihren Körper ins Meer wirft.

Doch als Verstorbene ist sie noch mehr Habsburgerin als zu Lebzeiten. Ihr Weg führt gezwungenermaßen nach Österreich und in die unausweichliche Kapuzinergruft. Freilich kommt sie nicht unversehrt in die kaiserliche Familiengruft. Einmal mehr wird man ihren Körper zerstückeln. So will es die Tradition. Heilige Ordnung und Barbarei liegen nahe beieinander. Elisabeths Herz findet in der Wiener Augustinerkirche seinen letzten Platz. Dort, wo sie vor vierundvierzig Jahren durch die Heirat mit Franz Joseph zur Kaiserin geworden war. Ihre Eingeweide werden in die Krypta des Stefansdoms gebracht. Alles übrige wird am Samstag, dem 17. September, eine Woche nach ihrem Tod, mit großem Pomp in der kaiserlichen Familiengruft beigesetzt: das Feenhaar, das feine Gesicht, die goldbraunen Augen, der lange, muskulöse und zähe Körper, die Brust, die einst lüsterne Blicke und zuletzt den Dolch des Opferpriesters anzog, die langen Amazonenbeine, die tätowierte Schulter, all das ganze sterbliche Fleisch.
Hohe Staatsgäste aus aller Welt begleiten ihre sterbliche Hülle, und im ganzen Reich herrscht große Trauer. In Ungarn ist der Schmerz am größten. Jedes Haus trägt eine schwarze Fahne, vom Schloß in Budapest bis zur einfachsten Hütte in der Pußta. Die Königin, die sich die Madjaren selbst gewählt hatten, wird von der ganzen ungarischen Familie für alle Zeiten beweint.
Der Leichenzug gelangt an die Tür der Kapuzinergruft. Es ist dieselbe Tür, vor der eines Nachts die lebende, seelisch verwundete Elisabeth stand und nach Rudolf rief. Jetzt wird sie bald neben ihm liegen.
Der Obersthofmeister pocht an die Kryptentür.
»Wer ist da?« ruft eine Stimme von innen.
»Öffnet!« antwortet der Hofmeister. »Wir sind Unsere Majestät die Kaiserin und Königin Elisabeth.«
Die Tür bleibt geschlossen.
»Öffnet«, ruft der Hofmeister erneut. »Kaiserin und Königin Elisabeth begehrt Einlaß.«

Noch immer rührt sich nichts.
»Öffnet, ich bin Elisabeth, eine arme Sünderin, und bitte demütig um Gottes Gnade.«
»Du kannst eintreten«, antwortet endlich der Pater Guardian. Die Tür öffnet sich, und der Sarg wird bei Fackellicht hinuntergetragen.
Der Kaiser und seine beiden Töchter schluchzen. Ida Ferenczy und Marie Festetics sind verzweifelt, weil sie in ihren letzten Augenblicken nicht bei der Königin waren. Ida gesteht: »Mit ihr habe ich alles verloren, meinen Mann, meine Kinder, meine Familie und mein Glück, meine teure Königin war mir alles.« Sie vernichtet alle Briefe, die sie sich während der letzten vierunddreißig Jahre geschrieben haben, auch Rudolfs letzte Zeilen an seine Mutter. Einen Monat später schreibt Marie Festetics an Ida: »Viel werden wir noch zusammen trauern, Ida, uns gehörte das Beste. Lange, lange haben wir ihre Seele, ihr Herz genossen. Das wird uns niemand rauben, es ist ein Juwel.« Die, die sie aus allernächster Nähe kannten, haben sie am meisten geliebt. Zur tiefen, lange währenden Trauer gesellt sich der Stolz, am Leben eines außergewöhnlichen Menschen teilgehabt zu haben.
Gleich am ersten Tage warten riesige Menschenmengen stundenlang darauf, an ihrem Sarg in der Kapuzinergruft vorbeiziehen zu können. Groß ist die Zahl der Ungarn, und groß ist ihr Befremden: Man hat ihnen die tote Königin genommen. Die Inschrift auf ihrem Bronzesarg lautet lediglich: Elisabeth, Kaiserin von Österreich. Und die Ungarn, zählen sie denn gar nicht? Für sie war sie, ist sie und wird sie immer die Königin von Ungarn bleiben, die Königin, die sie sich gewünscht und gekrönt haben und die sie nie aufhören werden zu lieben. Dieses »Versehen« kränkt sie und fügt ihnen doppelten Schmerz zu. Noch am selben Abend erweitert man die Inschrift und setzt »und Königin von Ungarn« hinzu. Sofort erhebt Böhmen Einspruch und fordert, daß auch der Titel »Königin von Böhmen« berücksichtigt wird. Diesem Wunsch

kommt man nicht nach. Die Monarchin sei nie in Prag gekrönt worden.

Das Reich steht auf schwachen Füßen. Jedes Ereignis stellt das labile Gleichgewicht zwischen den einzelnen Völkerschaften in Frage. Doch für die Ungarn kommen die nationalen Forderungen erst an zweiter Stelle. Sie wollen vor allem, daß nichts sie von der Frau trennen kann, die sie leidenschaftlich verehren. Sie verdient ihre Hochachtung. Zwei Stunden vor ihrem Tod signierte sie mit ihrem ungarischen Titel das Goldene Buch des Musikalienhändlers. Erzsébet Királyné.

Die Ungarn werden sie nie vergessen, trotz Krieg und des Vertrages von Trianon, der sie zwei Drittel ihres Landes kostete, trotz Diktatur und Völkermord. Die Juden haben Mitteleuropa sein unverwechselbares Gepräge gegeben. Der Leninplatz in Budapest hat wieder seinen ursprünglichen Namen angenommen: Erzsébet tér. Auch Andrássy hat seine lange, zum Heldenplatz – dem Festplatz der Jahrtausendfeier – führende Prachtstraße wiederbekommen. Die Bevölkerung blieb ihrer Königin so stark verbunden, daß es dem kommunistischen Regime nie gelungen ist, die Erzsébet-Brücke umzubenennen.

Jedesmal wenn ich in Wien war, bin ich in die Kapuzinergruft hinuntergestiegen. Auf Erzsébets Sarg lagen immer frische Blumen mit einem Band in den ungarischen Farben. Fast hundert Jahre nach ihrem Tod schlägt das ungarische Herz immer noch für sie.

Seit dem Ende des Jahres 1989 entdecken wir wieder die Länder Mitteleuropas. Doch bereits vor dem Fall der Berliner Mauer hat der Wille des Volkes an der österreichisch-ungarischen Grenze eine erste Bresche zwischen die beiden Lager – den Osten und den Westen – geschlagen. Als ob das geschichtliche Erinnerungsvermögen die ideologischen Bollwerke und ihre Kunstgebilde untergräbt. Heute findet Mitteleuropa in sein altes Bett und zu seinen früheren Streitereien zurück.

Franz Joseph hat Elisabeth um neunzehn Jahre überlebt. »Niemand weiß, was diese Frau mir gewesen ist«, sagt er immer wieder wie zu sich selbst. Es ist nicht seine Art zu klagen, aber er ist traurig, und das Alter und der Schmerz machen aus ihm einen verknöcherten Mann. Sein Reich ist nicht so dekadent, wie es später viele im nachhinein behaupten. Nie zeigten sich in diesem Vielvölkerstaat mehr Talente als zu Beginn des 20. Jahrhunderts. Das intellektuelle und künstlerische Europa blickt nach Wien. Später wird es sein Augenmerk auf Berlin und Paris richten. Es herrscht Wohlstand im Reich, und die Monarchie wird liberaler. Aber das kommt offensichtlich zu spät, der Organismus ist bereits festgefahren und die Oberfläche erstarrt. Das Reich fühlt sich alt und unbeweglich wie sein Kaiser. Wie gebrechlich es wirklich ist, ahnt es noch nicht.

In seinem wunderbaren Roman *Radetzkymarsch* schreibt Joseph Roth: »Der Kaiser war ein alter Mann. Er war der älteste Kaiser der Welt. Rings um ihn wandelte der Tod im Kreis, im Kreis und mähte und mähte. Schon war das ganze Feld leer, und nur der Kaiser, wie ein vergessener silberner Halm, stand noch da und wartete.«

Immer dieselben Bewegungen, zu denselben Terminen und in denselben Schlössern. Die Geliebte kehrt nicht mehr zurück. Er begnügt sich mit einem frugalen Mahl und seinem Feldbett. Er bleibt der disziplinierte Soldat, der er sein ganzes Leben lang gewesen ist. An die Stelle der Phantasie tritt die Erinnerung. Sie zieht ihn immer öfter fort an einen anderen Ort. Und noch einmal Joseph Roth: »Seine Augen sahen wieder, wie gewöhnlich, in die Ferne, wo die Ränder der Ewigkeit schon auftauchen.«

Natürlich gibt es noch Katharina Schratt. Aber nichts ist mehr so, wie es war. Weder für den Kaiser noch für die Schauspielerin. Katharina hat das Alter, in dem eine Ersatzfrau mit Freude ihre Chance genützt hätte, längst überschritten. Der Star ist gegangen, und Katharina weiß sehr wohl, daß weder sie noch irgendeine andere Frau jemals diese Rolle übernehmen kann. Solange die Kaiserin lebte, sah Katharina in ihr ein Modell. Ihre Bewunderung für Elisabeth machte das Spiel noch interessanter. Doch jetzt hat die Komödie ihre Spannung verloren. Seit seine unvergleichliche Frau nicht mehr lebt, erscheint der Kaiser so, wie er ist: ein alter, schweigsamer Mann, unwiderruflich in seine Einsamkeit eingeschlossen.

Katharina hat zugenommen, ihre Frische ist nur noch eine Erinnerung. Auf der Bühne hätte sie weiterhin gerne die jugendlichen Hauptrollen gespielt, aber der neue Direktor des Burgtheaters läßt sich von ihrem sozialen Status wenig beeindrucken. Die »Freundin« des Kaisers hat zweifelsohne Talent, aber sie soll sich mit den ihrem Alter entsprechenden Rollen zufriedengeben. Katharina bittet den Kaiser, sich für sie einzusetzen. Da er ablehnt, überreicht sie dem Theaterdirektor ihre Kündigung. Franz Joseph rührt sich immer noch nicht. Wütend verläßt Katharina Wien und den Kaiser. Ein ganzes Jahr lang bleibt sie fort, trotz der flehentlichen Bitten des Kaisers. Mit ihrer Rückkehr versöhnen sie sich wieder. Aber Katharina hat Geschmack am Reisen gefunden. An die Stelle des Theaters tritt ein anderes Spiel. Sie nimmt Aufenthalt an der Riviera und verspielt ihre Ersparnisse. Franz Joseph muß mehr als einmal für ihre Spielschulden geradestehen. Nach dem Tod ihres Gönners verschleudert sie in kürzester Zeit ihr ganzes Vermögen. Mit Millionenbeträgen versucht die europäische und amerikanische Presse sie zu Interviews, zur Niederschrift ihrer Memoiren oder zur Veröffentlichung der Briefe des Kaisers zu bewegen, aber trotz ihrer Mittellosigkeit lehnt sie alle Angebote ab.

Im Jahre 1907 kauft der deutsche Kaiser Wilhelm II. das Achilleion auf Korfu. Elisabeth hatte um die Statue des verletzten

Achilles einen Rosengarten anlegen lassen. Einen in seinem Schmerz menschlichen Helden weiß der neue Hausherr wenig zu schätzen. Auf der Terrasse, auf der Elisabeth in den frühen Morgenstunden die aufgehende Sonne betrachtet hatte, läßt Wilhelm II. eine häßliche, elf Meter große Kriegerstatue errichten. Auf dem Sockel dieses triumphierenden Achilles steht in dünkelhafter Anmaßung: »Der Größte der Deutschen dem Größten der Griechen.« Eine Welt stirbt, und eine andere entsteht.

Schlimmer noch: Der Kaiser läßt die Heine-Statue abbauen, und die antisemitische deutsche Presse gefällt sich im Applaus für den Monarchen. Nach langen Irrfahrten findet die Statue ihren Platz im *Jardin du Mourillon* von Toulon. Dort steht sie immer noch. Das Achilleion ist heute ein Spielcasino für Touristen. Von seinem Garten aus hoch über dem Golf von Benizze kann man immer noch die Sonne hinter den albanischen Bergen aufgehen sehen. Elisabeth, die die Vergänglichkeit der Dinge schon immer rührte, hätte diese barbarische Profanierung nur schwer ertragen. Daß sie das Wien der Jahrhundertwende nicht mehr kennengelernt hat, ist allerdings bedauerlich. In ihrem Leben, ihrer Auflehnung und Melancholie konnte man den Geist dieser Zeit bereits erahnen.

Die Werke Gustav Klimts erlebt sie nicht mehr – er malte zwar den Fries ihres Schlafzimmers in der Hermesvilla, doch es war Hans Makart, der ihn entworfen hatte, und Klimt hatte sich noch nicht von der Vormundschaft der offiziellen Kunst befreit –, auch nicht die gequälten Bilder Oskar Kokoschkas oder gar Egon Schiele, den wundervollen Kometen am apokalyptischen Himmel. Sie erfährt nichts mehr über die Wiener Sezession, die dem Stein und Metall eine den Pflanzen vergleichbare Biegsamkeit gibt, den in seiner Äußerlichkeit gefangenen weiblichen Körper bloßstellt und aus dem Schauspiel des Lebens einen ästhetischen Totentanz macht.

Wie Karl Kraus es ausgedrückt hat: Wien wird zu einer Wetterstation für den Weltuntergang. Mit Wollust verlängern die

Wiener den Augenblick des Abschieds. Jedes Glas Wein, jedes Tanzstück, jedes Buch könnte das letzte sein. Spaziert nicht jeder am Nichts entlang? Lieber will man die Wirklichkeit und ihre Gefahren nicht mehr sehen. Jeder will seine inneren Welten entdecken und ist bereit, in der gefährlichen Begegnung mit sich selbst unterzugehen, wie Narziß, der in seinem Spiegelbild ertrank. Oh, Doktor Freud, du warst nicht umsonst Elisabeths Nachbar! Hätte euer Schicksal einen anderen Verlauf genommen, wenn ihr euch begegnet wäret?

Mit der Baugenehmigung des Steinhofs vor den Toren Wiens, des modernsten psychiatrischen Krankenhauses der Welt, knüpft Franz Joseph sicherlich an einen lange Jahre zuvor geäußerten Wunsch Elisabeths an. Im Hinblick auf ihren Geburtstag wünschte sie sich »eine vollständig eingerichtete Irrenanstalt«. Elisabeth lebt nicht mehr, als der Architekt Otto Wagner zwischen 1905 und 1907 den Steinhof baut. Seine Kirche aus weißem Marmor mit der goldenen Kuppel ist ein Zeugnis der Wiener Kunst. Nirgendwo widmeten sich so viele hervorragende, schöpferische Kräfte einer Epoche dem Studium und der Behandlung der Geisteskrankheiten wie dort.

In einer anderen Stadt vollendet ein Mann sein Todeswerk. Nach mehreren Versuchen erhängt sich Lucheni am 10. Oktober 1910 in seinem Genfer Gefängnis. Er soll sich allerdings nicht aus Gewissensbissen umgebracht haben.

In Belgrad, der Hauptstadt des serbischen Königreichs, gründen Offiziere den Geheimbund *Schwarze Hand*. Ihr Ziel ist es, auf dem Balkan mit Waffengewalt ein Großserbien zu errichten. Nach dem Rückzug der Türken ist Österreich-Ungarn der Feind Nummer eins. Die *Schwarze Hand* hofft, der Doppelmonarchie durch terroristische Aktionen einen fatalen Schlag versetzen zu können.

Im Juni 1914 soll Erzherzog Franz Ferdinand an den Manöverübungen der in Bosnien-Herzegowina stationierten Truppen teilnehmen. Es geht das Gerücht von einem möglichen Atten-

tat. Doch nach anfänglichem Zögern will sich der Erzherzog nicht weiter einschüchtern lassen und reist am 28. Juni 1914 nach Sarajevo. Das Datum hätte man nicht schlechter wählen können, denn der 28. Juni ist für die Serben ein vielbeachteter Tag der Trauer. Am 28. Juni unterlagen sie bei Kosovo den Türken und verloren daraufhin für Jahrhunderte ihre staatliche Unabhängigkeit. Daß die Österreicher daran nicht gedacht haben, bleibt unbegreiflich. Geschichtliche Unkenntnis? Ein Irrtum in bezug auf das Datum? Gewiß, nach unserem Kalender fand die Schlacht bei Kosovo am 15. Juni statt, nach dem slawischen Kalender aber am 28. Die *Schwarze Hand* nimmt sich vor, das Ereignis mit einem aufsehenerregenden Vorfall zu würdigen. Ist der Balkan nicht die Schwachstelle Europas? Die Geschichte ist dort dicht gedrängt, ein Raum, der vor Gefahren überquillt und zu bersten droht.
Ein erstes Attentat ereignet sich bereits am Morgen des 28. Juni. Franz Ferdinand befindet sich auf dem Weg zum Rathaus von Sarajevo. Die Bombe verletzt zwei Offiziere, die in einem Wagen hinter dem des Erzherzogs und seiner Frau sitzen. Dabei hätte man es belassen können, und der Krieg von Troja hätte nicht stattgefunden. Doch bevor Franz Ferdinand Sarajevo wieder verläßt, will er den beiden in der Garnisonsklinik liegenden Offizieren einen Besuch abstatten. Um der drohenden Gefahr auszuweichen, wird die Route im letzten Moment geändert. Die Kolonne setzt sich in Bewegung. Der erste Wagen folgt der neuen Route. Dem Fahrer des zweiten Wagens, es ist der des Erzherzogs und seiner Frau, ist der geänderte Plan nicht mitgeteilt worden. Er steht mit seinem Wagen an der Kreuzung und zögert. Anstatt dem Wagen an der Spitze zu folgen, schlägt er einen anderen Weg ein, kehrt allerdings sofort um, als er seinen Fehler bemerkt.
In dieser Minute geht es um das Schicksal von ganz Europa und um das Leben meines jungen Großvaters. Um wenden zu können, fährt der Wagen im Schritt. Gavrilo Princip, einer der Verschwörer, hat Zeit genug, auf den Erzherzog und seine Frau

zu schießen. Das Schicksal ist entschieden. Um elf Uhr vormittags treffen zwei Tote in der Residenz von Sarajevo ein. Millionen weitere werden folgen.
Franz Joseph erhält die Nachricht gegen Mittag. Der Tod Franz Ferdinands macht ihn nicht sonderlich betroffen, aber er ist sich durchaus im klaren darüber, daß man in der Person des Erzherzogs das Reich treffen wollte. Der Monarch fürchtet den Krieg. Nur allzu gut erinnert er sich daran, daß man Kriege verlieren kann. Der deutsche Kaiser Wilhelm II. sichert ihm seine Unterstützung zu. Am 23. Juli 1914 stellt Franz Joseph ein Ultimatum an das Königreich Serbien. Die serbische Regierung wird aufgefordert, jeden, der an Aktionen gegen Österreich-Ungarn beteiligt war, aus der Verwaltung und Armee zu entlassen. Kaiserliche Beamte sollen die Säuberungsmaßnahmen überwachen. Mit acht von den zehn Forderungen des Ultimatums ist Belgrad einverstanden. Die Kontrolle durch die kaiserlichen Beamten lehnen die Serben jedoch ab. Die Kriegsmaschinerie setzt sich in Bewegung. Noch hofft Franz Joseph, durch schnelles Vorgehen eine Ausweitung des Konfliktes verhindern zu können. Er beschließt, seine Streitkräfte gegen Serbien zu mobilisieren.
Am 26. Juli sitzt Franz Joseph in seinem Arbeitszimmer in der Kaiservilla. Das Haus ist noch immer stark von der verstorbenen Kaiserin geprägt. Man hört die Ischl rauschen. Die Rückenlehne des roten Ledersessels ist auf der Höhe des Kopfes durch häufiges Scheuern dunkel geworden. Der Kaiser verfaßt sein Manifest *An meine Völker*. Es wird drei Tage später veröffentlicht und verkündet die Kriegserklärung an Serbien.
Noch am selben Tag macht Rußland zur Unterstützung seines serbischen Verbündeten mobil. Als Österreich-Ungarn im Jahre 1908 Bosnien-Herzegowina annektierte, wollte Frankreich sich nicht in die Affäre einmischen. Das konnte die russische Kriegsbegeisterung noch einmal bremsen. Doch diesmal will die ganze Welt losschlagen. Die Franzosen haben den Verlust von Elsaß-Lothringen nicht vergessen. Am 31. Juli stellt

Deutschland ein Ultimatum an Rußland und Frankreich. Die Antwort bleibt aus. Am 3. August erklärt Deutschland den Krieg. Darauf reagiert Großbritannien. Über das Bündnissystem zieht ganz Europa mit Blumen am Gewehr in den Kampf. Es wird so viele Tote geben, daß später nicht genug Zeit bleibt, um auch die Massengräber mit Blumen zu schmücken.
Während des Jahres 1916 lassen die Kräfte des Kaisers nach, seinen Arbeitsrhythmus behält er jedoch bei. Am 21. November befällt ihn ein starkes Fieber. Seine Tochter Marie Valerie ist bei ihm, sie spürt, daß das Leben ihres Vaters dem Ende entgegengeht. Bevor er am Abend einschläft, bittet er seinen Adjutanten, ihn wie gewöhnlich um halb vier Uhr morgens zu wecken. Dies sind wahrscheinlich die letzten Worte des alten Kaisers. Als er vom Mord an Elisabeth erfuhr, hatte er vor sich hin gemurmelt: »Mir bleibt doch gar nichts erspart auf dieser Welt.« Nichts, es sei denn die Auflösung und der Untergang eines Reiches, das ihm mehr bedeutete als sein Leben.
In der Nacht vom 21. auf den 22. November halten seine Tochter und seine allernächsten Vertrauten bei ihm Wache. Die Hustenanfälle stören seinen letzten Schlaf nur wenig. Wahrscheinlich nimmt er die Menschen, die sich um sein Bett scharen, nicht mehr wahr. Er ist unterwegs zu einer schlanken Gestalt mit einem weißen Sonnenschirm. Ihr Gesicht strahlt Licht und Anmut aus. Sie ist seine Liebe, seine Frau, die er nach langer Abwesenheit endlich wiedergefunden hat. Sie hat das Schlimmste vorausgesehen, und das Schlimmste ist eingetreten. Sie sprach vom Weltuntergang, und Europa liegt im Sterben. Ihre Lipizzaner werden die Flüchtende nie mehr im Galopp mit sich fortreißen. Er ist kein Kaiser mehr und sie keine Amazone. Sie liegen beide neben Rudolf in der Kapuzinergruft.

Literatur

Die Autorin stützt sich weitgehend auf die Biographien von Egon Cäsar Conte Corti und Brigitte Hamann.

Egon Cäsar Conte Corti: Elisabeth, die seltsame Frau, Pustet 1934

– : Franz Joseph, Styria 1960

Jean Des Cars: Elisabeth d'Autriche ou la fatalité, Perrin 1983

Constantin Christomanos: Elisabeth von Österreich

Tagebuchblätter von C. Christomanos, hrsg. von V. von der Heyden-Rynsch. Matthes & Seitz, München 1983

Brigitte Hamann: Elisabeth, Kaiserin wider Willen, Amalthea 1982

– : Kaiserin Elisabeth, das poetische Tagebuch, Verlag der österr. Akademie der Wissenschaften 1984

– : Meine liebe gute Freundin. Briefe Kaiser Franz Josephs an Katharina Schratt, Ueberreuter, Wien 1992

Paul Morand: La Dame blanche des Habsbourg, Robert Laffont 1963

Cioran: Sissi ou la Vulnérabilité, in: Vienne 1880–1938, l'apocalypse joyeuse. Ed. du Centre Pompidou 1986

Georg Nostiz-Rieneck (Hrsg.): Briefe Kaiser Franz Josephs an Kaiserin Elisabeth, Herold 1966

Franz Schnürer (Hrsg.): Briefe Franz Josephs an seine Mutter, Pustet 1930